하루 한 장
주역 강독

周易

하루 한장 주역 강독

한덕수 지음 | 신창호 감수

힘든 시절을
헤쳐나가는
지혜와 통찰

SIDEWAYS

일러두기

1. 원전은 『십삼경주소十三經注疏』를 바탕으로 왕필王弼, 한강백韓康伯, 공영달孔穎達이 교석校釋을 가한 『주역정의周易正義』를 쓰되 여러 학자의 제설諸說을 참조하였다.
2. 64괘에 대한 괘상卦象과 십익十翼은 별도로 다루지 않았으나 그 풀이를 본문의 설명에 대부분 가져왔다.
3. 원문 한자의 독음은 표기의 일관성을 유지하기 위해 우리 한자음이 아닌 한자 본음으로 표기하였다.
4. 주요 인명과 서명 등의 한자는 최초 1회만 병기하였다.

감수자의 말

문학적 『주역』의 가능성과 삶의 지혜를 향한 열정

『주역周易』은 아주 난해한 텍스트입니다. 아니, 어쩌면 '이간易簡'이라는 표현처럼, 실은 너무나 쉽고 간단한 '인간이 그려놓은 무늬'일 수도 있습니다. 『주역』은 이른바 인문人文의 세상이 녹아든 대서사시입니다. 이전역경以傳易經, 이사역경以史易經, 이경역경以經易經이라 표현하듯 주역을 독해하는 방법도 다채로운 양상을 띱니다. 공자를 비롯한 성현들이 풀어낸 전傳의 방식, 역사적 사건[史]에 초점을 맞춘 방식, 『역경』의 괘효사卦爻辭 자체를 통해 해석하는 방식 등이 그와 같습니다. 그것은 『주역』 해석에 관해서 '귀에 걸면 귀걸이, 코에 걸면 코걸이'라는 부정적인 시선을 낳기도 했습니다.

하지만 『주역』을 읽어나갈 때 우리가 가장 중요하게 고민해야 할 사안이 있습니다. 언제나 역의 괘상卦象과 효사爻辭를 통해 사색해야 한다는 게 그것입니다. 그 일은 인간의 삶을 추동하는 힘이 됩니다. 「계사전繫辭傳」의 언급은 다음과 같습니다. "교양을 갖춘 사람[君子]이 평생 의지해야 하는 것은 역의 괘가 상징하는 뜻이다. 즐기며 꿰뚫어 보아야 하는 것은 역의 효가 던지는 말이다. 그러므로 교양을 갖춘 인격자는 평소에 특별한 일이 없을 때는 괘의 뜻을 생각하고 그 말을 음미한다."

조금 더 구체적으로 살펴봅시다. 건乾괘의 첫 번째 효[初九]에 매우 잘 알려진 문구가 등장합니다. '잠룡물용潛龍勿用', "물속에 잠겨 아직 수면 위로 오르지 않은 용은 쓰지 마라."가 그것이지요. 이 문장은 무슨 뜻일까요? 어렵게 생각할 필요가 없습니다. 용을 인간으로 환원하고 일상을 다시 돌아보십시오. 용으로 비유될 정도로 훌륭한 인격을 갖추었으면서도 숨어 사는 사람의 일에 관한 지혜가 떠오르지 않나요? 잠룡은 세상의 갖가지 유혹에도 굴하지 않습니다. 명성을 얻으려고 발버둥치지도 않습니다. 세속을 피해 있으나 괴로워하지도 않습니다. 아직은 사람들에게 인정을 받지 못하더라도 크게 마음에 두지 않습니다. 즐거운 일이라면 스스로 실천하고, 근심스러운 일이라면 스스로 그만둡니다. 인생에 관한 자기 철학을 전개해갈 뿐입니다.

이렇게 건괘의 첫 번째 효인 초구初九에서 여섯 번째 효인 상구上九에 이르기까지 여섯 자리는 사람의 계층을 상징합니다. 각 계층은 제자리에서 본분에 맞는 윤리를 고려하며 삶의 나래를 펼칩니다. 인생의 희로애락喜怒哀樂을 끌어안고 우환의식憂患意識을 펼칩니다. 한덕수 작가는 이런 뜻을 훌륭하게 간파하고, 자기 안에서 치열한 사색을 거친 뒤 쉽고 힘 있게 풀어냅니다. 건괘는 물론이요 『주역』의 64괘 하나하나엔 대체할 수 없는 인문의 향취가 깊이 어려 있으며, 모든 괘는 작가를 통해서 현대적인 안목과 통찰을 얻은 뒤 독자를 만납니다.

이 책 『하루 한 장 주역 강독』은 단순한 강독의 텍스트가 아닙니다. 강독 너머에서 인생의 지혜를 비춥니다. 책의 형태를 하고 있지만 인간이라는 소우주의 활발한 생명력을 담은 텍스트입니다.

시인詩人이자 삶을 고심하는 한 문인이 『주역』을 풀어냈습니다. 정말이지 새로운 차원입니다. 재미있고, 의미도 깊습니다. 한덕수 작가의 시선은 인생을 사랑하는 열정으로 가득합니다. 그 진지함이 64괘의 해석 전체에 스며들어 있습니다. 각 괘의 서두에서 괘사卦辭를 압축적으로 옮겨둔 그의 말은 그 자체가 한 편의 시입니다. 효사爻辭도 직역에 기초했을 뿐만 아니라, 그것을 초월하여 인간 삶의 현실적인 속살을 상당히 구체적으로 담았습니다. 이런 작업이 문학의 힘입니다.

『문심조룡文心雕龍』의 첫 번째 편인 「원도原道」의 첫 대목이 생각납니다. 문장이 지닌 힘과 품격은 진정 크고, 나아가 문장은 우주 자연과 더불어 생성한다고 강조하는 구절입니다. 어째서일까요? 가물거리는 모습의 하늘과 황토색 땅의 빛이 서로 뒤섞이고, 모난 꼴의 땅과 둥근 꼴의 하늘이 그 모습을 나누고 있어서 그렇습니다. 낮의 해와 밤의 달은 구슬을 이어 놓은 듯 하늘에 드리워져 그 자태를 뽐냅니다. 산천은 아름다운 빛을 띠고 땅의 모양을 다채롭게 꾸미고 있습니다. 이것이 우주 자연의 문채文彩인 '도道의 문文'입니다. 위로 우러러보는 하늘에서는 해와 달이 발산하는 빛을 보고, 아래로 굽어보는 땅에서는 땅이 머금고 있는 사물을 살펴, 하늘과 땅이 높고 낮게 본연의 자리를 정했습니다. 그러므로 하늘의 특징인 양과 땅의 특징인 음이 생겨나게 되었습니다.

이런 우주 자연의 운행에는 인간만이 참여할 수 있습니다. 우주 자연의 본성과 신비스러운 영혼을 기본적으로 갖추었기 때문에 인간을 하늘과 땅과 더불어 '천天·지地·인人'의 삼재라고 합니다. 인간은 만물을 형성하는 근원적 힘인 '금金·목木·수水·화火·토土'의 오행 가운데 최고의 자리에 있고, 실제로 우주 자연으로서의 천지天地가 가진 마음을 대표합니다. 천지의 마음이 생겨나면서 말이 이루어지고, 말이 이루어지면서 문장이 밝게 드러납니다. 이것이 우주 자연에서 인간으로 이어지는 자연스러운 삶의 방식인 것입니다.

작가의 『주역』 해석도 이런 사유를 참조하지 않았을까요? 수많은 『주역』 연구가는 관련 문헌을 둘러싼 역대 주석들을 파헤치고 그 근거와 의미를 따져가며 학문적으로 인용하는 방식을 취합니다. 한덕수의 이 책은 다릅니다. 인간과 천지를 잇는 철학적 사유를 유려하게 펼쳐나가면서도 여러 삶의 법칙과 가능성을 광범위하게 제시하고 있다는 점에서, 이 책은 인생을 비추어보는 거울 역할을 할 만한 훌륭한 가치를 지녔습니다. 때로는 불협화음不協和音처럼 다가올 것 같은 작가의 독해가 그 어떤 해설서보다 흥미롭고 의미 있게 느껴지는 이유가 무엇일까요?

모든 괘와 효에서 『주역』의 말을 통해 문제 하나하나를 풀어나가는 해법은 인생의 교훈이나 지침을 구하는 작업입니다. 이 또한 『주역』을 원용援用하는 하나의 양식입니다. 어쩌면 작가는 저 경전의 해석에 관하여 그간 누구도 이름 붙이지 않았던 '문학적인 것'으로 『주역』의 지평을 확장한 것이 아닐까요? 『하루 한 장 주역 강독』은 삶의 지혜를 한껏 담은 채 상식 너머의 상식, 의미 너머의 의미를 현재의 시대정신에 비추어 고민하는 책입니다. 그렇듯 어떤 경계에도 얽매이지 않은 성찰은 인생에 희망을 부여하고 삶의 의지를 다시금 되찾아줄 것입니다. 이 책을 읽는 분들께서도 그러한 기쁨을 느끼시리라 믿어 의심치 않습니다.

2024년 6월 망종芒種 절기에

감수자 신창호

서문

역易은 삼황三皇 중 한 사람이자 고대 전설상의 제왕인 복희씨伏羲氏가 8괘를 만들면서 처음 탄생했다. 그 후 주周나라 문왕文王이 7년간 옥살이를 할 때 현재의 64괘를 만들고 완성했다고 한다. 그리하여 우리 시대에도 널리 『주역周易』이라 불린다. 지금으로부터 약 삼천 년 전에 만들어진 대표적인 동양 고전이다.

사서삼경四書三經 중 하나로 일컬어지는 『주역』을 오늘날 다시 들춰내서 강독을 펼치고 함께 읽어야 하는 이유는 무엇인가? 이 경전은 케케묵은 고릿적 옛날얘기가 아니며, 삶에 대한 지혜의 보고寶庫로서 현대와 같이 다변多變하는 상황에서 반드시 참고해야 할 지침서이자 철학서이기 때문이다. 역易이란 우주의 모든 만물이 쉬지 않고 변화하고 있으며, 그 속에서 살아가고 있는 인간 역시 마찬가지라는 사상적 개념 체계다. 세상은 멈춘 것 같으면서도 변화하고 있으며, 그 변화는 혼돈에 가까운 것 같으면서도 일정한 법칙이 있다. 그 법칙은 영원히 변치 않는다는 것이 바로 역의 논리다.

세상천지는 내 것도 아니지만 그 누구의 것도 아니므로 공평하다. 하지만 우리가 살아가는 인간 세상은 공평하지도 않고, 평등하지도 않다. 그런 연유로 삶의 본질을 파악하고 지혜와 식견을 함양하고자 하였기에 『주역』이라는 경전이 만들어지게 되었다. 『주역』은 언제 어디서든 우리에게 일관된 방향을 찾아주는 나침반처럼 현명한 인생의 지표를 제시하고 있으며, 불행한 일은 최소한으로 겪고 좋은 일은 최대한 누리면서 살아가는 지혜를 일깨워준다. 이 경전엔 추상적이고 당위적인 도덕의 언어 대신에 이 괴로운 삶을 강인하게 버텨낼 수 있도록 하는 현실의 언어, 단단한 삶의 지침들이 가득하다. 나는 20여 년 전부터 『주역』을 수도 없이 반복해서 읽어왔다. 이제 그 문장들이 머릿속뿐만 아니라 나의 몸속 내장 구석구석에까지 들어차 있는 느낌이 든다. 그게 이 책을 쓰도록 한 힘이다.

예부터 『주역』은 역경易經으로 칭송받으며 경서로 불리어왔지만, 안타깝게도 과거든 현재든 이 책을 점술서占術書라고 지레짐작하는 사람들이 많이 있다. 일부 종교나 학파에서는 『주역』을 미신에 근거하여 점치는 책으로 폄훼하기도 했다. 그래서 이 책은 한때 난잡한 철학의 영역으로 취급받으며 숨어 지내기도 했었다. 오늘날도 그렇지만, 예전에는 더 그랬다. 나라를 다스리는 통치자의 입장에선 인생을 있는 그대로 파헤치는 『주역』보다는 고분고분하게 순서를 정해주는 유가儒家의 주류적 사상이 백성을 다스리기엔 더 좋았기 때문이다. 그래서 『주역』은 오랜 세월 땅속에 파묻혀 있어야 했던 억울한 학문이었으며, 사서삼경 중에서 가장 슬픈 역사를 간직한 경전이기도 하다.

그러나 다시 『주역』의 시대가 도래했다. 오늘날을 살아가는 현대인들은 우리가 인정하든 아니하든 분명히 무한 경쟁의 시대에 돌입해 있다. 그래서 과학이 발전하고 의식주가 넉넉해졌음에도 우리 각자가 누리는 삶의 질은 현격히 떨어졌다. 밥벌이하는 어른들은 하나같이 자신이 언제까지 회사에 다닐 수 있을지, 자기 사업이 망하지는 않을지, 자식들이 클 때까지 연명이나 할 수 있을지를 고민한다. 밝은 꿈을 꾸며 활짝 피어나야 할 아이들은 학교 성적에 자신의 모든 것을 걸면서 하나같이 불안한 하루를 살고 있다.

왜 그런가? 지금 우리는 건물의 기둥처럼 튼튼해야 할 정신적 기반이 부실하고 사고하는 힘이 약해서 그렇다. 수천 년 동안 죽지 않고 살아 전해오는 경서들을, 그중에서도 특히 『주역』을 접해야 하는 이유가 바로 여기에 있다. 감옥에 기약 없이 갇힌 채 자기 때문에 아들이 원통하게 죽임을 당했다는 소식을 듣고, 또 자신도 언제 죽을지 알 수 없는 그 위태로운 상황에서 문왕은 실로 믿을 수 없는 의지를 갖고 이 책을 완성해냈다. 그러니 문왕처럼 지금 어려운 처지에서 괴로워하고 있다면, 도저히 헤쳐 나오기 힘든 난관 속에서 번민하고 있다면, 이 책을 펼쳐보시라. 책 속에 당신이 간절히 찾던 길이 있을 것이다.

역사가 사마천司馬遷은 『사기史記』에서 공자孔子가 만년에 가죽 끈이 세 번이나 끊어지도록 『주역』을 읽었다고 전했다. 충무공忠武公 이순신李舜臣은 임진왜란과 정유재란의 전란에서도 『주역』을 한시도 손에서 놓지 않았다. 다산茶山 정약용丁若鏞은 자기 삶 자체가 『주역』 안에 다 있었다고 술회하며, 1804년 『주역사전周易四箋』의 갑자본甲子本 8권을 시작으로 이후 매년 을축본乙丑本 8권, 병인본丙寅本 8권, 정묘본丁卯

本 24권, 무진본戊辰本 24권을 편찬할 만큼 『주역』에 심취했다. 그러니 이 경전의 가치에 대해서는 더 말할 나위가 없다. 『주역』에는 시공을 초월해 영원히 변치 않는 진리, 우리가 맞닥뜨리는 모든 상황에서의 가장 적절하면서도 합리적인 해결방안이 들어 있다.

그래서 나는 동양의 고전 중에서도 최고의 작품인 이 경전을 널리 알려보자는 취지로 『주역』의 강독을 시작했다. 나는 『주역』의 핵심인 64괘의 본문에서 현재 우리가 얻을 수 있는 가르침에 초점을 두었으며, 현대인의 삶에 부합하지 않는 이야기를 제외하고 가장 중요하고 본질적인 내용들을 선별하여 해석했다. 64괘에 대한 괘상卦象과 십익十翼을 글에서 직접 다루진 않았지만, 거기에 담긴 지혜와 철학의 정수는 본문 속에 그대로 반영하고자 했다. 『주역』에 관해서라면 그동안 공자를 비롯한 여러 학자의 문헌과 주석을 끊임없이 참조하며 그 사상의 근원을 밝혀두었기 때문이다.

『주역』을 이해하는 데 한문漢文을 알면 조금은 도움이 될 수도 있겠지만, 몰라도 전혀 상관이 없다. 문자는 진리를 밝히는 도구요, 형식일 뿐이다. 문자에 얽매이지 말고 그 속에 담긴 뜻과 지혜를 정확히 파악하는 게 중요하다. 나는 독자들의 이해를 돕기 위해 모든 괘사卦辭와 효사爻辭 밑에 직역直譯을 달고, 직역한 바를 현대의 언어로 상세히 풀었다. 또 본문의 해석을 뒷받침하고 독자들의 이해를 돕기 위해 여러 고전과 현자賢者들의 가르침을 적극적으로 활용했다.

『주역』은 평범한 이야기 속에서 진리와 지혜를 추구하고 있기에 그 안에서 펼쳐지는 세계는 오묘하고도 깊다. 이 경전 속 텍스트는 여러 측면에서 복잡하고 난해한 것이 사실이므로 오랜 세월 일반인이 접근하기 어려웠을 뿐만 아니라, 많은 학자가 이를 번역하고 풀이하는 과정에서 조금만 엇나가도 본래의 취지와 달리 엉뚱한 방향으로 흘러가곤 했기에 애를 먹었다. 그래서 나는 강독의 주안점을 『주역』을 쓴 문왕의 뜻을 오직 바르고 쉽게 전달하는 데 두었다.

내 책을 읽는 분들께서도 『주역』을 통해 세상을 바라보는 안목과 식견을 갖추고 지혜로운 삶을 추구하실 수 있다면 더 이상의 바람이 없겠다. 『주역』이 우리 삶의 가치와 의미를 반드시 크게 고양시킬 것이라고 확신한다.

2024년 3월 토지문화관에서

한덕수

차례

제1장 하늘이 만물을 주관한다 건乾

乾

건乾: 하늘, 임금

모든 것은 변하므로,
끊임없이 성찰하며 나아가라

乾 元亨利貞

潛龍 勿用

見龍在田 利見大人

或躍在淵 无咎

飛龍在天 利見大人

亢龍 有悔

見群龍 無首 吉

인간은 태어나고 성장하며
왕성하게 활동을 하다가 마침내 죽음에 이른다.
이 모든 단계에는 적절한 때가 있으니
그때를 잘 알고 움직여야 이롭다.
건은 강건하고 능동적이며
땅 위에 존재하는데 잠시도 쉬지 않는다.
건은 위대한 창조력이 있으니
그 힘으로 세상의 모든 만물이 비롯된다.
꽉 막힌 출구는 없으니
궁하면 변하고 변하면 새로운 방법이 생겨난다.
자신의 분수를 알고 기울이는 노력이라야 한다.

건乾은 하늘이다. 하늘은 만물을 주관한다. 건은 중천건重天乾을 말하며, 이는 하늘이 거듭되는 형상이다. 사계절이 운행하는 것처럼 인간도 태어나고 성장하며 결실을 보고 생을 마친다. 건乾에서는 천하의 이치가 움직이는 원리를 네 마리의 용을 상으로 삼아 아주 쉽고 간결하게 설명한다.

건乾은 원형리정元亨利貞이다.

하늘은 크고 형통하며 이롭고 바르다.

언어를 사용한 호모사피엔스를 현생 인류의 시초로 본다면, 유한한 삶을 살아가는 우리 인간은 약 46억 년 전 탄생한 지구에서 약 3만 년 전에 등장했다. 건乾에선 바로 그 과정이 전개된다. 건은 하늘이지만 창조한다는 뜻도 있다. 창조는 시작을 의미하고, 시작에는 끝이 있다. 대자연에는 사계절이 있고 인간에게는 생로병사가 있다. 이러한 단계를 건乾에서는 잠룡潛龍, 현룡見龍, 비룡飛龍, 항룡亢龍으로 형상화하였고 '원형리정元亨利貞'이라 말한다. 원元은 만물의 시작을 뜻하고, 형亨은 만물이 성장해가는 것을 뜻하며, 리利는 열매로서 수확을 뜻하고, 정貞은 굳게 지켜나감을 뜻한다.

인간도 태어나서 성장하고 왕성한 활동을 하다가 마침내 죽음에 이르는 원형리정의 단계를 거친다. 모든 단계에 적절한 시기가 있으니 그 때를 잘 알고 움직여야 이롭다는 말이다. 어떤 일을 시작할 만반의 준비가 되어 있을지라도 때를 만나지 못하면 큰 공을 세울 수 없다. 봄에는 뿌려야 하고, 가을에는 거둬야 하는 것과 같다. 참고로 원형리정의 풀이에 관해선 아직까지도 학자마다 의견이 분분한 게 사실이다. 원형리정은 '하늘은 크게 형통하며 이롭고 바르다'로 해석해도 되고, '춘하추동春夏秋冬'으로 해석해도 무방하다. 둘 다 『주역周易』에서 추구하는 이치나 개념과 다르지 않기 때문이다.

잠룡潛龍이니 물용勿用이다.

물에 잠긴 용이니 쓸 수 없다.

이름이 드러나지 않아도 근심하지 않고, 엎드려 있어도 답답해하지 않는다. 잠룡潛龍은 하늘로 오르지 못하고 물속에 잠겨 있는 용이다. 능력이 부족하기에 힘을 기르며 비축하고 있다. 아직은 쓸 수 있는 단계가 아니므로 능력의 한계를 알고서 밖으로 나서지 않는다. 끊임없이 수양하면서 때가 오기를 기다릴 뿐이다. 세상의 모든 사람은 하늘에 오르지 않은 잠룡으로 태어난다. 그렇다고 해서 모두가 하늘로 오르는 비룡이 되는 것도 아니다. 잠룡의 시절을 어떻게 보내느냐에 따라서 자신의 운명이 결정된다. 슬기롭게 자라고 준비된 사람만이 하늘로 승천할 수 있는 기회를 얻는다.

현룡재전見龍在田이니 리견대인利見大人이다.

잠룡이 밭으로 기어 나왔으나 대인을 만나야 이롭다.

잠룡이 인고의 세월 끝에 비로소 모습을 드러낸다. 원대한 꿈을 안고 물 밖으로 나왔으나 바깥세상이 낯설고 어설프기만 하다. 중용의 기본을 갖춘 인물이 출현하지만, 지금은 누군가의 도움을 받아야 한다. 인파가 운집한 도심도 아니고 드넓은 광야도 아닌 밭에 나타났다는 건 아직 할 일이 남아 있음을 암시한다. 설익은 밥은 먹을 수 없고 날이 서지 않은 칼은 쇳조각에 불과할 뿐이다. 그래서 모습을 드러내었으나 역량이 부족하여 기웃거리고만 있을 뿐, 자신을 이끌어줄 대인을 만나야 이롭다고 하였다. 부족한 부분을 더 넓고 깊이 있게 배워야 하기 때문이다.

인간은 일단 세상에 태어나면 부모를 바꿀 수 없고, 생로병사生老病死를 거부할 수 없다. 그런데 바꿀 수 없는 것을 바꿔보려 한다든가 거부할 수 없는 것에 저항하다 보면, 그 인생은 헛고생에 머물며 아무것도 이루지 못하고 끝날 것이다. 반대로 바꿀 수 있는 것을 방치하고 살아가는 것도 허망한 일이다. 그러므로 바꿀 수 있는 것에 치중하여 변화의 소용돌이를 타고 승승장구해야 한다. 그러려면 기초부터 시작하여 단계별로 자신의 역량을 함양해나가야 한다. 세상에서 쓸모 있는 역량을 갖추기 위해서는 배움에 대한 겸허한 자세가 필요하고, 지식과 경륜을 두루 갖춘 스승의 가르침이 필요하다.

혹약재연或躍在淵이니 무구无咎하다.

가끔 나타나기는 하지만 못에 머물고 있으니 허물이 없다.

시국의 형편과 시대의 흐름을 파악하면 진퇴를 알 수 있고 위아래를 임의롭게 왕래할 수 있다. 이 구절에서 가끔 나타난다는 것은 그동안 갈고닦아 온 실력을 스스로 시험해보는 모습을 가리키며, 이내 못에 머문다는 것은 어쩌다 날아보려고 시도는 해보지만 상황이 여의치 않다는 것을 알고 자숙하는 모습을 가리킨다. 그러나 실패를 거듭한다 할지라도 도전하는 것 자체가 허물은 아니다. 무언가를 시도한다는 것은 좋은 징조이다. 자신의 한계를 깨닫고 다시 못으로 돌아간다고 하였으니 자기 자신을 잘 알고 있으며 철이 들었음을 증명한다. 또한 세상사 돌아가는 이치와 사물의 쓰임새를 알고 있으면서도 자중하고 있으니 동량棟樑이라 일컬을 만하다.

비룡재천飛龍在天이니 리견대인利見大人이다.

용이 하늘로 높이 솟아오르니 대인을 만나야 이롭다.

덕과 기량을 모두 갖춘 용이 드디어 때를 만나서 하늘로 솟아오른다. 한참 잘나가는 시기이니 기세가 등등하고 하늘 끝이 어디인지 모른다. 이는 성인이나 영웅이 가장 높은 자리에 앉는다는 것을 비유한다. 다시 대인을 만나야 이롭다고 하였으니, 최상의 때일지라도 현자의 조력을 받아야 자신의 능력을 제대로 발휘할 수 있다. 사람으로 치자면 중장년의 때가 비룡飛龍의 시기이며 인생의 황금기에 속한다. 이 무렵 한 사람에겐 수많은 인격적 페르소나persona가 구축되어 어떠한 난관도 견딜 수 있는 강한 힘이 있다.

비룡의 시기엔 작고 사소한 일은 위임하고, 대단한 일에 정성을 쏟아야 한다. 『여씨춘추呂氏春秋』에선 "무릇 천하를 거느리고 국가를 다스리려면 반드시 근본에 힘쓰고 말단의 지엽적인 것은 뒤로 돌려야 한다. 이른바 근본이라는 것은 밭 갈고 씨 뿌리는 일들이 아니라 사람에 대해 노력한다는 의미이다."라고 하였다. 여기서 사람에 대하여 노력한다는 것은 인재를 귀히 여기고 널리 찾는다는 뜻이다. 사람을 논할 땐 능력도 중시해야 하겠지만 가까운 이에 대하여 어떻게 처신하는가를 먼저 살펴보아야 한다. 용감한 장수보다는 덕망 있는 장수가 낫고, 많이 아는 것보다는 심성이 곧은 게 더 중요하기 때문이다.

항룡亢龍이니 유회有悔하다.

너무 높이 올라간 용이니 후회가 있다.

이 구절에선 나아가는 것만 알고 물러날 줄 모르며, 얻는 것만 알고 내놓을 줄 모르는 욕심에 대하여 말하고 있다. 항룡亢龍은 오를 대로 다 올라가 꼭대기에 앉은 용이다. 평범한 사람들이 감히 넘볼 수 없는 아주 높은 위치에 있다. 자기 말 한마디에 무리가 움직이고 세상이 달라지기도 한다. 이제 내려올 일만 남았는데 사나운 욕심은 언제나 지혜로운 이성을 누른다. 부귀영화가 극에 달한 사람은 쇠衰할 우려가 있고 시기와 질투의 대상이 되므로 행동거지를 삼가야 한다. 많은 현자들이 감성보다 이성을 귀하게 여기는 것은 이성을 통하여 현실을 냉철하게 판단하고 미래의 변화를 감지할 수 있기 때문이다. 높이 오른 사람들에겐 아쉽게도 그것이 가려질 때가 많다.

힘들게 붙잡은 지휘봉을 스스로 내려놓는다는 것은 어지간한 용기와 결단으로는 쉽지 않다. 그래서 항룡은 미련이 남아서 차일피일 미루고 망설이기만 할 뿐이니 결국 뉘우칠 일만 남게 된다고 한 것이다. 한 사람이 최상의 자리에 오르기까지 어떤 이는 선의의 경쟁자들을 처참하게 짓밟기도 했고, 어떤 이는 인륜人倫을 저버리기도 했으며, 어떤 이는 목숨을 걸기도 했을 터이다. 그렇게 해서 얻은 모든 것들을 내려놓아야 한다. 하지만 역사에는 시세時勢를 거역하다가 영원히 불구가 되거나 아예 목이 달아난 사람들이 헤아릴 수 없이 많다.

견군룡見群龍해도 무수無首이니 길吉하다.

수많은 용들이 나타나지만 머리가 없으니 길하다.

서로 잘났다고 다투지 않아야 안정된 사회가 유지된다. 이 구절은 무리를 이룬 용들이 구름 속에서 우글거리는 모습을 묘사한다. 머리가 없으니 길하다고 한 것은 모든 용이 서로 우두머리가 되겠다고 나서지 않아서 다행이라는 뜻이다. 그런데 송대宋代의 정이程頤는 머리가 없다는 것을 "스스로 머리가 되지 않는다."라는 뜻으로 풀이하였다. 자질을 갖춘 강건한 사람일지라도 스스로 우두머리가 되지 않고 추대되어야 한다는 뜻이다. 그래야 순리에 맞는다는 논리이다.

현대사회에서도 진정한 현자들은 세상일에 기웃거리지 않고, 자신의 서재 곁에서 작게나마 보람을 찾고 안정된 생활을 영위하려고 한다. 권력이나 재력의 무상無常함을 역사를 통해 보았으며, 그 씁쓸한 뒷모습이 남의 일이 아니라는 것을 잘 알고 있기 때문이다. 그렇지만 머리가 있어야 팔다리가 움직이고 또 몸통이 움직일 수 있다. 비범非凡한 사람에겐 이 세상에서 하고 가야 할 숙제가 있는데 그것을 마다해서는 안 된다. 이제라도 용기 있는 현자가 비룡처럼 나타나야 인간사회는 더 나은 미래를 지향할 수 있다.

건乾에서는 네 마리의 용을 상象으로 삼아 설명하고 있다. 잠룡은 어린 아이와 같은 용이다. 하루로는 여명이 밝아오는 이른 아침이며, 계절로는 봄이고, 인생으로는 유소년기와 청소년기에 해당한다. 안으로는 부족하고 밖으로는 준비되어 있지 않은 아득한 상태이다. 이때 기력이 불끈한다고 함부로 나서거나 여기저기 끼어들면 곤란해진다. 남들이 알아주지 않고 받아주는 곳도 없으니 부끄러움만 내세울 뿐이다.

잠룡潛龍은 물용勿用이라고 했지만, 아예 써먹지 못한다는 것은 아니다. 일정 기간 자질을 갖추고 성숙하길 기다렸다가 시기가 무르익으면 오히려 크게 쓰인다. 공자孔子는 "나를 알아주지 않는다고 탓하지 말고, 내가 알지 못하는 것을 걱정하라."라고 하였다. 잠룡의 시기에는 자신을 거울에 비춰보듯이 들여다보고 은인자중하면서 지식을 쌓고 기량을 함양하는 데 전력을 기울여야 한다.

현룡見龍은 밭으로 기어 나와 기웃거리는 용이다. 하지만 잠룡보다 더 부지런히 배우며 갈고 닦아야 하는 게 현룡의 시간이다. 계절로는 여름이고 인생으로는 청장년기이다. 준비가 됐다고 생각할지도 모르지만 폭넓게 배우고 깊이 있게 수양해야 한다. 하나를 깨우치더라도 제대로 알고 깊숙이 알면 숨어 있는 이면의 모습까지도 파악할 수 있는 경지에 이른다. 섣부르게 나와서 얄팍한 식견으로 함부로 날뛰면 뒷감당이 안 된다. 농부가 모내기를 할 때 논바닥을 다 채운 것 같아도 뒤돌아보면 듬성듬성 비어 있고, 콩깍지가 다 여문 것 같아도 까보면 비린내가 나는 것처럼 허술한 때가 현룡의 시기이다.

비룡은 하늘로 힘차게 비상하는 용이다. 해가 중천에 떠올라서 이글거리고 있으니 할 일이 많아서 바쁘다. 계절로는 가을이고 인생으로는 중장년기이다. 만물이 풍성하여 거둘 것도 많고 살펴야 할 것도 많다. 삶의 절정기이자 황금기이다. 이제는 하늘 높이 솟아올랐으니 더 이상 부러울 것도, 아쉬울 것도 없다. 온몸에서는 광채가 나고 그 찬란한 빛이 만천하에 드리운다. 잘 익은 열매를 따 먹고 수확하는 시기로서 인생의 가을 속에는 여문 맛이 깊숙이 스며들어 있다. 사과는 빨갛게 익어 단맛이 들었으며 국화는 그 향기가 그윽하다.

항룡은 오를 대로 다 올라간 용이다. 더 이상 오를 곳이 없으니 내려올 일만 남았다. 공들여 살아온 발자취에 어두운 그림자가 드리우며, 후회할 일이 생기게 된다. 『주역周易』은 항룡을 성공한 용으로 묘사하였지만, 오늘날의 현실을 반영해서 냉정히 본다면 자신의 역량을 다 소모한 용에 가까울 것이다. 그럴지언정 자신의 모든 것을 아낌없이 다 쏟아부었으니 여한은 없다. 봄에 속살을 뽀얗게 드러내는 벚꽃이나 가을에 누렇게 물든 은행잎이 황금빛을 자랑해도 별로 부럽지 않다. 오랜 세월 동안 쓰디쓴 인내를 먹고 자랐기에 그처럼 드높은 자태를 드러낸다. 붉게 번지는 저녁노을처럼 삶의 정수만이 남아 있기에 진정으로 아름답다.

하지만 교만驕慢이라는 녀석은 앞으로 나아갈 줄만 알지 뒤로 물러날 줄은 모른다. 교만의 생리가 그렇다. 존속과 획득에 대해서는 알지만 소멸과 상실에 대해서는 모르기 때문이다. 무엇이든 가득 차면 비워지고 비워지면 다시 채워지는 것이 세상 이치이다. 영원한 것은 없기에 제자리로 돌아가지 않으면 뉘우칠 일만 생겨난다. 물러나야 할 때를 모르면 체면이 구겨지고 생존마저 위협받는 일이 생겨난다. 제아무리 특출한 사람일지라도 오래도록 높은 자리에 앉아 있으면 간사한 측근들이 부추기고 자신도 모르게 교만한 마음이 일어난다.

지나온 역사 속에는 추풍낙엽처럼 사라진 별들이 헤아릴 수 없이 많다. 실각의 징조 중에 대표적인 것이 바로 교만의 사촌 격인 자만自慢이다. 다른 사람의 의견을 무시하고 듣지 않으며, 고견高見이 있어도 외면하고 자기중심적으로 일관하다가 결국에는 판단력이 흐려진다. 그래서 큰일을 치른 뒤에는 그 영광을 다 누리려 하지 말아야 한다. 함께한 사람들에게 나눠주고 일부는 다음 사람들을 위해서 남겨놓을 줄도 알아야 한다. 나눠주고 남겨두면 그에 비례하고 상응하여 허물도 줄어든다.

건의 단전彖傳에는 "대명종시大明終始 육위시성六位時成"이라는 구절이 있다. 시작과 끝이 밝으면 육위六位가 때에 맞춰 이루어진다는 뜻이다. 육위를 사물의 전개 과정으로 본다면 입지立志, 수양, 수업, 독창, 달성, 쇠퇴의 여섯 단계를 가리킨다. 역易은 생각하는 바와 행하는 바 없이 홀로 적막하게 움직이지 않다가 그 육위의 과정에서 마침내 감동해 천하의 유래와 통한다. 무슨 일이든 꽉 막힌 출구는 없으며, 세상의 만물은 변한다.

이를 일러 『계사하전繫辭下傳』에서는 궁즉변窮卽變, 변즉통變卽通, 통즉구通卽久의 순서대로 변한다고 하였다. 궁즉변이란 모든 것은 궁극에 이르면 반드시 변하게 되어 있고, 변즉통은 변하면 그 무엇과도 통하게 되며, 통즉구는 한번 통하면 그 선상에서 영구하게 된다는 말이다. 이것이 우주의 법칙이고 세상의 순리이며 『주역』에서 말하고자 하는 핵심 가치이다. 사계절이 봄에 시작하고 겨울에 마치는 것처럼 천도天道에는 항상 시작과 끝이 있다. 천하의 만물은 이러한 원리원칙에 따라서 변한다. 아주 쉽고 간결한 가운데 천하의 이치가 움직인다.

세상에는 천재지변이 있고, 우리 삶에선 예상치 못한 사건과 도전이 지속해서 발생한다. 이것을 장애물로 여기고 포기한다면 인생은 여기까지가 끝인 셈이다. 길흉吉凶을 자연스러운 일상으로 받아들인 뒤 끊임없이 노력을 기울이는 한에서만 발전이 가능하다. 또한 간 것을 밝히고, 오는 것을 살피며, 거기에서 올바른 인과관계를 찾아야만 답이 나온다. 모든 일은 기울어질 수도 있고, 어그러질 수도 있다. 이러한 나쁜 상황을 기회로 삼아 역이용하는 것을 두고 현명하다 이를 것이다. 그래서 현자들은 이미 드러나 있는 것은 미미하게 하고, 그윽한 것을 밝힌다고 하였다. 그러기 위해서는 눈에 보이지 않는 사물의 근원을 볼 줄 알아야 한다. 인간이 끊임없이 배우는 이유가 바로 여기에 있다.

제2장 땅은 만물을 낳고 기른다 곤坤

坤

곤坤: 땅, 대지

만물을 품은 대지처럼,
스스로를 크고 넓게 다스려라

坤 元亨 利牝馬之貞

牝馬貞利

坤厚載物 德合无疆

先 迷 後 得

利西南得朋 東北喪朋

履霜堅冰 陰始凝也 馴致其道

至堅冰也

直方大 不習 无不利

括囊 无咎 无譽

黃裳元吉 文在中也

곤은 잠자는 듯 고요하지만 끊임없는 힘을 비축하고 있다.

곤은 익히지 않아도 모두를 성사시키며

해야 할 일에 대하여 의심하거나 걱정하지 않는다.

앞서가면 헤매고 길을 잃을 수도 있지만 뒤따르면 반드시 얻게 된다.

마음이 넓기로는 우주에 가득하고

마음이 좁기로는 바늘하나 꽂을 자리도 없다.

곤의 덕을 익힌 사람은 일일이 배우지 않아도 만사가 저절로 이루어진다.

곤은 두터운 덕으로 만물을 포용하고 육성한다.

*

곤坤은 땅이다. 땅은 만물을 낳고 기른다. 곤은 중지곤重地坤을 말하며, 이는 대지가 거듭되는 형상이다. 땅은 고정되어 있어 움직이지 않고 고요하지만, 자신에게 주어진 일을 의심하지 않고 묵묵히 수행한다. 하늘 아래 자신을 다스리지 못하면서 남을 다스릴 수 있는 사람은 없다.

곤坤은 원형元亨이나 리빈마지정利牝馬之貞이다.

곤은 크고 형통하나 암말의 바름이 있어야 이롭다.

드넓은 대지는 음陰을 뜻하며, 어머니를 상징한다. 따라서 곤은 모든 사물의 근원이 되는 곳이다. 앞장에서 언급했듯 원元은 만물의 시작이고 형亨은 만물이 성장해가는 것을 뜻한다. 그래서 원형은 크고 형통하다는 뜻도 있지만, 여기서는 모성을 가진 어머니처럼 만물을 낳고 기른다는 위대한 의미를 함축하고 있다. 대지는 만물을 싣고 있으면서도 두터운 음의 덕으로 포용하고 육성하기 때문이다.

땅은 고정되어 있어 언제나 안정적이고 평온하며, 자신에게 주어진 일들을 묵묵히 수행한다. 그래서 사람을 비롯한 모든 생명체는 대지에 의존하여 살아간다. 또 이 구절에선 암말의 바름이 있어야 이롭다고 하였는데, 모든 말들은 힘이 세지만 암말은 유순하게 따르는 올바름이 있고, 새끼를 낳아서 기르기에 수말보다 더 유익하다는 말이다.

빈마정리牝馬貞利이다.

빈마의 바름이 이롭다.

마음속에 지닌 품성이 모든 것을 창조하기도 하고, 소멸시키기도 한다. 빈마, 즉 암말의 정貞이 이롭다는 구절은 자식을 기르는 어머니처럼 부드럽고 넓은 마음으로 세상에 임하고 사람을 대해야 이롭다는 걸 암말의 바름으로 비유한 것이다. 마음이 바르면 보고 듣는 것이 바르고, 보고 듣는 것이 바르면 하는 일마다 바르게 된다. 따라서 마음이 바르면 저절로 따르는 사람이 생겨나고 심지어는 거친 사람조차도 품을 수 있다. 마음의 씀씀이가 옹졸하다면 어린아이 하나조차도 품을 수 없을 것이니 그래서 세상살이는 마음먹기 나름이다. 달마達磨 대사는 "마음이 넓기로는 우주에 가득하고, 좁기로는 바늘 하나 꽂을 자리도 없다."라고 하였다. 눈으로도 보이지 않고, 손으로도 만져볼 수 없는 마음이 모든 것을 좌지우지한다. 그래서 마음이 가는 곳으로 몸은 늘 따라다닌다.

곤후재물坤厚載物이니 덕합무강德合无疆이다.

곤은 두터워서 만물을 싣고 있으니 그 덕은 끝이 없다.

땅이 만물을 싣고 있다는 것은 무엇을 뜻하는가? 세상의 모든 존재가 곤의 품에서 태어나고 성장해 결실을 맺는다는 것이다. 그러므로 곤의 덕은 하늘의 넓음과 다르지 않다. 그 덕은 두루 통하고 널리 품어서 세상을 크고 빛나게 하기에 끝이 있을 수 없다. 곤은 일부러 익히고 터득하지 않아도 모두를 성사시키며, 스스로가 해야 할 일에 대하여 의심하거나 걱정하지 않는다. 사람의 마음도 곤을 닮는다면 모두를 포용하면서 용서하는 일에도 주저할 것이 없게 된다.

선先이면 미迷하나 후後이면 득得한다.

먼저 하면 미혹하고 뒤에 하면 얻는다.

모든 일에 겸손한 자세로 임하면서 따라야 할 때는 따라야 한다는 것을 가리키는 말이다. 이 구절의 선미先迷는 앞서가면 혼란스럽고 잃을 수 있다는 뜻이며, 후득後得은 뒤따르면 얻을 것이 있다는 뜻이다. 따라서 앞서가면 헤매기도 하고 길을 잃을 수도 있지만, 인도하는 이의 뒤를 따르면 늦을지언정 안전하게 갈 수는 있다. 무슨 일에서든 선불리 아는 척하면 곧 미혹하게 되고 갈팡질팡한다. 그래서 앉은 자리마저 위태롭게 되고, 그나마 알량하게 가진 것마저 내주게 된다. 진秦나라의 재상 여불위呂不韋는 "사람이 미혹하게 되면 중시해야 할 것을 가벼이 여기고 가벼이 해야 할 것을 중시한다. 이렇게 되면 일마다 잘못되지 않는 일이 없어진다."라고 말했다. 미혹하게 되면 일의 순서도 분간하지 못하고, 자신이 어디에 서 있는지조차도 모르게 된다.

리서남득붕利西南得朋이고 동북상붕東北喪朋이다.

서남쪽은 벗을 얻으니 이롭고 동북쪽은 벗을 잃는다.

서남쪽은 여름에서 가을까지를 일컬음이니 벗을 얻어서 함께 가는 것이 이롭고, 동북쪽은 겨울에서 봄까지를 일컬음이니 홀로 수신하며 대비하는 것이 이롭다. 서남은 성군인 문왕文王을 가리키고 동북은 폭군인 주왕紂王이다. 따라서 성군이 다스리는 곳은 인심이 융성하여 더불어 사는 것이 좋고 폭군이 다스리는 곳은 인심이 척박하니 홀로 역량을 기르며 때를 기다리는 것이 좋다. 현대사회에도 공명정대한 사회풍토가 정착되어야만 훌륭한 벗을 얻어 그들과 함께 마음껏 역량을 펼쳐볼 수 있다. 이 장은 곤으로서 땅을 말하고 있기 때문에 지리적인 측면에서 볼 때에도 서남방은 지세地勢가 순한 편이며, 동북방은 지세가 험한 편이다.

리상견빙履霜堅冰이니 음시응야陰始凝也이고
순치기도馴致其道이니 지견빙야至堅冰也이다.

서리를 자꾸 밟으면 굳은 얼음에 이른다. 음이 처음 엉기는 것이니 그 도를 익혀서 단단한 얼음에 이르도록 한다.

도道를 지속해서 밟으면 좋은 습성이 몸에 배고, 나쁜 습성을 자주 밟으면 점점 불온한 사람이 되는 것은 당연한 이치이다. 밟히고 밟힌 서리는 굳은 얼음이 되는 것처럼, 처음 엉기는 음陰의 도를 익혀서 단단한 얼음에 이르도록 해야 한다. 음이 처음 엉긴다는 것은 모든 만물은 땅에서 비롯되므로 새싹이 돋아나듯 새롭게 시작되는 도를 말한다. 도를 익혀서 굳힌다는 것은 콩은 태생부터 콩이고, 팥은 태생부터 팥이어야 하듯 자신의 본질을 잊지 말라는 뜻이다. 이는 곤의 덕으로 심신을 길들여 자신의 역할을 다해야 한다는 말이기도 한다.

선왕들은 중대사가 있으면 그에 방해가 되는 것들을 제거하였기에 공을 세울 수 있었다. 즉 목표를 정하고 방해 요소를 없애야 일에 집중할 수 있기 때문이다. 신경과학자 대니얼 레비틴Daniel Levitin은 '1만 시간의 법칙'으로 유명하다. 최소 1만 시간은 연습해야 뇌가 거기에 적응하고 한계를 넘어선다는 게 그의 주장인바, 하루 4시간씩 한 달에 20일간 똑같은 일을 10년간 반복했을 때에야 1만 시간이 채워진다. 이 구절에서 단단한 얼음에 이르도록 도를 굳힌다는 것이 바로 이와 같다. 어떤 분야에서든 한 가지 일에 집념을 가지고 반복하면 그 분야에서는 으뜸이 되고 전문가로서도 인정받게 된다. 으뜸이 된다는 것은 부와 명예가 뒤따른다는 것을 의미하며, 자신의 실력은 세상과 소통하는 훌륭한 도구도 될 수 있다. 그러나 어영부영 살아도 십 년은 똑같이 가기 때문에 반드시 선택과 집중이 필요한 것이다.

직방대直方大이니 불습不習이라도 무불리无不利하다.

곧고 사방이 크다. 익히지 않아도 이롭지 않음이 없다.

곧고 사방이 크다는 건 대지가 사방으로 크고 넓게 펼쳐져 있다는 말이다. 대지는 만물을 포용하고 있기 때문에 그 무엇도 가리지 않으며, 선과 악을 구분하지 않고, 어떤 목적을 두거나 의심도 하지 않는다. 익히지 않아도 이롭지 않음이 없다는 것은 하늘과 땅 사이에 있는 모든 만물은 누가 가르쳐주지 않아도 스스로 살아가는 방식을 알고 있다는 뜻이다. 인간에게서도 대부분의 일들은 굳이 배우지 않아도 저절로 이루어진다. 결국 인간의 삶이란 근본적으로 우주의 이치와 자연의 섭리 안에 있고 닮아 있기 때문이다. 따라서 인간이 천지자연의 섭리에 순응하면 어머니의 품에 안겨 있듯 몸과 마음은 편안해진다. 편안한 마음을 유지하면서 올바른 노력을 계속해나간다면 개인의 역량은 향상될 수밖에 없고 저절로 성인의 경지에 이르게 된다. 성인의 경지에 이르면 형체가 없는 것에서도 보는 것이 있게 되고, 소리가 없는 가운데서도 듣는 것이 있게 된다. 이른바 세상의 이치를 깨우치는 것이다.

괄낭括囊이니 무구无咎하나 무예无譽이다.

괄낭이니 허물은 없으나 명예도 없다.

괄낭括囊은 자루에 물건을 넣고 입구를 꽉 묶는다는 뜻이다. 입구는 주둥이를 가리키는 것이니, 들은 바와 본 바, 그리고 자신의 생각에 대하여 입을 꽉 다물고 행실을 조심하라는 말과 같다. 그러면 명예도 없고 허물도 없다고 하였으니 얻는 것도 없지만 딱히 잃는 것도 없다. 더군다나 위태로운 상황에 처해 있다면 매사에 근신하면서 섣불리 자신을 드러내서는 안 된다. 삼가야 할 때 주둥이를 동여매고 조심한다면 최소한 해를 입지는 않기 때문이다.

공자는 “많이 듣고 의심나는 것을 덜어내면 허물이 적으며, 많이 보고 위태로운 것을 버리면 뉘우침이 적다.”라고 하였다. 또 노자老子는 “말하지 아니하는 가르침, 하지 않음의 이로움. 천하에 이에 미치는 것은 없다.”라고 말했다. 예부터 큰일을 앞둔 현자는 말하지 않고 생각하지도 않으며 그저 조용히 때를 기다린다고 했다. 그렇지만 때가 되면 신속하게 반응하여 쟁취하는 것이니, 그때 심신을 여유롭게 가졌던 사람은 대부분 승리한다. 일상적으로 봐도 말수가 적은 사람은 실제보다 더 커 보이고 힘이 있어 보인다. 입을 헤벌려서 하찮게 취급받는 것보다 낫다.

황상원길黃裳元吉이니 문재중야文在中也이다.

누런 치마가 크게 길하다는 것은 문양이 가운데 있음이다.

누런 치마는 화려하게 무늬를 수놓은 황금빛 치마를 가리킨다. 문양文樣은 옷이나 물체의 표면에 장식으로 나타낸 무늬를 말한다. 그 무늬를 문채라고도 하는데 여기서는 문덕文德을 일컫는다. 문양이 가운데 있다는 건 황금빛 치마를 겉치마 속에 감추고 드러내지 않는다는 말이다. 겉으로 드러내지 않은 누런 치마라 길하다는 것이다. 예부터 비단옷을 입으면 군자는 밤길을 걷고 소인은 대낮에 걷는다고 했던 것과 같은 의미의 말이다.

이 구절은 사람이 높은 지위를 얻고서도 자신의 본성을 유지한다면 매우 길하다는 말이다. 인간은 자신에 대한 믿음이 현저하게 낮거나 지극히 충만할 때 비로소 본색을 드러낸다. 그런 순간엔 모든 의도와 연출을 떠나 본성이 그대로 표출된다. 그러므로 뒷장에서 언급할 항상심恒常心이 필요하다. 자고로 소인은 자신을 높여서 스스로 자랑하기를 즐겨하고 군자는 자신을 낮춰서 겸손하기를 즐겨한다. 그래서 옛사람이 이르기를 스스로 자랑하지 않으니 비로소 공이 드러난다고 했던 것이다.

곤坤: 대지를 닮아간다는 것

'곤' 장에서는 선미후득先迷後得이라고 하여 앞서가면 헤매고 뒤따르면 이롭다고 하였다. 따라야 할 때 따르지 않으면 반드시 헤맨다. 누군가를 뒤따르면 정해진 목적지까지는 안전하게 도착할 수 있다. 풍토가 다르면 생장하는 동식물도 다르듯, 새로운 환경에 처했을 땐 섣불리 자신을 드러내선 안 된다. 처음에는 따라 하면서 그 환경에 적응하는 것이 순리다. 기나긴 인생사, 조급하게 서두를 것 없다. 후득後得의 가르침처럼 뒤따르면서 쉬엄쉬엄 가는 것이 오히려 빠르고 득이 되는 경우가 허다한 게 우리네 인생이다.

어차피 인생은 소풍이나 여행길과 같은 것이니 갈 데까진 가봐야 하겠지만, 때에 맞게 찍는 쉼표와 마침표는 고수가 바둑알을 놓듯이 삶의 의미와 성과를 크게 바꾸어놓는다. 『맹자孟子』에 "발묘조장拔苗助長"이라는 말이 있다. 농부가 논에 나갔더니 다른 데보다 벼의 싹이 더디 자라는 것 같았다. 그래서 도와준다고 조금씩 당겨주었더니 모두 말라 죽었다. 억지로 조급하게 서두르다가 일을 망친다는 뜻이다. 긁어 부스럼을 조심하고, 급할수록 돌아가고 바쁠수록 쉬어가야 옳다.

그러므로 곤이 상징하는 것처럼 땅의 넓은 덕에 순응하면서 마음을 안정시켜야 한다. 전한前漢시대의 재상이었던 공손홍公孫弘은 "하늘 아래 자신을 다스리지 못하면서 남을 다스릴 수 있는 사람은 없다. 이것은 세상이 바뀌어도 변치 않는 진리이다."라고 말했다. 자신의 마음가짐이 바르지 않다면 제아무리 성군이 다스리는 태평성대太平聖代로 간들 무슨 소용이 있으랴. '곤坤' 장에서 말하는 "문재중야文在中也"는 황금빛 무늬가 안에 있다는 뜻이다. 이것을 마음의 영역으로 본다면, 언제나 겸손하고 바른 생각을 품고 살아가야 한다는 말이다. 그래야만 은은한 빛이 새어 나오고 그 정취가 아름답다. 생선가게에서 나온 것처럼 비린내가 나지 않고 향수가게에서 나온 것처럼 항상 감미로운 향기를 풍기고 있으니 뭇 사람들이 가까이 다가선다.

『주역』은 너무나도 논리정연해서 과학적이기까지 한데 "빈마정리牝馬貞利"의 구절에선 왜 순한 양羊을 안 쓰고 하필이면 말[馬]로 비유를 했을까? 그 이유는 이렇다. 말은 모든 동물 중에서 가장 빠르고 멀리 달릴 수 있으며 산이든 들이든 어디든지 갈 수 있다. 그렇게 왕성한 말을 잘 길들여놓으면 사람을 태우고 다닐 정도로 유순해진다. 그래서 길들인 말을 타는 사람은 무한한 힘을 갖추게 된다. 곤이 바로 그렇다. 땅을 잘 일구고 정성껏 다스리면 인간을 한없이 풍요롭게 해준다. 이처럼 크고 광활하면서도 대단한 존재가 바로 곤인 땅이다. 강하고 거친 땅을 야생마 길들이듯이 성심성의껏 다루면 무엇이든 한없이 내준다는 진리가 '곤' 장에 담겨 있다.

제3장 꽉 막혀서 나아가기 어렵다 둔屯

屯

둔屯: 어렵다, 막히다, 진을 치다.

어려운 시기엔 스스로를 낮추어라

屯 元亨利貞 勿用有攸往 利建候

動乎險中 大亨貞

以貴下賤 大得民也

屯如邅如 乘馬班如 匪寇婚媾

君子 幾 不如舍 往吝

卽鹿无虞 以從禽也 君子舍之 往 吝窮也

屯基膏 小貞 吉 大貞 凶

乘馬班如 泣血漣如

부드러운 것이 강한 것을 만났으니

돌처럼 굳은 땅을 뚫고 나오지 못한다.

어려운 처지에 놓이게 되면

도움의 손길을 내미는 데도 용기가 필요해진다.

남의 것을 내 것처럼 쓸 줄 아는 지혜와 융통성이 있어야 한다.

혼란이 겹쳐서 동요하는 시기는

새로운 시대를 열어갈 수 있는 기회이기도 하다.

단순한 원리를 너무 진중하게 생각한 나머지

스스로를 복잡하게 만들어놓고 헤어 나오지 못한다.

때를 놓치면 천군만마가 와도 소용이 없다.

둔屯은 막힘이니, 꽉 막혀서 나아가기 어려움을 뜻한다. 둔은 수뢰둔水雷屯을 말하며, 이는 구름이 우레를 덮고 있는 형상이다. 다른 산의 돌로도 나의 옥을 갈 수 있으니 내가 가진 것만을 능력으로 삼는다면 어리석은 일이다. 천하에 부족한 것은 정당한 도리이고, 남아도는 것은 구차한 욕심뿐이다.

둔屯은 원형리정元亨利貞이니 물용유유왕勿用有攸往하고
리건후利建候하다.

둔은 크게 형통하니 바르게 함이 이롭다.
갈 곳을 두지 말고 제후를 세워야 이롭다.

둔屯은 초목의 여린 싹들이 돌처럼 굳게 느껴지는 땅을 뚫고 나오지 못하는 형국이다. 그런데 둔이 크고 형통하다는 것은 꽉 막힌 상황이지만 우레나 비雨처럼 대자연의 움직임으로 인하여 두루 통한다는 역설적인 말이다. 이 구절은 근본적으로 어려운 상황에 처해 있어서 매사가 막히는 때이다. 이제 막 어떤 일을 시작하였는데 난제가 산적해 있는 상황이다. 이럴 때일수록 신중하게 처신한다면 조금은 숨통이 트일 수도 있으니 성급하게 추진하는 것을 지양해야 한다.

그래서 직접 나서지 말고 능력이 있는 제후를 세워야 이롭다고 하였다. 하늘에는 먹구름이 몰려들고 일마다 막히고 있을 때 적임자에게 권한을 위임하는 것은 현명한 방법이다. 제齊나라의 관중管仲은 "말을 대신하여 달리지 말고, 새를 대신하여 날지 말라."라고 말했다. 위임받은 사람의 능력을 빼앗지 말 것이며 위임받은 사람의 실질적인 일에도 관여하지 말라는 뜻이다. 그래야 위임받은 사람이 자신의 능력을 최대한 발휘할 수 있기 때문이다. 이 구절에서 제후를 세운다는 것은 다른 산에 있는 돌로도 나의 옥을 갈 수 있다는 말과 같다. 극한의 어려운 상황에 처하면 의기소침해져서 도움의 손길을 내미는 데에도 용기가 필요해진다. 그러나 머뭇거리다가 때를 놓치게 되면 천군만마가 와도 소용이 없다.

동호험중動乎險中이니 대형정大亨貞이다.

험한 가운데에서도 움직이니 크게 형통하고 바르다.

어려운 시절은 불안을 야기하지만 포기하지 않고 사력을 다해서 극복한다면 기쁨은 배가倍加된다. 험한 가운데서도 움직인다는 것은 어떤 일도 마다하지 않고 최선의 노력을 기울인다는 뜻이며, 크게 형통하고 바르다는 것은 지극한 정성이면 하늘도 움직일 수 있다는 뜻이다. 혼란이 겹쳐서 동요하는 시기는 오히려 개혁을 통해 새로운 시대를 열어나갈 수 있는 절호의 기회이기도 하다. 이 구절은 목숨까지도 걸어야 하는 위험을 기회로 삼아 올바르게 노력한다면 끝내는 크게 성취할 수 있다는 것을 말하고 있다. 그러나 단 한 번의 패배로 진흙구덩이 속에 파묻히고 만다는 고사가 경계하듯, 험險은 반드시 신중하게 사용해야 한다.

이귀하천以貴下賤이니 대득민야大得民也이다.

아랫사람을 귀하게 여기니 백성들을 크게 얻는다.

비록 나아가지는 못하더라도, 항상 올바른 뜻을 추구해야 한다. 이 구절에선 귀한 신분이지만 겸허한 마음으로 스스로를 낮추고 아랫사람들을 귀하게 여김으로써 민심을 크게 얻는다고 하였다. 인군仁君의 뜻이 바르기 때문에 자신을 백성들의 아래에 놓고도 국사를 임의대로 계획하며 다스려 나갈 수 있다. 그러면 점차 많은 백성이 따르고, 나중에는 세상을 크게 얻는다는 이치를 말하고 있다. 아랫사람을 귀하게 여기는 것, 자애로운 마음으로 이웃을 돌보는 것은 곧 자신의 미래를 돕는 일과 다름없다. 사마천은 『사기史記』에서 "자신을 낮춰 천하를 얻는다."라고 하였다. 겸손하게 자신을 낮추고 남을 높이는 마음가짐은 백성들뿐만 아니라 천하를 얻을 수 있을 만큼 그 가치가 크다.

둔여전여 屯如邅如하고 승마반여 乘馬班如하니
비구혼구 匪寇婚媾이다.

어려운 듯 머뭇거린다. 말을 타도 말이 서성거리니
도적이 아니고 구혼자이다.

낯선 사람이 찾아오니 난처하여 머뭇거리며 돌아서려고 한다. 말이 서성거린다는 것은 낯선 사람이 말을 타고 여기저기 돌아다니며 기세를 부리는 형상이다. 그러니 도적인지 청혼자인지 언뜻 판단이 서질 않는다. 혼기가 들어찬 정숙한 여인이 전도유망한 남성의 청혼에도 머뭇거리며 의심하고 있는 모습이다. 곱게 자라다 보니 유순함에 길들어서 쉽게 결정하지 못하고 있다. 세상을 향하여 자기 나름의 포부를 가지고 치밀하게 계획을 세웠다 해도 막상 실행에 옮기려 하니 두렵고 자신이 없다는 속내를 드러내고 있다.

무슨 일이든지 처음에 시작할 때는 미숙하여 머뭇거리게 된다. 또한 험한 산에 가로막힌 것처럼 어려운 상황에 놓이다 보면 자신의 선택을 의심하기도 한다. 법정法頂스님은 "체면을 생각한다면, 더 이상의 인생은 없다."란 말을 남겼다. 결정적인 상황에서 단호한 결단을 내릴 수 있느냐 없느냐는 모든 일의 성공과 실패를 갈음하기도 한다. 한때의 망설임 때문에 적기를 놓치게 되면 오랜 세월을 공회전해야 한다. 큰 기회는 장돌뱅이처럼 두 번 세 번씩 반복해서 찾아오지 않는다.

군자君子는 기幾하고 불여사不如舍하니 왕린往吝한다.

군자는 기미를 본다. 그치는 것만 못하니 가면 인색해진다.

나아가고 물러나야 하는 때를 안다는 것은 누군가가 가진 역량만큼이나 중요하다. 군자는 기미幾微를 본다고 하였으니, 이는 신중하게 조짐을 보면서 일을 도모해야 한다는 말이다. 그치는 것만 못하다는 것은 무슨 일이든지 경솔하게 시도하거나 섣부르게 시작해서는 안 된다는 뜻이다. 이미 시작했어도 잘못된 결정이라고 생각한다면, 그것은 마치 뜨겁게 달궈진 쇳덩어리를 움켜쥐고 있는 것과 다름이 없다. 고집을 부리면서 작은 욕심에 미련을 둔다면 더 큰 손해를 보면서 물러나야 한다. 그래서 기미를 보지 않고 어설프게 일을 진행하는 것은 아니함만 못하므로 인색해진다고 하였다.

즉록무우卽鹿无虞이니 이종금야以從禽也이고

군자사지君子舍之이니 왕往하면 인궁야吝窮也이다.

사슴을 사냥하는데 몰이꾼이 없으니 숲속에서 헤매게 된다.

군자가 그치는 것은 가면 인吝하고 궁해지기 때문이다.

세상살이를 얕잡아보면 너무도 쉽고 단순한 것 같지만, 이 세계에서 나 홀로 할 수 있는 일이란 명백하게 한정되어 있다. 이 구절에선 사슴을 쫓아가나 몰이꾼이 없다고 했다. 몰이꾼도 없이 사냥한다는 것은 사슴에게 도망가라고 길을 열어주는 것과 다름없다. 현실에서 몰이꾼이 없다는 건 어떤 일을 추진할 준비가 부족하다는 의미이다. 총칼도 없이 맨몸으로 전장에 나서는 병사와 다르지 않다. 사슴을 잡으려다가 도리어 본인이 사슴의 신세가 될 수 있다. 그러니 사냥을 계속하면 점점 더 인색해지고 궁색해질 뿐이기에, 거기서 멈춰야 한다. 사슴을 사냥하는 것조차 혼자서는 할 수 없으니 상생의 도가 그만큼 크다는 것을 말해주고 있다.

둔기고屯基膏이니 소정小貞이면 길吉하고 대정大貞이면 흉凶하다.

살찌게 만들기 어렵다. 작고 바르면 길하나 크고 바르면 흉하다.

능력에 넘치는 일은 벌이지 말고 분수에 맞게 살아가야 한다는 인생관에 대하여 말하고 있다. 살찌게 만들기 어렵다는 것은 백성들을 윤택하게 만들기에는 능력이 부족하다는 것을 의미한다. 작고 바르면 길하다는 것은 인군으로서의 지위를 고집하지 않고 백성들을 순리대로 다스려야 길하다는 뜻이며, 크고 바르면 흉하다는 것은 인군으로서의 권위를 내세워서 일을 강제하면 흉하다는 뜻이다. 분수에 맞는 작은 일을 맡아서 수행하기에는 흠이 없으나, 큰일은 바르게 할지라도 이루기가 어렵다는 것을 말한다. 분수에 맞게 산다는 것은 결코 흉잡힐 만한 일이거나 부끄러운 일이 아니다. 처지에 맞게 살면 자신의 마음이 편해지고, 자신의 마음이 편해지면 주변의 모든 것들이 저절로 좋아진다.

승마반여乘馬班如이니 읍혈연여泣血漣如이다.

말을 타고 서성거리니 피눈물이 줄줄 흐른다.

나아가지도 못하고 그렇다고 머무르지도 못하는 어정쩡한 상태다. 말을 타고 서성거린다는 것은 자신감이 결여된 모습이지만, 말을 타고 나갔으나 갈 곳이 없어서 되돌아왔음을 의미하기도 한다. "읍혈연여泣血漣如"는 겉으로는 눈물을 감추고 있어도 속으로는 피눈물이 줄줄 흐른다는 뜻이다. 궁색하여 피눈물이 흐른다는 것은 생이 얼마 남지 않았음을 암시한다. 다른 한편으로는 지나온 생을 돌아보며 냉정을 찾고 현실 세계를 정확하게 파악하고 있는 모습이기도 하다. 모든 일은 시작과 과정도 중요하지만, 현대사회에선 결과를 훨씬 더 중시한다. 한 사람의 일생에서는 더욱더 그러하다. 그래서 초로의 쓸쓸함은 임금님도 구제할 수 없다고 하였다.

그렇지만 끝날 때까지는 끝난 게 아니다. 미국 야구의 전설 요기 베라Yogi Berra의 이 말, "끝날 때까지 끝난 게 아니다It ain't over till it's over." 라는 명언은 지금도 많은 이들에게 회자된다. 이 말이 진리라는 것은 중국 역사에서도 엿볼 수 있다. 한漢 고조 유방劉邦은 항우項羽와 72차례의 크고 작은 전쟁을 치렀는데, 단 한 번도 이겨보지 못하고 71번을 연속으로 패했다. 하지만 마지막 72번째인 해하垓下 전투에서는 항우의 군사를 완패시켰다. 그토록 승승장구하던 항우는 강동으로 돌아가 재기를 도모하자는 신료들의 권유를 뿌리치고 자결을 선택했다. 항우는 내 실력이 부족해서 진 것이 아니라 하늘이 나를 버린 것이라는 유명한 말을 남기고 생을 마감했다.

둔屯: 고난의 시기를 어떻게 버틸 것인가

둔屯은 앞뒤가 꽉 막혀서 이러지도 저러지도 못하는 어려운 형국이다. 고단하게 인내하고 있으니 누군가의 도움이 절실하게 필요하다. 남에게 전혀 덕을 베풀지 않은 것은 아니지만 그렇다고 해서 은혜로운 덕이 널리 미친 것도 아니었다. 그래서 둔屯 장에서는 제후를 세워야 한다고 하였으니, 그 숨은 뜻은 현인의 도움을 받아야 한다는 것이다.

속담에 무당이 제 굿 못하고, 의원이 제 침 못 놓는다는 말이 있다. 세상일이란 제아무리 뛰어나고 위대한 인물일지라도 반드시 누군가의 도움이 있어야 제대로 이루고 성취할 수 있다. 왜냐하면 스스로 할 수 있는 일도 있지만 혼자서는 불가능한 일도 있기 때문이다. 아니 부지기수로 많다. 사람 인人 자에서 '人'의 형상이 보여주듯, 사람은 둘이 서로 마주하고 있어야 쓰러지지 않는다. 조물주가 애초에 만들 때부터 인간은 홀로 설 수 없도록 만들어놓은 동물이기 때문이다.

서한西漢 시대의 매복梅福은 "다른 사람을 이루게 함은 자기를 이루는 것이요, 다른 사람의 길을 막는 것은 나중에 자신의 길을 막는 것이다."라는 말을 남겼다. 또 그는 "재물을 얻은 후에 다른 사람들도 재물을 얻게 하면 가난하고자 해도 가난해질 수 없으며, 관리가 된 후에 다른 사람들도 관리가 되게 하면 강등되고자 해도 되지 않는다."라고 말했다. 서로 돕고 살아가는 상부상조가 최선의 길이라는 뜻이다. 인간 세상은 애초부터 서로 어우러져야 살아갈 수 있게끔 설계되어 있다.

그러니 믿고 의지할 구석이나 대상이 어딘가에는 반드시 존재해야 한다. 그것을 스스로 찾아야 하는데 아무리 발버둥 쳐도 만들거나 찾을 수 없다면 결국에는 고난을 온몸으로 감내하는 수밖에 없다. 한술 더 떠서 삶의 고달픔이 절정에 이르렀는데 커다란 장벽이 또다시 앞을 가로막고 있다면, 그대로 포기하고 주저앉든가 아니면 누군가의 도움을 받아서 치우고 나아가든가 둘 중 하나밖에 없다. 자신의 힘만 믿고 산다는 것은 어리석음을 확인하고 반복하는 일일 뿐이다. 현명한 사람은 자기가 가진 것은 비록 열악해도 다른 사람이 가진 것을 자기 것인 양 활용할 줄 안다. 그러기 위해서는 흑백을 구분하듯이 사람을 알아보는 혜안을 길러야 한다. 자신의 재능만을 능력으로 삼지 않기 위해서이다. 자신이 가진 것만 쓸 줄 안다면 동물과 별반 다르지 않으니 항상 그날이 그날일 뿐이다.

둔屯의 시기는 지구가 생기면서 천지가 태동했을 때와 마찬가지라고 할 만하다. 아직은 날이 밝지 않아서 어둡고 시기도 무르익지 않았다. 계획을 잘 세워야 모든 것을 자신의 입맛에 맞게 다스릴 수 있다. 매사의 상태를 확실하게 보고 그 속을 알게 되면 눈에 보이지 않았던 이면裏面의 모습까지도 보이게 된다. 모르는 분야에서 상황 파악이 안 된다면, 겸손한 마음으로 상황을 파악하고 주변의 신임을 얻어야 한다. 또한 자신의 부족함을 깨닫고 지혜로운 사람들의 도움을 받아야 한다. 17세기 유럽의 사상가 발타자르 그라시안Baltasar Gracián은 "지혜로운 사람을 곁에 두어야 한다. 허락된 시간은 짧고, 배울 것은 많기 때문이다."라고 말했다. 현인이 가까이에 있다면 그것은 엄청나게 복된 일이다. 적절한 때에 누군가의 도움을 받는다는 것은 절대 창피하거나 부담스러운 일이 아니다.

둔屯의 시기에는 창업과 같은 큰일은 미루고 혼인과 같이 경사스러운 일도 잠시 보류하고 숨 고르기를 해야 한다. 막히거나 어려운 시기에 중요한 사안을 결정하거나 행한다는 것은 반드시 오류를 범하기에 충분한 조건을 갖추고 있기 때문이다. 당장은 순풍에 돛 단 듯이 나아갈 수 없으므로 지금의 시련은 더 큰 성장을 위하여 겪는 진통이라고 보아도 된다. 하지만 견고한 인내로 이겨내지 못한다면 점점 더 세상 구경하기 힘들어지는 길로 들어설 수 있다.

『서경書經』에는 "망수행주罔水行舟"라는 말이 있다. 물이 없는데 배를 띄운다는 뜻이다. 즉, 순리에 어긋나는 행동을 가리킨다. 그러니 물이 없고 메마른 곳에서는 수레를 굴리고, 물이 넘실대는 곳에서는 배를 띄우면 된다. 세상을 살아가는 이치는 의외로 단순하고 명료하다. 사람들은 그렇게 단순한 원리를 너무 진중하게 생각한 나머지 스스로를 너무 복잡하고 어렵게 만들어놓고는 거기서 헤어 나오질 못하곤 한다.

제4장 어린아이의 미숙함은 당연하다 몽蒙

蒙

몽蒙: 어둡다, 어리석다, 꿈을 꾸다

자신의 부족함을 쉼 없이 깨우쳐라

蒙 亨 匪我求童蒙 童蒙 求我

包蒙 吉 納婦 吉 子克家

勿用取女 見金夫 不有躬 无攸利

發蒙 吝 包蒙 吉 困蒙 吝

童蒙之吉 順以巽 利用御寇 上下順

蒙亨以亨行 時中也

어른의 말 한마디나 책 한 권이
아이의 인생을 통째로 바꿔놓기도 한다.
현명한 사람이 되는 것은 쉽고,
어리석은 사람이 되는 것이 오히려 어렵다.
지혜는 어리석음을 먹고 자라는 것이니
학구열이 있을 때 깨우치는 것은 성인의 보람이다.
산 아래 물이 있어 위험한 모습이지만
막힌 것을 트면서 바다에 이른다.
집안에서의 작고 사소한 일조차도
포용하고 용납해야 올바르게 다스려진다.
어리석음을 던지고 벗어나야 비로소 통하게 된다.

✲

몽蒙은 몽매함이니 어린아이의 미숙함은 당연하다. 몽은 산수몽山水蒙을 말하며, 이는 산기슭에서 물이 솟아나는 형상이다. 교육은 이슬처럼 맑고 순수한 물이 바다로 무사히 흘러갈 수 있도록 역량을 심어주는 일이다. 그러나 인간은 스스로의 부족함을 깨닫지 못한 채 탐욕 때문에 늙고, 분노 때문에 병들며, 어리석음 때문에 죽는다.

몽蒙은 형亨하나 비아구동몽匪我求童蒙이니
동몽童蒙이 구아求我이다.

몽은 형통하나 몽매한 아이에게 배우라고 청하는 것이 아니라,
몽매한 아이가 나에게 가르침을 청해야 한다.

몽蒙은 어둡고 어리석다는 뜻이다. 그런데 여기에선 왜 몽이 형통하다고 했을까? 어린아이는 순수하므로 깨우치기에 가장 적합한 때이며, 비어 있어서 무엇이든 담을 수 있기 때문이다. 몽을 깨우친다는 것은 작은 물이 내를 이루며 바다에 이르는 모습과 흡사하다. 이처럼 몽매한 이가 계몽되는 것이니 형통하다고 할 수 있다.

그러나 이 구절에선 내가 몽매한 사람을 찾는 것이 아니라, 몽매한 사람이 나를 찾아야 한다고 강조한다. 아이가 진실로 배우고자 하는 학구열이 있을 때 그 아이를 깨우치는 것은 성인의 보람이다. 지식과 정보에 물들지 않은 유소년기일 때 삶 자체와 존재 자체에서 나오는 지혜를 터득할 수 있다. 그러므로 아이들에겐 성인의 도움이 절대적으로 필요하다. 교육은 미래에 주어질 환경에서 올바르고 현명하게 살아가는 방법을 터득시켜주는 일이다. 이때 어른의 말 한마디나 책 한 권이 아이의 인생을 통째로 바꿔놓기도 한다.

포몽包蒙이니 길吉하고 납부納婦라도 길吉하니 자극가子克家이다.

몽매함을 감싸면 길하고 며느리를 얻으면 길할 것이니,
자식이 집안을 잘 이어나간다.

어느 가정이든 어린아이는 포용하는 것이 좋고 여인은 용납하는 것이 좋다. 이 구절에선 자식을 가르친 후 며느리를 받아들이니 아들이 집안을 잘 이끌어간다고 하였다. 집안에서의 작고 사소한 일조차도 순리에 따라야 올바르게 다스려진다. 하물며 너른 세상에서 일면식도 없는 사람들과의 일은 두말할 나위도 없다. 너그럽고 인자하게 대하면 저절로 인급가족人給家足이 된다. 인심이 두루 좋아지고 사람은 넉넉해지며, 의식주에는 부족함이 없고 집안은 풍족해진다. 포용은 당장의 내 인내와 마음 씀을 요구하겠지만, 궁극적으로는 자신에게 그 은혜가 되돌아온다. 아이들과 여인들을 배려하는 일은 결국 자기 자신과 가족 모두를 위하는 일인 것이다.

물용취녀勿用取女이니 견금부見金夫하고 불유궁不有躬이니
무유리无攸利하다

여자를 취하지 말아야 한다.
돈 있는 사내를 보고 몸을 두니 이로운 바가 없다.

뜬금없이 여자를 취하지 말라는 것은 행실이 바르지 못한 여자를 들이면 곤란하다는 것이다. “불유궁不有躬”은 여자가 있어야 할 장소를 벗어난다는 뜻이다. 경망스럽게 처신하는 여자는 품행이 온전하지 못해 가정을 다복하게 꾸리지 못하고, 자녀의 교육도 올바르게 이루어내기 어렵다. 바르지 못한 여자는 가르침이 통하지 않는 대상이기에 취하지 말라는 유교적 가르침이다. 『주역』이 고대사회의 경전인지라 여성의 예를 들었지만, 남자든 여자든 금전적인 유혹이나 욕정으로 인해 법도를 어긴다면 불행이 초래되는 것은 자명한 일이다.

발몽發蒙은 인吝하고, 포몽包蒙은 길吉하며,
곤몽困蒙은 인吝하다.

발몽은 우매함을 깨우쳐주는 것이니 인색하고,
포몽은 이해하고 받아주는 것이니 길하다.
곤몽은 곤란한 처지가 되었으므로 인색하다.

몽매하고 어리석은 사람을 깨우친다는 것은 그렇게 녹록한 일이 아니다. 발몽發蒙은 우매함을 깨우치는 것이니, 올바른 원칙을 세워놓고 다스려야 하므로 인색하다. 포몽包蒙은 이해하고 받아주는 것이니, 어린아이를 대하듯 넓은 마음으로 받아주므로 길하다. 곤몽困蒙은 가르침이 부족하여 곤란한 처지가 되었으므로 인색하다.

깨우침이 부족하여 오판誤判하면 엉뚱한 길로 빠지기 십상이다. 그래서 벌을 주는 것도 나쁜 방법은 아니지만 올바름을 지켜나가는 것이 더 바람직하다. 부족한 사람에게 벌은 의미가 없기 때문이다. 자신이 얻은 깨달음을 다른 사람들과 나누면 놀랍게도 세상이 바뀔 수 있다. 누군가를 가르친다는 것은 교육자가 알고 있는 지식이나 산 경험을 피교육자와 공유하는 일이며, 피교육자의 정곡을 찔러 크게 변화시킨다면 그 보람은 세상의 무엇과도 바꿀 수 없다.

동몽지길童蒙之吉이니 순이손順以巽하고
리용어구利用御寇이니 상하순上下順하다.

어린아이의 어리석음은 길한 것이니 순하고 공손함으로 쓴다.
도적을 길들이듯이 해야 이롭고 위아래가 순조롭다.

어린아이가 사리분별에 어두운 것은 당연한 일이다. 그러나 온순하기 때문에 오히려 길들이기가 수월하다. 어린아이는 사물을 헤아리는 능력이 계발되지 않은 상태이니 체계적으로 지식을 받아들이고 소화시키는 데 하등의 문제가 없다. 마른 스펀지가 물기를 빨아들이듯 오히려 자연스럽고 쉽게 이루어진다. 현인이 어리석음을 깨우쳐줄 때 바로 반성하고 고치려는 마음이 순順이다. 또 도적을 길들이듯 해야 한다는 건 몽매함을 가르칠 땐 엄하게 원칙을 세워놓아야 한다는 뜻이다.

위아래가 순조롭다는 것은 윗사람과 아랫사람이 서로 어긋나지 않아야 한다는 말이다. 위가 올바르면 아래가 따르게 되고, 아래가 올바르면 위도 스스로를 단속하니 위아래가 서로 거스르지 않게 된다. 또한 위아래의 소통이 원활하면 저절로 몽蒙을 깨우치게 되는 것이므로 훗날 도적이 되지 않고 도적을 막는 파수꾼이 된다. 그러나 오늘날 주로 어두운 생각을 고집하는 것은 어린아이가 아니라 알 만큼 아는 어른들이다. 항상 객관적인 입장에서 사물을 관찰하고 판단하며, 어린아이나 어리석은 사람에게서도 배워야 할 것은 배워야 한다.

몽형이형행蒙亨以亨行이니 시중야時中也이다.

몽형은 형통함을 행하는 것이니 때가 중요하다.

몽형蒙亨은 어리석음을 던져버리면 통하게 된다는 뜻이고, 형행亨行은 형통함을 행한다는 뜻이므로 어리석음에서 벗어나 현명하게 행동한다는 것이다. 몽매함을 깨우치고 어리석음을 던져버렸으니 마침내 통하여 너른 세상으로 나아가게 된다. 서로 소통하여 순리대로 되었으니 이것을 시중時中이라고 한다. 시중은 때에 들어맞는다는 뜻이며 시기를 적중하여 놓치지 않음을 일컫는다. 계절마다 제각기 할 일이 있는 것처럼, 어린아이를 가르치는 일은 봄에 소중한 씨앗을 뿌리는 일과 같다. 무슨 일이 됐건 처음에 시작할 때는 여리고 지지부진하며 앞날을 확신할 수 없는 아득한 상태일 수밖에 없다. 그러므로 그때그때 흐름에 맞게 이루어나가야 형통하다는 가르침이다.

사전상 어리석음의 반대말은 현명함이지만, 이 둘은 의미상 동의어로 보아도 무방하다. 현명한 사람은 자신의 부족함과 어리석음을 아는 사람이기 때문이다. 그래서 진정으로 현명한 사람은 언뜻 보면 어리석은 사람처럼 보여도 그 내면은 냉철하다. 진정 아름다운 광채는 그 빛이 보일 듯 말 듯 밖으로 새어 나오지 않는 것과 같다. 아름다움과 추함을 서로 나누거나 바꿀 수 없는 것처럼 어리석음과 현명함도 서로 나누거나 바꿀 수 없다.

몽蒙은 어리석다는 말이지만 덮어 씌워져 있다는 뜻도 내포하고 있다. 어리석음을 거적처럼 잔뜩 뒤집어쓰고 있는 사람은 첫째, 세상의 이치를 제대로 모르고, 둘째, 무언가에 현혹되어 있으며, 셋째, 야욕野慾으로 씌워져 있다. 그러나 어느 단계를 막론하고 스스로 헤치고 나오기 요원하다면 누군가가 그 거적을 걷어내 주어야 한다. 그러지 않으면 울타리 밖에서 방치되다가 결국에는 버려지는 낙오자가 된다. 그래서 그 누군가를 불러오거나 스스로 오게 하려면 평소에 작은 덕이나마 쌓고 살아야 한다. 아무런 이유 없이 측은지심으로 남을 불쌍하게 여긴다거나 어느 날 갑자기 착한 마음이 동하여 도움을 주려는 사람은 찾기 힘들다.

몽蒙을 깨우치는 데에는 스스로 자각하는 일을 곁에서 도와주는 것이 최선의 방법이다. 어린아이를 가르칠 때는 적당한 훈육 차원의 벌이 필요할 때도 있다. 어릴 적의 벌은 성인이 되었을 때 큰 죄를 범하지 않고 냉엄한 형벌을 면하게 해주는 약이 된다. 그런 벌은 객관적인 상식에서 벗어나지 말아야 하고, 가혹하지 않아야 효과가 있다. 벌은 경계하는 데 가장 큰 목적을 두어야 하기 때문이다.

그러나 어린아이는 자질이 미약하고 천진난만하다. 막 솟아 나온 샘물처럼 맑고 깨끗하기만 할 뿐이다. 이슬처럼 아직 땅에 닿지 않아 아무것도 섞이지 않은 순수함 그 자체이니, 교육은 그렇게 맑음과 순수함이 무사히 바다로 흘러갈 수 있도록 역량을 심어주는 일이다. 사람의 품성이나 도덕을 가르치는 훈육訓育은 연기가 스며들 듯 힘들이지 않아야 자연스럽게 받아들이며 상하지 않고 오래갈 수 있다.

제5장 목마른 초목에는 믿음이 필요하다 수需

需

수需: 구하다, 기다리다

조급해하지 말고, 때를 기다려라

需有孚 光亨 貞吉 利涉大川

雲上於天 需 君子 以 飮食宴樂

需于郊 利用恒 无咎

需于沙 小有言 終吉

需于泥 致寇至

需于血 出自穴

入于穴 有不速之客三人來 敬之 終吉

不速之客來敬之終吉 雖不當位 未大失也

하늘로 구름이 오르기 시작했으니
기다리는 일 말고는 아무것도 할 것이 없다.
믿음이 있는 기다림은 흔들리지 않으며
그 대가는 생각 이상으로 크다.
큰일을 하기 위해서는 이것저것 손대지 말고 조용히 때를 기다린다.
내가 좇아가는 것이 아니라
상대가 애타게 기다리도록 상황을 반전시켜야 한다.
사람의 일이나 천지자연의 일이나
가만히 있어도 갈 것은 가고 올 것은 온다.
신은 기다릴 줄 아는 사람에게 반드시 보상을 한다.

수需는 기다림이니 목마른 초목에는 믿음이 필요하다. 수는 수천수水天需를 말하며, 하늘에 있는 물을 기다리는 형상이다. 적절하게 인내할 줄 알아야 모든 일을 나에게 유리한 상황으로 만들어 나갈 수 있다. 당신이 원하는 모든 것은 당신으로부터 부름을 받길 기다리고 있다.

수유부需有孚이니 광형光亨하고
정길貞吉하며 리섭대천利涉大川이다.

수는 믿음이 있으니 빛나고 형통하다.
바르게 하면 길하고 큰 내를 건너도 이롭다.

모든 일에는 때가 있으니 기다릴 줄 알아야 한다는 말이다. 이 구절은 농부가 물처럼 없어서는 안 되는 것을 간절히 기다리고 있는 형국이지만, 그럼에도 하늘에 있는 물은 언젠가는 떨어지게 되어 있다. 믿음을 가지고 바르게 하면 막힐 것이 없다. 그러므로 빛나고 형통하다. 위기가 닥쳤을 때도 동요하지 않고 자기 일에 묵묵히 집중하다 보면 절로 통하게 된다는 것을 말해주는 구절이다.

큰 내를 건너도 이롭다는 것은 과감하게 실행해도 된다는 뜻이다. 나아가면 공이 있고, 큰일을 맡아도 능히 해낼 수 있다. 모든 기다림에는 믿음과 자신감이 전제되어 있어야 한다. 목표도 없고 기약도 없는 막연한 기다림은 인생을 지치고 허무하게 만들 뿐이다. 하지만 확신이 있는 기다림이라면 두려워할 것도 없고, 흔들릴 것도 없다. 기다림의 대가는 대부분 우리가 상상하는 것 이상으로 크다.

운상어천雲上於天이 수需이니
군자이君子以하여 음식연락飮食宴樂한다.

구름이 하늘로 올라가는 것이 수이다.
군자는 이를 보고 음식과 술을 장만하여 잔치하며 즐긴다.

하늘에는 조각구름만 떠다니고 있으니, 비가 내릴 조짐이 없다. 군자는 아직 때가 이르지 않았음을 알고 백성들과 함께 음식과 술을 장만하여 흥겹게 잔치를 벌인다. 구름이 모여들 때까지 기다리는 일 말고는 할 것이 없다. 그러니 비가 언제 올지도 모르는데 괜히 조바심 내며 안절부절못할 일이 아니다. 즉, 느긋한 마음으로 즐긴다는 것은 기다릴 줄 아는 지혜를 말한다. 마땅히 무언가를 기다려야 할 때는 섣부르게 나서지 말고 역량을 비축하면서 적기를 노려야 한다는 것이다. 『사기』에는 "불비불명不飛不鳴"이라는 말이 있다. 새가 날지도 않고 울지도 않는다는 뜻이다. 그처럼 큰일을 하기 위해서는 이것저것 손대지 말고 조용히 때를 기다려야 한다. 천지자연의 일이나 사람의 일이나 두 손 놓고 가만히 있어도 갈 것은 가고 올 것은 온다.

수우교需于郊이니 리용항利用恒하고 무구无咎하다.

마을에서 멀리 떨어진 들판에서 기다린다.
항을 쓰는 것이 이롭고 허물이 없다.

언제나 한결같은 마음을 유지하면 이로울 따름이다. 마을에서 멀리 떨어진 들판은 교외郊外를 가리킨다. 교외에서 기다린다는 것은 위험을 무릅써가면서 경거망동하지 않고, 여유롭게 기다리고 있는 모습을 의미한다. 멀찌감치 떨어진 곳에서 기다리는 것이니 위험한 장소도 아니고 무리하게 앞서가는 것도 아니다. 항恒을 쓰는 것이 이롭고 허물이 없다는 것은 어떠한 경우라도 항상심恒常心을 유지해야 도움이 된다는 뜻이다.

그러므로 감당하기 어려운 일은 시작하지도 말고 분수에 넘치는 행동은 하지도 말아야 한다. 조용히 때를 기다리면서 경솔하게 굴지 않는다면 늘 떳떳하고 당당해질 수 있다. 언제나 심신의 변화 없이 안정되어 있다면 무엇을 하든 간에 자신의 이목을 집중할 수 있고, 이목을 집중하면 일의 두미頭尾가 한눈에 파악된다. 이를 바로 항상심의 덕이라 일컬을 수 있다.

수우사需于沙이니 소유언小有言하나 종길終吉하다.

모래밭에서 기다린다. 다소 말言은 있으나 마침내는 길하다.

이 구절에선 위험한 곳에서 조금은 떨어져 있으므로 세파에 직접적으로 휩쓸리지 않고 있다. 하지만 모래밭에서 기다린다는 것은 이미 깊은 물가에 근접해 있으니 위험이 상존常存하는 모습이다. 다소 말은 있어도 길하다는 것은 주위에서 조심하라는 말을 듣거나 계속 자신에 관한 구설수가 나돌 수도 있지만, 언제나 중용의 도를 지키며 선을 넘지 않는다면 끝내는 길하다는 뜻이다.

수우니需于泥이니 치구지致寇至이다.

강가의 진흙밭에서 기다리고 있으니 도둑을 불러들인다.

강가의 진흙밭은 갯벌과 같이 쓸모없는 땅이 아니라 경작하기 좋은 기름진 땅이다. 양질의 땅이므로 수확할 수 있는 농작물이 많기에 저절로 도둑을 불러들인다. 겉으로는 좋은 일로 인해 경사가 났지만, 속으로는 재앙의 싹이 터서 꿈틀거리고 있다. 그러므로 좋은 일을 기뻐하고 즐기면서도 늘 만일의 사태에 대비하고 있어야 한다는 가르침이다. 즐거움에 빠진 채 정신줄을 놓으면 신기루를 찾아 골 깊은 계곡으로 계속 빠져드는 꼴이 된다. 실기하고 난 뒤에는 피눈물을 머금으며 후회해도 돌이킬 수 없다.

수우혈需于血이니 출자혈出自穴이다.

혈 자리에서 기다리다가 구멍으로부터 스스로 나온다.

위기의 상황 속에서 누군가를 애타게 기다리고 있지만, 결국은 스스로 빠져나와야 한다. 이 구절에서는 "수우혈需于血"이라고 하였으니 혈血 자리에서 기다린다는 뜻이다. 혈은 음陰에 속하기 때문에 온순하게 기다리는 자세를 취하고 있다. 그러나 피비린내가 나는 곳에서 기다린다는 것이니 혈은 전쟁터와 다름없는 험한 곳을 지칭한다. 구멍으로부터 스스로 나온다는 것은 잘못을 뉘우치고 정신을 차렸더니 빠져나올 방법이 생겨났다는 뜻이다. 예나 지금이나 대다수 사람은 놀랄 만한 상황을 경험하고 더 이상 추락할 곳이 없을 때 문득 자기 모습을 깨닫곤 한다. 험한 데에 이르러서야 비로소 밝게 판단할 수 있었음을 가리키는 것이다.

입우혈入于穴이니 유불속지객삼인래有不速之客三人來하고
경지敬之하니 종길終吉하다.

구멍에 들어가니 청하지 않은 손님 셋이 와서 공경한다.
마침내는 길하다.

한 사람의 생각이나 행동이 품은 선한 영향력에 대하여 말하고 있다. 혈穴은 구멍이나 동굴이라는 뜻으로, 습한 음陰의 자리를 말한다. 구멍은 위험한 자리를 가리키고 있지만, 동굴과 같은 험한 자리에 든다는 것은 무기력해서가 아니라 자의自意로 들어감을 의미한다. 마음의 기저에 정의로운 뜻이 있었고, 또 믿음이 함께 있었기 때문이다. 자신을 희생하는 큰 뜻이 있었기에 하늘이 알고 땅이 알게 되었다. 그래서 비록 험지로 향하기는 했지만 청하지 않은 손님으로부터 도움을 받게 된다. 세 명의 구원자가 찾아와서 그를 공경하고 마침내는 그들로 말미암아 벗어날 수 있게 되었으니 길하다고 하였다. 개인이 공공의 이익을 위해서 헌신한다면 반드시 돕는 자가 나타난다는 말이다.

불속지객래경지종길 不速之客來敬之終吉하니
수부당위 雖不當位이며 미대실야 未大失也이다.

잔치를 벌였는데 청하지 않은 손님이 오더라도 그를 공경하면 결국에는 길하다. 비록 자리는 마땅치 않으나 크게 잃지는 않는다.

잔치에 초대하지 않은 손님이 왔다. 청하지 않은 손님일지언정 귀하게 대접하니 결국에는 좋은 일이 생긴다. 자리는 마땅치 않으나 잃지 않는다는 것은, 뜻밖의 손님을 맞이할 만한 자리가 아니어도 공경하는 마음으로 대하면 자신의 본분은 잃지 않고 다했음을 말한다. 사람은 언제, 어디서, 어떤 인연으로 복福이 되고 화禍가 될지 아무도 모른다. 본래 화와 복은 조용히 제 일만 하기 때문에 보이지도 않고 느껴지지도 않는다. 그렇지만 이 둘은 미치지 않는 영역이 없다.

『한비자韓非子』의 「설림상편說林上篇」에는 "노마지지老馬之智"라는 말이 있다. 이는 늙은 말馬의 지혜이니, 저마다 한 가지의 재주는 지녔다는 뜻이다. 제齊나라 환공桓公이 재상인 관중과 더불어 전쟁에 나섰다가 혹한의 추위 속에서 길을 잃었다. 이때 관중이 늙은 말 한 마리를 골라서 풀어놓았는데, 놀랍게도 그 말이 얼마 가지 않아서 큰길을 찾아냈다고 하는 데서 비롯된 말이다. 평소에는 여물만 축낸다며 천대받던 늙은 말이 한 나라를 구한 것이다. 제아무리 손가락질받는 사람이나 비렁뱅이일지라도 그들만이 가진 장점과 특기가 있게 마련이다. 그래서 성인은 미치광이의 말도 가려서 듣는다고 했으니, 이는 매사에 속단하지 말라는 가르침과 같다.

수需: 기다림의 미덕

수需는 때를 기다린다는 뜻이다. 갈 길이 급하다고 배를 기다리지 않고 성급하게 강물로 뛰어드는 일은 용기가 아니라 필부匹夫의 만용蠻勇일 뿐이다. 기다릴 줄 모르는 조급함은 큰일은커녕 한 끼 먹을 밥조차도 제대로 짓기 어렵다. 밭 갈고 씨 뿌리며 가꾸어나가는 농사일에도 모든 과정엔 때가 있고, 농부가 때를 알고 움직이듯 모든 인간은 순리에 따르면서 일을 해야 유익하다. 그러다 보면 목표하던 바는 자기도 모르는 사이에 절로 이루어진다. 당장 원하는 것이 취해지지 않는다고 애태울 일이 아니다. 안절부절못하며 조바심을 낼수록 하는 일마다 어긋나게 될 뿐이다.

성실하면서도 바르게 인내하는 미덕은 사람을 내적으로도 성숙시켜준다. 조바심을 참지 못한 나머지 사소한 일에 연연하여 쓸데없이 충돌할 필요가 없다. 작은 일에 민감해지다 보면 세상 보는 안목이 작아진다. 프랑스 작가 쥘 르나르Jules Renard는 "당신이 원하는 모든 것은 당신으로부터 부름을 받길 기다리고 있다."라고 말했다. 이러한 믿음을 갖고 세상 사람들이 자신을 기다리도록 상황을 만들어가야 한다. 힘을 기르면서도 적절히 기다릴 줄 알아야 모든 일을 자신에게 유리하게끔 반전시킬 수 있다. 그렇게 된다면 험지를 만나도 극복할 수 있을 것이며 세상에 두려워할 것이 없게 된다. 이를 '수需' 장에서는 큰 강을 건너도 이롭다고 하였으니 과감하게 실행에 옮겨도 된다는 뜻이다. 현실을 직시하고 사물을 올바르게 볼 수 있는 안목을 기른다면 어떠한 위험이 닥쳐도 헤치고 나갈 수 있다.

냉철한 판단력과 통찰력을 견지하고 묵묵히 기다리고 있으면, 신기하게도 진실로 원하던 것이 저절로 손에 쥐어지는 경우가 있다. 그렇다고 해서 운運을 믿고 운에만 의지하면 안 된다. 운에 의지한다는 것은 자신의 재능이나 능력은 계발하지 않고 누군가 도와주길 바라는 마음과 같다. 허깨비와 다를 바 없는 요행수나 바라면서 넋놓고 앉아 있다면 인생이 참으로 곤란해진다. 때를 기다리라는 것은 막연하게 손 놓고 게으름을 피우라는 말이 아니다. 그런 성실함을 갖추고 있다면, 때로는 상황이 좋아질 때까지 기다리는 것이 혼란스럽고 힘든 상황을 해결하는 최선의 방법이 될 수도 있다. 행운의 여신은 기다릴 줄 아는 사람에게 반드시 큰 보상을 해준다.

訟

송訟; 송사하다, 다투다, 호소하다

승리보다 중요한
포용의 덕을 간직해라

訟 有孚 窒惕 中吉 終凶
不克訟 歸而逋 基邑人三白戶 无眚
食舊德 貞 厲 終吉
不克訟 復卽命 渝安貞 吉
復卽命渝安貞 不失也
或錫之鞶帶 終朝三褫之
以訟受服 亦不足敬也

위아래를 살피고 조심한다면
궂은일보다는 좋은 일이 더 많이 생긴다.
승소한들 원수를 하나 만들어놓았으니
결국은 혹 하나를 달고 살아가야한다.
현실을 받아들일 줄 아는 사람은
자신의 몸과 마음을 지킬 줄 아는 사람이다.
싸움을 걸고 덤벼드는 사람이 있을 때에는
맞대응하기보다 피하는 것이 상책이다.
송사는 빨리 끝내지 못하면 본질은 뒷전이 되고
점점 더 감정싸움으로 치달아서 진흙탕 싸움이 된다.
상처는 모래에 새기고 은혜는 대리석에 새긴다.

송訟은 송사이며, 이는 불가피한 경우에만 해야 하는 것이다. 송은 천수송天水訟을 말하며 이는 하늘과 물이 어긋나고 있는 형상을 가리킨다. 세상엔 수많은 사람이 얽히고설켜서 살아가고 있으니 이해관계가 충돌하고 다툼이 생기는 것은 당연한 일이다. 아무리 상처가 깊은 일일지라도 그 이유가 분명하다면 잠을 잘 잔다.

송訟은 유부有孚이나 질척窒惕이니 중길中吉하고 종흉終凶하다.

송은 믿음을 두나 막혀서 두렵다. 중中은 길하고 마침은 흉하다.

시시비비가 분명하다면 소송이나 재판이 필요 없겠지만 서로의 주장이 강하게 엇갈리니 다툼이 생긴다. 이 구절에서 믿음을 두나 막혀서 두렵다는 것은 무엇을 말하는가? 소송은 이길 수 있다는 믿음에서 시작하지만 상대방도 강하게 대응하므로 중간에 막혀서 두렵게 된다는 것이다. 중中이 길하다는 것은 화해를 뜻하고, 마침이 흉하다는 것은 끝까지 몰고 간다는 의미이다. 즐거움도 끝까지 몰고 가면 괴로움이 되는 법인데 송사에서야 두말할 나위가 없다.

조趙나라의 공손룡公孫龍은 "수모를 당하고도 싸우지 않음은 아직 선비다움을 잃지 않은 것이다."라고 하였다. 싸움은 불을 지피는 것과 같아서 시작하지 않는 것이 중요하다. 하지만 인간의 삶이란 진실한 방향으로 생각하고 어질게 행동함에도 어긋나는 경우가 종종 있기 때문에 불가피하게 소송을 걸거나 걸리는 경우가 생긴다. 그렇지만 송사는 빨리 끝내지 못하면 본질은 뒷전이 되고 점점 더 감정싸움으로 치달아서 진흙탕 싸움이 돼버린다.

불극송不克訟이니 귀이포歸而逋하고
기읍인삼백호其邑人三百戶가 무생无眚하다.

고소한 자가 송사에 패하고 달아났으니
삼백 호의 마을에 생채기가 사라졌다.

법은 모두가 지켜야 한다는 당위성에 대하여 말하고 있다. 원고가 잔재주를 부려서 이겨보려는 속셈이었지만 뜻대로 되지 않았다. 그가 자기 집으로 들어가 숨어버렸으니, 삼백 호나 되는 마을에는 근심거리가 사라졌다. 송사는 당사자뿐만 아니라 가족은 물론 주변 사람들에게도 걱정거리를 안겨주는 일이다. 그러므로 재판까지는 끌고 가지 않겠다는 마음을 가져야 모두가 무탈하다. 당장은 조금 손해를 보더라도 좋게 화해하고 끝내는 것이 인생 전체로 보았을 때에는 훨씬 더 이득이다.

『사기』에는 "도불습유途不拾遺"라는 말이 있다. 길에 떨어진 것을 줍지 않는다는 뜻이다. 법이 엄격하게 시행되어 길바닥에 떨어진 물건을 줍는 자가 없을 만큼 나라가 잘 다스려지고 있는 것이다. 법은 그릇된 것을 바로잡고 가지런히 하며 경각심을 갖게 하고 죄를 다스리기도 한다. 그래서 모두가 지켜야 하는 원칙이다. 그런데 공정해야 하는 법을 사유물로 여기고 소송에서 잔재주를 부리거나 속임수를 쓴다면 사기죄나 무고죄에 해당한다. 형벌이 엄하다면 이러한 행위 자체가 발생하지 않게 되므로, 삼백 호의 마을은 물론 모든 백성들의 근심거리가 생겨나지 않는다.

식구덕食舊德이니 정貞하면 여厲하나 종길終吉하다

지난 시절에 지은 덕으로 살아간다.

바르면 어렵지만 마침내는 길하다.

과거의 덕으로 살아간다는 것은 정신적으로는 경험이나 경륜을 바탕으로 살아간다는 뜻이며, 경제적인 측면에서 본다면 평생 모아놓은 재산이나 연금으로 살아간다는 뜻이 된다. "식구덕食舊德"이란 말은 조상의 은덕으로 먹고사는 것이라 볼 수도 있지만, 이미 받은 인군의 은덕에 만족하며 더는 욕심내지 않겠다는 넓은 도량으로 볼 수도 있다. 제나라의 관중은 "물의 한계는 우물에 물이 마를 때이고, 부富의 한계는 부가 충분해 사람이 거기 만족하는 것이다. 그런데 만족할 줄 모르고 부를 끊임없이 탐하게 되면 마침내는 몸을 망치게 된다. 어쩌면 이것이 부의 한계일지도 모른다."라고 말했다. 그러므로 지나친 욕심을 삼가고 적정선에서 만족할 줄 안다면 이는 자신의 몸과 마음을 건강하게 만들고 지키는 길이다.

이 구절에서는 바르면 어렵지만 마침내는 길하다고 말한다. 과거의 덕으로 살아가려니 예전만 못하고 불안정한 생활이 될 수밖에 없다는 뜻이다. 하지만 올바른 마음가짐으로 살아간다면 저무는 황혼 녘이 아름답듯 짧은 여생에도 기쁜 일이 많이 찾아든다. 어쩌다가 뒤늦게 큰일을 맡을 수도 있지만, 크고 화려한 성공을 바라서는 안 된다. 혈기 왕성할 때처럼 지나쳐도 곤란하다. 위와 아래를 살피고 조심한다면 궂은일보다는 좋은 일이 더 많이 생기게 된다.

불극송不克訟이니 복즉명復卽命하고 투안정渝安貞하니 길吉하다

송사에서 이기지 못한다. 돌아와 명에 복종하고 바름으로 돌아가니 길하다.

"불극송不克訟"은 송사에서 패소하게 된다는 말이고 "복즉명復卽命"은 돌아와서 명에 복종한다는 말이다. 명에 복종한다는 것은 제자리로 돌아와서 자신의 분수를 지키며 천명을 따르고, 더 이상은 문제를 제기하지 않겠다는 의지이자 다짐을 이른다. 바름으로 돌아간다는 것은 작금의 태도를 반성하고 판결을 편안하게 받아들이며 본래의 모습으로 돌아간다는 말이다. 문화심리학자인 김정운 교수는 "아무리 상처가 깊은 일이라도 이유가 분명하면 잠을 잘 잔다."라고 말했다. 현실을 인정하고 받아들일 줄 아는 사람은 자신의 몸과 마음을 지킬 줄 아는 사람이다.

복즉명투안정復卽命渝安貞이니 불실야不失也이다

본래의 자리로 돌아가 마음을 편히 하고 바르게 해야 잃지 않는다.

언제나 무리한 욕심이 화를 부르는 것이니, 만족하지 못하는 마음보다 더 큰 재앙은 없다. 본래의 자리로 돌아간다는 것은 전에 하던 일을 이어서 한다는 뜻이고, 마음을 편히 하고 바르게 한다는 것은 모든 현실을 있는 그대로 인정하고 받아들인다는 뜻이다. 잃지 않는다는 것은 본

분에 충실하면서도 마음이 안정되어 있으면 남아 있는 분쟁은 피해 갈 수 있다는 의미이다. 처음에는 잘못이 있을 수도 있지만, 생각을 바꾸고 본분을 다한다면 더 이상의 과실은 생겨나지 않는다. 과실이란 제 생각만 고집하는 데서 생겨나기 때문이다. 따라서 편안한 마음으로 분수를 알고 현실에 만족할 줄 알아야 한다.

요순堯舜 시대의 성현인 허유許由는 "지저귀는 새들이 아무리 큰 숲에 깃들더라도 차지하는 것은 나뭇가지 하나에 불과하고, 두더지들이 아무리 큰 강에서 물을 마시더라도 제 배를 채우는 데 불과하다."라고 하였다. 이 말은 요임금이 그에게 천자의 자리에 오를 것을 청하였는데 허유가 거부하면서 한 말이다. 옛 성현들 중에서는 천자의 자리도 거절하고 자신의 본분에 만족하는 사람들이 있었으니 서로 잘났다고 나서는 현대인들에게 주는 메시지가 크다. 그래서 이 구절에서는 마음을 편히 하고 바르게 해야 잃지 않는다고 하였으니, 삶의 본질을 깨닫고 마음을 비울 줄 알아야 인생이 안락해진다는 가르침이다.

혹석지반대或錫之鞶帶이나 종조삼치지終朝三褫之한다.

혹여 큰 띠를 주더라도 아침이 마치는 동안 세 번 빼앗는다.

순리에 반하여 취한 부귀영화는 그 빛이 오래가지 못한다는 말이다. 그래서 잠시 반대鞶帶를 하사받는 영광이 있었지만 그 은덕이 오래가지 못한다고 하였다. 반대는 허리에 두르는 관대로서 큰 벼슬을 의미한다. 아침이 가기 전에 빼앗으니 주자마자 빼앗는 것이며 세 번 빼앗으니 아침에 받은 것은 물론이요, 기존에 가졌던 모든 부귀영화까지도 탈탈 털리는 모양새이다. 포상으로 반대를 하사받기는 했지만, 예전에 빚어놓은 원성 때문에 도로 반납하게 되었다. 보이지 않는 곳에서 원망과 질시의 눈이 자신을 노려보고 있었기 때문이다.

후한後漢 시대의 왕충王充은 "깨끗하지 못한 것은 오염될 리 없고, 높은 곳에 있지 않으면 위험을 당하지 않고, 넓지 않은 것은 깎이지 않고, 차지 않은 것은 이지러지지 않는다."라고 말했다. 높은 자리에 앉아 있으면 바라보는 눈이 그만큼 많고, 자신의 허와 실이 모두 드러나게 되어 있다. 민낯이 드러나기 시작하면 전성기가 기울고 쇠퇴의 길로 접어드는 것은 당연한 일이다. 이 구절은 부와 권력은 생물과 같아서 그 명을 보장할 수 없으니 지나치게 연연해하지 말라는 가르침을 담고 있다.

이송수복以訟受服이니 역부족경야亦不足敬也이다.

송사로써 복종받는 것은 공경할 만한 일이 아니다.

어떤 상황에서든 전쟁이나 송사 등을 통해 강제로 복종받는 것은 공경할 만한 일이 못 된다. 올바른 노력으로 일궈낸 성과가 아니므로 정당성이 결여되어 있기 때문이다. 승자는 승소를 기쁘게 생각할지 모르지만 패자는 치욕으로 생각하면서 복수의 시간을 기다리고 있다. 그래서 모두에게 인정받지 못하는 명예와 공경은 아무런 가치가 없고 오히려 해가 된다고 보았다. 순리에 반하고 덕으로 해결하지 못하였기 때문이다. 『시경詩經』에는 "군자의 군주 노릇을 하려면 공정하도록 힘써서 군자가 덕을 실천하게 하라. 천민의 군주 노릇을 하려면 관대하도록 힘써서 천민이 힘을 다하게 하라."라는 구절이 있다. 남을 강제하는 것이 아니라 은혜를 베풀면서 아끼는 마음으로 대해야 함을 말하고 있다.

송訟: 상처는 모래에, 은혜는 대리석에

소송이란 억울한 일을 당하였거나 상대방이 정당하지 않은 방법으로 편취했을 때 제기하는 마지막 수단이다. 무조건 참는 것만이 능사는 아니겠지만, 합의점을 찾을 수 있음에도 상대방을 제압하려 하거나 내 것은 단 하나도 양보하지 않으려는 사람들이 너무 많아진 것도 사실이다. 법원 안팎은 늘 문전성시를 이루는데, 대개는 서로 감정에 치우치거나 지나친 욕심 때문에 벌어지는 송사라 봐도 좋을 것이다.

모든 일에는 처음부터 어떤 조짐이 있다. 문제가 생겨서 다투게 될 때도 이미 시시비비의 요인이 시작부터 내포된 경우가 대부분이다. 그래서 소송에 휩싸이고 재판이 진행되다 보면 서로의 치부가 만천하에 드러나고 그것을 후벼 팔 수밖에 없다. 그러면 스스로 빠져나오기도 어렵고, 처음으로 되돌아갈 여지를 얻기도 힘들어진다. 화와 복은 짓는 대로 돌아온다고 하였으니 진 쪽이야 말할 것도 없지만, 이긴 쪽도 사실은 득 될 것이 별로 없다. 승소했다고 한들 원수를 하나 만들어 놓았으니 결국은 혹 하나를 달고 살아가야 한다.

싸움에도 추구하는 가치가 있어야 하지만 아쉽게도 그렇지 못한 게 오늘날 우리 사회의 현실이다. 그래서 '송訟' 장에서는 서로의 사사로운 이익을 조금씩 양보하는 중용의 도를 취하면 길하지만, 끝까지 가서 패하는 사람이 생기면 흉하다고 하였다. 서로가 안으로는 교활해지고 겉으로는 포악해지는 이중성이 나타나기 때문이다. 인위적인 소송은 결코 하늘의 이치나 자연의 순리를 따라올 수 없다는 가르침이다.

세상엔 수많은 사람이 얽히고설켜서 살아가고 있으니 이해관계가 충돌하고 다툼이 생기는 것은 어찌 보면 당연하다. 서로가 생각하는 방향이 다르고, 추구하는 바가 달라서 그러하다. 이런 다툼에서 끝까지 자기주장만 내세운다면 쌍방의 대립은 더욱 심화되고 서로에게 불리한 결과만 초래될 뿐이다. 그러니 싸움을 걸면서 덤벼드는 사람이 있을 때는 맞대응하기보다는 회피하는 것도 이기는 방법 중 하나이다. 더군다나 상대를 이길 수 있을 걸 알더라도 감정으로 맞선다면 그 신변이 온전할 리 만무하다.

하지만 다투지 않거나 다툼을 오래 끌지 않으면 당장 작은 비난이나 원망은 들을 수 있을지라도 뒤끝은 없다. 미국 건국의 아버지라 불리는 벤저민 프랭클린Benjamin Franklin은 "받은 상처는 모래에 기록하고, 받은 은혜는 대리석에 새기라."라고 말했다. 좁은 시야에서 벗어나 욕심과 이기심을 조금만 던져버려도 무거웠던 마음이 한결 가벼워진다. 홀가분한 상태에서 올바른 마음을 견지하고 있으면 오히려 전에 잃어버렸던 것까지도 되찾을 수 있다.

師

사師: 군사, 군대, 스승

사람을 이끄는 데
필요한 도리를 명심해라

師貞 丈人 吉 无咎
地中有水 師 君子 以 容民畜衆
師出以律 否臧 凶
在師 中吉 无咎 王三錫命
師或輿尸 凶
師左次 无咎
田有禽 利執言 无咎
大君有命 開國承家 小人勿用

혹독한 전쟁을 치를 때도 견고하고 바른 도리를 따라야 이롭다.
군대를 동원하는 데 올바른 목적이 있다면
백성들은 힘들고 괴로워도 반드시 따라온다.
용감한 장수가 지혜로운 장수만 못 하고,
지혜로운 장수가 덕망 있는 장수만 못 하다.
장인이 있어도 그를 공경하지 않으면
경외하는 마음이 없어서 무리가 다스려지지 않는다.
군대의 질서가 무너지면
군은 까마귀가 떼로 몰려다니듯 오합지졸이 된다.
군대를 바르게 통솔하려면 어른이 책임을 맡아야 한다.

✲

사師는 군대이다. 미천한 장수는 수레에 시체를 싣는다. 사는 지수사地水師를 말하며, 이는 땅이 물을 머금고 있는 형상이다. 땅속에 물이 있기에 생명을 낳고 기르는 것처럼 군대는 백성들 가운데서 나온다. 지도자는 그 무리를 바탕으로 전시에는 싸움을 통솔하고, 평시에는 다스린다.

사師는 정貞이니 장인丈人이라야 길吉하고 무구无咎하다.

군대는 올바르게 되어야 하니,
장인이 책임을 맡아야 길하고 허물이 없다.

전쟁이 초래하는 참담함은 이루 말할 수 없지만, 그것이 불가피하게 벌어지는 경우도 있다. 그래서 작은 전쟁을 치르든 큰 전쟁을 치르든 군대를 동원하는 데는 항상 뚜렷한 명분이 있어야 한다. 백성들은 힘들고 괴로워도 올바른 목적이 있다면 반드시 따라오기 때문이다.

사師는 군인의 집단을 말하며 장인丈人은 후덕하면서도 위엄을 갖춘 어른을 말한다. 군대가 올바르게 되어야 한다는 건 그것이 일정한 규율과 질서를 가지고 움직여야 하기 때문이며, 장인이 책임을 맡아야 길하다는 것은 군의 수장은 모든 역량을 겸비하고 산전수전을 다 겪어본 어른이 맡아야 형통하다는 뜻이다. 군인을 이끌기 위해선 노련하고 신중해야 하기 때문에 덕망을 갖춤과 더불어 책략을 세울 줄 아는 사람이어야 한다.

시대를 막론하고 용맹스러운 장수 앞에 나약한 병사란 있을 수 없다.

그런데 명明나라의 풍몽룡馮夢龍은 "용감한 장수가 지혜로운 장수만 못하고, 지혜로운 장수가 덕망 있는 장수만 못하다."라고 말했다. 풍몽룡이 말하는 덕망 있는 장수가 바로 이 구절에서 말한 장인이다.

지중유수地中有水가 사師이니 군자君子는 이以하여
용민휵중容民畜衆한다.

사師는 땅 가운데 물이 있는 모습이다.
군자는 이를 보고 백성들을 포용하고 무리를 기른다.

땅의 형세처럼 군자는 두터운 덕으로 백성을 품어야 함을 말하고 있다. 이 구절에선 사師가 물을 풍부하게 저장하고 있는 땅의 모습이라 일컬었다. 땅속에 물이 있어야 생명이 깃들 수 있고 건강하게 자랄 수 있다. 군자는 이를 보고 백성들을 포용하여 나라에 필요한 인재들을 기르고 발탁한다. 평시에는 나라를 잘 다스려 부강한 나라를 만드는 데 일조하는 신하가 필요하고, 전시에는 뛰어난 장수와 용감한 군대가 필요하기 때문이다. 그러기 위해서 백성을 올바로 가르치는 일이 선행되어야 하기에 무리를 기른다고 하였다.

사출이률師出以律이니 부장否臧이면 흉凶하다.

군사를 일으키는 데는 규율로써 한다.
그러지 않으면 잘하더라도 흉하다.

군율軍律이 서지 않은 군대는 백성을 지키는 것이 아니라 백성을 해치는 집단이 될 수 있다. 그래서 군대는 군법과 군율에 의거하여 동원되고 다스려져야 한다. 군의 기강이 바로 서지 않으면 창칼이 예리하고 전세가 유리해도 승리하기 어렵다. 군율이 무너지면 상하좌우의 질서가 무너지고, 질서가 무너진 군대는 까마귀가 떼로 몰려다니는 것처럼 오합지졸이 되기 때문이다. 이 구절에선 군사를 일으키는데 규율로써 하지 않으면 잘하더라도 흉하다 하였으니, 평시平時에도 법을 준수하는 것은 마땅한 일이지만 전시戰時의 군법은 더욱 엄하게 이행돼야 한다는 말이다.

재사在師이니 중길中吉하고 무구无咎이니 왕삼석명王三錫命한다.

군대를 지휘함에는 중도를 지켜야 길하다.
허물이 없으니 왕이 세 번의 명령과 포상을 내린다.

직접 왕명王命을 받는 장수는 왕은 물론 군사들에게도 신망이 두터워야 함을 말한다. 그래서 전쟁을 할 때도 중용의 도를 지켜야 길하다고 했다. 예컨대 적이 백기를 들고 항복하는데도 받아주지 않거나, 능히 생포할 수 있는 상황임에도 불구하고 사살해서는 안 된다. 예부터 잔인한 군대가 머물렀던 곳에는 반드시 가시나무와 같은 거친 식물이 돋아난다고 일렀다. 전쟁을 수행하는 과정에서 민심을 잃으면 이겨놓고서도 지는 결과가 생기는 것이다.

전쟁터에선 항상 위험하고 긴장된 상황이 조성되기 때문에 중용의 바름을 잊으면 극단으로 치닫게 된다. 소인은 어쩔 수 없는 상황에 부닥치면 함부로 행동한다. 반면 군자는 그런 때에도 원칙을 벗어나지 않는다. 그러니 그에겐 허물이 없다고 한 것이다. 지휘관으로서의 자질이 충분하기 때문에 왕이 세 번씩이나 명령하여 장수를 독려하고 상을 내린다고 하였다. 이 구절은 군을 지휘하는 총사령관이 승패에 막대한 영향을 끼친다는 사실을 강조하고 있다. 어떤 무리에서든 지도자의 영향력은 막강하지만, 군대라는 무리를 이끄는 지도자는 생살여탈권을 쥐고 있으므로 그 역할이 더욱 중요하다.

사혹여시師或輿尸이니 흉凶하다.

혹여 수레에 시체를 싣게 되니 흉하다.

혹시라도 전쟁에 패하고 수레에 시체만 가득 싣고 돌아온다면 그보다 더 흉한 일은 없다. 그러므로 지혜롭고 경험이 많은 장수가 통솔해야 한다. 경륜이 미천한 장수가 군을 지휘하게 되면 좋은 결과가 따르지 않기 때문에 명분이 있고 정의로운 싸움일지라도 승리를 장담할 수 없다. 장수의 자질이 미천할 경우 피가 강을 이루어 무거운 공도 띄운다는 말이 있는 것처럼 많은 전사자를 내게 된다. 전쟁은 애초부터 시작하지 않는 것이 최선이지만 자의든 타의든 일단 발발했다면 수레에 시체를 싣지 않기 위해서라도 반드시 승리해야 한다. 즉, 수단과 방법을 가리지 않고 이겨야만 하는 것, 목숨을 건 제로섬게임이 바로 전쟁이다. 전쟁이 무서운 것은 바로 이 때문이다.

사좌차師左次이니 무구无咎하다.

군대가 물러나니 허물이 없다.

전쟁 중에 군사력이 약해진 상황을 맞이했다. 그래서 아군의 전력이 쇠했음을 알고 진영으로 물러나는 것이니 허물이 없다고 하였다. 전세가 기울면 군대의 규모가 크고 병사가 많아도 전쟁을 수행하는 데 어려움이 따를 수밖에 없다. 여기서 좌左는 '왼 좌'이지만 '물러나다'라는 뜻이고, 차次는 '버금 차'이지만 '진영'이라는 뜻이다. 같은 한자라도 3000년 전에 해석하던 뜻과 현재의 언어로 해석하는 뜻은 많이 다르다. 그 당시의 "사좌차師左次"는 군대가 진격하기 어려움을 알고 본진으로 후퇴하는 것을 가리켰다. 그래도 장수가 전장의 상황을 냉철하게 판단하고 있으며, 나아가고 물러나야 할 때를 정확히 알고 있다. 왕이 장수를 잘 썼는지는 이처럼 진격할 때와 후퇴할 때 여실하게 드러난다.

전유금田有禽이라 리집언利執言이니 무구无咎하다.

밭에 날짐승이 있다. 말言을 잡으니 이롭고 허물이 없다.

농사를 잘 지어서 백성들이 굶지 않아야 하는데, 새들이 날아와서 밭을 해치고 있다. 숲에 있어야 할 새와 짐승이 밭으로 나온 것이니 붙잡아야 근심거리가 생기지 않는다. 이 구절의 "리집언利執言"은 말言을 잡아야 이롭다는 뜻이며, 말을 잡는다는 것은 말을 따른다는 것이니 곧 왕명을 받들어야 한다는 뜻이다. 또한 "리집언"은 백성이 지금 원하는 바가 무엇인지 여론을 수렴하고 민심을 따라야 한다는 뜻이기도 하다. 두 가지 모두 백성을 해치려는 침략자에 대응하는 것이기에 대의명분을 앞세워 토벌해도 좋으며, 왕명을 받들고 민심에 호응하는 것이니 이롭고 허물이 없다고 하였다.

대군유명大君有命하고 개국승가開國承家하니 소인물용小人勿用이라.

위대한 군주가 명을 내린다.

제후를 봉하고 대신을 삼을 때 소인은 쓰지 마라.

무릇 군주란 먼저 자신을 돌아보고 그다음에 다른 사람을 구하는 사람이다. 먼 곳에서 찾을수록 어긋나고, 공을 들여 구할수록 벗어나기 때문이다. 그렇게 위대한 군주가 전쟁이 끝난 후에 공신功臣은 제후로 봉하고 장수는 대부의 벼슬을 주면서 논공행상을 한다. 전공을 바르게 평가하여 그에 맞는 봉토封土를 주고 읍이나 고을을 다스리게 한다. 소인은 공이 있어도 등용하면 안 된다. 백성을 다스리려면 덕과 인품이 있어야 하는데 소인은 공직을 사사로이 여기며 나라를 어지럽힐 게 자명하다. 관리가 부정 축재나 일삼고 사리사욕에 눈이 멀면 선량한 백성들은 몸 둘 데가 없어진다.

사師: 통솔에 관하여

지수사地水師는 물이 아래에 있고 땅이 위에 있는 형상이다. 땅속에 물이 있기에 대지가 생명을 낳고 기를 수 있다. 땅속에서 물이 나오듯, 군대는 백성 가운데에서 나온다. 지도자가 백성을 포용하기에 그들 가운데서 나온 무리를 전시에 통솔하고, 평시에 다스린다. 특히 전시에는 뛰어난 장수와 용감한 군대가 필수이므로 평소 백성들을 올바르게 가르치는 일이 더없이 중요하다고 할 수 있다.

『중용中庸』에선 "군자는 사람으로 사람을 다스린다."라고 하였다. 이 말을 곡해하면 다른 사람을 이용하라는 것처럼 들릴 수 있지만, 『중용』이 이르는 바는 그런 것이 아니다. 인류학자들의 공통된 견해를 빌리자면, 한 사람이 인적으로 교감할 수 있는 인원은 대략 500명 정도가 한계라고 한다. 그래서 사람으로 사람을 다스리는 일은 그 한계를 뛰어넘을 수 있는 유일한 방법이다. 많은 사람의 재능을 최대치로 활용하는 것이 조직의 지휘 능력이며 지도자의 역량이라고 할 수 있다. 지도자의 능력 여하에 따라서 그 무리의 운명이 좌지우지되기 때문이다. 수레에 시체를 싣지 않기 위해 반드시 승리해야 하는 전쟁의 경우엔 더욱 그러하다.

그래서 예부터 많은 사람들과 함께하는 것은 군주의 복이라고 하였다. 백성들은 지도자의 목적이 공익에 반反하지 않고 올바르면 언제나 따라오게 되어 있다. 순자荀子가 "인간은 태어나면 무리를 이루지 않을 수 없다."라고 했듯, 인간이 집단생활을 하는 것은 본능에 가깝다. 이 집단에는 장인丈人이 있어야 하고, 그런 어른이 통솔해야만 허물이 생겨나지 않는다. 하지만 장인이 있어도 그를 공경하지 않는다면 두려워하는 마음이 없어 무리를 가지런히 하지 못한다. 이것이 '사師' 장에서 우리에게 가르치는 바다.

제8장 갈라진 논에 물이 고인다 비比

比

비比: 따르다, 쫓다, 돕다, 모방하다

서로 돕는 일의 힘을 믿어라

比 輔也 下順從也
不寧方來 上下應也 後夫凶
有孚盈缶 終來有它吉
比之自內 不自失也
比之匪人
外比之 貞 吉
顯比 王用三驅 失前禽 邑人不誡 吉
顯比之吉 位正中也
比之无首 凶

물은 비록 낮은 곳으로 향하지만 서로 도우니 힘이 하나로 모인다.
세상을 경륜할 만한 사람일지라도
때에 부응하지 못하면 능력을 펼치기 어렵다.
누군가의 친절이 계속되면 당연한 권리로 알고
고마워할 줄 모르는 사람은 배신도 잘한다.
편안함에 길든 새는 문을 열어줘도 날지 않으니
거기에 더 큰 문제가 도사리고 있다.
서로가 상부상조하고 인화로 단결한다면
그 시너지는 덧셈이 아닌 곱셈의 효과로 나타난다.
도랑이 모여서 큰 강이 된다.

비比는 돕고 따르는 것을 이른다. 갈라진 논에도 물이 고인다. 비는 수지비水地比를 말하며, 이는 땅 위에 물이 있는 형상이다. 흙과 물이 서로 화목하게 지내므로 만물을 낳고 기르는 원천이 된다. 목적이 그른 일이라면 언젠가는 실패할 것이고, 목적이 옳은 일이라면 언젠가는 성공할 것이다.

비比는 보야輔也이니 하순종야下順從也이다.

비는 돕는 것이니 아래가 순종하며 좇는다.

무엇이든 남에게 먼저 요구하지 않고 나에게 먼저 요구해야 한다는 것이다. 여기서 비比는 돕고 따른다는 뜻이며, 보輔는 바큇살을 보조하는 나무로 수레바퀴의 양쪽에 있는 쐐기를 말한다. 이로써 바큇살이 힘을 받는다. 그러므로 보輔가 순종하지 않으면 바퀴가 굴러가지 않는다. 순종하며 좇는다는 것은 덕망을 갖춘 군주가 위에 있고 어진 신하들이 보필하는 모습을 말한다.

율곡栗谷 이이李珥는 『성학집요聖學輯要』에서 "제왕의 학문에서는 기질을 변화시키는 것보다 절실한 게 없고, 제왕의 정치에서는 정성을 다해 신하를 부리는 것보다 급한 게 없다. 기질을 변화시키려면 마땅히 병을 살펴 약을 써야 하며, 정성을 다해 신하를 부리려면 마땅히 위아래가 막힘이 없어야 한다."라고 강조했다. 이 구절에서도 왕과 신하가 서로 협력하니 백성들도 따라서 순종하며 좇게 된다. 결국 선정이 널리 베풀어져 이상적인 국가와 안정된 사회의 기틀이 마련된다. 위에서는 사랑하고 아래서는 공경함으로써 화목해졌기 때문이다. 흐르는 물은 서로 협력할 뿐 앞을 다투지 않으므로 다 함께 너른 바다에 이르는 것과 같다.

불녕방래不寧方來는 상하응야上下應也이니 후부흉後夫凶이다.

편안하지 않으나 오는 것은 상하가 응하기 때문이다.
뒤따르면 대장부라도 흉하다.

세상을 경륜할 만한 사람일지라도 때에 부응하지 못하면 자기 능력을 제대로 발휘하기 어렵다. 이 구절에서 편안하지 않으나 오는 사람이란 비협조적으로 구경만 하던 이들과 변방의 무리를 가리킨다. 그들이 찾아오는 이유는 국력이 상승하고 국부가 증대되어 먹고살기에 넉넉해졌기 때문이다. 뒤따르면 흉하다는 것은 아무리 강하고 뛰어난 기상을 지녔어도 뒤늦게 가담하면 좋은 기회를 놓친다는 뜻이다. 즉, 이리저리 눈치만 보면서 거리를 두고 있다가 합류한 기회주의자는 믿을 수 없다는 것이다.

인사는 공평해야 하므로 기회를 엿보다가 가담하거나 바르지 못한 사람은 우선순위에서 밀려나는 게 당연하다. 진秦나라 항량項梁은 "먼저 손을 쓰는 자는 다른 사람을 제압할 수 있지만, 나중에 손을 쓰는 자는 다른 사람에게 제압된다."라고 말했고, 『병서兵書』에서도 "먼저 손을 쓰는 자는 인심을 빼앗는 데 우위에 서 있다."라고 일렀다. 최선의 방어는 공격이니 실기하지 말라는 뜻이다. 이를 『주역』에선 "어떠한 때일지라도 반드시 시중時中이 있다."라고 표현했다. 앞서 4장 몽蒙편에서 다루었듯, 시중이란 때에 들어맞는다는 뜻으로 시기를 적중하여 놓치지 않음을 일컫는다.

유부영부有孚盈缶이니 종래유타길終來有它吉이다.

믿음이 질그릇에 가득하니 마침내 뜻밖의 다른데서 길함이 나타난다.

돈독한 믿음은 사람과 사람 사이를 이어주는 강력한 고리와 같다. 질항아리를 가득 채울 정도로 믿음이 있으니 결국에는 염두에 두지 않았던 사람들이나 수수방관하던 사람들까지도 찾아와서 도움을 준다. 그들과 정성을 다하는 마음으로 공조하니 저절로 동행하게 된다. 비록 어려운 상황에 처할지라도 끝까지 믿음을 잃지 않으면 오히려 더 좋은 결과를 얻을 수도 있다.

뜻밖의 다른 데서 길함이 나타난다는 것은 큰 도움이 될 만한 인재가 찾아와서 의탁하게 된다는 의미이다. 하늘의 도를 따르고 행함에서 돈독한 믿음이 전제돼 있다면 멀리 있는 백성은 물론 이웃 나라의 백성까지도 따르게 된다. 『논어論語』에는 "무신불립無信不立"이라는 말이 있다. 믿음이 없으면 일어설 수 없다는 뜻이다. 매사에 믿음과 의리를 중요시하는 것은 국가를 경륜하는 정치는 물론이고 사적인 관계에서도 중요한 덕목이다.

비지자내比之自內이니 부자실야不自失也이다.

돕는 것을 안에서부터 하니 스스로를 잃지 않는다.

내적으로 성숙한 사람은 마음이 흔들리지 않으며, 항상 진정성이 충만하여 때에 따라 자유자재로 움직일 수 있다. 이 구절에서 돕는 것을 안에서부터 한다는 것은 내실을 다져야 함을 강조하는 역설적인 말이다. 결국은 내면을 견고하게 다지고 세상으로 진출하는 것이니, 크나큰 도를 널리 펼칠 수 있다. 스스로를 잃지 않는다는 것은 자기 자신을 돕는다는 것이므로 자조自助를 뜻한다. 자조는 자신의 운명을 개척할 때 남에게 의지하지 않고 오로지 자력으로 더 나은 삶을 만들어가는 일을 가리킨다. 자립하지 못하고 남의 도움만 기다린다면 자신을 스스로 저버리는 행위와 마찬가지다.

비지비인比之匪人이다.

돕는데 사람이 아니다.

돕는데 사람이 아니라는 것은 모두가 협력하여 나아가는데 도와줘도 고마움을 모르는 사람을 가리킨다. 사람답지 않은 사람과 함께하는 일은 맑은 물에 오염된 기름이 섞이는 것과 같다. 그래서 무리 전체에 걸림돌이 되고, 서로 추구하는 바가 다르니 선량한 백성들이 원하는 대상이 아니다.

공자는 자기보다 못한 사람을 벗으로 사귀지 말라고 했다. 누군가가 바르지 못하면 그를 사귀는 자신의 인격이나 처지에도 크나큰 해害로 작용하기 때문이다. 사람답지 못한 사람은 대개 현실과 욕망 사이의 괴리를 받아들이지 못하고 결국 배신으로 갚는다. 전국시대의 사상가 한비韓非는 『한비자韓非子』에서 "미운 자들을 조심해본들 화禍는 오히려 아끼는 자들로부터 생긴다."라고 말하기도 했다. 이 구절에선 그처럼 도움을 주었는데도 고마움을 모르는 이는 사람이 아니라고 명명命名하였다.

외비지外比之이니 정貞하면 길吉하다.

외부에서 도우니 올바로 하면 길하다.

밖에서 돕는다는 것은 왕의 측근인 신하를 돕는다는 뜻이다. 결국 먼 곳에 있는 현인이 간접적인 방법으로 왕을 보필하는 것이므로 올바로 길하다고 하였다. 평상시에 왕이 멀리 있는 현인에게도 믿음을 주었기 때문이다. 이를 통해 왕은 모두가 바라보는 곳에서 현인과 나란히 걷게 된다. 나란히 걷는다는 것은 현인을 존중하고 귀하게 여기는 마음을 만백성 앞에서 본本으로 드러내는 일이다. 그래서 『여씨춘추』에서도 "군주가 현명하고 세상이 다스려지면 현자는 높은 자리에 앉게 되지만, 군주가 불초하고 세상이 어지러우면 현자는 낮은 자리에 있게 된다."라고 강조한 것이다.

현비顯比이니 왕용삼구王用三驅하고 실전금失前禽이니
읍인불계邑人不誡하여 길吉하다.

나타나게 돕는 것이니 왕이 세 군데로 모는 것을 쓴다.
짐승을 달아나게 하여 읍 사람들이 경계하지 않으니 길하다.

왕이 백성과 가까이하려면 지나치게 감추는 것이 있어서는 안 된다. 현비顯比는 나타나게 돕는다는 뜻이며, 왕용삼구王用三驅는 왕이 사냥할 때 몰이꾼들이 세 방면에서 몰아가되 한 곳은 터놓는다는 말이다. 눈앞에 보이는 짐승만 잡고 나머지는 쫓지 않는다는 건 왕이 백성을 위해서 주변의 사냥감을 몰살하지 않으려 하는 마음가짐이자 태도이다. 이것이 바로 성군聖君의 사냥법이다. 또한 오는 사람은 따듯하게 받아들이고, 가는 사람은 잡지도 않고 쫓지도 않는다는 의미이기도 한다. 그래서 백성이 왕의 깊은 마음을 알고 경계하지 않으니 길하다고 하였다.

현비지길顯比之吉이니 위정중야位正中也이다.

드러나게 돕는 것은 길하니 그것은 위位가 바르면서도
가운데에 있음이다.

흔히 타인을 돕는 것을 자랑하면 공치사功致辭라고 한다. 그런데 이 구절에서는 드러나게 돕는 것이 길하며, 그것은 자리가 바르고 중심에 있기 때문이라고 하였다. 누구에게나 친숙함을 드러내고 정직하게 대하면 거리감이 사라지기 때문에 만인이 믿고 의지하게 된다. 자리가 바르면서도 가운데에 있다는 것은 백성이 따를수록 마음가짐을 바르게 하고 중정中正함을 유지해야 한다는 말이다. 지나치게 침묵하거나 지나치게 겸손하면 오히려 관계를 소원하게 만들고, 한발 나아가서는 경계심을 불러일으킬 수도 있다. 그러므로 특별한 상황이 아니라면 흉금을 터놓고 지내는 편이 좋다. 서로가 마음의 문을 활짝 열고 지내면 왕래하는 자체가 형식과 가식이 아닌 즐거운 교류의 시간으로 바뀐다.

비지무수比之无首이니 흉凶하다.

돕는데 머리가 없으니 흉하다.

남을 도울 수 있는 입장에 있을 때 소극적으로 행동하면 당장은 해가 없어도 끝은 좋지 않다는 말이다. 돕는데 머리가 없다는 것은 도움을 주려 해도 도와줄 대상이 없다는 뜻이다. 모두가 방관만 하고 앞으로 나서는 자가 없으니 흉한 것이다. 한마디로 사람들이 등을 보이며 배척하는 모습이다. 같이 가려 해도 결국 곁에 사람이 없으니 끝맺음이 용두사미처럼 흐지부지하게 된다. 모두가 납작 엎드려서 나서지도 않고 변하지도 않고 있으니 잃을 것도 없지만 달리 얻을 것도 없다. 편안함에 길들인 새는 문을 열어줘도 날지 않으니 거기에 더 큰 문제가 도사리고 있는 것이다.

비比: 흙과 물의 아름다운 관계처럼

비比는 서로 돕고 따른다는 뜻으로, 땅 위에 물이 있는 형상이다. 흙과 물이 서로 화목하게 지내기 때문에 만물을 낳고 기르는 원천이 된다. 원래 흙과 물은 토극수土克水로서 상극관계이다. 하지만 물은 흙이 아니면 담길 수 없고, 흙은 물이 없으면 먼지처럼 날아다니고 흩어지니 사막이나 다름없게 된다. 물은 사람의 혈액처럼 땅의 혈기로서 모든 생명의 근원이다. 따라서 물이 없으면 생물을 키워낼 수 없으니 흙 노릇을 제대로 할 수 없다.

그래서 흙과 물은 서로 돕는 사이가 되었다. 이처럼 인간사회에서도 앞서거니 뒤서거니 하면서 나란히 가는 모습은 누가 보아도 아름답다. 함께 꽃놀이나 단풍놀이를 가는 모습, 심지어는 나란히 일터에 가는 모습일지라도 보기가 좋다. 그것을 확장하여 상하좌우가 소통하고 대동단결한다면 세상에는 이루지 못할 것이 없다. 설령 이루지 못한다 해도 손해 볼 것이 없다. 왜냐하면 한번 뜻을 모았던 사람들은 뭉치는 법을 알기에 기회가 되면 더 큰 일을 달성할 수도 있기 때문이다.

실도랑이 모여 대동강이 된다는 이북 속담이 있다. 서로 돕는다는 것은 작은 물줄기가 모여서 내를 이루고, 강을 이루어 마침내 바다로 흘러가는 모습과 같다. 강이나 바다라는 목표가 같기에 서로 응하고 합할 수 있던 것이다. 그래서 서로 밀어주고 당겨주며 바다라는 목적지까지 다 함께 도달할 수 있다. 19세기 산업발전을 상징하는 증기기관차는 석탄을 넣고 아무리 풀무질을 해도 처음에는 꿈쩍도 하지 않는다. 그러나 서서히 물이 끓어서 212도가 되면 움직이기 시작한다. 그렇게 한번 움직이기 시작한 기관차는 추진력과 가속력이 붙어 오히려 멈추는 것이 더 어려워진다. 미세한 석탄이 뭉쳐져서 한 삽이 되고, 그렇게 한 삽씩 떠 넣은 석탄은 곧 커다란 덩어리가 되어 활활 타오르기 때문이다.

인간이 살아가면서 성공하는 방식도 이와 비슷하다. 조직의 힘은 평범한 사람을 비범하게 만들어주고, 비범한 사람은 더욱더 뛰어나게 만들어준다. 이처럼 가정이나 직장, 국가의 큰일에서도 모두가 상부상조하고 인화人和로 대동단결한다면 그 시너지효과는 덧셈이 아니라 곱셈의 효과로 나타난다.

제9장

구름은 있지만
비가 내리지 않는다

소축小畜

小畜

소小: 작다 | 축畜: 쌓다, 모으다, 기르다

부부 사이엔 결코
마음의 문을 닫지 마라

小畜 亨 密雲不雨 自我西郊
建而巽 剛中而志行 乃亨
復 自道 何基咎
輿脫輻 夫妻反目
有孚 血去惕出 无咎
有孚攣如 富以其隣
旣雨旣處 尙德載 婦 貞 厲
君子征凶 有所疑也

지혜의 절반은 인내에 있으니
자기 자신만의 세계에서 참아내야 한다.
네가 있어야 내가 존재하는 이유가 있고
네가 행복해야 나도 행복해질 수 있다.
천첩이 장수의 바짓가랑이를 붙잡고 있으니
천군만마가 오도 가도 못하고 있다.
조금 이루는 것은 누구에게나 쉬운 일이지만
지금 내가 이루기에는 될 듯 말 듯 어렵기만 하다.
두 사람이 마음을 함께하면 쇠도 끊을 수 있고
같은 마음에서 우러나는 말은 향기가 난초와 같다.
작은 것이 큰 것을 막으니 기다릴 줄도 알아야 한다.

소축小畜은 조금 쌓인 것을 말한다. 구름은 있으나 비가 내리지는 않는다. 소축은 풍천소축風天小畜을 말하며, 바람이 하늘로 오르는 형상을 이른다. 마음과 낙하산은 펼쳐지지 않으면 아무 소용이 없다. 낙하산을 펼쳐서 신체의 안정을 되찾듯이 서로 마음의 문을 열고 포용하는 자세가 요구된다.

소축小畜은 형亨하나 밀운불우密雲不雨이니 자아서교自我西郊이다.

소축은 형통하나 구름은 있지만 비가 오지는 않는다.
내가 서쪽 들판에 있기 때문이다.

무언가 애를 쓰고 있지만 도움은커녕 방해를 받는 모습이다. 소축이 형통하다는 것은 소박한 행복이나 작은 성취가 가능하다는 얘기다. 그러나 "밀운불우密雲不雨"라고 하였으니, 하늘에 구름은 많이 있지만 비가 내리지는 않는다. 구름이 모이려고 하는데 바람이 훼방을 놓아서 비를 만들지 못하기 때문이다. 그러므로 소축은 사소한 난제로 인하여 일이 쉬 풀리지 않고 꼬여만 가는 형국이다.

조금 이루는 것은 누구에게나 쉬운 일이지만, 지금 내가 목표하고 있는 바를 이루는 일은 항상 될 듯 말 듯 어렵기만 하다. 이는 천첩賤妾이 장수의 바짓가랑이를 붙잡고 있어 막강한 위력을 가진 천군만마가 오도 가도 못하고 있는 상황과도 같다. 내가 서쪽 들판에 있기 때문이라는 건 어려운 곳에 처해 있어서 작게 이루는 것조차도 불가하다는 말이다. 동시에 이 말은 『주역』을 완성한 문왕文王 자신이 감옥에 갇혀 있어서 백성을 위해 선정善政을 베풀지 못하고 있는 안타까움을 표현했다고 볼 수도 있다.

건이손建而巽하고 강중이지행剛中而志行하니 내형乃亨하다.

공손함을 앞세우고, 강한 것이 중을 얻어 뜻을 행하니 형통하다.

소축은 하나의 음陰이 여러 개의 양陽을 붙잡고 있는 형국이다. 하지만 강한 양이 공손한 태도를 취함으로써 가운데에 자리하게 되었고, 그 중심에서 뜻을 펼치고 있으니 점차 형통해지는 추세를 나타낸다. 비록 조금씩 모일지라도 자연스럽게 제자리를 찾아가는 모습인 것이다. 태양은 지구보다 109배나 크고 표면온도는 평균 6천도나 된다. 태양계는 이렇게 크고 강한 태양을 중심으로 지구를 비롯한 8개의 행성이 잠시도 쉬지 않고 돌아간다. 강剛한 것이 중中을 얻어 뜻을 행한다는 이 구절의 의미는 강렬한 태양이 중심에서 뜻을 펼치고 있기 때문에 태양계가 빈틈없이 운행하고 있는 것에 비할 수 있다.

복復이 자도自道하니 하기구何基咎리오.

회복함을 나의 도로 하는데 무엇이 그 허물이리오.

이 구절에선 나 스스로 음양陰陽의 도를 깨우치고 그 이치를 발현한다. 회복함을 나의 도로써 삼는다는 것은, 본래의 자리로 되돌아오는 복復을 발휘하는 것을 말한다. 우리의 본성 자체가 바르기 때문에 허물이 있을 리 없는 것이다. "복자도復自道"를 부부의 일로 본다면, 가정의 소중함을 깨닫고 가출했던 배우자가 집으로 돌아오는 모습이다. 앞장의 지수사地水師에서는 전시에서의 살상이나 파괴는 본의 아니게 불가피한 일이었다. 하지만 평화로운 시대에 행복을 추구하는 데 있어서는 인간 본연의 도로써 행해져야만 자연스럽게 이루어질 수 있다는 것을 말하고 있다.

여탈복輿脫輻이니 부처반목夫妻反目한다.

수레의 바큇살이 벗겨지듯 부부가 반목한다.

인간관계에서 사랑이 미치는 영역은 크고도 광범위하다. 이 구절에선 수레의 바큇살이 벗겨진 것처럼 부부의 생각이 서로 어긋나는 형상을 보여준다. 부부가 반목한다는 것은 굴러갈 수 없는 수레가 된 것이니 부부의 화합이 무엇보다도 중요하다는 뜻이다. 부부가 반목하는 것은 음양이 원만하게 교류하지 못하기 때문이다. 부부가 어긋나면 집안을 바르게 할 수 없고, 서로의 관계가 원만치 못하면 모든 일에 먹구름이 드리우고 악영향을 끼친다. 부부의 반목은 많은 이유가 있겠지만 근본적으로는 믿음과 사랑이 결핍된 탓이며, 서로에 대한 배려심이 부족한 탓이다. 그래서 사상가 발타자르 그라시안은 "인생의 모든 오류는 사랑의 결핍에서 온다."라고 말하기도 했다.

유부有孚하고 혈거척출血去惕出하니 무구无咎하다.

믿음을 두면 피가 그치고 두려운 곳에서 나오니 허물이 없다.

신뢰하는 마음으로 매사에 임한다면 서로 합치할 수 있다는 말이다. 이 구절에서 피가 멈춘다는 것은 참된 믿음이 있으면 재앙인 혈이 소멸된다는 뜻이고, 두려운 곳에서 나온다는 것도 신뢰하는 마음을 회복하면 혈전血戰이 멈춰지고 험한 상황에서 빠져나올 수 있다는 뜻이다. 굳건하게 믿음을 둔다는 것은 난세를 극복해나갈 수 있는 유일한 방법이며 모든 종교가 이 세상에 존재해야 하는 이유이기도 하다. 하지만 현명한 사람은 종교의 노예가 되어서 맹신하는 것이 아니라 신의 말씀을 경외하고 따르는 사람이다. 돈독한 믿음을 둔다는 뜻의 "유부有孚" 역시도 맹목적인 믿음이 아니라 자신의 본성을 회복한 다음 진심에서 우러나오는 참된 믿음을 가리키는 말이다. 그런 믿음이라야 피가 그치고 두려운 곳에서도 빠져나올 수 있다.

유부연여有孚攣如이니 부이기린富以其隣하다.

믿음을 갖고 서로 이끌며 부를 그 이웃과 같이한다.

믿음은 부부 사이의 덕목만이 아니라 이웃이나 벗과의 관계에서도 필수적인 항목이다. 서로 믿음이 있기에 이끌어줄 수가 있다. 부富를 이웃과 같이한다는 것은 내가 부유해지는 것이 이웃으로부터 기인한다고 믿기 때문이다. 진실하게 교류하며 이끌어주는 이웃 때문에 서로가 부유해지니 나 혼자서만 넉넉해지려고 애쓰지 않는다는 것이다. 인생을 부정적인 관점에서 바라보면 죽이지 않으면 죽어야 하는 제로섬게

임이다. 하지만 긍정적인 관점에서 바라보면 빵조각은 나눌수록 커지고, 행복도 나눌수록 배가 된다. 광의의 차원에선 너와 내가 둘이 아닌 하나인 까닭이다. 결국 네가 있어야 내가 존재하는 이유가 있고, 네가 행복해야 나도 행복해질 수 있다는 이치를 강조하고 있다.

기우기처既雨既處는 상덕재尙德載이니 부婦는 정貞해도 려厲하다.

비가 오고 그쳤음은 숭상하는 덕이 실린 것이다.

아내가 곧아도 위태롭다.

구름이 비로 바뀌었으니 조금씩 숨통이 트여가는 모습이다. 그래서 비가 오고 그쳤다는 것은 꽉 막혔던 난제가 조금씩 풀려서 좋은 시절이 도래하고 있다는 의미이다. 덕이 실린다는 것은 빗물이 고이듯 덕이 쌓이기 시작했다는 뜻이다. 반면 아내가 곧아도 위태롭다는 것은 아내가 지나친 고집을 굽히지 않아 벌어진 갈등 상황을 가리킨다. 무조건 양보하면서 아량을 베풀기만 한다면 오히려 더 어긋날 수 있으니, 아내의 강퍅하고 편향된 생각을 바로잡는 노력도 병행해야 한다. 세상에 존재하는 만물은 일장일단이 있고 허와 실이 동시에 존재한다. 그것은 사물이든 사람이든 모두가 마찬가지이다. 그렇기 때문에 흑백으로 나누는 논리보다는 장단점을 동시에 아우르는 중용의 도가 필요하다.

군자정흉君子征凶이니 유소의야有所疑也이다.

군자가 집을 떠나면 흉하다. 의심할 바가 있다.

세상인심이 흉흉할 때는 자신의 의지와 무관하게 의심을 받을 때가 있다. 이 구절에서 집을 떠나면 흉하다 한 것은 군자가 싸움을 하러 나가는 일이 나쁘다는 뜻이고, 의심할 바가 있다는 것은 전쟁을 하려는 이유가 명확치 않기 때문에 믿지 못한다는 뜻이다. 공을 세울 대로 세운 군자가 또다시 출정한다는 것은 욕심이 지나친 것이며 괜한 의심을 살 여지가 있다. 하지만 '소축小畜' 장의 전체적인 맥락으로 볼 때는 음기가 극성할 때 군자가 집을 나선다고 보는 것이 맞다. 그래서 자신의 뜻과는 무관하게 아내의 의심을 사게 된다. 이제는 구름이 비가 되어 내리고 숭상하는 덕이 쌓여가고 있으므로 다시 전쟁을 일으키려는 것이나 음기가 왕성한 곳으로 가려는 것이나 모두 의심의 여지가 있다. 이런 상황에서는 자중하는 것이 이롭다.

소축小畜: 너와 나는 둘이 아닌 하나이기에

『주역』의 64괘 중에는 축畜자가 붙은 괘가 두 개가 있다. 산천대축山天大畜과 풍천소축風天小畜이 그것이다. 대축은 매사에 크게 통하므로 길한 상황이지만, 소축은 운이 막혀 있는 상황을 이른다. 구름이 짙어도 비가 내리지 않는 형국이다. 하늘에 바람이 일어 구름을 쫓기 때문에 이리저리 흩어져 다닐 뿐 서로 뭉치지 못하여 비를 만들지 못한다.

그처럼 인간관계나 일에서도 될 듯 말 듯 어려움을 겪을 때가 있다. 크나큰 포부가 미미한 장애물에 가로막혀서 오도 가도 못하고 정체되기도 한다. 다른 지역에 베푼 공덕이 아직 빛을 발하지 못하고 있는 것처럼 자신이 쌓아온 인맥이나 업적이 다소 부족하고 그나마 다져놓은 것들도 영향을 미치지 못하고 있다. 안타까운 현실이니 지금 실행하고 있는 일이 작은 장애로 인하여 방해를 받고 있다면 일단 한숨 돌리는 것이 중요하다. 무리하게 추진한다면 혼란만 가중될 뿐이다.

이러한 시기에 들었다고 판단되면 가급적 대인관계를 줄이는 것이 좋다. 혼자서 할 수 있는 일이나 취미생활에 몰두하면서 시간을 보내는 게 낫다. 지혜의 절반은 인내에 있으니 자기 자신만의 세계에서 스스로 참아내야 한다. 내가 없어도 세상은 잘 돌아갈 것이니 쓸데없는 걱정은 하지 않아도 된다. 어떤 상황에 처해 있든 큰 관점에서 바라보면 그렇게까지 대단하고 엄청난 일은 드물다. 그런 때에 직장이나 사회생활로 외출이 불가피하다면, 누구를 만나든 겸손한 마음과 성실한 태도를 취해야 마찰이 적다. 장자莊子는 "성실하고 거짓 없는 자연스러운 성품은 세상의 어떤 것과도 아름다움을 비길 수 없다."라고 일렀다. 아름다움은 시기할 수는 있어도 탓하거나 해하지는 못한다. 그러므로 자신을 낮춰서 충돌을 피하는 태도와 양보하는 자세로 극복해나가는 수밖에 없다.

부부가 반목하는 데는 많은 이유가 있겠지만 대개 서로에 대한 배려가 부족하고 무언無言의 욕구불만이 있기 때문이다. 소축小畜은 조금 쌓인 것이니, 바꿔 말하면 많이 부족한 상태이다. 흔히 부부간의 사랑을 금슬琴瑟이라고 표현한다. 금슬은 거문고와 비파가 어우러진다는 아름다운 뜻이다. 그러나 금슬이 깨진 뒤 발생하는 부부간의 불화는 그들이 살면서 함께하는 모든 영역에 일파만파로 영향을 끼친다. 당사자와 가족들에게는 물론이고 사회생활을 하는 구석구석까지 그 파급력이 은근히 강하다. 가정은 모든 일의 근본이 되기 때문에 건물의 기둥이 흔들리고 휘어지는 것과 같다. 특히 부부싸움에서 패자는 있을 수 있지만, 승자란 있을 수 없다. 상대방을 후비고 할퀴는 만큼 자기 자신도 상처를 입기 때문에 공멸하는 경우가 대부분이다. 손바닥도 마주쳐야 소리가 나는 법이니 시시비비를 가릴 것도 없다. 부부싸움의 이유는 쭈그리고 앉아서 들어볼 가치도 없다는 뜻이다.

『계사상전繫辭上傳』에서는 "이인동심기리단금二人同心其利斷金이요, 동심지언기취여란同心之言基臭如蘭"이라고 했다. 두 사람이 마음을 함께하면 그 날카로움이 쇠도 끊을 수 있고, 같은 마음에서 우러나는 말은 향기로움이 난초와 같다는 것이다. 부부가 합심하면 단단한 쇳덩어리도 자를 수 있으며, 남들에게는 불가능해 보이는 일도 능히 이룰 수 있다. 또 진심에서 주고받는 말은 난초의 향기와 같다고 하였으니 부부가 화합하여 풍기는 향기는 그 무엇보다도 맑고 향기롭다는 뜻이다.

그러므로 서로의 마음을 잘 다스려서 인내하고 배려하는 노력이 필요하다. 반목은 비가 내리기 전 음습한 하늘의 모습과 같으니, 부부가 화목한 가정을 이루는 것은 그 무엇보다도 우선시되어야 할 일이다. 작곡가 프랭크 자파Frank Zappa는 "마음과 낙하산은 펼쳐지지 않으면 아무 소용이 없다."라고 말했다. 낙하산을 활짝 펼쳐서 신체의 안정을 되찾듯 부부간에도 닫혔던 마음의 문을 활짝 열고 서로 포용하는 자세가 요구된다.

제10장 호랑이 꼬리를 밟아도 물리지 않는다 리履

履

리履: 밟는다, 신다, 따른다

과거에 걸어온 길을 면밀히 살펴라

履虎尾 不咥人 亨
履 柔履剛也 說而應乎乾
剛中正 履帝位 光明也
履道坦坦 幽人 貞 吉
眇能視 跛能履 履虎尾 咥人 凶
履虎尾 愬愬 終吉
夬履 貞 厲
視履 考祥 其旋 元吉

부드러운 연못 속에 하늘이 서려 있지만
조용히 의지할 뿐 해치지 않는다.
위와 아래의 질서가 확립되면어떠한 상황도 뚫고 나갈 수 있다.
때로는 홀로 가더라도
유혹이나 소란함에 흔들리지 않아야 바른 삶이다.
진짜 장애인은 신체적 결함이 아닌
마음이 어긋나고 생각이 삐뚤어진 사람이다.
단점을 망각하고 객기나 만용을 부린다면
목숨까지도 담보할 수 없는 지경에 이른다.
직원은 상전으로 모셔서도 종처럼 부려서도 안 된다.

✻

리履는 밟는다는 것이니, 호랑이의 꼬리를 밟았으나 호랑이가 사람을 물지 않는 상황이다. 이는 천택리天澤履를 말하며, 하늘과 못이 서로 어긋나 있는 형상이다. 이런 순간에 인간은 본능적으로 두려움을 느낀다. 하지만 두려움을 이겨내고 의연함을 잃지 않는 게 성인의 모습이니, 변하면 저절로 통할 것이다.

리호미履虎尾라도 부질인不咥人이니 형亨하다.

호랑이의 꼬리를 밟아도 물리지 않으니 형통하다.

호랑이 꼬리를 밟는다는 것은 죽기를 무릅쓰고 직언한다는 뜻이며, 물리지 않는다는 것은 직언이 윗사람의 귀에 거슬리기는 했으나 받아들여진다는 뜻이다. 어떻게 호랑이의 꼬리를 밟고도 무사할 수 있었을까. 그것은 덕이 밝고 환하여 호랑이와 교감하였기 때문이다. 하지만 호랑이를 건드린다는 것 자체가 좋은 현상은 아니므로 자신의 분수를 알아야 한다는 의미도 분명하다. 인간의 삶이란 때로는 한 치 앞도 내다볼 수 없으니 언제나 신중해야 한다. 마치 호랑이 꼬리를 밟고 서 있듯 항상 조심조심 살아야 한다는 가르침이다. '리履' 장에는 우여곡절이 따르더라도 전체적으로 일이 잘 풀려나갈 것이라는 긍정적인 의미가 내포되어 있다. 그래서 사람이 입신하고 처세함에서 도리에 맞는 성실한 태도로 일관한다면 설령 난처한 상황에 부닥칠지라도 극복할 수 있다는 말이다.

리履는 유리강야柔履剛也이니 열이응호건說而應乎乾한다.

리는 약한 것이 강한 것을 따르는 것이니
기쁜 마음으로 하늘에 응한다.

윗사람의 가르침을 따르고 한 발 뒤로 물러나는 겸허한 태도에 대하여 말하고 있다. 밟는다는 뜻을 가진 리履는 부드러운 연못 속에 하늘과 태양이 서려 있는 모습이다. 정기가 강한 하늘이고 태양이지만, 연못에 조용히 의지할 뿐 해치지 않는다. 부드러운 유柔가 굳센 강剛을 받아들이며 호응하고 있는 형국이니 평온한 세상이 따로 없다. 여기서 약이 강을 따르는 것은 힘이 없어서 비굴하게 굴복한다는 의미가 아니다. 약하고 부드러운 유가 자발적으로 받아들이는 선의의 행동이다. 맹자는 "오직 지혜로운 사람만이 작은 나라의 임금으로서 큰 나라를 섬길 수 있다."라고 했다. 이 구절에서도 약이 강을 따르는 것은 자연의 순리이기에 기쁜 마음으로 하늘에 응하는 것과 같다고 하였다.

강중정剛中正으로 리제위履帝位하니 광명야光明也이다.

바른 중정의 위치에 있으면서도 강건하다.
제위를 밟으니 빛나고 밝다.

평범한 사람이 되었든 지도자가 되었든 늘 중심을 지키고 강건해야 한다. 이 구절에서 중정의 위치에 있으면서도 강건하다는 것은 한마디로 인군의 자질에 아무런 손색이 없다는 뜻이며, 제위를 밟으니 빛난다는 것은 천자의 자리에 오르니 더욱 광채가 나고 그 빛이 만천하에 드리운다는 뜻이다. 당당하고 떳떳한 모습으로 인군의 자리를 수행하므로 찬란한 은덕이 발휘된다. 이는 누구에게도 의지하지 않고 혼자서 삶의 목적을 구현해나간다는 의미이기도 하다. 연못이 하늘과 태양을 품는 것처럼 사람의 마음에도 넉넉한 기운이 가득해야 한다. 또한 아무리 친한 사이라도 예의를 지켜야 하듯 어떤 경우라도 올바른 마음을 잃지 않아야 한다. 그러면 해가 바뀌면서 풍경이 날로 좋아지듯이 인간의 삶도 길하고 태평성대도 오래도록 유지할 수 있다.

리도탄탄履道坦坦이니 유인幽人이면 정貞하고 길吉하다.

밟는 도가 탄탄하니 그윽한 사람이라야 바르고 길하다.

수신修身은 흔들림이 없어야 좋은 결과가 따른다는 말이다. 이 구절에서 리履를 짚신을 신고 걷는다는 의미로 해석하면 몸소 실천한다는 뜻이 된다. 즉, "리도탄탄履道坦坦"은 올바른 길을 당당하게 걸어간다는 의미이다. 그러므로 밟는 도에 부끄러움이 없고 당당하다면 그가 바로 그윽한 사람이니 길하다고 하였다. 그윽한 사람이란 자신을 드러내지 않으며 부귀와 공명을 좇지 않는 사람을 말한다. 또한 사심이 없어서 세상과 다투지 않는 사람, 마치 신선과도 같은 사람을 가리킨다. 그런 자격을 갖춘 사람이라야 호랑이 꼬리를 밟아도 물리지 않는다. 그래서 가는 길이 비록 평탄해 보일지라도 사려 깊은 사람, 유인幽人과 함께 가야 한다. 성정이 깊은 사람은 중심이 흔들리지 않으므로 항상 바르게 갈 수 있기 때문이다.

묘능시眇能視하고 파능리跛能履하니 리호미履虎尾하고 질인咥人하여 흉凶하다.

소경이 앞을 보고 부러진 다리로 걷는다.
호랑이 꼬리를 밟으니 사람을 물어서 흉하다.

"묘능시眇能視"는 눈이 밝지 못한 사람이고, "파능리跛能履"는 함께 걷기에 부족한 사람이다. 시력이 안 좋은데도 잘 보는 척하고 다리가 부러져 깁스를 했는데도 잘 걷는 척하다가 실수로 호랑이 꼬리를 밟으면 호랑이는 물지 않을 수 없다. 한마디로 잘난 척하지 말고 분수를 알아야 한다는 얘기다.

자신의 치명적인 약점을 가벼이 보고 스스로 옳다고 나서면 위태로운 상황에 처하게 된다. 몸의 한계로 인해서가 아니라 마음의 교만함으로 인하여 호랑이에게 물리는 것이다. 진짜 장애인은 신체적 결함을 지닌 사람이 아니다. 마음이 어긋나고 생각이 삐뚤어진 사람이다. 신체적인 단점은 자랑거리도 아니지만 크게 부끄러운 것도 아니다. 자신이 고칠 수 있거나 바꿀 수 있는데 방치하는 것이 아니기 때문이다.

이 구절에서 묘사하는 바는 싸움에만 유능한 무인武人이 지혜로워야 할 왕의 자리에 앉아 있는 것이다. 백성을 다스릴 능력이 미약한데도 자신감이 넘쳐 호언장담하는 모습이다. 마치 호랑이 꼬리를 밟고 서서 객기를 부리는 것처럼 크게 어긋나 위태로운 상황이다.

리호미履虎尾하고 색색愬愬하니 종길終吉하다.

호랑이 꼬리를 밟았기에 놀라고 두려워하나 끝내는 길하다.

위험이 가득할 때의 처신으로서 조심하고 경계해야 하는 태도의 중요성을 말하고 있다. 한자 '색愬'은 보통 '하소연하다'라는 뜻으로 쓰여 '소'라고 읽는다. 하지만 여기서와 같이 '두려워하고 경계하다'라는 뜻으로 쓰일 때는 '색'이라고 읽는다. 호랑이 꼬리를 밟았다면 당연히 놀라고 두려워하는 한편으로 경계해야 마땅하다. 놀라고 두려워할 줄 안다면 스스로 경계하는 마음을 일으키기 때문에 큰 화는 면할 수 있기 때문이다. 다시 말해 모든 일에 조심하는 태도로 임해야 어려운 국면에 처했을 때도 피하거나 빠져나갈 수 있다는 가르침이다. 그렇기에 신중한 사람과 단순한 사람은 시작점이 동일하지만, 나중에 결과물에서는 아주 큰 차이가 난다.

쾌리夬履이니 정貞해도 려厲하다.

결단코 밟으니 바르게 해도 위태롭다.

상황이 좋지 않을 때는 가능성이 충분해도 신중을 기해야 한다. 여기서 결단코 밟는다는 것은 무엇인가를 꼭 하고야 말겠다는 고집이며, 바르게 해도 위태롭다는 것은 정당한 방법일지라도 지나치게 결연한 의지로 밀어붙이는 것은 옳지 못하다는 뜻이다. 그러므로 자기를 중심으로 하는 사고방식인 아집我執을 버려야 한다. 아집을 그대로 계속 밀고 나가면 아득한 낭떠러지를 만날 뿐이다. 혼자서만 색안경을 쓰고 세상을 바라보는 꼴이다. 이 구절에서의 행위자는 중정中正의 자리에 있기에 권력을 거머쥐고 있다. 그래서 무엇이든 결단할 수 있고 실행할 수 있는 힘이 있다. 그런 지도자가 객관적이고 합리적인 생각을 버린 채 고집을 앞세우고 행동한다면 그로 인한 여파가 상당할 수밖에 없다.

시리視履하고 고상考祥하니 기선其旋이면 원길元吉하다.

밟아온 것을 보고 상고하되 그 시행이 잘되었으면 크게 길하다.

시리視履는 그동안 밟아온 자취를 자세히 살핀다는 뜻이다. 고상考祥은 좋고 나쁨을 면밀히 들여다본다는 뜻이며, 선旋은 맴돌 듯이 주변을 돌아본다는 뜻이다. 한마디로 밟아온 자취을 되돌아보면서 반성한다는 의미이다. 그렇게 지나온 정황들을 면밀히 살펴보고 제대로 시행하였으면 앞으로 크게 길하다고 하였다.

여기서 크게 길하다는 것은 『주역』의 전체적인 흐름으로 보아 다음 장의 '태泰'로 이어진다. 다음 장에서 설명하겠지만, 태는 작은 것이 가고 큰 것이 온다는 아주 길한 괘이다. 그렇지만 지금까지의 발자취를 되돌아본 뒤 잘못된 길을 걸어왔다고 판단되면 고치는 것이 당연지사다. 그러니 이 구절은 과거와 현재의 상황을 점검하면서 미래의 목표를 설계하는 아주 좋은 때를 말한다. 미래를 전망하면서 현자나 전문가의 고견을 참고한다면 그것은 흰쌀밥을 지을 때 검정콩 몇 알을 넣는 것처럼 지혜로운 일이다.

리履: 자신을 아는 지혜

리履에는 밟다, 따르다, 실천하다라는 뜻이 있다. 밟든 따르든 실천하든 간에 모두 가만있지 않고 무엇인가를 행한다는 의미다. 그러나 새로운 일에는 가보지 않은 길을 가는 것처럼 항상 위험이 도사리고 있다. 진행하는 일의 규모가 크면 클수록 결과물에 대한 기대도 크겠지만, 과정이 어긋나면 그만큼 다시는 일어서기 힘든 지경에 이를 수도 있다.

하지만 위험이 두렵다고 단 한 번뿐인 인생을 구경꾼처럼 살려고 한다면 삶은 의미가 퇴색된다. 골백번을 다시 태어난들 이방인처럼 살다 간다면 그런 삶에 무슨 가치가 있겠는가. 두려움을 느끼는 것은 인간의 당연한 모습이지만, 그것을 이겨내고 의연함을 잃지 않으려는 태도가 중요할 뿐이다. 그동안 살아온 경험과 자신이 처한 환경을 의연하고도 면밀하게 살펴보고, 잘할 수 있는 일과 감당하기 어려운 일을 구분하여 정리해볼 필요가 있다. 편향 없는 자기 인식은 자신의 행동이 초래할 수 있는 결과를 예측하는 데서 출발하기 때문이다.

그런 다음 바다와 같이 넓은 마음으로 식견이 풍부하고 조예가 깊은 현자나 전문가들의 조언을 듣고 받아들여야 한다. 자신의 알량한 힘 하나만 믿고 세상을 향해 덤벼든다면 실패라는 괴물이 당신을 기다리고 있을 뿐이다. 세상의 어느 분야에서 어떤 일을 하든 간에 그 일에는 모두 일정한 의미와 가치가 있다. 따라서 본인이 잘할 수 있고 꼭 하고 싶은 분야에서 묵묵히 정성을 기울이다 보면 반드시 보람을 찾고 기쁨을 느낄 수 있다.

제11장 작은 것이 가고 큰 것이 온다 태泰

泰

태泰: 크다, 넉넉하다, 편안하다

크고 위대한 것을 향해
막힘없이 나아가라

泰 小往 大來 吉 亨
天地交而萬物 通也
君子道長 小人道消也
輔相天地之宜 以左右民
拔茅茹 以其彙 征 吉
包荒用馮河 不遐遺 朋亡 得尙于中行
无平不陂 无往不復
城復于隍 勿用師

천지의 마땅함이 힘을 보태니
인간 세상에 활기가 돌고 이롭게 된다.
홀로 선 은행나무는 평생 단 한 톨의 은행도 달아보지 못한다.
지나친 사람은 억제하면서 수용하고
부족한 사람은 부드럽게 포용하면서 수용한다.
다스린다는 것은 힘의 지배가 아니라
만민이 태평성대의 삶을 살 수 있도록 돕는 일이다.
군자는 한 가지 재능에 얽매이지 않고
두루 살펴서 모든 분야에 작용해야 한다.
군자는 일정한 용도로만 쓰이는 그릇이 아니다.

태泰는 크고 편안한 바를 뜻하니, 작은 것이 가고 큰 것이 온다. 태는 지천태地天泰를 말하며, 하늘 위에 땅이 있는 형상이다. 하늘과 땅이 자리를 바꾼 모습이지만, 양의 기운은 위로 솟구치고, 음의 기운은 아래를 향하여 크게 합쳐진다. 그렇지만 그런 태평성대에도 공동체의 한 사람 한 사람을 주의 깊게 살피지 않으면 안 된다. 『채근담菜根譚』의 가르침처럼, 계곡을 메우기는 쉬우나 사람의 마음을 만족시키기는 어렵기 때문이다.

태泰는 소왕小往하고 대래大來하니 길吉하고 형亨하다.

태는 작은 것이 가고 큰 것이 오는 것이니 길하고 형통하다.

작은 것을 주고 큰 것을 얻으니 이익이 있다. 이 구절에서의 "소왕대래小往大來"는 소인이 물러나고 대인이 온다는 뜻이다. 천지天地가 교류하고 상하上下가 어우러져서 뜻이 통하고 합하였기 때문이다. 짙게 드리웠던 어둠의 그림자가 사라지고 밝은 광명이 찾아왔으니 소인이 교묘하게 꾸몄던 말과 아첨하던 얼굴빛이 그대로 드러난다. 위축되었던 대인의 마음은 넓어지고 여유로워졌기에 막힐 것이 없어서 길하고 형통하다고 하였다. 진나라의 상부 여불위는 "이익은 두 가지를 함께 얻을 수 없다. 사소한 이익을 버리지 않으면 큰 이익을 얻을 수 없으니, 사소한 이익은 큰 이익을 망치게 한다."라고 말했다. 그래서 성인은 작은 것을 버리고 큰 것을 취한다고 하였으니, 이는 현대경제학의 기본원리처럼 최소한의 비용으로 최대한의 효과를 보는 것과 같다.

천지교이만물天地交而萬物이니 통야通也이다.

하늘과 땅이 교태하여 만물이 소통한다.

천지교天地交는 하늘의 양기와 땅의 음기가 서로 사귄다는 뜻이다. 즉 하늘과 땅이 교태하여 만물이 태어나고 소통하면서 성장한다는 의미이다. 양의 강건함은 안에 있고 음의 부드러움은 밖에 있는 형상이다. 하늘과 땅처럼 인간도 막힘없이 잘 소통하면 그것은 행복한 인생길로 향하는 밑거름이 된다. 세상 만물은 음양이 있기에 교감하는 것이니 하다못해 그 흔한 은행나무도 암나무와 수나무가 있다. 그래서 여자와 남자처럼 마주 보아야 맛있는 은행이 주렁주렁 열린다. 나 홀로 서 있는 은행나무는 평생 단 한 톨의 은행도 달아보지 못한다.

군자도장君子道長하고 소인도소야小人道消也이다.

군자의 도는 성장하고 소인의 도는 소멸한다.

안에는 양陽이 있고 밖에는 음陰이 있다. 따라서 군자의 도는 안에 있으므로 무럭무럭 자라나고, 소인의 도는 밖에 있으므로 뜬구름처럼 흩어져서 다니기만 할 뿐 이루어짐이 없다. 고대사회에서는 이처럼 양이 커지고 음이 작아지는 것을 복된 일이라고 보았다. 그러나 이것은 도에 관한 해석일 뿐 인간에 대해서 말하는 것은 아니므로 유념해야 한다.

중용을 따르는 군자의 도는 후덕하지만, 편향된 소인의 도는 부덕하다. 중심을 잃고 흔들리다가 이내 사라진다. 그러므로 군자라면 분수에 맞게 욕심을 다스리고 바르게 행동한다. 이를 일러 공자는 "군자불기君子不器"라고 하였다. 군자는 그릇처럼 고정된 삶을 살지 않는다는 뜻이다. 그릇은 크기가 정해져 있어서 한정된 양밖에 담을 수 없으며, 단단하면서도 안과 밖을 구분하는 경계가 있다. 그러나 군자는 이렇게 일정한 용도로 쓰이는 그릇이 아니므로 한 가지 재능에만 얽매이지 말고 두루 살펴서 모든 분야에 원만하게 작용해야 한다. 그렇다고 군자가 꼭 모든 일에 해박하고 정통할 필요는 없으니, 그의 능력은 재능을 갖춘 인재를 다양하게 선발해서 적합하게 쓰는 데 있기 때문이다. 그래서 예나 지금이나 현명한 군주는 도를 터득한 인재를 얻기 위해서 최대한 예의를 갖추었다.

보상천지지의輔相天地之宜하고 이좌우민以左右民한다.

천지의 마땅함이 힘을 보태고 도움으로써 백성들을 좌지우지한다.

군주라면 마땅히 천지의 도를 본받아서 나라를 다스려야 한다. 이 구절에서 천지의 마땅함이 힘을 보탠다는 것은 하늘과 땅이 인간 세상에 도움을 준다는 뜻이다. 그러므로 천지와 공존할 수 있는 합당한 정책을 만들어서 널리 공포하고 시행해야 한다. 천지가 백성을 좌지우지한다는 건 하늘과 땅이 돕기 때문에 백성의 삶이 풍족하고 평안해진다는 것이다. 나라를 다스리는 방법은 단순 명료해야 하며 만인에게 공평해야 백성이 받아들인다. 즉 법을 따르며 공을 세운 자에게는 상을 주고 법을 거스르는 자에게는 벌을 주면 된다.

관중이 편찬한 『관자管子』에는 "거역하면 죽는 길을 밝혀두되 반드시 이익을 얻는 문은 열어둔다."라는 말이 나온다. 형벌을 엄하게 하면 백성들은 사악한 짓을 멀리하게 될 것이고, 좋은 일을 하면 복을 받는다는 것을 확실하게 인지시키면 백성들은 어려운 일도 가벼이 여기게 될 것이다. 나라를 다스린다는 것은 위로부터의 강압적인 힘의 지배가 아니라 백성들이 태평성대의 삶을 살아갈 수 있도록 돕는 일이다. 이것이 통치의 기본이며 이 기본만 잘 지켜도 강물이 흘러가듯이 순조롭게 다스려지고 백성들의 입에서는 풍년가가 저절로 흘러나오게 된다.

발모여拔茅茹하고 이기휘以其彙하니 정征하면 길吉하다.

잔디 하나를 뽑으니 다른 뿌리들도 엉켜서 함께 뽑힌다.
바르게 하면 길하다.

인간이 만물의 영장으로 군림할 수 있는 이유는 많은 이들의 힘을 모아서 극대화하는 능력 덕분이다. 이 구절에서는 잔디의 뿌리들이 엉켜 있듯이 무리를 지으면 길하다고 하였다. 단합해서 힘을 모아야 영향력을 행사할 수 있기 때문이다. 띠의 뿌리만 엉켜 있는 것이 아니라 논에서 자라는 벼의 뿌리도 얽혀 있다. 그래서 큰 장마가 와도 벼가 뽑혀서 둥둥 떠내려가지 않고 제자리를 지키고 있다가 굵은 벼 이삭을 쑥쑥 올려준다.

이렇듯 잔디나 벼의 연약한 뿌리도 하나로 뭉치면 강한 힘이 생겨난다. 설령 자연의 이치가 그렇다고 해도 인간 세상에서는 올바른 방법으로 무리를 지어야 대세를 형성하고 뜻을 이룰 수 있다. 태泰와 같이 사람이 크고 위대한 것을 달성하려면 항상 준비하고 기다리는 자세가 필요하다. 연암燕巖 박지원朴趾源은 "대의를 천하에 외치고자 한다면 먼저 천하의 호걸들과 교분을 맺어야 한다."라고 말하기도 했다. 잔디와 벼의 뿌리가 단합하듯이 사람도 훌륭한 사람들과 무리를 지으면 혼자서는 엄두조차 못 냈던 일들도 기꺼이 달성할 수 있다.

포황용빙하包荒用馮河하고 불하유不遐遺하니
붕망朋亡하고 득상우중행得尙于中行한다.

거친 것을 감싸며 하수를 건너는 데 쓰고, 먼 것을 버리지 않으며 붕당을 없앤다. 중도를 행하면 숭상함을 얻는다.

오랑캐와 같이 거칠고 사나운 사람도 부드럽게 포용하여 하수河水를 건너는 일에 쓴다. 멀리 있는 사람을 잊지 않음으로써 의리가 버려지지 않고, 사사로운 패거리들을 없애버림으로써 백성의 신망을 얻는다. 또한 중용의 도를 실천하면 숭상함을 얻고 잃어버렸던 것도 되찾을 수 있다고 하였다.

범엽范曄이 지은 『후한서後漢書』에는 "당동벌이黨同伐異"라는 말이 있다. 같은 무리와는 당을 만들고 생각이 다른 자는 공격한다는 뜻이니, 붕당이 있는 사람은 출세하고 없는 사람은 배제가 된다. 그래서 끼리끼리 해먹자는 붕당이 득세하면 현명한 사람과 어리석은 사람이 구분되지 않는다. 또한 강력한 파벌을 형성하여 마음대로 국정을 운영하고 농단하게 된다.

한漢나라가 쇠퇴할 무렵에 학자들과 정치가들은 뜻을 같이하는 사람들과는 붕당을 만들어 단합하고 뜻을 달리하는 사람들은 공격하고 배척하였다. 그래서 유력한 배경이 있는 사람들만 등용되고 그렇지 못한 이들은 냉대받았다. 그로 인하여 사회가 통합하지 못하고 분파가 성행하더니 결국 한나라는 망했다. 그래서 공자는 이로움을 베풀어야 하는 대상이 사사로운 집단에 속한 이들뿐만이 아니라 세상 전체로 확대되어야 인의가 실현된다고 강조했다.

무평불피无平不陂이니 무왕불복无往不復이다.

평탄하기만 하고 기울어지지 않는 것은 없다.
가기만 하고 돌아오지 않는 것도 없다.

세상에 변하지 않는 것은 없으니, 태평성대도 언젠가는 기울고 난세에도 끝이 있다는 말이다. 이 세상에 언덕지지 않고 평지로만 이어진 곳이 없듯이 사람의 일생에도 오르막이 있는가 하면 내리막이 있다. 물극필반物極必反의 이치다. 제아무리 멀리 나간 것도 극에 달하면 되돌아온다. 한마디로 세상은 계속 돌고 돈다는 얘기다.

『여씨춘추』에 나오는 다음과 같은 말을 기억해둘 만하다. "여름과 겨울은 동시에 이를 수 없고 잡초와 곡식은 동시에 성장할 수 없다. 이러한 것들은 하늘이 정한 원리이다. 그러므로 완전한 것을 추구하지 말고 극단적인 것도 추구하지 말아야 한다. 완전하면 반드시 결함이 생기고, 극단에 이르면 반드시 되돌아가고, 가득 차면 반드시 기울어지는 법이다." 하늘의 운행이나 사물은 동시에 두 방면으로 완성할 수 없다는 것이며, 결국 모든 일에 끝은 없고 변화만 있을 뿐이라는 뜻이다. 그러므로 조급한 마음에 다람쥐처럼 속을 자글자글 끓이면서 근심할 필요가 없다.

성복우황城復于隍이니 물용사勿用師하라.

성이 무너져 터로 돌아오니 군사를 쓰지 마라.

성채 주변에 못을 깊이 파고 물을 가득 채워야 적군이 쉽사리 접근하지 못한다. 그런데 성이 차츰차츰 허물어지면서 성벽의 흙이 못을 채워가고 있다. 누리고 즐기는 것이 지나치게 많아지면 성벽이 무너져가는 것도 모르게 된다. 한비韓非는 이렇게 말했다. "벌레 먹은 나무는 부러지게 마련이고, 틈이 벌어진 담은 무너지게 마련이다. 이렇게 망조가 나타난 나라에 강풍이 불거나 호우가 쏟아지면, 그 나라를 손에 넣는 일은 어렵지 않다."

이 구절에서 군사를 쓰지 말라고 한 것은 성벽이 저절로 무너져서 못을 채워가고 있으니 편안한 세상이 다하고 점점 쇠락해가고 있기 때문이다. 그런데도 어리석은 지도자가 설상가상으로 전쟁을 일으킨다면 명분이 바르더라도 반드시 패하게 된다는 경고이다. 그러므로 군대를 함부로 동원하여 죄 없는 양민들을 사지로 몰고 가는 것보단 깨끗하게 단념하는 것이 옳다. 이와 같은 난국에 몰려 있을 때는 양의 기운을 축적하고 수확한 곡식을 저장하는 등 미래지향적인 일에 매진해야 한다. 그것이 작은 조짐을 보고 큰 것을 헤아리는 혜안이며 만민이 공생할 수 있는 유일한 길이다.

태泰: 평안한 때에도 잊지 말아야 할 것은

지천태地天泰는 하늘이 아래에 있고 땅이 위에 있는 모습이니 서로 자리를 바꾼 형상이다. 이때 양의 기운은 위로 솟구치고, 음의 기운은 아래를 향하여 크게 합쳐진다. 서로가 자리를 탓하지 않고 제 역할에 충실하기 때문이다. 같은 맥락에서 인도의 시인 라빈드라나트 타고르Rabindranath Tagore는 "빛은 어둠과 짝이 되는 것을 받아들였다. 이는 천지 만물을 위한 까닭이다."라고 말했다. 낮과 밤은 어우러져 순환하는 것을 거부하지 않는다. 그래서 천지의 도가 크게 이루어지니, 땅 위에는 만물이 풍성해지고 인간 세상에는 태평성대가 도래한다.

'태地' 장에서는 사회가 풍요롭고 안정되었을 때를 가리켜 "포황용빙하包荒用馮河"한다고 했다. 거칠고 억센 사람도 부드럽게 포용하여 강을 건너는 데 쓴다는 말이다. 사회 구석구석을 살펴서 포악하고 지나친 사람은 억제하며 수용하고, 힘없는 사람은 소외되지 않도록 보살피며 수용해야 한다. 억지로 웃게 만들면 진심으로 즐거워할 리가 없고, 억지로 울게 만들면 진심으로 슬퍼할 리가 없다.

세상의 모두가 웃는 얼굴을 하는 것 같아도 모두가 만족하고 있는 것은 아니다. 모두가 울고 있는 것 같아도 뒷간에 앉아서 혼자 웃는 사람도 있다. 그러므로 모두를 만족시킬 수도 없고 동시에 만족시킬 수도 없다. 한 사회에는 겉으로는 미소 짓고 있을지 몰라도 속내를 들여다보면 불만이 팽배해져 있는 사람이 있을 수밖에 없다. 그러니 멀리 있는 사람은 버리지 않고 살며시 달래야 하며, 가까이 있는 사람은 도와주면서 다스릴 줄 알아야 안정된 공동체를 유지해갈 수 있다.

이 장에서는 평화로운 시대도 언젠가는 기울겠지만, 위기감을 바르게 견지한다면 그 또한 그렇게 나쁜 것만은 아니라고 가르친다. 사계절이 변화하는 것처럼 인간 세상의 이치도 다르지 않기 때문이다. 평탄한 시절이 기울면 예전에 겪었던 가슴 아픈 시절로 되돌아가야 한다. 잘나가는 시기에는 태평성대가 영원히 지속되리라 생각하기 쉽지만, 흥했다가 망하고 융성했다가 쇠퇴하는 흥망성쇠興亡盛衰의 이치는 늘 반복되기 마련이다. 그러나 자만하거나 부주의하지 않고, 언제나 긴장하면서 불운에 대비하는 노력을 게을리하지 않는다면 좋은 시대는 얼마든지 연장할 수 있다. 이것이 바로 『주역』의 가르침이다.

제12장 꽉 막히니 사람의 길이 아니다

비否

否

비좀: 막히다, 답답하다

가장 어려운 시절에
가장 바르게 살아가라

否之匪人 不利君子貞 大往小來
小人道長 君子道消也
儉德辟難 不可榮以祿
拔茅茹 以其彙 貞吉亨
包承 小人吉 大人否亨
包羞
有命 无咎 疇離祉
休否
否終而傾 何可長也

하늘은 위로만 솟구치고 땅은 끝도 없이 아래로만 향한다.
천지가 서로 어긋나서 교류되지 않고
위아래는 꽉 막혀 소통이 되지 않는다.
빈약한 의지로 남들에게 휘둘리다 보니
본의 아니게 옳지 못한 행동을 하게 된다.
검소한 덕으로 난難을 피하고
녹봉을 받아서 부귀영화를 누리려 하지 않는다.
진취적인 도전은 남의 일로 여기고
안일하게 살아가려는 사람이 늘어 난다.
나아가는 용기와 멈출 줄 아는 지혜가 요구된다.

✲

비否는 꽉 막혀 있음을 뜻하니, 그 길은 사람의 길이 아니다. 여기서 비는 천지비天地否를 말하며, 하늘과 땅이 따로 노는 형상이다. 서로 소통하지 못하고 인색하여 제아무리 올바르게 해도 이로움이 없다. 이러한 시절에 무엇인가를 하겠다고 일을 벌이면 문제만 가중될 뿐이니 자중하는 것이 좋다.

비지비인否之匪人이니 불리군자정不利君子貞이고 대왕소래大往小來하다.

비는 사람의 길이 아니므로 군자가 바르게 해도 이롭지 않다.
큰 것이 가고 작은 것이 온다.

비否는 오늘날 '부'라고 읽으며 부정否定을 뜻하지만, 여기서는 막힌다는 뜻으로 쓰였다. 하늘의 양기와 땅의 음기가 어긋나서 교류되지 않고, 위와 아래는 막혀 소통되지 않는 형국이다. 사람이 제대로 살 수 없는 지경에 이르렀으니 이러한 시기엔 군자라도 뚫지 못하고 오히려 해를 입는다. 앞장의 지천태地天泰와는 정반대로 대인이 가고 소인이 오는 때다. 작은 것으로 인하여 큰 것을 잃는 것이니 불통과 단절의 시대가 찾아왔다. 군자가 바르게 해도 이롭지 않다는 건 큰 것이 가고 작은 것이 오기 때문이다.

소인도장小人道長하고 군자도소야君子道消也이다.

부덕한 소인의 도는 자라나고 후덕한 군자의 도는 사라진다.

군자는 밖에 있고 소인이 안에 있으니 외적으로는 화려한 것 같지만 내적으로는 초라하기 그지없다. 소인이 모든 것을 차지하고 군자는 떠밀려 나가는 양상이다. 소인의 도는 비 맞은 푸성귀처럼 무럭무럭 자라나고, 군자의 도는 가뭄에 든 농작물처럼 축 처져 고개를 숙이고 있다. 천지가 사귀지 못하니 만물이 소통하지 못하고 상하가 교류하지 못한다. 그래서 나라의 국경마저 흔들리고 있다. 이는 정의에 반反하는 반계곡경盤溪曲徑의 세상이 도래했음을 뜻한다. 반계곡경은 온통 구불구불한 계곡과 길뿐이라는 뜻이다. 모든 일을 정당하고 올바른 방법 대신 그릇된 수단을 써서 억지로 돌아가게 하는 세상을 비유하는 말이다.

검덕피난儉德辟難하고 불가영이록不可榮以祿한다.

검소한 덕으로 어려움을 극복하고
녹을 받아서 영화를 누리지 않는다.

요즘 표현으로 "싹수 있게 살아가라."라는 말이다. 어려운 처지에 놓였을지라도 검소하게 살고 양심 있게 살아야 한다는 것이다. 이 구절에선 검소한 덕으로 난難을 피하고, 나라의 녹봉을 받아서 부귀영화를 누리지 않는다고 하였다. 즉, 재산이나 지위를 탐하거나 자기 이름이 세상에 빛나는 것을 바라지 않는 태도를 말한다. 권력에 빌붙어 입신양명하겠다는 생각을 버려야 수치를 당하지 않기 때문이다. "정치는 끝까지 하려는 생각을 버려야 하고, 세력은 끝까지 의지하지 말아야 하며, 말은 끝까지 다하려 하지 말아야 하고, 복은 끝까지 다 누리려 하지 말아야 한다."라는 말이 있다. 조선 최초의 양명학자인 허균許筠이 죽기 전에 남긴 명훈이다.

발모여拔茅茹하고 이기휘以其彙하니 정형길貞吉亨하다.

띠를 뽑으니 뿌리가 이어져 있다.

그 무리로써 바르게 하면 길하고 형통하다.

인간이 허허벌판에 홀로 있다면 할 수 있는 일이 거의 없다. 한술 더 떠서 강한 이빨을 가진 큰 짐승이나 매서운 추위를 만난다면 죽음이 기다리고 있을 뿐이다. 그러므로 인간은 띠의 뿌리가 얽히고설키듯 공동체를 형성하고 어울려 살아가야 한다. 이 구절에서 띠를 뽑으니 뿌리가 이어져 있다는 것은 사람들의 무리가 화목하게 단합된 모습을 상징한다. 그 무리로써 바르게 하면 길하다는 것은 인간 역시 잘 뭉친다면 큰 전쟁을 치러도 승리할 수 있을 만큼 형통하다는 뜻이다. 또한 이 구절은 띠의 뿌리는 속일 수 없으니, 소인배들이나 옳지 못한 집단 중에서 하나가 붙으면 그 무리의 행적들이 고스란히 드러난다는 의미로도 볼 수 있다. 세상의 모든 사람은 서로 알게 모르게 연결되어 있다. 나와 남은 둘이 아닌 하나인 까닭이다. 그러므로 큰일을 하기 위해서는 운이 좋든 나쁘든 간에 각자도생의 길을 버리고 찰떡처럼 한 덩어리가 되어야 한다.

포승包承이니 소인길小人吉하고 대인비형大人否亨이다.

포섭하고 이어나간다. 소인은 길하고 대인은 비색하나 형통하다.

비否의 시절에는 소인이 대중을 포섭하여 이끌고 나가므로 소인에게는 유리하다. 소인은 끼리끼리 무리를 지어서 패거리를 만들고 자신들의 뜻을 실현하기 때문에 한때나마 길하다. 대인은 운수가 꽉 막힌 듯 비색하지만 그나마 형통하다는 것은 이러한 소인들과 엮이지 않았기 때문이다. 소인들이 무리를 지어 세도를 부리고 대인들을 따돌렸지만, 그들이 된서리를 맞게 될 때는 그 무리에 들지 않아 화를 면한다. 그러므로 자신의 본성을 잃지 않으면서도 거두어야 할 것은 거두고, 숨겨야 할 것은 숨겨야 형통해질 수 있다는 가르침이다.

포수包羞이다.

둘러싸인 것이 부끄럽다.

남에게 포섭되어 억지로 앉은 자리는 자신과 어울리지 않는다는 말이다. 여기서 둘러싸인 것이 부끄럽다는 말은 소인에게 둘러싸여 그들과 함께 어울리니 마음이 수치스럽다는 뜻이다. 빈약한 의지로 남에게 휘둘리다 보니 본의 아니게 옳지 못한 행동을 하게 된다. 또 한때의 화려함이나 부귀영화에 현혹되어 남에게 휘둘리며 살아간다는 것은 남의 인생을 대신 살아주는 것이나 다름없다. 그처럼 자리만 차지하고 주어진 일을 제대로 하지 않는다면 곧바로 후안무치한 인생이 된다.

유명有命이면 무구无咎하니 주리지疇離祉이다.

명을 두면 허물이 없다. 흩트려놓고 다스리니 복을 받는다.

왕의 분부가 있다면 과감하게 행동을 해도 허물이 없다. 주疇는 밭두둑이나 밭고랑을 말한다. 따라서 밭의 경계나 이랑을 가지런히 하는 것처럼 소인들을 다스린다는 뜻이다. 사회에 해로운 세력을 먼저 제거해야 백성들의 안정된 생활을 담보할 수 있기 때문이다. 리離는 흩트려놓는다는 뜻이며, 지祉는 하늘의 복을 받는다는 뜻이다. 즉, 득세하고 있는 소인의 무리를 몰아내고 복을 받는다는 것이다. 결국 뜻을 같이하는 동무들과 함께 왕명王命을 수행하고 하늘의 복을 받는다는 것이니, 이로써 소인의 낚싯바늘에 걸리지 않고 하늘의 복에 걸릴 수 있다.

휴비休否라.

꽉 막힘을 그치게 한다.

소인이 득세하고 있는 비색한 형국이므로 중정한 대인이 바른 정치를 할 수 없다. 비색한 형국이 된 원인은 충언이 무시되거나 버려지고 소인의 의견만 쓰였기 때문이다. 『여씨춘추』에선 "현명한 군주가 귀하게 여기는 것으로 사士만 한 것이 없는데, 사를 귀하게 여기는 까닭은 그들이 직언直言하기 때문이다. 직언하면 잘못된 일들이 드러난다. 군주의 우환은 잘못된 일을 듣고 싶어 하면서도 직언을 싫어하는 것이다. 이렇게 하면 수원水源을 막으면서 물을 얻기를 바라는 꼴인데 물이 어디로부터 온다는 것인가?"라고 일렀다. 직언을 막고 수원을 막는다는 것은 필요한 것을 천대하고 불필요한 것을 귀하게 여기는 꼴이다. 이 구절에서 꽉 막힘을 그치게 한다는 것은 띠의 뿌리가 엉켜서 힘을 발휘하는 것처럼 양민의 크고 작은 힘을 하나로 모아서 비색한 상황을 종결해야 한다는 뜻이다. 포기하지 않고 사력을 다하였으니 바른 기운을 가로막았던 소인들의 손과 발을 묶을 수 있다.

비종이경否終而傾이니 하가장야何可長也리오.

비색함도 다하면 기울어지는 것이니 오래갈 수 있으랴.

흘러가는 시간 앞에서 변하지 않는 존재는 단 하나도 없으니 하물며 인간에게 있어서랴. 이 구절에서 비색함도 다하면 기울어진다는 것은 오랫동안 막혀 있던 형세가 반전된다는 뜻이다. 대지가 평평한 것 같아도 언덕지지 않은 곳이 없고 썰물은 밀물이 되어 되돌아오듯이 가서 오지 않는 것도 없다. 제아무리 어려운 상황일지라도 때가 되면 기울어지는 것이니 소인들이 득세한 호시절이라고 예외일 수 있겠는가. 먼저 막힌 다음에 기쁨이 찾아오는 것이니 양지가 음지 되고 음지는 다시 양지가 되는 법이다. 그러므로 비색함이 다하면 인력人力이 아니더라도 저절로 융성해진다.

비否: 굳은 각오에 관하여

비否는 하늘의 기운은 위에서만 맴돌고, 땅의 기운은 아래로만 처지는 모습이다. 서로 소통하지 못하는 인색한 형국이다. 제아무리 올바르게 해도 이로움이 없는 세상이다. 이러한 시절에 무엇인가를 하겠다고 일을 벌인다면 문제만 가중될 뿐이니 자중하는 것이 좋다.

그렇게 자중하고 숨어 지내는 사람들은 언제고 다음 시대의 주인공으로 새롭게 등장할 수 있다. 그들은 변화의 소용돌이 속에서도 어느 곳에 있든 항상 자기 마음의 고삐를 단단히 붙잡고 있었던 사람들이다. 짧은 자중의 시간이 이들에게는 긴 역사의 연장선상으로 가는 길목이었다. 그래서 '비否' 장에서는 비색함도 다하면 기울어지는 것이니, 바르게 하면 반드시 길하다고 이른 것이다.

모두 잘 알다시피 중국에는 백이伯夷와 숙제叔齊의 이야기가 있다. 주周나라 무왕武王이 은殷나라 주왕紂王을 토벌하고 새로운 왕조를 세우자 두 사람은 무왕의 역모가 인의人義에 위배되는 것이라며 수양산에 들어가 몸을 숨기고 지내다가 굶어 죽었다. 역사는 둘의 의리와 절개에 찬사를 보내고 추앙하지만, 현대인들은 굳은 의지를 관철한 그들의 각오와 실천에 더 큰 감탄을 보낸다.

뜻을 이루지 못하면 죽어도 좋다는 각오로 덤벼든다면 무엇이 두렵고 무엇이 앞을 가로막을 수 있겠는가. 이에 대하여 여불위는 "백이와 숙제, 이 두 사람은 모두 몸을 내던지고 삶을 버려서 그들이 뜻한 바를 이루었으니, 무엇을 소중하게 여겨야 하고 무엇을 가볍게 여겨야 하는가에 대한 판단이 먼저 정해져 있었던 것이다."라고 말했다. 두 사람과 달리 현대엔 진취적인 도전은 남의 일로 여기며 안일하게 살아가려는 이들이 점점 더 많아지고 있는 게 사실이다. 그러나 『주역』은 시대적 상황과 흐름을 정확하게 파악하고 나아가는 용기, 때에 따라 멈출 줄 아는 지혜를 현세의 사람들에게도 강조하고 있다.

제13장

뜻을 같이하는
사람들이 모여든다

동인同人

同人

동인同人: 협력, 같은 사람, 뜻이 같아서 모인 사람

뜻을 같이하는 이를
명민하게 찾아라

同人于野 亨

柔得位 得中而應乎乾

文明以健 中正以應 君子正也

同人于門 无咎

同人于宗 吝

伏戎于莽 升其高陵 三歲不興

乘其墉 弗克攻 吉

同人 先號咷 後笑

同人于郊 无悔

친구들을 구하여 같이 가면 힘이 하나로 모여 이로움이 있다.
사람들과 폭넓게 교류하다 보면
나쁜 일보다는 좋은 일이 더 많이 생긴다.
훌륭한 우두머리가 없는 집단은
아무리 수가 많아도 영향력을 행사하지 못한다.
사람과 사람이 뜻을 같이한다는 것은
함께 앉아 모닥불을 지피듯 호락호락한 일이 아니다.
패거리를 지으면 권모술수가 난무하게 되고
저절로 반대하는 세력이 생겨나서 앞길이 막히게 된다.
도둑에게도 도둑 나름의 도덕이 있다.

✻

동인同人은 뜻을 같이하는 사람이다. 동인은 천화동인天火同人을 말하며, 하늘 아래 불이 있는 형상이다. 큰 꿈을 이루기 위해서는 많은 사람이 필요하다. 그들의 뜻을 하나로 모으면서 세를 확장해가야 한다. 이때 무엇이든 건성으로 받아들이지 않고 깊이 생각한다면 거기에 다 뜻이 있을 것이다.

동인우야同人于野이니 형亨하다.

많은 사람들이 들판에 모이니 형통하다.

음침한 장소보다는 넓게 펼쳐진 장소에서 밝은 생각이 나온다. 들[野]은 막힘없이 트인 공간이니, 많은 사람이 한꺼번에 모여 소통하게 되므로 형통하다고 하였다. 동인은 함께하는 사람이니, 무슨 일이든 협력하기 위해선 서로 뜻이 통하고 추구하는 바가 일치해야 한다. 그런 사람들과 함께하면 혼자서는 불가능했던 일도 거뜬하게 성취할 수 있다.

하지만 저마다 오직 자기 개성에만 따르거나 품고 있는 생각이 각양각색이라면 동인의 길은 요원해진다. 공동체가 아닌 나[我]를 중심으로 생각하고 행동하는 까닭이다. 조趙나라의 공손룡公孫龍은 "성인은 담담함을 즐기며 시시비비를 잊기 때문에 하나의 능력도 버리지 않고, 하나의 물건도 버리지 않는다."라고 했다. 일을 함께 도모하기 위해선 이처럼 크게 보고, 널리 품어 안는 자세가 필수적이다.

유득위柔得位하니 득중이응호건得中而應乎乾한다.

부드러운 것이 자리를 얻는다.

가운데를 얻어서 하늘에 호응한다.

하늘과 땅을 본받은 어질고 지혜로운 사람이 지도자가 되어야 동인의 의지를 막힘없이 통하게 할 수 있다. 이 구절에서는 성품이 부드러워야 가운데 자리를 얻을 수 있고, 그 자리를 얻은 사람이 하늘의 뜻에 호응한다고 하였다. 가운데는 우두머리를 말하며, 우두머리는 천명天命을 따르면서 무리를 이끌어나간다. 여기서 무리란 지위나 계층에 상관없이 뜻을 같이하는 사람들이다. 훌륭한 우두머리가 없는 집단은 제아무리 수가 많아도 무리로서 영향력을 제대로 행사하지 못한다.

문명이건文明以健하고 중정이응中正以應하니 군자정야君子正也이다.

문을 밝혀서 튼튼하게 한다.

중정으로 응하는 것이 군자의 바름이다.

문文은 사람의 것이고 글자를 뜻하므로 "문명이건文明以健"은 인간사회를 밝힌다는 의미이다. 문을 밝혀서 튼튼하게 한다는 것은 학문으로 백성들을 깨우쳐서 건실한 사회를 만들어간다는 뜻이며, 중정中正으로 응한다는 것은 중심의 도를 널리 밝히면서 하늘의 뜻에 바르게 응한다는 뜻이다. 이것을 군자의 바름이라고 하였으니, 그런 지도자라야 백성들 가운데에 임하여 동인의 마음을 하나로 모으고 대업을 성취할 수 있기 때문이다. 공자는 이러한 이에 대하여 "어진 사람은 근심이 없고, 지혜로운 사람은 의심하지 않으며, 용감한 사람은 두려워하지 않는다."라고 하였다.

동인우문同人于門이니 무구无咎하다.

사람들과 함께하는 것을 문에서 하니 허물이 없다.

스스럼없는 사람들과의 만남은 아무리 잦아도 허물이 없다. 이 구절에서 함께함을 문門에서 한다는 것은 집 밖으로 나와서 널리 교제한다는 의미이다. 뜻이 있는 사람들과 폭넓게 교류하다 보면 나쁜 일보다는 좋은 일이 더 많이 생긴다. 그러나 서로 얼굴만 아는 얕은 교제로는 큰일을 도모하기가 어렵다. 생사를 함께할 정도로 우정이 두터워야 하는데 그런 사이를 간담상조肝膽相照라고 한다. 간담상조는 당唐나라 한유韓愈의 『유자후묘지명柳子厚墓誌銘』에 나오는 말로, 간과 쓸개를 드러내 보인다는 뜻이다. 한유는 "사람이란 난처했을 때 비로소 진정한 절의가 나타나는 법이다."라고 썼다. 그처럼 막역한 사이로서 뜻까지 일치한다면 무슨 일이든지 함께 도모해볼 수 있다.

동인우종同人于宗이니 인吝하다.

같이하는 것을 종친에서 하니 인색하다.

공인公人이 사적인 관계에 치우치는 것을 경계하고 있다. 같이하는 것을 종친에서 하니 부끄럽다는 건 종친들끼리만 모여 사사로이 패거리를 지으니 부끄러운 일이라는 뜻이다. 패거리는 늘 은밀하게 교제하면서 타인을 배제하는 습성이 있다. 그래서 만인에게 공명정대하지 않으면 수많은 동인을 잃고 고립될 수밖에 없다. 공자도 "군자는 어울리지만 패거리를 짓지 않는다."라고 강조했다. 패거리를 짓게 되면 곧 권모술수가 난무하는데, 큰일을 앞에 두고 권모술수가 판을 치면 자연히 반대하는 세력들이 생겨나서 앞길이 막히게 된다.

복융우망伏戎于莽하고 승기고릉升其高陵하니 삼세불흥三歲不興이다.

무기를 숲속에 숨기고 그 높은 언덕에 올라가 정찰한다.

삼 년을 일어나지 못하다.

망莽은 우거진 풀숲이고 복융伏戎은 군사와 무기를 숨긴다는 뜻이다. 군사를 숨기고 높이 올라 내려다본다는 것이니 계략과 술수를 가리킨다. 높은 곳에 자리한다는 것은 잘난 척하면서 허세를 부린다는 말이기도 하다. 삼 년이 지나도록 승패를 가르지 못하는 것은 적이 얕은 속임수에 넘어가지 않기 때문이다. 남을 이기려면 기량과 지략에서 남보다 능히 뛰어나야 한다는 가르침이다.

승기용乘其墉하되 불극공弗克攻하니 길吉하다.

성벽에 오르되 능히 치지 않으니 길하다.

욕심을 억제하지 못하고 무고한 대상을 공격하면 흉한 꼴을 면치 못한다. 이 구절에서 성벽에 오르되 치지 않는다는 것은 정의로운 군대이기 때문이라 풀이할 수 있다. 성벽에 올랐어도 선불리 공격하지 않고 관망하는 이유는 향후 미치게 될 허물을 생각하여 도리를 따르기 때문이다.

즉, 도둑이 담장 위에 올랐으나 훔쳐 가지 않는 것과 같다. 이는 남의 재물을 마구 빼앗으며 행패를 부리고 돌아다니는 무리가 아닌 도역유도盜亦有道한 사람들이기 때문이다. "도역유도"는 『장자』에 나오는 말로, 도둑에게도 도둑 나름의 도덕이 있다는 뜻이다. 인간 세상에서 인의와 도덕성이 사라지고 모두가 자신의 이로움만 좇는다면, 약육강식의 질서를 따르면서 그에 귀속되는 동물의 세계와 다를 바가 없게 된다.

동인同人이 선호도先號咷하고 후소後笑한다.

같이하는 사람들이 처음에는 울면서 소리쳤지만 나중에는 웃는다.

같은 편이라고 믿는 동인을 만나는 때에도 만일에 대비하는 사전 준비가 필요하다. 같이하는 사람들이 처음에는 울며 소리쳤다고 하였는데, 그것은 마치 군대가 고립되어 식량이 끊기고 물이 고갈되는 난처한 상황에 놓인 것과 같았기 때문이다. 그러나 나중에 웃는다고 한 것은 지원군을 만나서 포위망을 뚫고 나온 것과 같았기 때문이다. 동인은 처음에는 서로 신뢰하지 못하고 우왕좌왕하면서 혼란에 빠져 있었다. 하지만 사사로운 마음을 버리고 공익을 추구하다 보니 모두의 뜻이 이루어져 웃을 수 있게 되었다는 말이다.

동인우교同人于郊이니 무회无悔하다.

같이하는 것을 들에서 하니 후회가 없다.

옛 지인들을 훤히 트인 들에서 만난다는 것은 흉이 아니라 좋은 징조이다. 집은 성안에 있으므로, 집에서 본다는 건 제도권 안에서 실질적인 일을 하기 위한 구성체를 만드는 것과 같다. 하지만 모이는 것을 들에서 한다고 하였으니, 들은 성 밖에 있으므로 제도권 밖이다. 말하자면 재야在野에서 미래의 일을 계획하고 대책과 방법을 논하며 기회를 엿보고 있는 상태라고 볼 수 있다. 비록 뜻을 이루는 단계는 아니지만 먼 미래를 함께 논의해보는 자체에는 문제가 없으니 후회가 없다고 하였다.

동인同人: 무리를 짓는 일에 관하여

밝은 태양은 지상에 있는 만물을 속속들이 비추고 바람은 그 모두를 빠짐없이 어루만지며 지나간다. 무릇 큰일을 하고자 하는 사람이라면 태양과 바람처럼 세상의 만물을 면밀히 들여다보고 그 쓰임새와 이치를 분석할 줄 알아야 한다. 또한 사람의 능력을 헤아리고 당시에 처한 상황을 판단할 때도 빈틈이 없어야 한다. 현대인들은 이것을 '정세 파악'이라 하지만 『주역』에서는 "류족변물類族辨物"이라 하였다. '류족'은 같은 무리끼리 모인다는 뜻이고, '변물'은 사물을 변별한다는 뜻이다. 무리와 하나 되어 만물을 변별한다는 것이니 공동체의 목표를 설정하고 성사 여부를 헤아리는 지혜이다.

모이는 것과 변별하는 것은 엄연히 다른 일이지만 본질적인 면에서는 다르지 않다. 인사의 차별을 두고, 선한 것과 악한 것의 시시비비를 명확하게 구분하기 때문이다. 그처럼 하늘과 태양과 바람이 곧 동인同人의 가르침을 내포하고 있는 것인데, 이 세상에서 목적하는 바가 크고 원대하다면 그것은 개인의 몫이 아니라 비슷한 사람들로 구성된 집단만이 도전할 수 있는 일이다. 달성하고자 하는 바가 크면 클수록 행하기 전에 숙고하는 것은 당연지사이다. 큰 꿈을 꾸고 그것을 달성하기 위해서는 반드시 사람들의 뜻을 하나로 모으고 크게 무리를 지어서 세력을 확장해가야 한다. 그 과정에서 구성원의 장단점과 도덕성을 헤아려보아야 한다.

높은 뜻을 세울 때는 본인의 지식이나 지혜를 겸비한 능력도 그에 걸맞아야 한다. 또한 다른 사람을 품을 만한 넓은 아량을 가진 큰 그릇이 되어 있어야 한다. 설령 리더의 길이 아니라면 다른 사람들과 어울릴 수 있는 자질이 갖추어져 있어야 하고, 다른 사람의 품에 들어가더라도 그들의 입맛에 맞게 쓰일 수 있는 재능이 충족되어 있어야 한다. 그래서 무리를 짓거나 그 무리에 들어가기 위한 첫 번째 관문은 문밖에 있지 않고 바로 내 안에 있다.

동인同人이라는 말의 어원은 뜻을 같이하는 사람으로서 동지를 구하여 함께 간다는 의미이다. 이렇게 자신과 뜻을 같이하는 동지가 많아지면, 자신을 중심으로 하는 세력이 확산되어서 나중에는 타오르는 불길처럼 억제할 수 없는 경지로 접어든다. 그러다가 때가 무르익으면 들고 일어나는데, 이에 천하가 호응하면 목적한 바의 성취가 마치 호주머니 속의 물건을 꺼내듯 쉽사리 이루어진다. 이것이 바로 위대한 창업을 도모하는 길이며 역대 제왕들이 패주를 도모하기 위해 걸어온 길이기도 하다.

그러나 사람과 사람이 뜻을 같이한다는 것은 함께 모여앉아서 모닥불을 지피듯 그렇게 호락호락한 일이 아니다. 모두가 저마다의 개성이 있고, 살아온 환경과 가치관이 다르기 때문이다. 인간의 욕망은 본질적으로는 비슷하지만, 각자의 능력이나 처지에 따라서 방향이 다를 수밖에 없다. 그래서 흥미를 갖는 정도의 차이나 지향하는 바가 천차만별이다. 다행히 뜻이 맞는 사람들끼리 모였다 할지라도 정당하지 않은 방법으로 성취하려 한다면 그 무리는 오래가지 못한다. 무리를 짓되 학연이나 혈연, 지연 등으로만 구성된다면 이 또한 올바른 집단이 아니기 때문에 지속되기 어렵다. 그래서 '동인同人' 장에서 이를 패거리라고 명명하여 경계하였다. 지붕을 지탱하는 네 기둥 중에 단 하나라도 바르지 않으면 그 형체는 반드시 기울어지게 마련이기 때문이다.

제14장

하늘에 빛이 있으니
크게 이룬다

대유大有

大有

대유大有: 크게 이룬다, 많이 존재하다

넘치고 부유한 시절에도
진중한 마음을 잃지 마라

大有 元亨

柔得尊位 大中而上下應之

火在天上 大有 君子 以 遏惡揚善 順天休命

无交害 匪咎 艱則无咎

大車以載 有攸往 无咎

匪其彭 无咎

厥孚交如 威如 吉

自天祐之 吉 无不利

하늘에 구름이 모여 비가 되고 때에 맞춰 대지를 적셔준다.

곡식이 단비를 맞아서 자라나고 햇볕을 받아서 여무니 풍년이 든다.

많은 것은 양陽의 기운에 속하므로

하늘의 도움을 받은 자가 천하를 다스린다.

큰 나라가 먼저 자신을 낮추는 것은

대국이 소국을 말없이 다스리는 비결이다.

자랑은 제 입에서 나오는 것이 아니라

다른 사람의 입을 통해서 나올 때 빛이 난다.

작은 힘도 거듭되면 뜻밖의 큰일을 해낼 수 있다.

대유大有는 하늘에 빛이 있으니 크게 이루는 것이다. 대유는 화천대유火天大有를 말하며, 태양이 하늘 높이 떠오르는 형상이다. 많이 가진 자라야 큰일을 도모할 수 있고, 많이 가진 자라야 모든 일을 원만하게 성취할 수 있다. 소매가 길면 춤이 잘 춰지고, 자본이 많으면 사업이 번창한다.

대유大有는 원형元亨이다.

많이 있으면 크게 형통한다.

자본주의 체제하에서 많다고 손해 볼 일은 별로 없다. 대유大有는 많이 가진 것이니 크게 형통한다. 많이 소유한 사람만이 큰일을 도모할 수 있고 원만하게 성취할 수 있다는 뜻이다. 여기서 많이 소유한다는 것은 재화나 용역은 물론 걸출한 인재까지를 아우른다. 많고 큰 것은 양의 기운에 속하는 것이니, 하늘의 도움을 받은 자가 천하를 거머쥐고 다스린다.

옛 속담에 "소매가 길면 춤을 잘 추고 돈이 많으면 장사를 잘한다."라고 했으니, 마음은 넉넉할수록 좋고 밑천은 많을수록 무슨 일이든지 이루기가 수월하다. '대유大有' 장은 전체적으로 밝은 빛이 세상을 환하게 비추는 형국이다. 이때 적극적으로 행동하면 하늘에는 구름이 모여서 빗방울이 만들어지고 목마른 대지를 촉촉하게 적셔줄 것이다. 온갖 초목이 앞을 다투어 자라고, 망아지의 엉덩이엔 살이 붙으며, 창고에는 알곡이 가득하게 쌓일 게 틀림없다.

유득존위柔得尊位하고 대중이상하응지大中而上下應之한다,

부드러워서 존귀한 자리를 얻었고 큰 가운데에 있으니 상하가 호응한다.

물처럼 유순한 성정을 겸비하고 있어야 대사를 도모할 수 있다는 가르침이다. 부드러운 성품과 자질이 존귀한 자리를 얻게 하였고, 존귀한 사람이 모든 중심에 자리하고 있으니 상하가 크게 호응한다고 하였다. 부드러운 태도는 크게 통하며 그 무엇과도 부딪히지 않는다. 인정을 발휘하며, 덕으로써 감화시킨다. 『후한서』에서도 "부드러운 것은 딱딱한 것을 이기고 약한 것은 강한 것을 이긴다."라고 일렀다.

화재천상火在天上이 대유大有이니 군자이君子以하여
알악양선遏惡揚善하고 순천휴명順天休命한다.

하늘에 불이 있는 것이 대유이다. 군자는 이를 보고 악을 막고 선을 함양하며 천명을 따라 그 명을 아름답게 한다.

하늘에 불이 있다는 것은 태양이 높이 떠올라서 세상의 만물을 환하게 비추는 모습이다. 군자는 대유를 본받아 선을 드러내어 드높인다고 했으니, 이것이 바로 하늘의 명을 따르고 아름답게 하는 일이며 하늘을 두려워하고 섬기는 마음가짐이다. 이 구절의 휴休는 '쉴 휴'로 많이 알려져 있지만, 여기선 '아름답다'라는 뜻으로 쓰였다. 하늘의 명은 사사롭지 않고 그릇됨이 없으며 아주 정당하고 떳떳하다. 그래서 아름다운 것이다.

무교해无交害이니 비구匪咎하고 간즉무구艱則无咎하다.

서로 해치지 않으니 허물이 없고,

서로 어렵다고 여기니 또한 허물이 없다.

관계를 맺더라도 서로 배려하는 마음이 있다면 해로울 게 없다. 어렵고 힘든 상황일지라도 스스로 노력하여 교만한 마음을 없앤다면 허물이 생기지 않는다. 이 구절에서 서로 해치지 않고 어렵게 여긴다는 것은 상대의 존재가치를 인정하고 존중한다는 뜻이다. 이에 관해선 "서로 마주보기는 하지만, 서로 기대지 않음을 중히 여긴다."라는 옛말을 상기할 만하다. 마주본다는 것은 함께하는 것이고, 기대지 않는다는 것은 함께하되 사적인 이익이나 편리를 바라지 않는다는 뜻이다. 동인同人에게도 이처럼 공존을 꾀하면서 자신을 지키려는 강건한 마음 바탕이 전제되어 있어야 한다.

대거이재大車以載하고 유유왕有攸往하니 무구无咎하다.

큰 수레에 짐을 싣고 갈 곳이 있으니 허물이 없다.

큰 수레는 커다란 부富를 상징한다. 그런 수레에 물건을 싣고 갈 곳이 있다는 것은 제후가 조공을 싣고 왕을 알현하러 간다는 뜻이다. 현명한 제후는 여름에는 부채를 바치고, 겨울에는 화로를 올렸다. 즉, 왕이 원하는 일을 하였으며 듣고 싶어 하는 이론을 바쳤다. 왕은 영토를 분할하여 제후가 다스리게 했는데, 제후가 복종하지 않으면 정벌하였고 제후가 굽히면 인의仁義로 대해주는 것이 관례였다. 또한 훌륭한 왕은 부유한 제후국에서 덜어내어 부족한 제후국에 보태는 오늘날의 복지정책을 시행하기도 했다. 그래서 종주국의 왕에게 조공을 바치는 것은 현명한 제후가 자신의 큰 사업이나 원대한 뜻을 추구하기 위해서 올리는 상납이었으므로 허물이 없다고 하였다.

비기방匪其彭이니 무구无咎하다.

요란하게 하지 않아 허물이 없다.

방彭은 북 같은 것을 요란하게 두드리는 소리로, 오늘날에는 '팽'으로 읽는다. 많이 가진 자는 경망스럽게 행동하거나 큰소리를 내며 자신을 드러내선 안 되고, 교만해서도 안 된다는 말이다. 『관자』에선 "강하면서 교만한 사람은 그 강함을 손상하고, 약하면서 교만한 사람은 빨리 망한다. 강하면서 겸손하고 정의로우면 그 강함을 펴고, 연약하면서 겸손하고 정의로우면 재앙에서 벗어난다."라고 일렀다. 언제나 겸손한 자세로 조용하게 움직여야 하므로 항상 으스대지 않는 사람의 곁이라야 이롭다. 또 매우 어리석은 사람일지라도 남을 평가할 때만큼은 지혜롭고 명확하게 분별하므로 자랑할 일이 있어도 겸손하게 숨길 줄 알아야 한다. 자신이 베푼 은혜와 공덕은 숨기면 숨길수록 밝고 선명하게 드러나는 법이다. 자랑은 제 입에서 나오는 것이 아니라 다른 사람의 입을 통해서 자연스럽게 나올 때 비로소 빛이 난다.

궐부교여厥孚交如하고 위여威如하니 길吉하다.

궐과 교류함에 믿음이 있고 위엄이 있으니 길하다.

믿음이 있고 위엄이 있는 겸謙의 도는 크고 위대하여 통하지 않는 바가 없다. 여기서 궐은 돌궐을 말한다. 돌궐과 교류함에 믿음을 두고 대하니 더욱 친밀한 관계가 된다고 하였다. 한 발짝을 옮겨도 믿음직스러워야 뭇사람이 스스럼없이 다가선다. 위엄이 있어야 길하다는 것은 가볍게 처신하지 말라는 뜻이다. 군주는 그 나름의 위엄을 갖추고 있어야 경외의 대상이 된다. 그러므로 위엄 있게 행동하면서도 늘 의젓한 태도를 잃지 않아야 한다.

자천우지自天祐之이니 길吉하고 무불리无不利하다.

하늘이 스스로 도와주니 길하고 이롭지 않음이 없다.

하늘은 스스로 돕는 자를 돕는다는 말이다. 하늘이 알아서 도와주니 길하고 이롭다고 하였다. 대유大有가 매우 길한 이유는 많이 소유한 자는 하늘로부터 도움을 받기 때문이다. 부드럽게 행동하면서도 모두를 존중하기에 하늘의 도움을 받는 것이다. 하늘의 도움을 받은 자는 백성이 따르기에 온 천하를 거머쥐고 다스려 나간다. 예부터 개인이나 단체나 나라에 생각지도 못했던 큰 복이 굴러들어오면 천운天運이라며 크게 반겼다. 하늘이 도와주는 것보다 더 큰 복은 없기 때문이다.

대유大有: 위엄 있는 부드러움

대유大有는 많이 가진 것이니, 재벌이나 아주 큰 풍년을 의미한다. 송아지와 망아지의 엉덩이에는 살이 붙고 곳간에는 곡식이 가득 차서 넘칠 지경이다. 봄에 씨를 뿌리고 무더운 여름에 가꾸면서 정성을 다하였으니 하늘과 땅이 내어준 복이다. 그렇지만 많이 거두었다고 해서 자랑하거나 뽐내서는 안 된다. 지나치게 많은 재물은 항상 재앙을 초래하기 때문이다.

그래서 기근을 생각하며 어려움을 늘 염두에 두어야 하고, 주변을 살펴보며 허기진 사람들을 돌보는 것도 잊어서는 안 된다. 여기에선 "교여위여길交如威如吉"이라고 하였는데 성실한 마음으로 교류하니 길하다는 뜻이다. 교여交如는 믿음을 두고 뜻을 펼치는 것이며, 위여威如는 자연스럽게 우러나오는 듬직한 위엄을 뜻한다. 다른 사람들을 경계하지 않으면서 믿음직한 마음으로 교류하니 온화한 가운데서도 위엄이 있다는 말이다. 그런 성품과 태도라야 혼란에 빠지지 않고 분쟁에도 휘말리지 않는다.

한비韓比는 『내저설內儲說』에서 "사랑이 지나치면 법은 시행되지 않고, 위엄을 보여주지 못하면 아랫사람이 윗사람을 업신여긴다."라고 하였다. '대유大有' 장에서도 위엄을 갖추어야 경외의 대상이 된다고 하였으니 그 맥락이 유사하다. 동시에 이 장은 "유득존위柔得尊位"를 크게 강조한다. 부드러움이 존귀한 자리를 얻는다는 뜻으로서 성품이 거칠지 않고 유순해야 많은 사람이 따르고 받든다는 것이다.

중요한 것은 무슨 일을 하든지 자신을 믿고 도와줄 수 있는 사람들이 곁에 있어야 한다는 것이다. 『여씨춘추』에선 "현자는 사람을 사귈 때 그의 됨됨이로 하고, 보통 사람은 일을 가지고 하며, 불초不肖한 자는 재물을 가지고 한다. 열 필의 말을 얻는 것이 백락伯樂 한 사람을 얻는 것만 못하고, 천 리의 땅을 얻는 것이 성인 한 사람을 얻는 것만 못하다."라고 강조했다. 예부터 인재는 얻기 어렵다고 했지만, 최고의 성공을 이루고 싶다면 반드시 탁월한 이를 얻어야 한다. 그런 인재가 많으면 많을수록 좋겠지만, 작은 힘일지라도 거듭 쌓이면 뜻밖의 큰일도 해낼 수 있다는 것이 『주역』의 가르침이다.

謙

겸謙: 겸손하다, 공손하다, 덜다

겸손하고, 다시 겸손하라

謙 亨 君子有終
天道 虧盈而益謙
謙尊而光 卑而不可踰
地中有山謙 君子 以 裒多益寡 稱物平施
謙謙君子 卑以自牧也
鳴謙貞吉 中心得也
勞謙 君子有終吉
不富以其鄰 利用侵伐无不利
鳴謙 利用行師 征邑國

겸은 어려워서 어려서부터 익혀야 하니,
군자라도 마지막에서야 완성하는 것이다.
겸은 나를 낮추고 남을 높이는 것이며
풍요로움을 덜어 부족한 곳에 보태는 미덕이다.
아름다운 자태와 뛰어난 재능은 겸손함으로써 더욱더 빛을 발한다.
보름달은 반드시 기울고 높은 산은 비바람에 깎여 낮은 곳에 이른다.
불의에는 용감하게 일어나서 저항하고
필요할 때는 전쟁도 불사하는 것이 겸이다.
겸손한 마음가짐에서 인격의 꽃이 피어난다.

겸謙은 낮추고 덜어내는 것이니, 항상 겸손한 태도가 최선이다. 겸은 지산겸地山謙을 말하며, 땅속에 산이 있는 형상이다. 자신이 높다고 생각하는 사람은 저절로 낮아지고, 자신이 낮다고 생각하는 사람은 은연중에 높아진다. 공이 있어야 얻을 수 있고, 자랑하지 않아야 널리 쓰일 수 있다.

겸謙은 형亨하니 군자유종君子有終이다.

겸은 형통하니 군자의 끝마침이다.

겸손한 마음가짐에서 인격의 꽃이 피어난다. 그래서 겸손한 태도는 형통하며 군자의 끝마침이라고 하였다. 겸은 무엇과도 통하지만 실행하기가 그만큼 어렵기 때문이다. 겸을 행함에선 시종일관의 태도가 중요하다. 대상에 따라서 달리하거나 때와 장소에 따라서 왔다 갔다 해서는 안 된다는 뜻이다. 일관되지 못한 겸손은 순수한 마음의 발로가 아니라 의도적이고 인위적인 것이라 볼 수 있기 때문이다. 겸은 보태지 않고 덜어내는 마음가짐으로, 나를 낮추고 남을 높이는 태도이다. 또한 풍요로움을 덜어 부족한 곳에 보태는 미덕이기도 하다. 아름다운 자태와 뛰어난 재능은 겸손함으로써 더욱 빛을 발한다. 그래서 겸양의 도는 어렵기 때문에 어려서부터 익혀야 하며, 군자라도 마지막에서야 완성한다고 한 것이다.

천도天道는 휴영이익겸虧盈而益謙이다.

천도는 가득 찬 것을 이지러지게 하고 겸으로 더해준다.

겸은 겉과 속이 고르게 갖추어져야 한다는 말이다. 천지의 도는 가득 찬 것을 이지러지게 하여 겸한 데에 보태주고 흐르게 만든다. 귀신조차도 부족하면 복되게 해주고, 가득 차면 해롭게 한다. 인간은 가득 차면 시기하고 미워하지만, 겸손하게 행동하면 믿고 따르는 이가 생겨난다. 노자老子는 "천도는 극에 이르면 되돌아오고 가득 차면 덜어내니, 바로 해와 달이 그러하다."라고 말했다. 굳세게 차오를 때는 천도를 운운하며 따르다가 기울어질 때가 되면 천도를 거스르는 사람들이 있다. 옛 성현들은 의롭지 않으면 이익을 취하지 않는다고 했지만, 대다수 사람이 천도를 따를 땐 이익을 얻기 위함이며 거스를 때는 이익이 없기 때문이다. 그렇지만 천도를 거스르는 것은 제가 꼰 밧줄로 제 몸을 묶는 자승자박自繩自縛을 초래하는 꼴에 지나지 않는다.

겸존이광謙尊而光이니 비이불가유卑而不可踰이다.

겸은 존엄하고 빛난다. 낮아도 가히 넘지 못한다.

지위가 높을수록 몸은 아래를 향해야 그 덕이 빛나서 위로 올라간다. 이 구절에서 겸이 존엄하고 빛난다는 것은 높은 지위를 겸손하게 썼기에 존경받는다는 뜻이다. 낮아도 가히 넘지 못한다는 것은 비록 낮아 보일지라도 감히 밟거나 뛰어넘을 수 없음을 가리킨다. 겸은 빛나고 밝아서 숨길 것이 없으므로 언제나 떳떳하고 당당하다. 그러니 비록 낮은 자리에 거할지라도 남들이 업신여기지 못한다. 또한 자기 자신은 늘 부족하다고 여기며 꾸준히 갈고 닦기 때문에 지속적인 발전이 있다. "현명한 군주는 커지면 커질수록 겁내고 강해지면 강해질수록 두려워한다."라는 여불위의 말처럼, 뛰어난 지도자는 얻었을 때 잃을 것을 생각하고, 평안할 때 위태로울 것을 생각하며, 흥성할 때 곤궁할 것을 생각한다. 겸은 이처럼 도래하지 않은 미래를 염두에 두는 지혜로운 처신을 가리키는 것이다.

지중유산겸地中有山謙이니 군자이君子以하여
부다익과裒多益寡하고 칭물평시稱物平施한다.

낮은 땅에 높은 산이 있는 것이 겸이다.
군자는 이를 보고 많은 것을 덜어 적은 것에 보탠다.
사물의 균형을 살피듯이 고르게 한다.

군자는 겸의 도를 통하여 하늘로부터 받은 사명을 완수해야 한다. 땅속에 큰 산이 들어 있는 것이 겸의 형상이다. 군자는 이를 보고 많은 곳에서 덜어 부족한 곳에 보태며, 그 일을 행함에서는 사물을 저울질하듯이 고르게 살핀다. 스스로 겸하는 태도를 견지해야 공평하게 분배하는 일도 할 수 있다. 큰일을 맡아도 되는 그릇이 있고 작은 일을 맡아야만 하는 그릇이 있으니 능력에 맞게 일을 맡긴다. 그래야만 원망하는 사람이 생겨나지 않는다.

겸겸군자謙謙君子이니 비이자목야卑以自牧也이다.

겸손하고 또 겸손한 군자는 자신을 낮추어 처신한다.

겸손한 사람은 무슨 일을 할지라도 능히 감당할 수 있다. 여기서 겸겸謙謙은 겸손한 도리가 겹쳐 있는 모습이므로 최고의 겸양이다. 이런 경지에 도달한 사람이라면 언행이 일치하기 때문에 어떤 일을 도모해도 성사할 수 있다. 자목自牧은 스스로 자신을 기르고 키운다는 뜻이다. 낮은 자리에 머물지라도 자신의 부족한 덕을 기르고 함양하는 데 힘써야 한다. 자신을 아끼고 사랑하는 일에도 끊임없는 노력과 연습이 필요하다. 하지만 행복한 삶을 영위하기 위해서라면 자신을 함양하는 자목에 투자할 만한 가치는 충분하고도 남는다.

명겸정길鳴謙貞吉이니 중심득야中心得也이다.

명성이 나도 겸손하니 바르고 길하다. 중심을 얻었음이다.

명성이 자자할수록 마음이 곧아야 하고, 중심이 흔들리지 않아야 한다. 명성은 저절로 생겨나는 것이 아니며 아무런 까닭 없이 만들어지는 것도 아니다. 공이 있어야 얻을 수 있으며 그것을 자랑하지 않아야 천하에 널리 펼칠 수 있다. 그러니 매사에 충실히 임할지라도 스스로를 높이고 자랑하는 데 힘쓰지 말고, 자신을 살피는 일에 더욱 힘써야 한다. 내가 겸손하면 상대방도 나를 겸손하게 대한다. 서로 조심하면서도 깊은 마음을 주고받을 만큼 통하게 된다.

노겸勞謙이니 군자유종길君子有終吉하다.

노력하면서도 겸손하니 군자에게는 끝마침이 있어 길하다.

노겸勞謙은 부단한 노력을 통하여 얻는 겸손함을 말한다. 끝마침이 있어 길하다는 것은 군자는 공로가 있어도 사양하니 만백성이 우러러보고, 자랑하지 않고 노력하므로 결국은 가운데 자리를 얻어 길하다는 뜻이다. 겸손하기 위하여 노력한다는 것은 곧 수신修身을 뜻하기도 한다. 여불위는 "자신을 돌아본다는 것은 귀와 눈을 편안하게 하고, 욕망을 적절하게 하며 기교를 부리지 않는 것이다. 그리고 의식을 무한한 공간 속에 노닐게 하고 마음은 자연의 길을 따라가도록 한다. 이렇게 하면 하늘이 내려준 본성을 해치는 일이 없으며, 만물이 움직이는 도를 터득하게 된다."라고 썼다. 만물이 움직이는 큰 도를 터득하는 것도 결국에는 자신을 돌아보며 수신하는 데서 출발한다는 말이다. 이것이 바로 노력하는 이의 겸손한 모습이다.

불부이기린不富以其鄰이니 리용침벌무불리利用侵伐无不利하다.

그 이웃이 부유하지 않으니
침략과 정벌을 이용하면 이롭지 않음이 없다.

무조건 베풀고 고개를 숙이는 것만이 겸손은 아니다. 불의에 당당히 맞서고 악을 물리치기 위해서는 수세적 태도를 버리고 적극적으로 대응해야 한다. 이 구절에 따르면, 때로는 과감하게 일어나서 전쟁까지 불사하는 것이 진정한 겸이다. 타인의 어려움을 외면해서는 안 되기 때문이다. 이웃의 제후국이 백성을 돌보지 않아 민생이 궁핍해지므로 쳐들어가서 정벌하면 오히려 이롭다고 한 것이다. 예부터 현명한 왕의 정벌은 제때에 내리는 비와 같아서 어느 곳에서 행하든지 백성들의 환영을 받는다고 했다. 다만 수많은 사상자가 발생하는 전쟁은 필히 어렵게 여겨야 한다는 건 두말할 나위도 없다.

명겸鳴謙이니 리용행사利用行師하고 정읍국征邑國한다.

겸손함이 울리고 있으니,

군사를 동원하여 읍국을 정벌하면 이롭다.

겸이 울리고 있다는 건 아무리 겸손해도 누구 하나 알아주지 않기에 새가 울듯이 자신을 드러낸다는 뜻이다. 따라서 두터운 신망으로 군대를 동원하여 읍국을 정벌하면 이롭다고 하였다. 읍국을 정벌한다는 것은 영토 안의 혼란을 다스려서 나라의 안녕을 도모하는 일이다. 즉, 이 구절 중 명겸에서의 '명鳴'은 "울지 않으면 그만이지만, 한번 울면 세상을 놀라게 한다."라는 의미의 바로 그 명이다. 대표적인 경전 중에서도 불경佛經은 남을 사랑하고 가엾게 여기는 마음가짐인 자비慈悲를 가르치고, 성경聖經은 모든 사람을 아끼고 귀중히 여기는 마음가짐인 사랑을 가르치고 있다. 그러나 『주역』에서는 현실론에 입각한 실천적인 행동강령을 주로 언급하고 있다. '겸謙' 장에서도 자신을 낮추어 겸손한 삶을 살라고 하면서 동시에 불의에는 당당하게 맞서고 전쟁도 불사하는 것이 진정한 겸이라고 가르친다.

겸謙: 자신을 낮추는 일의 힘

겸謙은 자신을 굽혀서 남을 먼저하고 나를 뒤에 놓는 마음가짐이다. 자신이 높다고 생각하는 사람은 저절로 낮아지고, 자신이 낮다고 생각하는 사람은 은연중에 높아진다. 자신이 낮다고 생각하는 이에겐 늘 반대하고 저항하는 사람보다 협조하고 따르는 사람이 많으므로 어렵고 험한 일도 능히 해낼 수 있다.

겸은 자기 자신을 중심으로 세상이 돌아간다고 보는 것이 아니라 자신을 세상 속 수많은 사람 중에서 한 개체라고 보는 것이 전제 조건이다. 그렇게 되면 겸손한 마음은 샘물이 솟아나듯 저절로 생겨나고 그 행함은 샘물이 아래로 흐르듯 자연스럽게 이루어진다. 그러나 진정한 겸은 무조건 베풀거나 한없이 수용하는 것만을 뜻하지는 않는다. '겸謙' 장에서는 불의에 용감하게 일어나서 저항하고 필요에 따라서는 군사를 동원하여 정벌한다는 당위성을 강조한다.

『주역』에서는 겸謙과 더불어 '하제下濟'를 말하는데 하제는 아래로 내려가서 만물을 구제하는 것이다. 그것은 마치 해와 달이 광채를 드러내면서 그 빛이 대지를 속속들이 비추는 것과 같다. 해와 달은 사사로움이 없기에 어느 구석진 곳을 막론하고 그 빛이 미치지 않는 곳이 없다. 즉, 만백성을 다스릴 때에 군자는 모두를 감싸고 보듬으므로 감춰지는 악이 없고 드러나 보이지 않는 선도 없다.

땅의 도는 낮은 곳에 처해 있지만, 뜻은 언제나 위로 향한다. 기氣가 위로 향하기 때문에 하늘의 모든 것과 사귀고 통한다. 그래서 땅은 하늘의 정기를 받아 만물을 낳아 기를 수 있고, 만물이 가득 차면 변하여 겸으로 흐르게 된다. 산처럼 높은 것은 점차 낮아지고 계곡처럼 낮은 것은 차츰 보태져서 가득해진다. 그렇게 가장 낮은 곳으로 임하는 정신이 바로 겸이다.

이 장에서는 "휴영이익겸虧盈而益謙"이라고 하였으니 가득 차면 이지러지게 하여 겸으로써 더해준다는 말이다. 여기서 휴虧는 덜어내기에 손실을 뜻하지만, 가득 찬 것을 덜어내서 겸손하게 하므로 오히려 더 늘어난다는 반대급부를 의미한다. 하늘과 땅은 본질이 다르고 멀리 떨어져 있을지라도 만물을 이루고자 하는 뜻은 같기에 화합하여 위대한 세상을 만들어낸다. 그렇듯 겸손한 덕의 아름다움도 하늘의 밝음이 세상을 비추듯 인간 세상에 널리 전파된다.

모든 사람은 천성적으로 가득 찬 것을 시기하고 겸손한 것을 좋아한다. 누가 가르치지 않아도 본능적으로 그렇게 알고 있다. 그래서 겸謙을 높으면서도 빛나고 낮아 보여도 뛰어넘을 수 없다고 한 것이다. 멀리서 바라보면 낮은 것 같지만 가까이 다가가 보면 높고 밝아서 넘볼 수 없기 때문이다. 이것이 바로 '겸謙' 장에서 말하는 군자의 길이자 끝마침이다.

豫

예豫: 기뻐하다. 즐기다, 미리 하다

매사 결연히 임하여 내일을 준비하라

豫 利建侯行師
豫 剛應而志行 順以動
先王 以 作樂崇德
鳴豫 凶
介于石 不終日 貞 吉
盱豫 悔
由豫 大有得
恒不死 中未亡也
冥豫 成 有渝 无咎

모든 일은 부드럽게 추진해서 강물이 흘러가듯 성사되어야 한다.
차갑고 목마른 대지는 우레가 치고 나야 촉촉하고 따스해진다.
돌같이 절개를 지키면서도 때가 되면 행하고
잘못은 하루가 다하기 전에 고친다.
진 빠진 소나무처럼 기력이 빠진 채
평생토록 일만 하다 간다면 억울한 일이다.
떳떳한 관계에서도 즐거움을 찾을 수 있고
정당한 방법으로도 얼마든지 뜻을 이룰 수 있다.
인생을 너무 진중하게 생각하지 말고 가볍게 가라.

✲

예豫는 미리 하는 것으로, 준비해서 기쁨이 있게 하는 바를 뜻한다. 예는 뢰지예雷地豫를 말하며, 우레가 대지를 울리고 있는 형상이다. 큰일을 달성하려면 부드럽고 굳건히 준비하면서도 순리에 따라야 한다. 기뻐하고 즐기는 일에만 몰두한다면 생활이 방탕해진다. 즐거움도 지나치면 괴로움이 되는 법이다.

예豫는 리건후행사利建侯行師이다.

예는 준비하는 것이니, 제후를 미리 임명하고 군대를 움직이는 것이 이롭다.

일이 닥친 후에 서두르면 평소에는 무리 없이 잘 되던 일도 꼬이고 막힌다. 이 구절에서 제후를 임명한다는 것은 인군이 다스림의 한계를 깨닫고 백성들을 세심하게 보살피기 위해서 영토를 위임하여 통치하는 행위를 가리킨다. 미리 군대를 움직인다는 것은 백성에게 해를 끼치는 무리가 더 성장하기 전에 싹을 자르는 일을 가리킨다. 그러므로 제후를 임명하는 것은 좋은 일을 세우는 것이며, 군대를 움직이는 것은 나쁜 무리를 제압하는 것이므로 이롭다고 하였다. 예는 큰 뜻을 완성하고자 하는 것이니 모든 준비가 완벽하다면 힘차게 움직여서 크게 펼쳐나가도 좋다.

예豫는 강응이지행剛應而志行하고 순이동順以動한다.

예는 강이 응하여 뜻이 행해지고 순함으로써 움직인다.

모든 일은 부드럽게 추진해야 물 흐르듯 성사된다는 말이다. 이 구절에서 강剛이 응하여 뜻이 행해진다는 것은 대업을 성취하려면 강한 세력들이 도움을 주어야 가능하다는 의미이다. 순함으로써 움직인다는 것은 천지가 부드럽게 교감함으로써 해와 달의 운행에 어긋남이 없고 사시四時의 변화에도 어긋남이 없는 것처럼, 매사에 유순해야 한다는 뜻이다. 하늘과 땅은 크고 강하지만 유순하게 움직임으로써 만물을 낳고 성장시킨다. 강한 것이 뜻을 정하고, 때에 따라 적절하게 도움을 주어야 모든 일이 순조롭게 이루어지고 결실을 맺을 수 있다.

선왕先王이 이以하여 작락숭덕作樂崇德한다.

선왕이 예를 본받아 음악을 만들고 덕을 숭상하였다.

우레가 땅속을 비집고 나와 떨치는 것이 뇌지예雷地豫이다. 작은 일에 만족하는 것이 아니라 큰 뜻을 세우고 두루 넓게 지향한다는 뜻이다. 그래서 선왕이 예를 본받아 음악을 만들었으며 이를 통하여 덕을 숭상한다고 하였다. 음악은 주로 잔칫집이나 기분 좋은 장소에서 흥을 돋우며 마음을 하나로 모으는 기능을 하지만, 본래는 성정을 도야하고 마음을 차분하게 가라앉혀주는 예술이다. 과거에는 새소리와 바람 소리는 물론 우렛소리도 천지가 내는 음악으로 여겼다. 예컨대 번개가 치는 것은 쇠나 돌로 소리를 흉내 내었으니 오늘날의 징소리와 같았고, 천둥소리는 나무와 가죽으로 만든 악기로 소리를 흉내 내었으니 오늘날의 북

소리와 같았다. 이처럼 선왕은 자연의 소리들을 음률로 만들어 덕을 숭상하는 데 사용하였다. 숭덕崇德은 덕을 드높여서 하늘의 도가 인간 세상에 작용하도록 하는 것이니 두루 통하지 않는 바가 없다.

명예鳴豫이니 흉凶하다.

계획이 드러나니 흉하다.

하고자 하는 바가 드러나서 방해받게 되면 옹색해진다. 이 구절에서 계획이 드러나니 흉하다고 한 것은, 큰 계획은 은밀하게 추진되어야 성공할 확률이 높아지기 때문이다. 이미 드러난 비밀은 비밀이 아닐뿐더러 오히려 해害로 작용한다. 그러나 이 세상에 아무도 모르는 비밀은 없다. 고사에 비밀은 넷이 안다고 하였으니, 하늘이 알고 땅이 알고 있으며 당사자인 너와 내가 알고 있다. 『시경』에는 "벽유이壁有耳"라는 말이 있다. 한마디로 벽에도 귀가 있다는 뜻이다. 그래서 한번 내뱉은 말은 절대 비밀이 될 수 없다.

개우석介于石이라 부종일不終日이니 정貞하고 길吉하다.

절개가 돌과 같다. 날을 마치지 않으니 바르고 길하다.

"개우석介于石"은 결연한 의지를 돌에 새겨서 잊지 않는다는 뜻이며, "부종일不終日"은 아침에 해야 할 일이라면 절대로 저녁까지 미루지 않는다는 뜻이다. 날을 마치지 않는다는 것은 때가 되면 즉시 행한다는 말과 같다. 그래서 돌과 같이 절개를 지키면서도 적절한 시기가 도래하면 즉시 행동으로 옮기고, 잘못은 하루가 다하기 전에 고치니, 바르고 길하다고 하였다. 이 세상에서 제일 시급한 일은 막 타오르기 시작한 불을 끄는 것이고, 그다음은 자기 잘못이 발견되면 즉시 개선하는 것이다.

우예盱豫이니 회悔한다.

쳐다보며 즐거워하니 뉘우친다.

우盱는 눈을 크게 뜨고 어떤 대상을 진지하게 바라본다는 뜻이다. 머릿속으로 예측하는 일은 인간이라면 누구나 하는 것이지만, 지나치게 생각만 거듭하면 현실적인 기회를 상실하게 되므로 좋지 않다. 그래서 이마누엘 칸트Immanuel Kant는 『순수이성비판』에서 "내용 없는 사고는 공허하며, 개념 없는 직관은 맹목이다."라고 했다. 이 구절에서 쳐다보며 즐거워한다고 하였는데, 여기서 쳐다본다는 것은 환경이나 시공간을 분간하지 못하고 해바라기처럼 그저 올려다본다는 뜻이다. 분수에 넘치는 계획을 세워놓고 흡족해하는 모습이기도 하다. 제 분수를 알지 못하고 허세를 부린다면 결국에는 뉘우칠 일만 생긴다. 또는 윗사람에게 잘 보이려고 미어캣처럼 발뒤꿈치를 들고 얼굴을 내밀어보지만 그는 모두에게 공평할 뿐이다. 역시나 마음을 주지 않으니 후회만 남는다.

유예由豫이니 대유득大有得한다.

비밀을 따르면 크게 얻는다.

일을 계획하고 실행하는 과정에서 신뢰의 마음은 중요하다. 그래서 이 구절에서 비밀을 지키면 많은 이득이 있음을 의심하지 말라고 했다. 믿음은 일을 시작하게 만드는 근간이다. 사람들은 모든 일에서 마음을 얻는 것보다 명예나 재물의 취득을 우선순위로 두는 경향이 있다. 하지만 그것은 멀리 내다보면 크게 얻는 방법이 아니다. 외적인 성과를 분에 넘치도록 구하려 든다면 삶의 근본이 흔들리거나 망가지는 일은 자명하기 때문이다. 어떤 경로로 손에 넣었든 지나치게 많은 금전이나 높은 자리는 겉으로는 크고 작은 문제를 일으키고 속으로는 사람을 곪게 만든다. 하지만 이 구절에서는 비밀을 지키면 크게 얻는다고 하였으니 믿음과 신뢰의 중요성을 강조하면서 내적인 성취를 우선시하고 있다.

항불사恒不死이니 중미망야中未亡也이다.

항구히 죽지 않는다는 것은 중심을 잃지 않음이다.

『주역』에서 역易은 반복해서 순환하는 것일 뿐, 죽고 사는 것을 말하지는 않는다. 그래서 항구히 죽지 않는다는 건 형체가 아니라 그 뜻이라고 봐야 한다. 항구한 도리를 변함없이 지키면 영원히 죽지 않는다. 중심을 잃지 않는다는 것은 중정中正의 도를 잃지 않고 바르게 처신하는 자세를 말한다. 이집트 신화의 불사조不死鳥는 사막에 살면서 500년마다 스스로 몸을 불태워 죽고, 그 재 속에서 부활하여 영원히 죽지 않는 새다. 어떠한 어려움에 빠져도 굴하지 않고 이겨내는 존재를 비유하는 바, 여기서 말한 "중미망中未亡"이란 구절과도 잘 어울리는 신화인 것이다.

명예冥豫이니 성成하나 유유有渝하면 무구无咎하다.

즐거움에 어두워진다. 이루나 변함이 있으면 허물이 없다.

명冥은 어둡고 아득하다는 뜻이다. 즐거움에 푹 빠지게 되면 생각이 어두워지고 상황 파악이 제대로 되지 않는다. 그래서 갈팡질팡 헤매게 되고 어둠에 가려진 것처럼 아득해지기만 할 뿐이다. 어떤 일에 성공하여 즐거워할 수 있을 만큼의 성과는 달성하였지만 이내 향락享樂에 푹 빠져서 집착하고 있는 모습이다. 그래서 변함이 있으면 허물이 없다고 하였으니, 즐거움을 멈추고 본래의 모습으로 돌아온다면 허물이 되지 않는다는 뜻이다. 이를 일러 『여씨춘추』에선 "세상의 부귀한 자들 가운데는 소리, 미색, 맛에 현혹된 자들이 많아서 밤낮을 가리지 않고 구하여 요행히 얻으면 탐닉하곤 한다. 탐닉하면 어떻게 본성을 해치지 않겠는가."라고 했다.

절개가 돌과 같다는 뜻의 개우석介于石은 상황이나 경계에 한계를 둔다는 말로서 매사 매듭을 확실히 짓는다는 뜻을 가지고 있다. 사람은 기나긴 인생을 살아가면서 한가로울 때는 먹고 마시며 풍류를 즐길 줄도 알아야 한다. 그러지 않으면 삶이 가뭄에 든 것처럼 건조해지고 바싹 마른 나무토막처럼 딱딱해져서 종당에는 부러지고 만다. "열심히 일한 당신, 떠나라."라는 광고카피가 인기를 끈 이유도 많은 사람들이 그 말에 공감했기 때문이다. 소나무에서 진이 빠진 것처럼 온몸에서 기력이 다 빠지도록 일만 하다가 돌아간다면 억울한 일이다.

장자는 말한다. "세상 사람들은 항상 크고 작은 골칫거리를 가지고 있다. 그것은 스스로 만든 문젯거리에 불과하다. 침울한 생각은 인생에 괴로움만 더할 뿐이다. 총명한 사람은 발걸음을 멈추고 나무 그늘 아래서 쉬면 된다는 것을 알고 있다." 인생을 너무 진중하게 생각하지 말고 가끔은 쉬엄쉬엄 가볍게 가라는 뜻이다. 하지만 절개를 뜻하는 개介의 의미처럼 스스로 한계를 둘 줄 아는 마음가짐이 동시에 필요하다. 마냥 기뻐하고 즐기는 일에만 몰두한다면 생활이 방탕해진다. 즐거움도 지나치면 괴로운 일이 되는 법이다.

그러니 지금 해야 한다고 느낀다면 종일토록 기다리지 말고 곧바로 행하는 신속함과 부지런함이 필요하다. 세상에는 중요한 금金이 세 가지가 있는데, '황금'과 '소금', 그리고 '지금'이라고 한다. 죽음 앞에서 황금은 그저 돌덩어리에 불과하고, 소금은 언제든지 황금으로 살 수 있으니 이 중에선 지금이 최고이다. 또한 세상에는 중요한 생生이 세 가지가 있는데 전생前生, 금생今生, 내생來生이 바로 이에 해당된다. 이중에선 당연히 금생이 최고다.

누구나 자기가 태어나기 전의 아득한 세월을 살아보지 못했다며 아쉬워하는 사람은 없다. 마찬가지로 자신이 죽고 나서 천년 후든 만년 후든 미지의 세계를 살아보지 못한다며 미련을 갖는 사람도 없다. 그러나 지금 이 순간은 다르다. 금생의 이 순간은 어떤 것으로도 살 수 없고 우리의 탄생부터 죽음에까지 이어진 것이기에 그 무엇보다 소중하다. 우리 앞에 남은 삶들을 황금보다 더 귀한 가치들로 채워가야 하는 이유가 바로 여기에 있다.

제17장 소인에게 매이면 장부丈夫를 잃는다

수隨

隨

수隨: 따르다, 수용하다, 따라가 수행하다

유연한 자세로 순리를 따라라

隨 元亨 利貞 无咎

剛來而下柔 動而說 隨

澤中有雷 隨 君子 以 嚮晦入宴息

官有渝 貞 吉 出門交 有功

係小子 弗兼與也

係丈夫 失小子 隨有求得 利居貞

孚于嘉 吉

拘係之 上窮也

천하가 때에 따라 움직이는 것처럼 바르고 알맞게 해야 이롭다.
주관을 뚜렷하게 세우는 것도 좋지만
올바름을 따라야 할 때는 따르는 것이 좋다.
쉰다는 것은 몸을 회복하는 것이니
건강한 몸이라야 건강한 정신도 깃들 수 있다.
벗을 만나고 사람들과 소통하는 것은
자신의 영역을 넓혀가는 일이다.
입장이 바뀌고 처지가 바뀌어야 할 때는
거스르지 말고 알아서 내려오는 것이 이롭다.
그믐을 향해 들어가듯 해가 지면 돌아가서 편히 쉰다.

✻

수隨는 수용하고 따르는 것이니, 어린아이에게 매이면 장부丈夫를 잃는다. 수는 택뢰수澤雷隨를 말하며, 우레가 연못을 진동하는 형상이다. 때에 따라서는 적절한 도구를 사용하거나 타인의 힘에 의지할 줄 알아야 하고, 남을 따라야 할 시점엔 공손하게 따를 줄 아는 융통성도 필요하다.

수隨는 원형元亨이니, 리정利貞이면 무구无咎하다.

수는 크게 형통하니 바르면 이롭고 허물이 없다.

따르는 것은 크게 형통한다. 위에서는 이끌어주고 아래에서는 호응하기 때문이다. 무릇 오랑캐와 같은 무리는 굴복시킨 뒤에야 다스려진다. 선량한 백성도 이익을 본 뒤에야 따르며, 편안함을 얻고 배부른 뒤에야 고요해지는 법이다. 그래서 다스리는 입장에선 반드시 백성을 부유하게 만들어야 한다. 지도자가 모든 능력을 겸비하고 있다고 해도, 춥고 배고프면 백성이 따르지 않고 혼란스러워진다.

따르는 것을 바르게 해야 이롭다는 것은 무슨 말인가? 인간의 삶도 대자연의 순리에 따라야 허물이 없다는 뜻이다. 해와 달의 운행이 때에 맞고, 24절기가 네 계절을 따르는 것처럼, 모든 일은 때에 맞게 행해져야 무리가 없다. 봄에는 양의 정기로 만물이 태동하고, 여름에는 양기가 올라가 만물이 성장하여 원형元亨의 덕을 이루는 것과 같아야 하고, 가을에는 음의 기운이 내려가기 시작해 열매만 남기고, 겨울에는 음기가 땅속으로 들어가서 리정利貞의 덕을 이루는 것과 같아야 한다. 자기 주관을 뚜렷하게 세우고 지켜나가는 것은 중요하지만, 상황은 늘 변하기 때문에 자기중심적인 사고를 버리고 순리에 따르는 일도 그만큼 중요하다.

강래이하유剛來而下柔하고 동이열動而說하니 수隨이다.

강이 와서 유로 내려가고, 움직여서 기뻐하는 것이 수이다.

사회가 격변하는 시기에는 수시변통으로 대처해야 한다. 이 구절에서 강은 양이고, 유는 음이다. 움직여서 기뻐한다는 것은 굳세고 강剛한 것이 부드러운 유柔로 내려와 작용하니 기쁨이 있다는 뜻이다. 수隨는 윗사람이 아랫사람을 도우며 보살피는 일이기도 한바, 여기서는 상하가 화합하고 소통하니 만사가 순조롭게 뻗어나가서 크게 도약하는 모습을 보여준다. 그러니 윗사람에게만 잘 보이려는 얄팍한 시야에서 벗어나 두루 소통해야 크게 통할 것이다. 뜻을 같이하는 사람들과 널리 교류하는 것이 자신의 영역을 확보하고 넓혀가는 유일한 길임을 명심해야 한다.

택중유뢰澤中有雷가 수隨이니 군자이君子以하여
향회입안식嚮晦入宴息한다.

연못 가운데 우레가 있는 것이 수이다.
군자는 이를 보고 그믐을 향해 들어가서 쉰다.

어두운 곳으로 들어가서 쉰다는 것은 마치 동굴로 들어가 심신을 수양하는 것과 같다. 연못 가운데 우레가 있다고 하였으니, 연못의 물은 우레의 움직임에 따라 일렁인다. 그믐을 향한다는 것은 날이 다하고 달이 다했다는 것이다. 군자는 이를 보고 해가 지면 들어가서 편히 쉰다. 일을 중단하고 돌아가는 것은 지나친 욕심을 자제하고 적당히 처신하며 천지의 흐름에 따르는 행동이다. 마치고 쉰다는 건 자신의 몸을 올바르게 회복하는 행동이니, 건강한 몸이라야 건강한 정신도 깃들 수 있기 때문이다. 듣기 좋은 메아리는 메아리가 아니라 메아리를 만든 목소리에서 나온다. 몸이 상하고 병들면 그 몸에 담긴 정신도 따라서 상하고 피폐해지는 것은 어쩔 수 없는 일이다. 건강한 몸이 항상 우선이다.

관유투官有渝이니 정貞해야 길吉하고 출문교出門交이니 유공有功이다.

관직에 변화가 있으니 바르게 해야 길하다.
문을 나가 사귀면 공이 있다.

앞 장에서 벼슬은 살아 있는 생물체와 같다고 쓴 바 있다. 관직에 변화가 있을지라도 바르게 해야 길하다는 것은, 벼슬이 때에 따라 변할지라도 마음가짐만은 변치 않아야 지조志操 있는 삶을 영위할 수 있다는 뜻이다. 지조를 지켜 시시비비의 울타리에서 벗어날 수 있어야 그릇된 모함이나 억울한 함정에 빠지지 않는다. 또한 문밖으로 나가서 많은 이들과 교제하면 공이 있다고 했다. 올바른 도리를 상실하지 않는다면 타인으로부터 도움을 받을 수 있기 때문이다.

제나라의 관중은 교제에 관하여 이렇게 말한다. "성인이 다른 사람과 관계를 맺을 때는 조정에서 군주를 섬기는 태도를 보고 집에서 부모를 섬기는 정황을 살펴서 반드시 가까이할 만한 이유가 있을 때 사귀어야 한다. 합당한 이유에 근거하지 않으면 나중에는 서로가 배반하게 된다. 따라서 신중하지 않은 결의는 제아무리 굳게 맺었다 할지라도 반드시 풀리고 만다." 그래서 옛사람들은 선비의 아름다운 만남을 담수지교淡水之交에 비유하기도 하였다. 깨끗하고 담백한 선비의 교제를 맑은 물과 같은 사귐이라고 칭하며 귀하게 여긴 것이다. 이는 변함없는 우정으로, 교양 있는 군자의 교제를 말한다.

계소자係小子이니 불겸여야弗兼與也이다.

아이에게 매이면 더불어 함께하지 못한다.

계係는 매인다는 뜻이지만 걱정한다는 의미도 담겨 있다. 고대사회에서는 스무 살이 넘는 남자를 장부라고 하였으니, 계소자係小子는 아직 성숙하지 못한 어린아이이다. 여기선 그런 어린아이에게 매이면 어른을 잃는다고 하였다. 어린아이와 어른은 함께 아우르며 상대할 수 없기 때문이다. 결과적으로 계소자는 작은 것에 얽매인다는 뜻이기 때문에 작은 것을 탐하다가 큰 것을 잃을 수도 있다는 말이다. 소탐대실小貪大失이다. 그러니 작은 이익에 사로잡히면 큰 이익을 해치거나 놓치게 된다는 것을 항상 기억해야 한다. 또한 소인에게 매이면 대인을 잃는다는 것은 사람을 가려가면서 교제해야 한다는 상식이기도 한바, 칠푼이와 어울리면 저절로 팔푼이가 되는 것이 당연하다.

계장부係丈夫이니 실소자失小子하고,

수유구득隨有求得이니 리거정利居貞이다.

어른에게 매이니 아이를 잃는다.

어른을 따라가면 구하여 얻지만 바른 자리라야 이롭다.

수시변통해야 하는 상황에서도 바르게 처신해야 이롭다는 말이다. 어른에게 매이면 아이를 잃는다는 것은 오로지 윗사람의 뜻과 눈치만 살피면 아랫사람의 처지는 헤아리지 못하고 저버리는 결과를 가리킨다. 어른을 따라가면 구하여 얻는다 한 것은 힘 있는 자에게 아부하는 행동을 말하고, 바른 자리라야 이롭다 한 것은 자칫 모래밭에 집을 지으려는 것을 경계한 말이다. 지지기반이 약하면 늘 흔들리고 불안할 수밖에 없기 때문이다. 여기서 바른 자리라 한 것은 어른을 따르되 아이도 함께 아우르는 중용의 도이다. 근본적으로는 윗사람을 존중하며 따르되 아랫사람들에게도 처신을 잘해야 한다는 가르침이다.

부우가孚于嘉이니 길吉하다.

아름다움을 믿으니 길하다.

여기서 아름답다는 것은 인군이 정치를 잘하고 있으니 하루를 마치는 저녁의 황혼처럼 그 모습이 아름답다는 말이다. 또한 아름다움을 믿으니 길하다 한 것은 백성들이 어진 군주의 통치이념을 미덥게 여기며 따르므로 길하다는 뜻이다. 서로가 신뢰하며 일을 성취해가는 모습은 시대를 막론하고 언제나 아름답다고 말하고 있다. 인군이 중정의 자리에 앉아 백성에게 선정을 베풀고 있으니 곧 태평성대가 도래하리라는 희망의 메시지가 담겨 있다.

구계지拘係之이니 상궁야上窮也이다.

잡아서 매는 것이니 위가 궁하다.

구拘는 붙잡는다는 뜻이고, 계係는 밧줄로 묶는다는 뜻이다. 그러므로 구계지拘係之는 마치 구속된 것처럼 매여 있는 형국이다. 많은 사람들이 군주를 따르며 그가 가지 못하게 말리고 있다. 얽어매듯이 붙잡고 있는 형국이니 떠나고 싶어도 뾰족한 수가 없다. 위[上]가 궁하다고 했지만, 사실은 인군이 정치를 잘하고 있기 때문에 그만한 지도자가 없다는 속내가 담겨 있다. 책임이 막중한 상전에 앉아 있으니 백성에게서 벗어날 길이 없다.

수隨: 거스르지 않음에 관하여

택뢰수澤雷隨는 연못 속에 우레가 든 형상이다. 우레가 힘차게 요동치면 큰 파동이 일어나고 물결이 사방으로 번진다. 즉, 지도자의 뜻이 우레와 같이 펼쳐지고 있으니 모두가 일어나서 호응하는 형상이다. 하나같이 즐거운 마음으로 따르며 기꺼운 마음으로 합류하고, 목표 달성을 위해 열심히 일한 뒤에는 그동안의 과정을 돌아보면서 편안한 휴식을 취한다. 따라서 낮에는 집에 있지 않고 밤에는 밖에 있지 않는다. 고단한 하루 일을 끝마친 후 저녁에는 상을 차려놓고 서로를 위로한다. 이것은 때에 맞는 지극히 정상적인 생활이다.

그렇지만 대낮에 하는 일 없이 집에서 빈둥거리다가 밤이 되면 밖으로 나가서 새벽이슬을 밟고 다닌다면 삶이 피폐해지는 것은 당연하다. 인생이 망조로 접어드는 지름길이니 지극히 경계해야 한다. 법정法頂 스님의 말처럼, "마음이 편안하고 안정되면 그것이 나의 본마음이다." 쉰다는 것은 육체의 피로를 푸는 일을 말하지만, 본래의 마음인 자아를 찾아 되돌아온다는 의미이기도 한다. 그러므로 휴식을 통해 마음이 평화롭고 안정되어 있어야 한다. 자신의 신체적인 건강과 마음의 평화는 그 무엇보다도 소중하다.

그런 다음에는 어떤 것에도 거스르지 말아야 한다. 억지로 한다고 해서 되는 일은 없으며 설령 된다고 해도 별 볼 일 없는 일이다. 몸만 상하고 마음만 다칠 뿐이니 순리에 따라야 심신이 편안하다. 여기선 "관유투종정길官有偷從正吉"이라고 했는데, 이는 관직에서 떠나야 할 때가 있으니 바름을 좇아야 이롭다는 뜻이다. 높은 자리에 있던 사람이 아래로 내려오면 입장이 바뀐다. 그렇다 할지라도 처지가 바뀌어야 할 때는 거스르지 말고 스스로 알아서 내려오는 것이 좋다.

수隨는 따른다는 뜻이다. 믿고 의지하며 따를 수 있는 대상이 있다면 그것은 큰 행운이다. 상호 협력하면서 함께할 수 있는 동반자가 있다는 것도 큰 복이다. 그들과 기꺼운 마음으로 동행한다면 삶은 저절로 안락해지고 경제적으로도 풍요로워진다. 공자는 "먼 길을 가야 하는 사람은 수레나 말의 힘을 빌려야 하고, 강과 바다를 건너려는 사람은 배의 힘을 빌려야 한다."라고 말했다. 경우에 따라서는 도구를 사용하거나 타인의 힘에 의지할 줄 아는 융통성이 필요하고, 따라야 할 때는 흔쾌히 따를 줄 아는 공손함도 필요하다.

그러나 타인을 따르되 누구를 의지할 것이며, 누구와 함께 미래를 도모하는 것이 좋을지 헷갈리고 있다면, 현재의 상태에서 잠시 모든 일을 멈추고 상황을 파악해야 한다. 보이는 대로 보면 항상 위험이 뒤따르지만, 차분히 생각하면서 보는 것은 그 숙고의 깊이만큼 위험을 줄일 수 있다. 나쁜 친구와 가까이하면 좋은 친구를 잃는 것이 인지상정이다. 함께하는 동무가 저급하거나 자질이 부족하다면 차라리 홀로 가면서 좋은 친구를 구하는 편이 낫다. 따르는 일의 소중함을 명심하되, 누구를 따르고 함께하며 누구를 동반자로 정할 것인지를 생각하는 것이 올바른 따름의 소중한 시작점이다.

제18장 벌레가 질그릇 안에 가득하다

고 蠱

蠱

고蠱: 곡식벌레, 의심하다, 미혹하다

과거의 잘못을 철저히 바로잡아라

蠱 元亨 利涉大川 先甲三日 後甲三日
剛上而柔下 巽而止蠱
君子 以 振民 育德
幹父之蠱
幹母之蠱 不可貞
幹父之蠱 小有悔 无大咎
裕父之蠱 往 見吝
不事王侯 高尙其事

선대의 업적을 계승하는 것은 좋지만
현재에도 적합한지 아닌지를 살펴보아야 한다.
큰일을 할 때는 혼자 하는 것이 아니라
모든 사람을 분발시켜서 함께하는 것이 옳다.
어떤 문제가 일어나는 것보다
그에 대처할 방법이 없는 게 더 큰 문제다.
잘못이 깊어져서 부패가 심해질수록
근본적인 해결책도 나타나기 시작한다.
낙천적인 사람은 위기 속에서도 기회를 찾지만
비관적인 사람은 기회가 왔음에도 위험하다고 여긴다.
과거에 행해진 일은 더 이상 내 관심사가 아니다.

✻

고蠱는 벌레이니, 곡식의 벌레가 질그릇 안에 가득하다는 말이다. 고는 산풍고山風蠱를 말하며, 산 아래서 바람이 불어오는 형상이다. 태평성대가 지속되면 안으로는 점점 썩어서 부패하기 시작한다. 썩고 곪아 터지므로, 밖으로는 괴롭고 혼란스러운 일이 생겨나고 부정부패가 만연해진다.

고蠱는 원형元亨이니 리섭대천利涉大川이다.
선갑삼일先甲三日하고 후갑삼일後甲三日한다.

고는 크게 형통하니 큰 내를 건너도 이롭다.
먼저 삼 일을 하고, 뒤에 삼 일을 한다.

욕망은 삶의 동력이 되기도 하지만 괴로움의 근원이 되기도 하므로 절제할 줄 알아야 한다. 여기서 고蠱는 음식에 벌레가 우글거리고 있는 괴로운 형상이다. 그릇에 담긴 음식이 부패했기 때문에 벌레가 생겼다. 여기선 선대先代의 일에 폐단이 있었음을 말하고 있지만, 선대의 일을 계승하는 것 자체에는 큰 문제가 없으므로 형통하다고 하였다. 그래서 큰 내를 건너도 이롭다고 하였으니 큰일을 성사시키는 것은 고무적인 일이다.

먼저 삼 일을 하고 뒤에 삼 일을 한다는 것은 어떤 일을 시작할 때 전후를 살펴야 한다는 뜻이다. 갑甲은 일이 시작되는 시점이다. 어떤 일을 시작한다는 것은 그 전의 일을 마무리했다는 뜻이며, 먼저 삼 일 한다는 게 그에 해당한다. 뒤에 삼 일을 한다는 건 새로운 일을 시작하기 전, 최대한 신중하게 검토하면서 계획을 수립해야 한다는 것을 강조한 대목이다. 따라서 선대의 업적을 계승하는 것은 좋은 일이지만, 현재의 상황에도 적합한지 여부를 잘 살펴서 시행해야 한다는 말이다.

강상이유하剛上而柔下이니 손이지고巽而止蠱이다.

강한 것이 위에 있고 약한 것은 아래에 있다.
공손함이 그치는 것이 고蠱이다.

산 아래 바람이 머물듯, 강한 것은 위에 자리하고 약한 것은 아래에 자리한다. 따라서 강한 것은 아래를 향하고 약한 것은 위로 향하여 서로가 자연스럽게 합하는 것이니 크게 통한다. 그러나 공손함이 그치는 것을 고蠱라고 하였으니 공손한 마음이 사라지면 어려움이 생기고 미혹된다는 뜻이다. 잘못된 구습을 폐기하거나 개혁하지 않으면 세상이 혼란스러워질 수 있다. 이 말을 뒤집어보면, 공손하고 겸허한 자세로 시대에 맞게 시정해 나간다면 천하를 크게 다스릴 수도 있다는 뜻이 된다. 구시대가 끝나고 새로운 시대가 열리는 시점엔 더욱 그러하다.

군자이君子以하여 진민振民하고 육덕育德한다.

군자는 고蠱를 보고 백성을 분발시키고 덕을 기른다.

큰일은 혼자서 하는 것이 아니다. 그래서 많은 사람들을 가르친 후에 그들이 함께하도록 독려해야 한다. 여기서는 산 아래 바람이 있는 것을 고라고 하였으며, 군자는 이를 보고 괴로워하는 백성을 구제하기 위하여 사기를 불러일으키고 심신의 덕을 함양시킨다고 하였다. 백성을 분발시키고 덕을 기른다는 것은 덕으로 나라를 다스린다는 뜻이기도 하다. 분발케 한다는 건 가라앉아 있는 마음과 잠재된 능력을 펼칠 수 있도록 도와주는 행동이다. 그것이 바로 진민振民이다. 또한 분발시킨다는 것은 밭에 앉아 있는 새가 큰 날갯짓을 하며 하늘로 오르도록 영향력을 행사하는 것과 같다. 군자의 재능이 특출하다고 해도 혼자서 천하를 얻고 다스리는 데는 한계가 있기 때문이다.

간부지고幹父之蠱이다.

아버지의 잘못을 바로잡는다.

간幹은 오늘날 줄기를 말하지만, 여기서는 '바로잡는다'라는 뜻으로 쓰였다. 아버지의 잘못을 바로잡는다는 것은 자식이 앞장서서 죽은 아버지의 실책을 파악하고 고친다는 뜻이다. 이는 후임자가 전임자의 잘못을 파악한 후 시정할 것은 시정하면서 새로운 시대에 부응한다는 것을 말한다. 아버지가 물려준 과오過誤는 고통스러운 짐이 될 수도 있지만, 누군가는 그것을 도약의 발판으로 삼을 수도 있다. 선대의 업적과 유지를 정직하게 이어받아야 시행착오를 최소화하고 지속적인 발전이 가능하기 때문이다. 그러니 진정한 간부지고幹父之蠱는 선대의 잘못을 하나하나 고친다기보다는, 현실과 동떨어진 일들을 시대에 맞게 수정하고 보완한다는 개념으로 보아야 한다.

간모지고幹母之蠱이니 불가정不可貞이다.

어머니의 일을 주장하니 바르지 않다.

어머니는 주로 집안일을 꾸리면서 내조하는 존재다. 집안 식구들의 대소사나 어려운 일들을 대신하여 뒷받침해주는 보조자 역할을 했기 때문에 어머니를 탓할 수는 없다. 즉, 모든 일을 판단할 때 중도를 가지고 융통성 있게 바라보라는 뜻이다. 증선지曾先之의 『십팔사략十八史略』에는 "가빈즉사양처家貧則思良妻"라는 말이 있다. 집안이 가난해지면 어진 아내를 생각하게 된다는 뜻이다. 집안의 살림살이가 기울어지고 궁핍해진 뒤에야 현명한 아내의 내조를 깨닫게 된다. 그래서 가족을 위해서 희생한 어머니의 잘못을 주장하는 것이 바르지 않다고 한 것이다.

간부지고幹父之蠱이니 소유회小有悔이나 무대구无大咎하다.

아버지의 일을 주장하니 후회가 있으나 큰 허물은 없다.

선대인 아버지의 일을 후대인 자식이 처리하다 보면 부작용이 생길 가능성이 크다. 팔은 안으로 굽게 되어 있고, 피는 물보다 진하기 때문이다. 그래서 아버지의 일을 맡아서 하다 보면 조금은 지나친 일을 할 수도 있고, 조금은 후회스러운 일을 할 수도 있지만, 과거에 속한 선대의 일을 하는 것이니 허물은 없다고 봐야 한다. 『예언자』를 쓴 칼릴 지브란Kahlil Gibran의 "과거에 행해진 일은 더 이상 내 관심사가 아니다. 그것은 단지 과거일 따름이다."라는 말은 이 구절과 잘 어울리는 뜻을 품고 있다. 여기선 아버지의 일에 후회가 있다고 하였으나, 선대의 일이든 현재의 일이든 과거에 행해진 일에 대하여 지나치게 집착할 필요는 없다. 단지 반면교사로 삼아 반복하지 않으면 된다. 그러지 않으면 과거로 돌아가서 머물게 된다.

유부지고裕父之蠱이니 왕往하면 견린見吝한다.

아버지의 허물을 너그럽게 여기니 가면 부끄러움을 당한다.

선친이 남긴 문제점들을 고치지 않고 그대로 계승했을 경우를 말하고 있다. 가면 부끄러움을 당한다는 것은 선친의 잘못을 걷어내지 않고 그냥 못 본 척하고 지나쳤을 때 허물만 가중된다는 뜻이다. 아버지의 허물을 너그럽게 여긴다는 것은 잘못을 제때 고치지 않고 유야무야 넘기고 있음을 의미한다. 잘못된 일을 방치하는 상태는 온몸에 암이 전이되는 것과 같다. 서둘러서 수술을 해야 할 때 진통제만 복용하고 버티는 격이다. 잘못을 모르는 척하거나 묻어둔 채 가려고 한다면 가족들이 수치를 당하고 결국에는 죽은 아버지에게도 허물을 보태는 일이 된다.

불사왕후不事王侯이니 고상기사高尙其事이다.

왕과 제후를 섬기지 않고 그 일을 높이 숭상한다.

직역하면 왕후를 섬기지 않고 아버지의 일을 높이 숭상한다는 말이다. 여기서 그 일은 평범한 집안의 대소사를 가리키며, 그러니 왕과 제후를 섬기는 일보다 자신의 집안일을 더 소중하게 여긴다는 뜻과 같다. 여기서 그런 행위를 높이 여긴다는 것은 나라의 큰일을 맡기에 앞서 집안의 크고 작은 일들을 먼저 해결하는 것이 순서라는 뜻이다. 가정이 모든 일의 근본이고 시작이기 때문에 높이 세울 만하다는 것이다. 부모와 처자식을 사랑하지 않는 사람이 어찌 제왕을 공경할 수 있으며, 재상이 되어서도 어찌 백성을 사랑할 수 있겠느냐는 논리다.

고蠱: 옛 허물을 바로잡는다는 것

고蠱는 충蟲인 벌레와 명皿인 그릇이 합쳐진 한자이다. 즉, 음식이 담긴 그릇에 벌레들이 우글거리고 있는 형상이다. 태평성대가 지속되면 안으로는 점점 썩어서 부패하기 시작하고, 그렇게 썩고 곪아 터지는 일이 계속되면 밖으로는 괴롭고 혼란스러운 일이 생겨난다. 벗어남과 어긋남이 지나치기 때문에 부정부패가 만연해진다. 편안한 시절이라고 대수롭지 않게 여기면서 우유부단하게 살아왔기에 쌓여온 폐단이다.

결국 언제 터질지 모를 위기에 직면하겠지만, 절망에 빠질 필요까지는 없다. 우리가 진정으로 무서워해야 할 것은 어떤 문제가 일어나는 것이 아니라 그 문제에 대처할 방법이 전혀 없는 경우다. 모순이 깊어질수록 잘못된 일들은 커질 대로 커져서 겉으로 드러날 것이다. 그리고 이미 바깥에 드러난 것들은 해결이 가능하다. 그릇 안의 벌레를 잡듯이 철저하게 파헤쳐서 하나씩 고쳐나가면 된다. 부패하고 혼란스러운 시기는 오히려 스스로를 혁신하고 새롭게 시작할 수 있는 계기가 될 수 있다.

산풍고山風蠱는 산 아래서 바람이 불어오고 있는 형국이다. 바람이 불어오면 무슨 일이든 꼭 생기고야 만다. 모든 사물은 항상 변하며 그것이 궁극에 이르면 다시 새로운 형태로 나타나기 시작한다. 그래서 지금이야말로 개혁을 단행하기에 적합한 때라고 생각할 수 있지만, 모든 일은 언제나 시작할 때와 끝마칠 때가 중요하다.

'고蠱' 장에서는 시작하는 것이 자식의 일이고, 마치는 것은 선대의 일이라고 했다. 자식이 일을 시작할 땐 선대의 잘못을 고치고 시대 상황에 맞게 다시 설계하는 것이 중요하다. 선대의 근거와 업적에 대한 외적인 평가가 아무리 높을지라도 그것이 현재 상황에도 합치되는지는 따져보아야 한다. 그리고 운이 따르든 말든 간에 그때그때 해야 할 일을 하면 된다. 일의 성사 여부는 그다음 문제이다.

무엇보다 봄이나 여름에 마땅히 해야 할 일을 하지 않고 언제나 가을만을 쫓아다니는 우를 범해서는 안 된다. 봄에 마땅히 뿌려놓지 않고 가을의 풍년을 기원한다는 것은 어불성설이기 때문이다. 설령 어떤 사람의 운이 좋아서 시류에 편승했다 할지라도 그 운이 다하면 결국은 쇠퇴할 뿐이다. 『삼국지三國志』에 "강노지말强弩之末"이라는 말이 나온다. 활에서 힘차게 튕겨 나온 화살도 마지막에는 힘을 잃고 비단 조각조차 뚫지 못한다는 뜻이다. 하루에 삼백 리를 강행군하며 추격해온 조조의 군사들을 두고 제갈공명이 유비에게 한 말이다. 잘나가는 집안이나 우량기업도 끊임없이 노력하지 않고 자만하거나 나태에 빠지면 바람 빠진 타이어처럼 별 볼 일 없어진다. 그러니 지금처럼 급변하는 시대에는 시국에 더욱 민감하고 지혜롭게 대응하는 자세가 필요하다.

또한 '고蠱' 장에서는 백성을 진민振民하고 육덕育德하는 일의 중요성도 강조한다. 집안에서든 사회에서든 대부분의 일은 역사를 계승하고 있으므로, 백성을 진작시키고 덕을 길러서 새로운 시대를 열어야 한다는 뜻이다. 백성을 진작한다는 것은 신선한 의욕을 불어넣어서 떨치고 일어나게 만드는 것이다. 즉, 사람들을 고무시켜서 목욕탕에서 때를 밀어내듯이 나태하거나 안이한 태도를 벗겨내는 일이다. 덕을 기른다는 것은 몸과 마음을 갈고닦아서 품성을 높은 경지로 끌어 올리는 행위이다. 두 가지 일에 길든 사람들은 삶의 만족도가 크게 향상되며, 자기 인생의 크고 작은 시행착오를 줄일 수 있다.

빅토르 위고Victor Hugo는 『레미제라블Les Misérables』에서 “잘못을 최대한 줄이는 것은 사람이 지켜야 할 도리이고, 잘못을 전혀 저지르지 않는 것은 천사의 꿈이다. 고금을 통틀어 이 세상 누구도 잘못을 저지르지 않고 살 수는 없다.”라고 썼다. 그 크기에 차이만 있을 뿐, 인간은 누구나 실수도 하고 잘못도 저지르며 살아간다. 그것이 정상이다. 그러니 같은 잘못을 저질렀을지라도 과오가 발생된 이후 어떻게 반성하고 처신하느냐가 중요하다. 선친의 잘못을 고치는 일은 작게는 윗대의 뜻을 어기는 행동으로 비쳐질 수도 있지만, 대의大義로 본다면 그의 무덤에서 잘못을 꺼내주는 일이므로 큰 효도라고 볼 수 있다.

제19장 양의 기운이 세상에 임하다 임 臨

臨

임臨: 임하다, 군림하다, 다스리다

한 나라의 군주처럼 통찰력을 발휘해라

臨 元亨利貞 至于八月 有凶

剛浸而長 說而順

剛中而應 大亨以正 天之道也

澤上有地臨 君子 以 教思无窮

咸臨 貞 吉

甘臨 无攸利

至臨 无咎

知臨 大君之宜 吉

인간사회는 어떤 형식으로든 다스리고 다스려지는 형태가 존재한다.

급히 성장하고 급히 쇠할 것이니 때를 보는 바에 민감함이 있어야 한다.

같은 것은 오지 않고 늘 새로운 것이며

새로운 것에서 또 새로운 것이 생겨나며 발전한다.

인간도 매일매일 변화가 있기에

지루할 틈 없이 언제나 생동감 있게 살아간다.

혼자서 다 하고 모두를 상대할 수 없으니

큰일을 하기 위해서는 누군가의 도움이 필요하다.

때가 무르익었으니 기쁜 마음으로 화합한다.

임臨은 양의 기운이 세상에 임하는 것이다. 임은 지택림地澤臨을 말하며, 땅이 연못에 자리한 형상이다. 연못 위에 땅이 있으니 그 땅은 도저히 넓을 수가 없다. 백성의 생각도 좁다. 그들을 다스리기 위해선 가장 높은 곳에서부터의 지배력을 통해 가장 낮은 아래까지 보호하고 영향을 미치는 일이 필요하다.

임臨은 원형리정元亨利貞이나 지우팔월至于八月이면 유흉有凶하다

임은 형통하니 바르게 하면 이로우나 팔월이 오면 흉함이 있다.

임臨은 임하다, 군림하다라는 뜻으로 누군가를 다스린다는 말이다. 윗사람이 아랫사람을 대하고 군주가 백성에게 임하는 모습이다. 인간사회는 어떤 형식과 형태로든 다스림이 존재하는데, 그 자체로 좋고 나쁨을 논할 수는 없다. 그러므로 다스림에선 천지의 도를 따르며 신중하게 살펴야 누구에게도 해가 없다. 관중은 "개발되지 않은 영토는 나의 영토가 아니듯이 다스려지지 않은 백성은 나의 백성이 아니다. 그러므로 신중하게 살피지 않을 수 없다."라고 했다.

여기선 양의 기운이 강하게 임하고 있으니 바르게 해야 이롭다고 하였다. 팔월에 흉함이 있다는 것은 바르고 좋은 상태는 오래가지 못할 것이므로 그에 대비하라는 가르침이다. 양의 기운이 다하면, 다시 음의 기운이 도래하기 때문이다. 반고班固가 편찬한 『한서漢書』에는 "곡돌사신曲突徙薪"이라는 말이 있다. 굴뚝은 굽히고, 땔감은 아궁이에서 먼

곳으로 치우라는 뜻이다. 이처럼 어린아이도 알 만한 재앙의 근원을 소홀히 여긴 탓에 크고 작은 화재가 빈번하게 발생한다. 유비무환의 정신 자세는 시대를 막론하고 언제든 어디서든 필요하다.

강침이장剛浸而長이니 열이순說而順이다.

강하고 튼튼한 것이 차츰 자라나며 성장하니 기뻐하며 순종한다.

여기에서 침浸은 점진적이라는 뜻이며, 강하고 튼튼하다는 것은 굳세고 올곧으므로 어지간해서는 굽힘이 없다는 뜻이다. 차츰 자란다는 것은 힘찬 양의 기운이 웅지雄志를 품고 올라오는 모습이고, 기뻐하며 순종한다는 것은 성장하는 모습이 올바른 상태이기 때문에 기꺼운 마음으로 호응한다는 것이다. 인군이 올바름을 공손하게 드러내므로 만백성들이 흔쾌히 따르는 모습이다. 굳세고 강한 마음을 겸손하게 드러내는 태도는 언제나 천지자연의 도에 가깝기 때문이다.

강중이응剛中而應하고 대형이정大亨以正하니 천지도야天之道也이다.

강함이 알맞아지며 응한다.
크게 형통하고 바르니 하늘의 도이다.

강이 알맞아진다는 것은 누그러진다는 의미이며, 강이 응한다는 것은 굳세고 고집스럽기만 했던 양의 기운이 중中의 도를 따르면서 이치에 맞아가고 있다는 의미이다. 그래서 순응하는 모습이 크게 형통하고 바르니 하늘의 도와 같다고 하였다. 『관자』에는 "하늘의 도는 텅 비어 형태가 없다. 텅 비면 다함이 없고 형태가 없으면 거역하는 바가 없다. 거역하는 바가 없기에 만물에 두루 통하여 변하지 않는다."라는 문장이 나온다. 음과 양이 항상 늘어나고 줄어들며 서로 알맞아지는 것은 대자연의 법칙이라고 일컬을 만하다. 한여름의 뜨거운 기운도 가을에 이르면 고개를 숙일 것이니, 더위가 소멸하는 데는 그리 오랜 시간이 걸리지 않는다. 그래서 그 성함과 쇠함의 때를 보는 바에 민감함이 있어야 한다.

택상유지림澤上有地臨이니 군자이君子以하여 교사무궁敎思无窮한다.

연못 위에 땅이 있다.

군자는 이를 보고 가르치려는 생각에 다함이 없다.

백성을 올바르게 가르쳐서 따르게 해야 한다는 말이다. 연못 위에 땅이 있는 것을 임臨이라 하는데, 연못 위에 땅이 있으면 그 땅은 넓을 수 없다. 그처럼 백성의 생각이 좁으므로, 하늘이 땅을 윤택하게 만들어 만물을 길러내듯 군자는 그들을 포용하고 올바른 이치를 끊임없이 가르쳐야 한다. 세상 물정도 모르고 이치에 어두운 사람을 무지몽매하다고 한다. 무지無知는 아는 것이 없다는 말이며, 몽매蒙昧는 어둡고 어리석다는 말이다. 사리에 어두워 생각이 좁은 백성들을 깨우치는 일은 부국으로 가는 길에 초석을 놓는 일이다. 백성들을 깨우친 이후라야 그들의 행복과 안녕도 보장할 수 있기 때문이다.

함임咸臨이니 정貞하고 길吉하다.

느껴서 임함이니 바르고 길하다.

함임咸臨은 어떤 느낌을 받아 마음이 따라서 움직이는 것이다. 느껴서 임한다는 것은 널리 인지시키는 일에 힘쓴다는 뜻이기도 하다. 누군가를 온 정성을 다하여 가르치고 교화하는 모습은 감동스럽다. 다스리는 사람의 뜻은 상대가 올바른 도리를 실행하도록 북돋우는 데 있지만, 이는 결코 쉬운 일이 아니다. 한 사람 한 사람 귀에 대고 일일이 가르쳐줄 수도 없고 집마다 찾아다니면서 깨우쳐줄 수도 없는 노릇이다. 그래서 다스리는 자의 마음과 다스려지는 자의 마음이 하나가 되는 것이 함임이기도 하다. 그것은 마치 연못과 땅이 교감하듯 상하가 뜻을 같이하면서 매사에 임하는 자세이다. 서로의 장점은 취하고 단점은 보완하며 그 관계를 지켜나가는 것이므로 바르고 길하다고 하였다.

감임甘臨이니 무유리无攸利하다.

달게 임하니 이로울 것이 없다.

예나 지금이나 말이 앞서는 사람치고 실속 있는 사람이 거의 없다. 감甘은 달콤하고 맛있다는 뜻이다. 달게 임한다는 것은 감언이설甘言利說로 접근하는 것이니 이로운 바가 없다. 남을 현혹해서 꾀하는 말은 대개 현실로 구현되기 어려우며, 지도자의 경우라면 이는 자신의 본분을 망각한 것이기에 올바른 다스림이 될 수 없다. 제대로 이행할 수도 없으면서 가식적인 모습이나 언변으로 인정받으려는 것은 일종의 속임수에 불과하다. 『공손룡자公孫龍子』에는 "언사言辭가 이치보다 뛰어나면 끝내는 쫓겨나게 된다."라는 문장이 나온다. 조나라의 사상가인 공손룡은 말만 번지르르하고 실체가 없는 인물에 대하여 이렇게 지적했다. 중국 속담에 쥐똥 하나가 죽 솥 전체를 망친다고 했다. 지도자가 만인에게 내뱉는 감언이설은 죽이 끓는 큰 솥에 쥐똥을 넣고 주걱으로 휘젓는 행위와 다르지 않다.

지임至臨이니 무구无咎하다.

지극한 태도로 임하니 허물이 없다.

지至는 여기서 최고라는 뜻을 내포하고 있다. 지극한 아름다움이며, 지극히 높아서 더 이상이 없는 것이다. 그래서 지극한 태도로 임한다는 것은 훌륭한 자질을 갖추고 성실하게 임한다는 뜻이기도 하다. 지도자가 온 정성을 다해서 다스린다고 볼 수 있으니, 그는 정의로우면서도 당당하다. 특히 이는 국가나 조직이 어려운 상황에 부닥쳤을 때 지도자에게 요구되는 정신자세이기도 하다. 한 나라를 이끌어갈 만한 통솔력을 갖추고 최선을 다해서 임한다면 설령 일이 틀어진다고 해도 부끄러운 것이 없다.

지임知臨은 대군지의大君之宜이니 길吉하다.

지혜롭게 임하는 것은 대군의 당연함이니 길하다.

지임知臨은 대군의 지혜로운 뜻이 드디어 발현되는 순간을 이른다. 대군이 스스로의 권위나 자의적인 생각으로 임하지 않고 지혜를 빌려 백성 앞에 임하는 것이다. 여기서 지혜롭게 임한다는 것은 능력 있는 신하에게 일을 위임한다는 뜻이기도 하다. 그래서 지임은 대군의 당연함이니 길하다고 하였다.

『여씨춘추』에는 다음과 같은 문장이 나온다. "선왕들이 자신의 소유가 아닌 것을 이용하면서도 자신이 소유한 것처럼 하였던 것은 군주의 도리에 통달해 있었기 때문이다. 모름지기 군주는 모든 것을 비운 상태에 머무르고 소박함을 지켜서 무지한 듯해야 많은 이들의 지혜를 이용할 수 있고, 지혜롭지만 도리어 무능한 듯해야 많은 이들의 능력을 이용할 수 있으며, 능력으로 무위無爲를 견지해야 많은 이들이 해내는 일을 이용할 수 있다."

이를 풀이하자면 다음과 같다. 강을 건너는 사람은 배에 자신을 맡기고, 먼 곳을 가는 사람은 천리마에 자신을 맡기며, 패자覇者나 왕자王者는 현명한 이들에게 일을 맡기는 법이다. 중요한 일을 하는 과정에서 다른 사람의 힘을 빌리지 않는다면 그것은 스스로에 대한 미혹迷惑일 뿐이며 진정한 성실함이 아니다. 현재 상황을 면밀하게 파악하고 훌륭한 인재들이 적재적소에서 제 역할을 다할 수 있도록 돕고 북돋우는 것이 진정 지혜롭게 임하는 군주의 자세이다.

임臨: 강한 사람이 갖춰야 할 덕목

임臨은 위에서 아래를 내려다보는 형상이다. 즉, 높은 사람이 낮은 사람을 대하는 것이므로 다스린다는 의미이다. 그런데 강자가 지배력을 발휘하기 위해선 권위적이거나 일방적인 관계가 아니라, 상하가 기꺼이 호응하는 친숙한 상태여야 한다. 그러므로 훌륭한 지도자는 솔직하고 담백하면서도 용기가 있어야 지혜롭게 임할 수 있다. 당장은 양의 기운이 강해서 성장하는 축이 있더라도, 머지않아 음의 기운이 자리를 대신하여 세력을 확장할 수 있다. 인간이 살아가는 세상은 모두가 이처럼 순환한다. 특히 권력의 측면에선 급속하게 성장하고 급속하게 물러나는 경향이 있으므로 시기를 보는 바에 민감함이 있어야 한다.

아무리 안정된 상태일지라도 상황은 빠르게 변하고, 아무리 힘겹고 어려운 상황일지라도 모든 여건은 또다시 변하게 마련이다. 장자는 "변하고 통하는 것에는 때가 있고, 큰 어려움이 닥쳐도 두려워하지 않는 것이 성인의 용기이다."라고 말했다. 침착한 통찰력을 강조하면서도 한편으로는 지도자의 덕목을 언급한 것이다. 천지는 끊임없이 작용하면서 단 한 순간도 머뭇거리거나 멈추는 일이 없고, 그러한 움직임 속에서 만물이 태동하고 성장한다. 사계절은 규칙적으로 찾아오지만 똑같은 계절이 다시 찾아오는 법은 없다. 오는 것은 항상 새로운 것이고 또 거기서 새로운 것이 생겨난다. 세상은 그러한 변화로 인하여 지속적인 발전이 가능하다. 그렇게 지속적으로 변화하는 것을 역易이라고 하며, 인간도 매일매일 변화가 있기에 지루할 틈 없이 늘 생동감 있게 살아갈 수 있다.

'임臨' 장은 새롭고 밝은 기운이 태동하고 있으니 지혜롭게 살펴서 만민에게 임하라는 가르침이다. 지도자라면 마땅히 처신해야 할 도리이지만 제아무리 뛰어난 사람일지라도 혼자서 모든 일을 다 할 수는 없다. 큰일을 성취하기 위해서는 자신에게 부족한 것을 누군가가 채우거나 대신해야 한다. 국가나 조직의 흥망성쇠에서 승패의 열쇠는 사람을 어떻게 쓰느냐에 달려 있다. 현명한 사람이란 자신의 장점은 최대한 활용하고 자신의 약점은 타인의 능력으로 대체할 줄을 아는 사람이다. 도움이 필요할 때는 최적의 대상을 찾아낼 줄도 알아야 하는 것이다.

그래서 예부터 신하 된 자는 인재를 천거하는 것을 공으로 삼고 인군은 인재를 등용하는 것을 공으로 삼는다고 하였다. 세상을 경륜하고 인재를 발탁함에서는 바둑알이나 장기 알을 놓는 것처럼 실수가 있어서는 안 된다. 묵자墨子도 "나라에 바치는 보물로는 현자를 추천하고 선비를 천거하는 것보다 더 나은 게 없다."라는 문장을 남겼다. 훌륭한 인재가 곧 국력이므로 인군은 먼 미래를 개척하기 위해서 현명한 인재를 아끼고 중용해야 한다. 왜냐하면 현자를 소홀히 하거나 내치고서도 국가를 온전하게 보존한 경우는 인류 역사에 단 한 번도 없었기 때문이다.

觀

관觀: 보다, 관찰하다, 나타내 보이다

자신을 정확하고
객관적으로 파악해라

觀 盥而不薦 有孚 顒若

大觀在上 順而巽 中正以觀天下

先王 以 省方觀民 設教

童觀 小人无咎 君子 吝

闚觀 利女貞

觀我生 進退

觀國之光 利用賓于王

觀我生 君子 无咎

허물이 있으면 모두가 쳐다보고 허물을 고치면 모두가 우러러본다.
권력을 쥔 자의 현명한 행위 중 하나는
자신의 지위를 이용하여 민심을 살피는 일이다.
다른 세상을 폭넓게 헤아리고 있으니
온 나라가 새로운 빛을 함께 보는 것과 같다.
윗사람의 행동거지는 사소한 것 하나까지도
아랫사람들이 다 보고 듣는다.
자성의 시간은 갇혀 있는 시야를 넓혀주고
넓혀진 시야는 옳은 방향으로 가는 데 도움을 준다.
다른 나라의 풍속을 본 후 가르침을 준다.

관觀은 관찰하는 것이다. 바람이 불고 있으니 그 흔들림을 본다. 관은 풍지관風地觀을 말하며, 땅 위에 바람이 부는 형상이다. 바람이 만물을 어루만지듯이 백성들의 생활상을 두루 살펴본다. 높이 나는 새가 멀리 보는 것처럼 미래를 보는 혜안이 있어야만 풍요로운 삶을 지향할 수 있다.

관觀은 관이불천盥而不薦이니 유부有孚하고 옹약顒若한다.

관은 세수만 하고 제사는 올리지 않으면서 믿음을 두고 우러러본다.

관觀은 '볼 관' 자로, 우러러본다는 뜻이다. 관盥은 '대야 관' 자로 씻는다는 뜻이니 목욕재계를 통해 몸과 마음을 정화하는 것이다. 불천不薦은 올리지 않는다는 뜻이다. 세수만 하고 제사를 올리지 않는다는 건 몸을 단정히 하고 경건한 마음을 갖추는 게 가장 중요하다는 의미이며, 믿음을 두고 우러러본다는 것은 돈독한 믿음과 공경하는 마음으로 하늘과 신을 기린다는 의미이다. 이 모든 건 제사를 올리기 전에 정성을 다하는 마음가짐을 말한다. 그처럼 경건한 마음으로 숭배하는 모습에 백성들은 감화되고 경외하게 된다. 맹자는 "군자의 허물은 일식이나 월식과 같아서 허물이 있으면 모두가 쳐다보고, 허물을 고치면 모두가 우러러본다."라고 하였다. 윗사람의 행동거지는 사소한 것 하나까지도 아랫사람들이 다 보고 듣는다는 말이다. 군자는 공손하고 정성 어린 태도로 신중하게 처신해야 한다는 가르침이다.

대관재상大觀在上하고 순이손順而巽하니 중정이관천하中正以觀天下이다.

크게 보기 위해서 위에 자리한다.

순하고 공손하니 중정으로 천하를 보게 된다.

천하를 밝게 보기 위해서 군주는 가장 높은 곳에 자리한다고 하였다. 크게 본다는 것은 살펴야 할 대상이 폭넓고 다양하기 때문이다. 순하고 공손하다는 것은 맨 위에 군림하되 부드럽게 처신한다는 뜻이며, 중정으로 천하를 본다는 것은 알맞고 올바르게 천하를 관찰한다는 뜻이다. 또한 여기선 왕이 위에 자리해야 한다는 당위성이 강조된다. 큰 뜻을 펼치고 통치할 수 있는 충분한 권한을 갖추고 있어야 하기 때문이다. 이에 밝은 도리로 선정을 펼치니 백성의 신뢰를 얻게 된다.

신도愼到가 지은 『신자愼子』에는 다음과 같은 말이 나온다. "덕이 부족한 자가 덕이 있는 자에게 기꺼이 굴복하는 것은 덕이 있는 자의 지위가 존귀하기 때문이다. 요임금이 일개 평민으로 있을 때는 그 이웃마저도 그의 말을 듣지 않았지만, 그가 왕이 된 후에 내린 명령은 반드시 행해지고, 금지하는 것은 즉시 중지되었다. 이로부터 어질고 덕이 있는 것은 사람을 굴복시킬 수 없으나 권세는 현인을 굴종시킨다는 것을 알 수 있었다." 지도자가 백성들을 바르게 인도하기 위해서는 위[上]에 자리하여 권위가 확립되어야 한다. 지도자가 힘을 발휘할 수 없으면 나쁜 짓을 금하기 어렵고, 선을 권장하기도 어렵기 때문이다.

선왕先王이 이以하여 성방관민省方觀民하고 설교設敎한다.

선왕이 마을을 살피며 백성을 관찰하고 가르침을 베풀었다.

바람이 천하를 어루만지며 지나가듯이 선왕은 방방곡곡을 살피고 가르침을 베풀었다고 하였다. 바람은 만물을 움직이고 생동케 하지만 귀함과 천함을 논하지 않고 아름다움과 추함도 가리지 않는다. 선왕이 마을을 살핀다는 것은 백성의 삶을 들여다보고 어떤 방식으로 도움을 주어야 하는지를 헤아린다는 뜻이며, 가르침을 베푼다는 것은 백성들의 생활에 필요한 예절과 절기에 따른 농사의 일과 상공의 법도를 알려준다는 뜻이다. 예나 지금이나 권력을 거머쥔 자의 현명한 행위 중 하나는 자신의 지위를 이용하여 민심을 살피는 일이다. 이렇게 해서 파악된 실체와 정보는 다스림의 가늠자가 되고 백성을 지켜주는 방패막이의 역할도 하게 된다. 이것이 진정한 관觀이다.

동관童觀이니 소인무구小人无咎하나 군자君子는 인吝하다.

어린아이가 보는 것이니 소인은 허물이 없지만,
군자에게는 부끄러운 일이다.

동童은 처음 세상에 나와서 호기심과 열정이 많은 사람이다. 동관童觀이니, 아이에게도 보는 눈이 있고 생각도 있으나 그저 단순하고 순수할 뿐이다. 그것이 어린아이에게는 허물이 될 수 없으나 어른에게는 난감한 일이다. 소인이 이처럼 좁은 식견을 가지고 있는 것은 어쩔 수 없지만, 군자가 이런 상태라면 부끄러운 모습이다. 세상을 경영해야 할 군자가 철부지와 같은 동심에 사로잡혀 있다면 곤란한 일이므로 자신의 몸과 마음을 닦는 수신修身에 힘쓰라는 가르침이다. 모든 일의 근본은 스스로의 몸과 마음을 수양하는 것이며, 모든 일의 시작은 자신을 다스리는 것에서부터 출발한다. 그래야 천하를 얻을 수도 있고, 천하를 다스릴 수 있다.

규관闚觀은 리여정利女貞이다.

엿보는 것은 여자의 바름이니 이롭다.

여자의 세계관에 대하여 말하고 있다. 이 구절에서 엿본다는 것은 여자가 세상을 보는 방식이니 문틈으로 관찰해야 이롭다고 하였다. 군자가 엿본다면 부끄러운 일이지만, 규관은 여자의 세계관이므로 여자에게는 바른 행동이라고 보았다. 그래서 똑같은 말이나 행동일지라도 누가 하느냐에 따라서 달라 보이는 것이다. 조선시대에는 남존여비의 사상이 강했으니 여성이 세상을 바라보는 것을 규지窺知라고 칭하면서 천대시하였다. 규지는 규관과 마찬가지로 엿보아 안다는 뜻이다. 이에 대해 장자는 "대롱을 통해 세상을 바라본다."라며 비꼬기도 하였다. 항아리에 들어가 앉아서 바깥세상을 바라보는 것과 같기 때문이다. 여기선 상고시대의 여인처럼 세상을 좁게 바라보는 시각을 경계하고 있다.

관아생觀我生하고 진퇴進退한다.

내가 하는 움직임을 보고 나아가거나 물러난다.

관아생觀我生은 내가 나를 본다는 뜻이다. 나아가거나 물러난다는 것은 생존의 차원을 말한다. 따라서 주어진 일을 감당할 수 있는 능력이 되는지 여부를 스스로 헤아리고 진퇴를 결정해야 한다. 문밖에 펼쳐진 세상은 누구나 바라볼 수 있지만, 자신을 바라보고 객관적으로 판단하는 것은 쉬운 일이 아니다. 그러나 자기 자신을 자세히 관찰하고 바른 도를 잃지 않는다면 마음의 중심이 흔들릴 수가 없다. 간명하고 단호하게 자신의 한계와 능력을 알고 그런 상태를 유지한다면 나아갈 때와 물러날 때를 놓치지 않는다.

관국지광觀國之光이니 리용빈우왕利用賓于王이다.

나라의 빛을 보면서 왕이 손님으로 묵으니 이롭다.

이웃 나라의 생활상과 문화를 보고 벤치마킹하는 것을 말한다. 여기서 나라의 빛을 본다는 것은 왕이 다른 나라의 발전상을 본다는 뜻이다. 지도자가 또 다른 세상을 폭넓게 헤아려보고 있으니 모두에게 이롭다. 왕이 다른 세상을 본다는 것은 온 나라가 새로운 빛을 함께 대하는 것과 같다. 앞 구절에선 자기 자신을 바라보라 일렀으며, 이 구절에서는 한 단계 더 나아가 나라 전체의 빛을 볼 것을 권하고 있다. 관觀의 경지를 확대하고 지속하라는 가르침이다.

관아생觀我生이니 군자君子라면 무구无咎하다.

자신을 돌아보았을 때 군자다우면 허물이 없다.

자신을 함양하여 공공의 이익을 도모할 수 있는 능력을 갖추라는 의미이다. 자신을 돌아보았을 때 군자다우면 허물이 없으니, 우린 자기 자신을 바라보길 마치 거울을 대하듯이 해야 한다. 자신이 태평성대를 열어갈 역량이 되는가를 살피고 부족한 부분은 보완해야 하기 때문이다. 스스로를 돌아볼 때는 반드시 고요하고 안정된 상태여야 하며, 일체의 사심이 없어서 백 가지 생각이 하나로 모일 수 있는 상태라야 한다. '관觀' 장의 맥락으로 볼 때 자기 삶을 들여다본다는 것은 결국 백성의 살림살이를 살피는 것과 같다. 그래서 이 구절의 아생我生은 자기 자신을 넘어 민생을 가리킨다. 큰 잘못이 없다면 다행이지만, 아직은 세상이 편치 않다고 여기는 것이다.

관觀: 잘 본다는 것

관觀은 황새[雚]가 비상하여 천하를 보는[見] 형상이다. 풍지관風地觀으로 땅 위에 바람이 불어 천하 만물을 고루 스치고 지나가듯 온 나라 백성의 생활상을 두루 살핀다는 뜻이다. 하늘은 바람을 일으켜서 천하를 고무하듯이 군자는 민생을 살피고 백성을 가르쳐 올바른 길로 인도해야 한다. 리처드 바크Richard Bach의 『갈매기의 꿈』엔 "높이 나는 새가 멀리 본다."라는 문장이 있다. 갈매기도 일찍 일어나서 멀리 보아야 배가 부르듯이 인간 역시도 먼 미래를 내다볼 줄 알아야 풍요로운 삶을 지향할 수 있다. 원대한 꿈과 비전을 품고 있다면, 그것을 실현하기 위해서는 각고의 노력을 해야 한다.

그것은 저절로 이루어지지 않을뿐더러 누구도 대신할 수 없다. 그래서 머나먼 미래의 목표를 향하는 길은 아무도 알아주지 않는 외롭고 고달픈 여정이다. 하지만 자기 자신은 물론 인간사회에 희망의 메시지를 안겨주는 멋진 일이다. 삶에 순응하는 태도가 아니라, 삶에 대해 고민하면서 하나씩 풀어나가는 과정에서 새로운 것이 생성되고 발전하기 때문이다. 춘추전국시대의 사상가인 귀곡자는 "가장 잘 변통하는 사람은 현실의 형세를 면밀하게 살펴서 천명에 통한다."라고 했다. 귀곡자가 말한 현실의 형세라는 것은 시세와 판세를 가리킨다. 그러니 감정이 개입된 편견이나 주관적인 관념이 개입되지 않은 있는 그대로의 현실을 직시하고 주도면밀하게 살펴야 한다.

바람은 눈으로 보이지 않을뿐더러 태풍이 아닌 다음에는 귀로도 들리지 않는다. 그러나 그 방향과 흐르는 속도는 우리 몸으로 얼마든지 체감할 수 있다. 시간도 바람처럼 귀로도 들리지 않고 눈으로도 볼 수 없다. 하지만 주변의 모든 것이 지금이라는 기준을 가지고 있으며 방향을 나타내고 있으므로 잘 관찰하면 볼 수 있다. 그렇게 사물을 꿰뚫어 보는 안목과 식견을 혜안이라고 한다.

하지만 우리는 바람을 느끼고 시간을 보는 혜안을 갖추지 못한 채 바로 눈앞에 펼쳐진 형상에 현혹되기가 쉽다. 『금강경金剛經』에서는 "상은 일시적인 모양이고, 모양은 물질의 화합일 뿐이다. 상에 이끌림이 없는 여여如如한 마음과 집착 없는 유유한 삶을 살아야 세상 사는 맛이 난다."라고 일렀다. 여여한 마음이란 분별이 끊어져서 있는 그대로 파악되는 마음이다. 유유한 삶이란 마음이 흐뭇하고 즐겁다는 것이니, 그래야만 세상 사는 맛이 난다는 뜻이다.

누구에게나 혼란을 겪는 시절이 있고 하는 일마다 좀처럼 풀리지 않는 때가 있다. 그런 시절에야말로 매사의 본질, 인간의 본성은 더욱 잘 드러난다. 관아생觀我生이 필요한 건 바로 그런 순간이다. 그때는 가던 길을 멈추고 시선을 안으로 돌려서 스스로 돌아보는 숙고의 시간을 가져야 한다. 철저한 자기 관찰의 시간은 갇혀 있던 시야를 넓혀준다. 그렇게 확장된 시야는 삶의 객관적 척도를 마련하여 자기 인생을 옳은 방향으로 이끌어가는 데 도움을 준다. 그래서 관觀은 단순히 보는 것이 아니다. 보는 것에 의미를 부여하고 관점을 달리하면 유사한 듯 보이지만 사실은 그렇지 않은 이면의 모습까지도 볼 수 있게 된다.

제21장

위턱과 아래턱으로
깨물어 씹는다

서합 噬嗑

噬嗑

서噬: 씹는다 | 합嗑: 깨문다, 입을 다문다

오직 의롭게 살며
정의로운 세상을 만들어라

噬嗑 亨 利用獄
剛柔分 動而明 雷電 合而章
先王 以 明罰勅法
屨校 滅趾 无咎
噬膚 滅鼻
噬腊肉遇毒
噬乾得金矢 利艱貞吉
貞厲无咎 得當也
何校 滅耳 凶

번개가 치고 천둥소리가 울리면 인간은 두려운 마음을 갖게 된다.
번개의 빛은 법의 명확성을 나타내며
우렁찬 천둥소리는 법의 엄중함을 상징한다.
법이 없으면 범죄가 들끓고 공정한 선거가 없으면 독재자가 판을 친다.
범죄를 경계하고 형벌로써 엄히 다스리니
감옥 안에 풀이 무성하게 자라난다.
하늘에는 하늘의 법칙이 있고
땅에는 땅의 법칙이 있으니, 바르게 해야 이롭다.
단호한 태도로 대처하면 오히려 순조롭다.

✻

서합噬嗑은 위턱과 아래턱으로 깨물어 씹는 것이다. 서합은 화뢰서합火雷噬嗑을 말하며, 불 아래 우레가 있는 형상이다. 선왕은 우레가 울리며 천지를 진동하는 현상을 보고 법을 제정하고 형벌을 밝게 하였다. 상과 벌이라는 두 가지 수단을 제대로 쓰지 않으면 나라가 다스려지지 않음을 알았기 때문이다.

서합噬嗑은 형亨하니 리용옥利用獄하다.

서합은 형통하니 감옥을 이용하면 이롭다.

범국가적으로 독소가 되는 요인을 차단하는 방법에 관해서 말하고 있다. 서합은 입 안에 있는 음식을 깨물어 씹는 것이니 형통하다고 할 수 있다. 서합噬嗑은 법치法治를 말하는 것이다. 사회의 안정을 해치는 범죄를 차단하여 질서를 바로잡는다는 의미이다. 그래서 죄인에겐 격리가 필요하고, 이를 위해선 감옥을 써야 이롭다고 하였다. 범죄와 부조리를 입안의 음식물을 깨물어 씹듯이 잘게 부수는 것은 다시금 화합을 도모하기 위해서이다.

수나라의 역사를 기록한 『수서隋書』에 "초만영어草滿囹圄"라는 말이 나온다. 감옥 안에 풀이 무성하게 자라났다는 뜻으로, 나라를 잘 다스려서 죄를 범하는 사람이 없음을 빗댄 말이다. 이처럼 나쁜 짓을 스스로 꺼리는 공동체를 만들기 위해선, 한 국가에 서합의 이치가 구현되는 일이 선행되어야 한다. 이것은 사회가 혼란스럽고 과도기적인 시기일수록 더욱 그렇다.

강유분剛柔分하고 동이명動而明하니 뢰전雷電이 합이장合而章이다.

강한 것과 부드러운 것이 나뉘어 움직이니 밝다.

우레와 번개가 합하여 빛난다.

천둥과 번개가 치는 것처럼 힘차게 움직여서 밝은 세상을 열어나가야 함을 말한다. 강한 기운과 부드러운 기운이 나뉘어 움직이니 밝다고 하였는데, 그것은 강약을 조절하듯 때로는 강하게 때로는 부드럽게 막힌 것을 뚫고 나아간다는 의미이다. 또한 천둥과 번개가 합하여 빛을 발한다는 것은 크고 강한 것들끼리 어우러져 우렁찬 소리를 내면서 다스려진다는 뜻이다. 이처럼 범죄와 부조리는 입안에 음식물을 넣고 씹는 것처럼 확실하게 다스려야 효과가 있다. 어느 현자가 이르기를 예전에 나라를 망친 수많은 제왕 중에선 매일같이 죄 없는 사람들을 가두고 죽이면서도 멸망에 이르렀던 이유를 깨닫지 못했던 이들이 많았다고 한다. 무조건 강한 것도 능사가 아니고, 무조건 부드러운 것도 능사가 아닌 것이다.

선왕先王이 이以하여 명벌칙법明罰勅法한다.

선왕이 서합을 본받아서 형벌을 밝히고 법을 만들었다.

마른하늘에 날벼락이라는 말이 있듯이 하늘에서 번개가 치고 천둥소리가 울리면 누구나 두려운 마음을 갖게 된다. 날카로운 번개의 빛은 법의 명확성을 나타내고, 우렁찬 천둥소리는 법의 엄중함을 나타낸다.

선왕은 이러한 자연의 형상을 보고 법을 제정하였으며 이로써 범죄를 경계하고 형벌로 엄히 다스렸다. 죄지은 사람에게 벌주지 않으면 백성은 나쁜 짓을 예삿일로 여기게 된다. 『시경』에서 오직 규칙만이 나라를 안정시킨다고 강조한 것은 이런 까닭이다.

본래 형벌의 목적은 죄를 범하려는 사람을 두렵게 하여 사전에 범죄를 예방하고, 누군가 범법행위를 자행하였을 때는 그를 징벌하기 위한 것이다. 하지만 형벌은 백성들의 삶과 죽음을 결정하기도 하므로 신중해야 한다. 범법자를 잡지도 못하면서 양민을 죽일 가능성이 언제나 도처에 깔려 있었고, 또한 법을 집행하는 관리가 사적인 목적을 위해 권한을 남용하는 일도 비일비재했다. 때로는 선량한 이들을 모욕하여 인간성을 상실하게 만드는 일도 다반사였다. 이것이 형벌의 부작용이다. 인간이 서로 해치고 물어뜯으려는 앙심만 품고 산다면, 이 세상은 지옥이 따로 없다. 그래서 선왕이 일벌백계하는 취지로 법을 제정했으며, 이를 올곧게 집행하기 위해서 서합을 본받았다고 한 것이다.

구교屨校하고 멸지滅趾하니 무구无咎하다.

형틀을 신겨서 발을 멸하니 허물이 없다.

구교屨校는 형틀이고 멸지滅趾는 발을 멸한다는 뜻이다. 그러나 발을 멸한다는 것은 발을 자른다는 것이 아니라 발에 형틀을 채우고 발뒤꿈치를 자른다는 것이다. 즉, 여기서의 멸지는 경미한 범죄에 내리는 벌이므로 허물이 없다고 하였다. 바늘 도둑이 소도둑으로 가는 것을 막고자 하는 취지이다. 경범죄일지라도 경계하지 않으면 더 큰 죄를 범할 가능성이 크기 때문에 스스로 조심하도록 하는 데 의미를 두었다고 할 수 있다.

공자는 "소인은 어질지 못함을 부끄러워하지 않고, 의롭지 않음을 두려워하지 않는다. 이득을 보지 않으면 권하지 않고, 위엄으로 하지 않으면 경계하지 않으니, 조금 징계할 때 크게 경계함이 소인의 복이다."라고 말했다. 소인의 특징을 열거하면서 다스리는 방법까지 제시한 문장이다. 소인은 어설프게 다루면 효험이 없으니, 요즘 말로 '야무지게' 다루어야 한다는 뜻이다. 이 구절에서는 공자의 가르침처럼 범죄를 경계하는 데 형벌의 주된 목적을 두었다.

서부噬膚하고 멸비滅鼻한다.

살갗을 뜯어내고 코를 잘라낸다.

죄질이 무겁기에 살갗을 뜯어내고 코를 자르지 않을 수 없다. 코를 자른다는 것은 중범죄자임을 만천하에 드러내 보이기 위해서다. 가혹하지만 스스로 경계하지 못하니, 온 나라 사람들이 죄인을 쉽게 알아볼 수 있도록 처벌하였다. 법의 엄중함을 공고히 하고자 범죄와의 전쟁에 국가적인 역량을 쏟아붓는 모습이다. 「로마서」 7장에선 "율법은 우리 안에 내주하는 죄의 실체를 드러낸다."라고 하였다. 사도 바울은 여기서 죄와 율법의 관계를 파헤치며 죄의 실체를 드러내어 모두가 보고 깨우칠 수 있도록 했다. 동서고금을 막론하고 사안이 중대한 범죄는 반드시 밝히고 드러내었다. 우리나라에서도 흉악범죄가 늘어나자 특정 강력범죄자는 개인의 얼굴과 신상을 공개할 수 있도록 2010년에 특례법이 신설되어, 현재 시행되고 있다.

서석육우독噬腊肉遇毒이다.

말린 고기를 씹다가 독을 만난다.

말린 고기를 씹는다는 것은 오랫동안 해결하지 못하거나 사회적 이슈가 된 굵직한 사건을 심리하는 일이다. 판결하기가 굳은 육포를 씹는 것과 같은데, 한술 더 떠서 독을 만난다고 하였다. 독을 만난다는 건 범죄를 인정하지 않고 강하게 부정하며 판결에도 불복하는 경우를 말한다. 법을 집행하고 판결하는 측의 위엄이 결여되어 있으므로 피의자의 저항을 받는 것이다. 그것은 명이 서지 않는다는 것이니, 음식물을 으깨고 씹듯이 진상을 낱낱이 파헤치고 드러내야 밝은 사회를 지향할 수 있다.

서건득금시噬乾得金矢하니 리간정길利艱貞吉하다.

마른고기를 씹다가 금과 화살을 얻는다.
어렵고 바르게 해야 길하다.

범죄를 대함에서 타당성을 가진 처분으로 변함이 없다면, 언제나 빛나는 판례가 될 수 있다. 육포를 씹다가 금金과 화살을 얻는다는 것은 마른고기처럼 딱딱하게 굳은 범인을 심리하는 과정에서 감춰져 있었던 죄상까지 드러낸다는 뜻이다. 여기서 금은 형량의 경중을 의미하고 화살은 죄의 유무를 의미한다. 어렵고 바르게 해야 길하다는 것은 형량을 정함에 실수가 있어서는 안 된다는 뜻이다. 재판이 지연되더라도 명확하게 판결해야 정당성을 확보할 수 있기 때문이다.

정려무구貞厲无咎하니 득당야得當也이다.

위태롭게 여겨야 허물이 없다. 마땅함을 얻을 수 있기 때문이다.

억울하게 누명을 씌우는 오판을 경계하고 있다. 그래서 죄인을 심문하고 판결하는 자리는 위태롭게 여겨야 허물이 없다고 하였다. 마땅함을 얻는다는 것은 판결하기가 어렵더라도 반드시 죄의 유무를 명확하게 밝혀내야 하기 때문이다. 그래서 오늘날 형법에는 혐의자의 권리를 보장하기 위하여 무죄추정無罪推定의 원칙과 일사부재리一事不再理의 원칙을 두고 있다. 무죄추정이란 범죄사실을 추정하여 증거도 없이 죄를 물어서 판결할 수 없다는 뜻이며, 일사부재리는 한번 판결이 확정된 사건은 다시 공소를 제기할 수 없다는 뜻이다. 결국 같은 죄를 두 번 물을 수 없으니 미래지향적인 삶을 지향하라는 법리法理이기도 하다.

하교何校하고 멸이滅耳하니 흉凶하다.

형틀을 씌우고 귀를 자르니 흉하다.

살인과 같은 중죄인의 형벌에 대하여 말하고 있다. 들어야 할 것을 분명하게 듣지 못했기에 귀를 자른다고 하였다. 법의 경고를 귀담아듣지 않고 재차 범죄를 저질렀으므로 귀를 자르지 않을 수 없다. 『논어論語』에는 "불이과不貳過"라는 말이 있다. 공자가 제자인 안연顏淵에게 "잘못된 일을 자꾸만 되풀이하지 마라."라며 경계한 말이다. 안연은 고집이 강해서 생각을 바꾸지 않기에 공자는 '불이과'라는 글을 써주며 지니고 다니게 했다. 여기서 말하는 멸이滅耳는 어깨나 목에 형구를 씌워서 귀에까지 끼워 넣는 것을 뜻하니 중형이었다.

서합噬嗑: 법과 형벌에 관하여

화뢰서합火雷噬嗑은 청명한 하늘에 우레가 쩌렁쩌렁 울리며 천지를 진동하고, 턱과 턱 사이에는 음식물을 넣고 깨물어 씹는 형상이다. 여기서 우레는 뇌성의 위력과 전광電光의 밝은 지성을 동시에 갖추고 있다. 선왕은 이러한 천지자연의 현상을 보고 법을 제정하였으며 그로써 형벌을 밝게 하였다.

현대사회에는 오래전부터 내려오는 관례나 판례에 따르는 불문법不文法이 있고, 입법기관에서 일정한 절차를 거쳐 제정하는 성문법成文法이 있다. 한국은 물론 대부분의 국가에서는 당연히 성문법을 채택하고 있다. 법이라는 것은 지극히 평범한 상식에 근거한 원칙이며, 모든 사람이 납득할 만한 객관적 기준이 있어야 한다. 지나치게 약하면 범법행위를 막는 데 한계가 있으므로 법의 위엄을 정립하고 경계하는 일은 중요하다. 그러나 세상의 모든 일에는 양면성이 있어서 지나치게 강하면 정상참작을 할 수 없게 되므로 또 다른 피해자를 양산할 수도 있다. 범죄자 또한 갱생의 여지가 있으며 한 사람의 인격체이기 때문에 신중을 기해야 한다.

동한東漢의 서간徐幹은 이렇게 말한다. “하늘이 백성을 낳아서 기르니 그 정감은 누구나 동일하다. 몸에 해가 미치는 것은 누구나 싫어하는 일이고, 살아 있을 때 빛을 보거나 죽어서 이름을 남기는 것은 누구나 좋아하는 일이다. 상해를 받거나 빛을 보는 일은 매일 일어나지만, 그런데도 여전히 자신을 잘 다스리지 못하는데 그 이유는 무엇인가? 바로 상을 주어야 할 때 상을 주지 못하고, 벌을 주어야 할 때 바로 벌을 주지 못하기 때문이다." 호랑이가 늑대를 굴복시킬 수 있는 것은 강한 송곳니와 날카로운 발톱이 있기 때문이다. 만약 그 송곳니와 발톱을 빼앗아서 늑대에게 준다면 호랑이는 늑대에게 굴복할 수밖에 없다. 이처럼 왕이 상과 벌이라는 두 가지 수단을 쓰지 않으면 신하와 백성을 제대로 다스릴 수 없고 종국에 가서는 신하들의 통솔을 받게 된다.

정의로운 사회를 구현하려면 범죄자의 심리를 면밀하게 분석할 필요가 있다. 그들이 범한 잘못이 어디서 비롯된 것인지 원인을 알아야 한다. 즉 범죄가 성립할 당시의 상황은 물론 동기와 목적이 무엇이었는지를 파악해야 하고 사회구조나 시스템에는 문제가 없는지도 점검해 볼 필요가 있다. 그렇게 단점을 보완하여 사회상에 반영한다면 올바른 변화를 추구하면서도 범죄를 줄여나갈 수 있다.

죄를 지었다고 해서 범법자들이 모두 다 흉포하거나 편향된 사고방식을 가진 것은 아니다. 범죄자 중에는 일관된 법의 잣대로 인한 선의의 피해자가 있을 수도 있고, 인간관계를 정상적인 방법으로 수용하지 못해서 우발적으로 범죄를 저지른 사람이 있을 수도 있다. 또한 현재의 사회구조와 질서에 적응하지 못해서 죄를 저지른 사람이 있을 수도 있다. 미래는 아직 도래하지 않았으니, 지금 현재 우리 사회가 안고 있는 모순이 있다면 당연히 개선해서 보다 많은 사람을 선하게 끌어안고 가야 한다.

범죄자의 상황을 아예 고려하지 않고 눈에는 눈, 이에는 이라는 식으로 형벌을 가하는 것은 상고시대에도 가혹하다고 보았다. 주周나라의 재상 강태공姜太公은 "형벌이 너무 엄격하면 백성들은 두려움으로 벌벌 떨면서 근심을 하게 되며, 사람이 온종일 이런 상태에 있으면 도리어 변고가 생기고 사달이 발생한다."라고 말했다. 그래서 세상의 모든 종교는 관대함을 내세운다. 그것이 종교 본연의 역할이기도 하지만, 공동체의 법적 질서를 달성하는 일에서도 틀리다곤 볼 수 없다. 예수는 사랑이라는 이름으로, 붓다는 자비라는 이름으로 죄는 미워해도 사람은 미워하지 말라고 강조했다. 『주역』에서도 법을 세우고 형벌을 집행할 때는 심문하고 판결하는 이가 먼저 경계하는 마음을 갖는 것을 최우선으로 하였다.

제22장 자연은 철마다 제 몸을 가꾼다 비 賁

賁

비賁: 꾸미다, 가꾸다, 바꾸다

꾸밈없는 아름다움을 추구해라

賁 亨 小利有攸往

分剛 上而文柔故 小利有攸往 天文也 文明

以止 人文也

君子 以 明庶政 无敢折獄

賁其趾 舍車而徒

賁其須

賁如濡如 永貞 吉

賁如皤如 白馬翰如 匪寇婚媾

賁于丘園 束帛戔戔 吝 終吉

白賁 无咎

지나치게 꾸미는 것은 허황한 마음을 표현하는 것에 불과하다.

자연스럽게 꾸며진 모습은보는 이의 마음을 흐뭇하게 한다.

양질의 음식을 섭취하되 과식하지 않으며

마음을 수양하는 것도 몸을 가꾸는 행위이다.

사발이 모나면 물도 모나는 것처럼

윗사람이 단정하면 아랫사람도 따라서 한다.

수박의 겉모습은 투박해 보이지만

반으로 가르면 빨간 속살이 아름답고 먹음직스럽다.

보이지 않는 마음을 가꾸니 더욱더 그윽하다.

비賁는 꾸미는 것이다, 자연은 철마다 제 몸을 가꾼다. 비는 산화비山火賁를 말하며, 산 아래 불이 있는 형상이다. 단풍이 오색으로 물들며 곱게 가꿔지는 것처럼, 국가도 투명하게 다스려 아름다움을 빚어내야 한다. 더할 것이 없을 때가 아니라 버릴 것이 없을 때 비로소 완벽하다.

비賁는 형亨하니 소리유유왕小利有攸往이다.

비는 형통하니 가는 바를 두면 조금은 이롭다.

잘 꾸민 겉모습에 진실한 내면이 조화를 이루어야 아름답다. 비賁는 모양이 나게 매만지고 손질하는 것이니 형통하며, 잘 꾸민 다음에는 가는 바를 두어야 이롭다. 조금만 이롭다고 한 것은 오고 감에서 지나친 행보를 삼가고 신중하게 움직여야 하기 때문이다. 얼굴을 예쁘게 화장하고 옷을 화사하게 입는 것만이 아름답게 꾸미는 것은 아니다. 양질의 음식을 골고루 섭취하되 과식하지 않는 것, 배우고 깨우치면서 끝없이 수양하는 것도 몸을 가꾸는 행위에 속한다. 왜냐하면 비는 예의범절에 맞게 몸을 가꾸는 행위이며, 인품은 몸매처럼 겉으로 배어 나오기 때문이다.

분강分剛이니 상이문유고上而文柔故하고 소리유유왕小利有攸往이니 천문야天文也요 문명이지文明以止이니 인문야人文也이다.

강이 나뉘어 올라가 부드러움을 장식한다. 가는 바를 둠이 이로우니 천문이요, 문명해서 그치니 인문이다.

하늘의 질서는 천문이고 인간의 질서는 인문이다. 강이 나뉘어 올라가서 부드러운 유를 장식하기에 이에 따르면 하늘의 문체요, 깨우쳐서 머무르니 사람의 문체라고 하였다. 이 구절의 문文은 글자나 문장의 뜻이 아니라 무늬 문紋의 이체자이다. 별이 밤하늘을 아름답게 꾸며주고 있는데 지구에서 볼 때는 그 별들이 조금씩 나아가고 있어 천문이라고 하였다. 밤하늘의 별들이 무늬를 수놓는 것처럼 보이기 때문이다. 그리고 자연의 아름다움인 천문을 본떠서 인간사회를 아름답게 만들고 있으니 인문이라고 하였다. 이처럼 천문을 보고 사시와 절기의 변화를 살피며 인문을 보고, 천하의 이치를 인간 세상에 적용한다는 뜻이다.

군자이君子以하여 명서정明庶政하고 무감절옥无敢折獄한다.

군자는 이로써 정사政事를 밝히되 옥을 판단하지 않는다.

군자는 덕으로 밝은 정치를 펼쳐나갈 뿐 죄인에 대해 논하지 않는다. 그래서 군자는 정사만 관장하고 옥獄은 판단하지 않는다고 하였다. 범법자에 대하여 판결하고 집행하는 일은 사법부서에 맡긴다는 뜻이니 오늘날 민주정치의 원리인 삼권분립을 말한다. 삼권분립은 부서간의 전문성을 유지하면서도 상호 견제하여 국가권력의 편향된 집중을 막고 남용을 방지하는 통치조직의 원리이다.

군자가 옥사에 관여하지 않는다는 것은 백성을 사랑하는 어진 마음이 있으므로 공정성을 해칠까 우려하는 측면도 있다. 은殷나라의 태조인 탕湯은 "지혜로운 자는 계책을 세우고, 무력을 지닌 자는 일을 완수하며, 어진 자는 자리에 오르는 것이 옛날의 도리이다."라고 말했다. 범죄의 유무를 판단하고 죄수를 다루는 일은 군자와 같은 위정자가 할 일이 아니라고 본 것이다.

비기지賁其趾이니 사거이도舍車而徒한다.

그 발을 꾸밈이니 수레를 버리고 걷는다.

수레를 마다하고 걸어간다는 것은 의로움을 좇는 의지를 뜻한다. 발을 꾸민다는 것은 남이 보든 말든 자기 몸을 아름답게 가꾸는 것이니, 자기 수양에 힘쓴다는 뜻이다. 즉, 보이지 않는 발을 꾸미듯 자기 자신을 소신대로 가꾸어간다는 의미이다. 본래 수레는 부富를 상징하지만 여기서는 출세하여 세상에 이름을 떨치는 입신양명立身揚名을 가리킨다. 수레를 물리치고 걷는다는 건 남의 도움으로 출세하지 않겠다는 뜻이기도 하다. 『계사상전』에서는 수레를 버리고 걸어감은 의리상 타지 않는 것이라고 풀이하였다. 하지만 겸손한 마음으로 자신을 낮추고 소신껏 살아간다는 측면에서는 뜻이 일치한다.

비기수賁其須이다.

그 수염을 꾸민다.

수염을 꾸민다는 것은 윗사람과 함께한다는 의미이다. 또한 남자가 치장하는 모습이니 내면을 가꾼다는 뜻이기도 하다. 턱수염은 턱의 움직임에 따라서 같이 움직이기 때문에 턱이 흥興하면 수염도 흥한다. 그러므로 들고 나는 것은 윗사람을 따른다는 말이 된다. 윗사람이 하는 일을 아랫사람이 본받는다는 것은 매우 자연스러운 현상이다. 순자는 사발이 모나면 물도 모나다고 하였다. 군주가 모범을 보이면 백성들이 올바른 방향으로 교화되고 윗사람이 품행을 단정히 하면 아랫사람도 그대로 배워서 바르게 행동한다.

여불위는 "옛날 태곳적에는 군주가 없어서 백성이 모여서 생활하며 무리를 짓고 거처하면서도 어머니는 알아도 아버지는 모르고, 위아래 장유長幼의 도리가 없었으며 예절도 없었다. 의복이나 마차나 험준한 요새의 대비도 없었으니 이것은 군주가 없어서 생기는 우환이었다."라고 말했다. 유사 이래로 멸망한 나라는 많지만 군주의 도가 폐지되지 않은 것은 천하에서 왕의 존재를 이롭게 여겼기 때문이다. 그래서 백성이 왕을 따르는 것처럼 아랫사람이 윗사람을 따르는 것을 귀하게 여겼으므로 턱을 따르는 수염을 아름답게 꾸민다고 한 것이다.

비여유여賁如濡如이니 영정永貞이면 길吉하다.

꾸미는 듯 젖는 듯 하니 오래도록 바르게 하면 길하다.

아름다움을 오래도록 유지하는 것은 가치 있는 일이다. 꾸미는 듯 젖는 듯하다는 것은 한마디로 자연스럽게 꾸민 자연미를 가리킨다. 지나치게 꾸미는 것은 허황된 마음을 겉으로 표현하는 것에 불과하기 때문이다. 마음속에 간직한 성정은 숨길 수가 없어서 겉으로 드러나고 안색으로도 나타난다. 오래도록 바르게 하면 길하다는 말은 잘 꾸미고서도 남들에게 멸시받지 않으려면 바르게 행동해야 한다는 뜻이다. 금니를 자랑하고자 생니 뽑을 사람은 없을 것이니, 상식에서 벗어나면 곤란한 처지에 놓이게 된다. 그래서 언제 어디서 누구를 만나든 항상 바르고 곧은 마음이 앞서야 한다.

비여파여賁如皤如이니 백마한여白馬翰如이고 비구혼구匪寇婚媾이다.

꾸미는 것이 희고 빛나며 흰말이 나는 듯하니,
도적이 아니면 청혼이다.

의구심을 가지면 단순한 흑백의 분간도 모호하다. 꾸미는 것이 희고 빛난다는 것은 희끗희끗한 머리를 가진 중년의 중후한 모습이고, 흰말이 난다는 것은 하얀 갈기를 휘날리는 백마의 모습이다. 그러므로 중후하게 보이는 반백의 군자가 백마를 타고 와서 혼인을 청하는 것이다. 차림새가 지나치면 추파나 던지는 사람으로 오해할 수도 있지만, 꾸밈없이 생긴 그대로의 모습이다. 꾸미지 않았다는 것은 나쁜 마음을 가리지 않았다는 뜻이니 도적이 아니라 청혼을 하러 온 사람이 맞다. 무슨 일이든 지레짐작하여 선입견을 품지 말고 전후 사정을 살펴보라는 가르침이다.

비우구원賁于丘園이며 속백잔잔束帛戔戔이니 인吝하나 종길終吉하다.

작은 언덕에 꾸민다. 비단 묶음이 작아서 인색하나 마침내는 길하다.

현명한 사람은 언제나 꾸밈보다 질박함에 무게를 둔다. 이 구절에선 작은 언덕에서 밭을 일구듯 꾸민다고 하였다. 비단 묶음이 작다는 것은 폐백이 부실하다는 뜻이다. 처음에는 인색하여 부끄러웠지만 제 분수에 맞게 했으므로 나중에는 기쁨이 있다고 하였다. 속담에 "이고 지고 가도 제 복 없으면 못 산다."라는 말이 있다. 혼수를 많이 해가든 적게 해가든 잘 살고 못 살고는 자기 하기 나름이라는 뜻이다. 시대가 바뀌었어도 가장 훌륭한 혼수는 언제나 반듯한 사람이다. 사고방식이 올바른 사람은 최소한 제 집안의 재산을 축내거나 길바닥에 내놓지는 않는다. 오히려 안으로 거둬들여 가족을 풍요롭게 하고 가풍家風을 드높여 빛나게 한다. 그러므로 항상 사람다운 사람이 우선이고 또한 최고의 혼수라고 할 수 있다.

백비白賁이니 무구无咎하다.

희게 꾸미니 허물이 없다.

허례허식을 경계하는 가르침이며, 청순한 여인의 백옥 같은 뒷모습을 연상케 하는 구절이다. 흰색은 무색이나 다름없으니, 희게 꾸몄다는 것은 꾸미지 않은 듯 치장했다는 뜻이다. 눈에 뜨이지 않게 꾸몄어도 인색하지 않으니 자연스러운 꾸밈은 결코 허물이 될 수 없다. 오히려 내면의 아름다움이 배어 있어 품위가 있다. 폐백이 모자랐어도 기쁨이 있었듯이 과하지 않고 소박하니 오히려 뭇사람들의 칭송을 받게 된다는 말이다.

비賁: 버릴 것이 없을 때 비로소 완벽하다

산화비山火賁는 가을 산이 오색으로 물들면서 아름답게 꾸며진 형상이다. 저녁노을이 산천초목을 비추면서 우아하게 가꾸어지는 모습과 흡사하다. 그렇듯 국가와 사회도 투명하게 다스려져서 천지가 아름다움을 빛어내는 것처럼 만들어나가야 한다. 맑고 깨끗하게 가꾸기 위해서는 옥사를 판단함에 신중을 기해야 하고, 군자는 오로지 백성들을 포용하면서 선정善政을 베푸는 데 정성을 다해야 한다. 백성들이 법의 적용을 가혹하다고 여긴다면 형벌을 그치게 하거나 감함으로써 너그러운 풍습이 바탕이 되는 사회적 토대를 만들어나가야 한다. 그것이 바로 성군聖君이 해야 하는 역할이다.

그러나 산화비山火賁를 산에 불이 번지고 있다는 뜻으로 해석한다면, 범죄가 만연하여 걷잡을 수 없이 혼란스러워지는 상태를 가리킨다. 불[火]과 범죄와 전염병은 초기에 진화하거나 잡지 못하면 걷잡을 수 없이 번지는 속성을 가지고 있다. 따라서 범죄가 만연해지는 것을 막고자 한다면 서둘러 선악을 가려내고 옥사를 만들어서 범법자를 격리해야 한다. 깊은 산속에 불이 있는 것은 정상적인 상태가 아니기 때문이다.

백비무구白賁无咎의 가르침처럼, 화려한 색은 사람의 눈을 현혹하나 그 화려함을 추구하면 추구할수록 인간의 눈은 쉬이 멀게 된다. 반면 꾸민 듯 안 꾸민 듯 자연스럽게 치장한다면 당장 보기에도 부담스럽지 않고 오랫동안 보아도 싫증이 나지 않는다. 『어린 왕자』와 『야간 비행』을 쓴 생텍쥐페리Antoine de Saint-Exupéry는 “더할 것이 없을 때가 아니라, 버릴 것이 없을 때 비로소 완벽하다.”라는 말을 남겼다. 더한다는 것은 한도 끝도 없는 욕망이 깃든 상태를 말한다. 하지만 단 한 가지도 버릴 것이 없다는 것은 그만큼 소박하고 검소한 상태에 머물러 있다는 뜻이다.

'비賁' 장에서는 비단 묶음이 작으면 처음에는 인색하나 나중에는 길하다고 강조한다. 어떤 일에서든 자연미에서 크게 벗어나지 않아야 허물이 없다는 것이다. 자연미란 마치 낙조에 물든 저녁노을이 영롱하게 피어오르는 모습과 같다. 그것은 맑은 강물이 햇빛이나 달빛에 비치어 반짝이는 잔물결인 윤슬과도 같다. 상고시대에도 지나치게 치장하는 것을 지양하였고 허례허식을 경계하였다. 자연적인 모습을 간직한 본래면목 대신에 어설픈 치장을 거듭하는 일은 오히려 자신의 가치를 떨어뜨리기 때문이다.

관중이 편찬한 『관자』에는 "겉모습이 바르지 않으면 덕이 오지 않고, 마음속에 정성이 없으면 마음이 다스려지지 않는다. 그러므로 겉모습을 바르게 하고 덕을 수양하면 만물에 잘 들어맞는다."라는 문장이 있다. 안으로는 내실을 다지면서 겉으로는 소박한 아름다움을 가꾸어가야 한다는 것이다. 누군가의 아름다운 모습도 보면 볼수록 은은한 매력이 있어야 하며 그런 매력이라야 오래간다. 왜냐하면 내면에서 배어 나오는 아름다움은 인위적으로 덧칠한 화장처럼 지워지지 않고 오래도록 유지할 수 있기 때문이다. 수박의 겉모습은 굵은 줄이 제멋대로 그어지고 푸르스름해서 투박해 보인다. 하지만 반으로 쩍 가르면 빨간 속살은 더없이 아름답고 먹음직스럽다.

제23장

우뚝 솟은 산이 비바람에 쓸리고 깎인다

박 剝

剝

박剝: 벗기다, 깎아내리다

어려운 시절일수록 스스로를 더욱 엄하게 대해라

剝 不利有攸往

順而止之 觀象也

上 以 厚下 安宅

剝牀以足 蔑貞 凶

剝牀以辨 蔑貞 凶

剝之无咎 失上下也

剝牀以膚 凶 切近災也

貫魚 以宮人寵 无不利

碩果不食 君子得輿 小人剝廬

있을 곳이 아님에도 거기에 거하면 반드시 신상이 위태롭다.
아무리 궁해도 큰 열매는 먹지 않고 다음 해에 종자로 쓴다.
띠의 뿌리처럼 힘을 모아서 합치면
그동안 불가능했던 일도 성취할 수 있다.
아랫사람을 후하게 대하면서도
그것을 은덕이라고 여기지 않아야 한다.
땅이 넓고 단단해야 산이 안전하듯이
백성이 편안해야 임금도 편안할 수 있다.
위기가 스며드는 어려운 때에는 큰일을 맡지 않는다.

박剝은 해를 입는 것이니, 우뚝 솟은 산이 비바람에 쓸리고 깎이는 것과 같다. 박은 산지박山地剝을 말하며, 산이 무너져서 평지가 되는 형상이다. 높은 것은 낮은 것을 토대로 서듯 위대한 것은 평범한 것에 그 뿌리를 둔다. 백성이 나라의 근본이니 민초民草들의 살림살이를 잘 살펴야 한다.

박剝은 불리유유왕不利有攸往이다.

박은 해를 입는 것이니 가는 바를 두는 것은 이롭지 않다.

힘이 없어서 당하는 것은 시간이 해결하지 못한다. '박剝' 장에선 유柔가 강剛을 변질시키고 있으니, 소인의 세력이 강해서 바른 정치가 구현되지 않는다. 이런 때는 행동을 자제하고 추이를 관망하는 것이 좋다. 박은 깎이고 벗겨져서 파괴되고 박해를 받는다는 뜻이다. 가는 바를 둠이 이롭지 않다는 것은 위태로운 시기이므로 새로운 일을 시작하지 말고 감당하기 벅찬 일은 맡지 않아야 한다는 뜻이다. 그것은 양陽의 힘이 점점 약해져서 붕괴 직전의 위기에 직면해 있기 때문이다.

맹자는 "하늘이 주는 좋을 때는 지리적 이로움만 못하고, 지리적 이로움은 사람의 화합만 못하다."라고 하였다. 띠의 뿌리가 서로 엉켜서 단합된 힘을 발휘하듯 사람의 화합도 다르지 않다. 어려운 시기에는 자신의 몸을 낮추고 멀리 있는 사람들에게도 화친을 도모하면서 도움을 받아야 한다. 자신의 운을 믿고 안 믿고를 떠나서 이런 시절엔 힘을 모으고 있어야 개인의 한계를 벗어날 수 있다. 많은 사람의 힘이 모이면 나쁜 운도 희석되고 불가능했던 일도 성취할 수 있기 때문이다.

순이지지順而止之이니 관상야觀象也이다.

순하게 그치는 것은 상을 보는 일이다.

순順은 순하다는 뜻이며 거스르지 않는다는 의미를 내포한다. 그러므로 천지를 따르는 마음가짐과 같다. 상象은 당시의 형세나 흐름을 말한다. 따라서 순하게 그친다는 것은 가는 바를 온순하게 멈춘다는 뜻이며, 상을 본다는 것은 정세와 시세를 관찰한다는 뜻이다. 소인의 세력이 왕성하게 자라고 있기에 섣불리 나서서 그들의 표적이 되는 것은 옳지 않다. 이때 무리하게 욕심을 낸다거나 고집을 부리면 점점 더 어긋날 뿐이다. 막히고 어려울 때는 조용히 인내하면서 자신의 실력을 배양하는 것이 최선의 방법이다. 땅거미가 지고 있으니, 누구에게나 어둡고 어려운 시기가 있게 마련이다.

상上이 이以하여 후하厚下하고 안택安宅한다.

윗사람이 박을 본받아 아랫사람을 후하게 대하고 집안을 안정되게 한다.

윗사람인 산이 아랫사람인 땅에 붙어 있다. 그래서 아랫사람인 땅이 꺼지면 결국에는 윗사람인 산도 무너지는 것이니, 자리 잡은 터가 단단해야 건물도 안전하다. 마찬가지로 백성은 나라의 근간이다. 지도자가 먼저 아랫사람인 백성들을 후하게 대하면서 화친해야 한다. 옛사람이 이르기를 아랫사람을 후하게 다스리면서도 그것을 은덕이라 여기지 않아야 한다고 했다. 그러지 않으면 하릉상체下凌上替가 될 수 있기 때문이다. 하릉상체는 송나라의 『후한서』에 나오는 말로, 아랫사람이 윗사람을 능멸하여 윗사람의 권위가 땅바닥에 떨어진 것을 뜻한다. 종국엔 인륜이 무너지고 세상이 어지러워지는 결과가 초래된다.

박상이족剝牀以足이니 멸정蔑貞이라 흉凶하다.

상을 깎는데 발로써 한다. 바름을 멸하니 흉하다.

족足은 사람의 발이지만 여기서는 상 다리를 가리킨다. 상 다리를 깎고 있으니 상이 기울어 위에 있던 물건들이 뒤엎어진다. 상의 바른 상태를 멸한다는 것은 바른 사람을 깎아내리고 멸시하며 쫓아낸다는 것이다. 소인이 득세하고자 할 때는 대화와 협상은커녕 군자의 체면부터 깎아내린 뒤 아예 설 자리를 없애버린다. 이것이 소인이 하는 방식이다. 한발 더 나아가 교묘한 간계로 평소에 친했던 사람들을 이간질해서 떨어트려 놓는다. 이 굴레에 한번 빠지면 오랜 시간이 걸려야 빠져나올 수 있는데, 빠져나온들 이미 만신창이가 되어서 재기 불능의 상태인 경우가 많다. 그러므로 소인배나 어리석은 사람과는 인연을 맺지 않는 것이 최선의 방법이다.

박상이변剝牀以辨이니 멸정蔑貞이라 흉凶하다.

상의 언저리를 깎아내린다. 곧고 바른 마음이 없어지니 흉하다.

깎아내리는 것이 상의 언저리에 이르렀으니 안정된 상태가 완전히 기울어졌다. 상의 언저리는 평평한 상판과 다리로 나뉘는 곳이다. 거길 깎아내렸으니 상을 아예 사용할 수 없게 된다. 사람의 일로 비유하자면, 누군가가 의지할 만한 측근조차도 아예 제거한 것이다. 양의 전반적인 기운과 양상이 벗겨지고 깎였으니 군자가 중정함에도 바르게 설 수가 없다. 따라서 군자의 곧고 바른 마음을 펼칠 수 없게 되었으므로 흉하다고 하였다.

박지무구剝之无咎이니 실상하야失上下也이다.

깎는데 허물이 없다. 상하를 잃음이다.

상을 깎는 것도 이제는 허물이 아닐 정도다. 위와 아래의 구별이 사라졌기 때문이다. 모든 것들이 기울어지고 파괴되는 와중에 재물이나 명예를 지키려 든다면 목숨마저 담보하기 어렵게 된다. 맞서서 대응하지 말고 차라리 소인들의 위세에 고분고분 응하는 척하면서 임기응변으로 대처해야 한다. 『사기』에는 "미생지신尾生之信"이라는 말이 있는데, 이는 어리석은 믿음이라는 뜻으로 쓸데없는 명분에 구애된 나머지 임기응변의 변통이 없음을 말한다. 즉, 고지식하게 하나만 알고 둘은 모르는 사람을 가리킨다. 위와 아래의 서열이 사라진 암흑의 시대이다. 그러므로 구차한 치욕을 감수할지라도 후일을 기약하는 것이 현명한 방법이다.

박상이부剝牀以膚이니 흉凶하고 절근재야切近災也이다.

상을 깎되 살로써 하니 흉하다. 절박한 재앙이 가까이에 있다.

부膚는 살갗이나 나무의 껍질을 말한다. 상을 깎되 살로써 한다는 것은 고통을 온 몸으로 감내해야 한다는 뜻이다. 이제는 시간이 해결할 수 없는 상태에 이르렀으니 마치 사람을 평상 위에 뉘어놓고 해하는 것과 같다. 드디어 사람의 살이 깎여 다쳤으니 흉하고, 재앙이 더욱 가까워져서 목숨이 경각에 달렸으니 절박하게 되었다. 작은 게임이든 큰 게임이든 목숨을 잃으면 그 게임은 거기서 끝난다. 그래서 자존심이고 체면이고 버릴 건 다 버려서라도 목숨을 부지할 수 있어야 그다음이 있다.

관어貫魚하고 이궁인총以宮人寵하니 무불리无不利하다.

물고기를 꿴다. 궁인의 총애를 받으니 이롭지 않음이 없다.

관어貫魚는 많은 물고기를 꼬챙이에 하나씩 꿰는 것을 말한다. 물고기를 꿴다는 것은 결국 소인들을 엮는다는 뜻이다. 궁인들의 총애를 받아서 이롭다는 것은 평소에 궁인들을 존중하고 따뜻한 마음으로 대했기 때문에 그들의 도움으로 깎이는 재앙이 그치게 된다는 말이다. 『시경』에서는 이를 "투도보리投桃報李"라고 하였다. 복숭아를 보내준 보답으로 오얏을 받는다는 뜻이다. 내가 은혜와 덕을 먼저 베풀었기에 남도 이를 본보기로 하여 나에게 보답을 한다는 말이다. 궁인의 총애가 바로 투도보리와 같은 이치이다.

석과불식碩果不食이니 군자득여君子得輿하고

소인박려小人剝廬하다.

큰 과일은 먹으려 하지 않는다.

군자는 수레를 얻지만 소인의 오두막은 깎인다.

변하지 않는 것은 없기에 흥망성쇠가 거듭된다. 석과불식碩果不食이 뜻하는 바처럼, 먹을 것이 궁해도 큰 열매를 먹으려 하지 않는 것은 다음 해의 종자로 쓰기 위해서다. 큰 열매는 우수한 종자인데, 이처럼 품질 좋은 씨앗까지 먹어 치우면 그야말로 희망이 사라진다. 군자는 눈앞에 부귀영화가 있어도 선뜻 취하지 않는다. 막히고 어려운 상황에서 군자와 소인의 처세는 그렇게 다르다. 군자가 수레를 얻는다는 것은 백성들이 추대한다는 의미이고, 소인의 오두막이 깎인다는 것은 소인의 보금자리가 헐린다는 의미이다.

박剝: 큰 과일을 남겨놓는 마음

산지박山地剝은 산을 깎는다는 뜻이다. 산은 험한 형국에도 천하를 굽어본다. 소인이 득세한 세상에서도 군자는 민생을 도탑게 하고 국가의 안녕을 위해 보이지 않는 노력을 지속한다. 매사가 움직이거나 변화하기 전에는 반드시 그 움직임을 알려주는 조짐이 있다. 그래서 옛말에 땅이 꺼지면 산도 무너진다고 했던 것이다. 이를 일러 『도덕경道德經』에서는 "높은 것이 낮은 것을 토대로 서 있듯이 위대한 것은 평범한 것에 그 뿌리를 두고 있다."라고 가르친다. 산은 땅을 기반으로 하듯 백성은 나라의 근본이니 지도자는 항상 민초들의 살림살이를 면밀하게 살펴보아야 한다.

백성이 굶주리고 헐벗는 어려운 상황에서 임금 혼자서만 배부르고 따뜻할 수 없다. 땅이 넓고 단단해야 산이 안전하듯이 오로지 백성이 편안해야 임금도 편안하다. 세상에서 가장 천하고 의지할 곳조차 없는 존재가 백성이라지만, 세상에 가장 높아서 산과 같은 존재도 백성이기 때문이다. 그러니 백성의 처지를 알고 생각하는 바를 이해할 수 있어야 제대로 다스릴 수 있다. 장자가 "같은 밥을 먹지만, 백 명의 사람이 다 다르다."라고 했던 것처럼, 모든 사람이 비슷한 듯 보여도 같은 사람은 하나도 없고 생각하는 것 또한 모두가 제각각이다.

어려운 시절을 맞았을 때, 군자는 눈앞에 이익이 있어도 성큼 취하지 않는다. 소인은 부귀영화에 눈이 멀어 서로 시기하며 진흙탕 싸움을 벌이지만, 군자는 앉은 자리마저 양보하고 집으로 돌아가 마음을 편히 하고 덕을 닦는다. 『계사하전繫辭下傳』에서는 그와 같은 소인들이 있을 곳이 아닌 자리에 거하면 반드시 신상이 위태로워질 것이라고 강조했다. 자신의 분수에 맞지 않는 지위나 명예는 몸에 맞지 않는 옷을 걸친 것과 다르지 않기 때문이다. 남의 옷을 빌려 입은 듯 어색한 모습으로 폼을 잡고 있으니 부끄러움을 온몸에 뒤집어쓴 것과 같다.

그렇게 구차하게 살아가는 소인들은 어쩌다가 운 좋게 득세하더라도 그 자리를 정립하거나 오래도록 지키지 못한다. 스스로를 다스릴 수 있는 자질이 현저하게 부족하기에 그러하다. 나중에는 자기들끼리 진흙탕에서 싸우는 개처럼 이익을 다투다가 힘이 약해져서 자멸하기도 한다. 소인의 기세가 꺾이면, 다시 군자가 여론의 지지를 얻어 득세한다. 권력의 이동 경로는 마치 무지개처럼 변화무쌍하다. 그러니 누가 위정자가 되든 간에 후세를 위해서 큰 과일은 먹지 않겠다는 어른스러운 자세만이 중요할 뿐이다.

제24장 멈추고 돌아와 휴식을 취한다 복復

復

복復: 돌아오다, 돌려보내다, 뒤집다

모든 일이 올바른 방향으로 흘러간다는 것을 잊지 마라

復 亨 出入无疾 朋來无咎

不遠之復 以脩身也

休復 吉

頻復 厲 无咎

中行獨復 以從道也

敦復 无悔

迷復 凶 有災眚 用行師 終有大敗

땅속에 우레가 들어 있어
올라가 터트리려고 꿈틀거린다.
지름이 한 자나 되는 구슬도
시간에 견주면 보배라고 말할 수 없다.
세상 탓하거나 남 탓하지 않고
자성하는 태도는 언제나 큰 발전을 불러온다.
시절이 혼란스러울수록 주관을 뚜렷이 하고
목적한 바를 달성하려는 굳은 의지가 필요하다.
세상의 모든 일은 사람이 만들었고
그 일을 하는 것도 사람이다.
새로운 기운이 도래하면 막혔던 것이 트인다.

복復은 돌아오는 것이다. 멈추고 돌아와서 휴식을 취하는 일이다. 복은 지뢰복地雷復을 말하며, 우레의 기운이 땅속에 들어 있는 형상이다. 일을 제대로 준비해서 처리하면 신속하게 처리된 일이나 다름없다. 천지가 사계를 이루듯이 천지의 법칙에 순응하여 나아간다면 출입이 자유롭고 막힘이 없다.

복復은 형亨하니 출입무질出入无疾하고 붕래무구朋來无咎하다.

복은 형통하니 출입에 병이 없고 벗이 와도 허물이 없다.

복復은 돌아온다는 뜻이다. 즉, 회심향도回心向道를 가리킨다. 회심향도는 마음을 돌이키고 바른길로 들어선다는 뜻이다. 복이 형통하여 출입에 병이 없다는 것은 양陽이 제 기운을 회복하여 음의 기운을 제압하고 있으므로 병이 생기지 않는다는 말이다. 벗이 와도 허물이 없다는 것은 벗이 나를 믿고 찾아오는 것이니, 서로 흉허물이 없기 때문이다.

매사에 올바른 도리로 임하면 공명功名은 저절로 따라오게 되어 있다. 그것은 사람의 등 뒤로 그림자가 따르는 것과 같고, 새가 날면 소리를 남기는 것과 같다. 땅 위에는 때가 되면 싹이 돋아나고, 모든 존재는 성장해서 무르익다가 결실을 보고 돌아간다. 그래서 이 구절의 출出은 마치고 가는 것이며, 입入은 다시 돌아오는 것이다. 그렇게 세상의 모든 만물은 불변의 도를 반복하고 있지만, 스스로 돌아올 수 있는 것은 자신의 주장만 고집하지 않았기에 가능한 일이다. 또한 양이 기운을 회복했기에 음양陰陽의 만남은 아무리 잦아도 손색이 없다는 말이기도 하다.

불원지복不遠之復이니, 이수신야以脩身也이다.

멀리 가지 않고 되돌아온다. 수양을 통해 몸을 닦는다.

본성으로 돌아와 수신修身한다는 말이다. 수양을 통해 몸을 닦는다는 것은 자신의 부족한 부분을 채우는 일과 같으므로, 이수신야以脩身也는 성인이 스스로의 잘못을 자성하여 고친다는 말이기도 하다. 멀리 가지 않고 되돌아온다는 것은 마음을 다잡으면 후회하기 전에 모든 상황을 돌이킬 수 있다는 뜻이다. 새로운 세상에 나가는 것도 중요하지만 시기를 맞추면서 때를 고르는 일이 그보다 더 중요하다. "척벽비보尺璧非寶"라는 말이 있다. 지름이 한 자나 되는 구슬도 시간 앞에서는 보배라 이를 수 없다는 뜻이다. 시간의 가치와 때의 적중함은 보석보다 값지다. 농사일에 때가 있는 것처럼 모든 일에는 때가 있고, 바로 그 시기에 맞춰야 유익하다.

휴복休復이니 길吉하다.

기쁘게 돌아오니 길하다.

휴休는 오늘날 '쉬다'라는 의미지만 여기서는 즐겁고 기쁘다는 의미로 쓰였다. 기쁘게 돌아온다는 것은 그 자체만으로도 숨을 고르게 하고, 우리 마음을 편안하게 한다. 춤추고 노래하면서 껑충껑충 뛰는 것만이 즐거움은 아니다. 깊은 땅속의 외핵이 펄펄 끓고 있음에도 지상은 이처럼 평화로운 것처럼, 안정된 마음속에는 진정한 기쁨과 희열이 담겨 있다. 기꺼운 마음으로 돌아와서 인간의 본성을 회복하는 일이 그토록 중요한 이유가 여기에 있다. 『관자』에선 "본성을 잃는 까닭은 반드시 지나치게 즐거워하고 노여워하기 때문이다. 그래서 밖으로는 공경하고 안으로 고요하게 되면 반드시 그 본성을 회복하게 된다."라고 이른다. 이 구절에서 기쁘게 돌아올 수 있었던 것도 스스로 마음을 다잡고 본성을 회복했기 때문이다. 그렇듯 흡족한 마음으로 돌아와서 자신을 수양하고 있으니 길하다고 하였다.

빈복頻復이니 려厲하나 무구无咎하다.

자주 돌아오니 위태로우나 허물은 없다.

잘못을 저지르고 고치기를 수없이 반복할지라도, 끝내 고치면 허물이 아니다. 자기 잘못을 고치지 않으려고 고집하는 것이 그보다 훨씬 나쁘기 때문이다. 하지만 자주 돌아온다는 것은 중심을 잡지 못하고 번거롭게 오가는 것이므로 올바른 처신은 아니다. 급변하는 소용돌이 속에서 살아갈 때 그 흐름에 휩쓸리면 스스로의 방향감각을 잃어버리기에 십상이다. 세상에 떠밀린 채 수동적으로 살아가기보단 뚜렷한 자기 주관이 필요한 순간도 있다. 시절이 혼란스러울수록 자신의 관점을 뚜렷하게 확립하고 목적하는 바를 달성하려는 굳은 의지가 필요하다.

중행독복中行獨復이니 이종도야以從道也이다.

중을 행하며 홀로 돌아오는 것은 바른 도를 따르기 위함이다.

불행한 과거를 청산하고 바른길로 들어서는 것에 대하여 말하고 있다. 중을 행한다는 것은 좌충우돌하지 않고 중용의 도를 지킨다는 것이다. 홀로 돌아온다는 것은 혼자서 본연의 상태로 돌아온다는 결연한 마음가짐이다. 중을 행하며 홀로 돌아오는 것이 바른 도를 따르기 위함이라고 하였으니 이것은 천지의 도에 순응하는 일이다. 흔들리지 않는 마음으로 올바름을 지향하는 태도는 곤궁한 처지에서 행할수록 더욱 빛을 발한다. 언제나 바른 마음을 잃지 않는 항상심恒常心을 유지한다면 혼자서도 능히 선으로 돌아올 수 있다.

돈복敦復이니 무회无悔하다.

돈독하게 돌아오니 후회가 없다.

후덕한 마음으로 돌아와야 후회가 없다. 여기서 돈敦은 거짓 없는 도타운 마음을 말한다. 돈독하게 돌아온다는 것은 이미 덕을 회복하여 기가 충만한 상태가 되었다는 뜻이며, 후회가 없다는 것은 빠르게 자신을 추스르고 회복하여 떳떳한 상태가 되었다는 것을 의미한다. 아무런 가르침도 남아 있지 않은 난세亂世에 자기 자신을 추스르고 바른길로 접어들었다는 것은 매우 고무적인 일이다. 이처럼 세상이나 남을 탓하지 않고 자기 자신을 반성하는 태도는 언제나 큰 발전을 불러온다.

미복迷復이라 흉凶하고 유재생有災眚이니
용행사用行師하면 종유대패終有大敗한다.

돌아오는 길을 헤매니 흉하다.
재앙이 있으니 군사를 행하면 마침내 크게 패한다.

미迷는 미혹되어 길을 잃고 헤맨다는 뜻이다. 길을 잃고 헤매는 것은 스스로에 대한 믿음이 부족하거나 미련이 남아 있기 때문이다. 본성을 회복하지도 못하고 세상이 변해가는 흐름조차 모르고 있으니 그 화禍가 온몸에 미친다. 결국 돌아오는 길에서도 미혹되니 흉하다고 할 수밖에 없다. 군자의 도가 사라지고 소인의 도가 자라나고 있기 때문이다.

더군다나 스스로 반성하지 못하고 그동안 고집해온 것을 지키고자 군사를 동원한다면 대패한다고 하였다. 한 나라의 군주가 바르지 못하면 백성들이 궁핍하게 되고 반드시 크고 작은 내란이 일어나는 법이다. 또한 그 군주가 자신의 자리를 지키고자 무리하게 반대 세력을 억압하면 외세의 침략을 피하지 못하고 결국에는 패망의 길로 접어든다. 도리에 어긋나고 민심에 반하는 일에는 언제나 재앙이 따른다는 가르침이다.

복復: 우리가 진정 부끄러워해야 할 것은

복復은 음의 기운이 왕성한 가운데 양의 기운이 서서히 돌아오는 모습이다. 땅속에는 뭉클뭉클한 양의 기운이 서려 있다. 펼치지 못한 웅지가 우레처럼 솟구치려 한다. 대자연의 큰 움직임이 사계를 이루듯이 천지의 법칙에 순응하여 나아간다면 출입이 자유로워서 막힘이 없다. 순응하는 것에 대하여 진秦나라의 재상 여불위는 이렇게 말한다. "바람에 순응해서 외치면 소리가 닿는 것이 더 이상 빠를 수 없는 것과 같고, 높은 곳에 올라가 바라보면 눈으로 보는 것이 더 이상 밝을 수 없는 것과 같다."

복復은 절기로 동지冬至에 해당한다. 이에 동지가 되면 선왕은 성문을 닫았고 제후들은 고을을 살피지 않았으며 백성들은 여행을 다니지 않았다. 암울하고 어두운 상황에서 상서로운 기운이 들어올 때는 그 기운을 잘 보전하고 굳게 지켜야 하기 때문이다. 오늘날의 복지부동이란 말은 주어진 일을 처리하는 데 몸을 사린다는 뜻으로 쓰이지만, 상고시대에는 동지에 몸을 사리는 것이 진정한 복지부동이었다. 이제 땅속에서 봄의 기운이 싹트고 있으나 아직 자력으로 무언가를 하기에는 힘이 미약하다. 조급한 마음으로 성급하게 나가서는 안 된다. 봄기운이 느껴진다고 곧바로 새순을 내보내면 된서리를 맞을 뿐이다. 그럴수록 정신을 가다듬고 차분하게 계획을 세워야 한다.

크게 쓸 물건은 몸에 감추고 때가 오기를 기다린다고 했던 것처럼, 자신이 가진 모든 힘을 비축하고 기다려야 한다. 제아무리 뛰어난 지혜와 지식을 갖추고 능력이 충만한 사람이라도 적기適期를 노리지 않으면 크게 쓰이지 못한다. 제대로 준비해서 처리한 일은 신속하게 처리된 일과 진배없다. 조금 지연될지라도 완벽하게 준비된 것은 그 무엇보다 빠르다는 사실을 우리는 잘 알고 있다. 길고 긴 인생사에서 조금 빠르거나 늦는 것은 별반 차이가 없다. 그렇다고 마냥 게으름을 피우다가 늦게 내보내면 열매는커녕 꽃도 피우지 못하고 끝난다. 기다림과 게으름은 절대로 동의어가 아니다.

'복復' 장에서 "미복흉迷復凶"이라 한바, 처음으로 되돌아감을 잊으니 흉하다는 뜻이다. 돌아감을 잊었다는 것은 그저 길을 잃어버렸다는 사실만 뜻하지 않는다. 잘못된 길이라는 것을 인지하고도 처음으로 되돌아가지 않은 잘못을 아울러서 이른다. 이는 외부에서 비롯된 화근이 아니라 자기 자신이 불러들인 재앙이다. 또 문제를 알아차리고 대처할 방법이 있다 할지라도 행동하지 않으면 아무런 소용이 없다. 더욱이 알량한 체면 때문에 머뭇거리고 망설인다면 영원히 바른길로 들어설 수 없다. 그러므로 잘못이 있다면 흔쾌히 인정하고 깊이 반성할 줄 알아야 한다. 그래서 명明나라의 유학자 진헌장陳獻章은 "사람에게 허물이 많은 것은 부끄러운 것이 아니다. 잘못을 고칠 줄 모르는 것이 부끄러운 것이다."라는 말을 남기기도 했다.

인간은 생각하고 언어를 사용하며, 끊임없이 움직이고, 잘못을 저지르고 후회할 일을 만들어서 길바닥에 늘어놓고 가다시피 한다. 그것은 너무나도 당연한 일이다. 그래서 누구든 그가 지나온 길을 되짚어 가보면 온갖 실수와 부끄러움이 추풍낙엽처럼 널브러져 있다. 그런 허물을 끊임없이 반성하면서 하나씩 고쳐나간다면 그만큼 잘못이 줄어드는 것도 당연하다. 지나간 과오를 깨닫고 바른길로 들어선다면 벗들도 믿고 따라온다고 하였다. 몸을 낮추고 겸손한 태도로 처신한다면 때로는 과오가 있을지라도 궁극에 가서는 올바른 길로 나아갈 수 있다.

그래서 도를 터득한 사람은 안으로 바라는 것이 있어도 겉으로 내색하지 않고, 밖에서 바라는 것과 마주쳐도 안으로 들이지 않는다고 하였다. 또한 중용의 도를 지켜가면서 스스로 돌아볼 줄 안다면 더 이상 후회할 일도 생겨나지 않는다. 그래서 공자의 제자 안연은 "안으로 반성하여 꺼림칙하지 않다면 무엇을 근심하고 무엇을 두려워하리오."라고 말한 것이다. 복復이 뜻하는 바처럼, 눈이 채 녹기도 전에 새싹은 이미 돋아나고 있으니 꽁꽁 얼어붙은 대지 위에도 드디어 봄이 도래하고 있음이다.

제25장 밭을 갈지 않아도 거둔다

무망 无妄

无妄

무无: 없다 | 망妄: 허망하다, 망령되다, 헛되다

욕심에 취해 경거망동하지 마라

无妄元亨 利貞 其匪正有眚 不利有攸往

天命不祐 行矣哉

无妄 往 吉

不耕穫 未富也

无妄之災 或繫之牛 行人之得 邑人之災

可貞无咎 固有之也

无妄之疾 勿藥 有喜

无妄之行 窮之災也

인간은 뿌리고 거두기만 할 뿐
하늘과 땅이 생육을 돕고 키운다.
모름지기 사람은 지혜로워야
인생길이 순탄하고 여유롭다.
나보다 남을 앞세우고 살아가면
하늘이 돕고 따르는 사람들이 저절로 생겨난다.
하늘과 땅의 변화에 순응하여
세상의 만물이 길러지고 육성된다.
신진대사가 원활하지 못하면 병이 생기고,
막힌 것을 뚫으면 저절로 낫는다.
건드리고 손을 쓰기에 문제가 더 커진다.

무망无妄은 망령됨이 없음이다. 자연의 이치에 어긋나지 않아 갈지 않고 뿌리지 않아도 거두는 일을 의미한다. 무망은 천뢰무망天雷无妄을 말하며, 하늘에서 천둥과 번개가 진동하는 형상이다. 살다 보면 아무것도 하지 않고 거저 얻는 때가 있고, 가만히 앉아 있기만 해도 내 차례가 오는 경우가 있다. '아무것도 하지 않는' 노력이다.

무망원형无妄元亨이니 리정利貞이고

기비정유생其匪正有眚이니 불리유유왕不利有攸往이다.

망령됨이 없으면 크게 형통하고 바르면 이롭다.

그렇지 않으면 재앙이 있으니 갈 곳이 있어도 이롭지 않다.

무망无妄은 하늘의 도에 어긋나지 않고 순응하는 것이다. 또한 일체의 욕심을 버린 채 있는 그대로의 자유롭고 편안한 상태이다. 본성을 회복하여 거짓이 없으니 크게 형통하며 이롭다. 그러나 본능적인 욕망에 따라서 움직이는 것은 망령妄靈되며, 그렇게 살아가면 만사가 기울어질 것이니 재앙이 있다고 하였다. 바르지 않으면 하늘이 돕지 않기 때문이다. 망령은 사람이 늙거나 정신이 흐려져서 말이나 행동이 정상을 벗어났다는 뜻이니, 갈 곳이 있어도 이로울 리 없다.

천명불우天命不祐이니 행의재行矣哉랴.

하늘이 돕지 않으니 무엇을 할 수 있으랴.

하늘은 우주의 주인이요 만물의 주인이다. 따라서 천명天命에 따라 생각하고 행동한다면 하늘이 돕고 사람들이 따른다. 하지만 바르지 못하다면 하늘이 먼저 외면할 것이니 큰일은 고사하고 작은 일조차 도모하기 어렵다. 제나라의 관중은 "과거 무왕武王은 하늘이 도운 군주다. 그래서 땅이 작고 백성은 적었지만 천자가 되었다. 걸桀과 주紂는 하늘이 버린 군주다. 땅이 크고 백성은 많았지만 곤욕을 당하며 자신들은 죽임을 당하고 나라는 망했다. 그러므로 하늘이 돕는 것은 작은 것 같으나 결국은 큰 것이다. 하늘의 버림을 받으면 일시적으로는 성공한 것 같지만 결국은 망하고 만다."라고 하였다. 하늘로부터 버림받고 세상을 잃은 군주들은 나라가 존속할 때 존속하는 이유를 알지 못한다. 나라가 멸망했을 때도 멸망한 이유를 알지 못한다. 그러니 흥망성쇠가 수시로 반복됐던 것이다.

무망无妄이니 왕往하면 길吉하다.

망령됨이 없으면 나아감에 길하다.

천리天理에 순응해야 길하다는 말이다. 망妄은 속이고 함부로 하는 것이지만, 무망无妄은 바르고 참된 마음이다. 나아감에 길하다는 것은 망령됨 없이 바르게 행동하면 좋은 결과를 초래하여 원하는 바를 이룰 수 있다는 뜻이다. "무망지복毋望之福"이라는 말처럼, 살다 보면 우연히 어떤 좋은 결과를 얻는 경우가 있다. 이른바 예기치 않게 찾아오는 행운,

뜻하지 않게 굴러들어오는 복이다. 하지만 무망지복도 언제나 망령됨 없이 올바른 삶을 지향할 때만 가능한 일이다.

불경확不耕穫이니 미부야未富也이다.

억지로 밭을 갈지 않아도 거두니 부유하게 되려고 하지 않는다.

인간은 일부러 애쓰고 조작하지 않아도 자연이 내어주는 생산물로도 충분히 살아갈 수 있다. 불경不耕은 인위적으로 밭을 개간하지 않는다는 뜻이다. 자연의 흐름에 순응하여 살았던 원시적인 생활방식이기도 하다. 그들은 개간하지도 않았고 뿌리지도 않았다. 큰 욕심 없이 바르게 살고자 했을 뿐 부유해지려고 노력하지도 않았다. 하지만 하늘의 뜻에 응하고 따랐으므로 억지로 경작하지 않아도 거둬들였다. 즉, 허황한 욕심을 버리고 순리대로 살다 보면 나도 모르게 하늘이 돕는다는 이치를 말하고 있다.

무망지재无妄之災이니 혹계지우或繫之牛하고
행인지득行人之得이니 읍인지재邑人之災이다.

무망의 재앙이다. 혹 소를 매나 지나가는 사람이 얻으니 읍인의 재앙이다.

바르게 행동해도 재앙을 만날 수 있다. 그래서 소를 매어두었는데 지나가는 사람이 가져가고 마을 사람이 누명을 쓴다. 망령됨이 없고 자신이 잘못도 없는데 재앙이 생겨났다. 도가道家의 사상가 열자列子는 이런 상황을 일러 "어떤 사람이 도끼를 잃어버리고는 그 이웃집 아들을 의심했다. 그의 걸음걸이를 보아도 도끼를 훔친 것 같고, 낯빛을 보아도 도끼를 훔친 것 같고, 말씨도 도끼를 훔쳐 간 사람처럼 들렸다. 동작과 태도 역시도 도끼를 훔친 사람 같았다. 얼마 지나서 골짜기를 파다가 그 도끼를 찾았다. 다음 날 다시 그 이웃집 아들을 보니 동작과 태도가 도끼를 훔친 사람 같지 않았다."라고 하였다.

사람은 무언가에 집착하거나 몰두하면 편견을 가지게 된다. 그러면 필연적으로 어긋난 판단을 하게 되어 있다. 열자가 말한 것처럼 우리가 자신의 처지에 따라 누군가의 똑같은 행동을 정반대로 평가할 수 있다는 것은 선입견이나 편견이 얼마나 무섭고 어처구니없는 것인지를 보여준다. 세상은 혼자서 사는 곳이 아니고. 우리는 살다 보면 누군가의 편견 때문에 뜻하지 않은 화를 당하기도 하고 누명을 쓰기도 한다. 그래서 의심받을 짓은 아예 하지도 말고 평소에 처신을 잘해서 신망이 두터워야 억울한 일을 당하지 않는다.

가정무구可貞无咎이니 고유지야固有之也이다.

가히 바르게 하니 허물이 없다. 굳게 지킴이다.

강인한 사람일지라도 사사로운 욕심을 내지 않고 바름을 지켜나가야 허물이 생기지 않는다. 그래서 무망无妄의 삶은 어찌 보면 춥고 배고픈 인생이 될 수도 있다. 하지만 인내할 수 있는 사람에게는 큰 문제가 되지 않는다. 굳게 지킨다는 것은 올바른 도리를 잃지 않다는 뜻이며, 그러므로 이 구절은 하늘의 명을 공손하게 따르는 일을 말하고 있다. 골

키퍼가 골문 지키는 것을 자신의 사명으로 알고 있듯, 우리가 자신의 바른 마음을 굳게 지켜가며 무망의 삶을 영위한다면 재앙도 허물도 생겨나지 않는다.

무망지질无妄之疾은 물약勿藥이니 유희有喜하다.

무망의 병은 약을 쓰지 않으면 기쁨이 있다.

신진대사가 원활하지 못하면 병이 생기지만, 막힌 것을 뚫으면 저절로 낫는다. 그러므로 무망의 병은 무망으로 치료하는 것이 가장 좋은 처방이다. 작위적인 방법은 자연의 이치에 맞는 치료가 될 수 없다. 너무 자주 약을 쓰면 내성이 생긴다는 것은 모두가 아는 사실이다. 약을 지나치게 많이 복용하면 그만큼 다른 질병에 노출될 확률이 높아지고 약의 효능도 떨어진다. 면역력을 높여 질병이 쉽게 침범하지 못하는 강인한 신체를 만드는 게 먼저다. 그것이 약을 쓰지 않는 기쁨이다.

무망지행无妄之行이니 궁지재야窮之災也이다.

함부로 행동하지 마라. 궁해져서 재앙이 있다.

세상의 이치를 제대로 모르면서 경거망동하면 화를 입기 십상이다. 그래서 망령됨이 없는 상태로 있어야 한다. 그런데 한술 더 떠서 그릇된 생각이나 목적을 가지고 제멋대로 행동한다면 재앙을 초래한다. 촉새는 가만히 있으면 아무런 일도 일어나지 않고, 일하지 않고도 평생 공짜로 먹고살 수 있는 늘어진 팔자를 타고났다. 그런데 자신의 얕은 재주만 믿고 까불다가 그물에 걸려서 새 꼬치 신세가 된다. 어떤 일에서든 앞뒤를 재지 않고 경솔하게 처신하거나 끝까지 밀어붙이면 종국엔 아득한 낭떠러지기를 만날 뿐이다. 희로애락은 반복되기 마련이고, 길흉은 짓는 대로 받는다고 하였다. 우리 삶의 대다수 일은 찰나에 이루어지므로 마음을 차분하게 다스리고 긴장의 고삐를 잠시도 놓아서는 안 된다.

무망无妄: 아무것도 하지 않는 노력

인간은 자연의 일부이다. 그래서 대자연의 법칙에 순응하며 살아야 언제나 이롭다. 자연 안에서 인간은 뿌리고 거두기만 할 뿐 하늘과 땅이 만물의 생육을 돕고 기른다. 농사는 농부와 천지의 동업이건만, 소득은 농부가 다 가져가고 천지는 아무것도 취하지 않는다. '무망无妄' 장에서는 이를 일러 "불경확불치여不耕穫不菑畬"라고 하였다. 일구지 않아도 밭이 생기고, 경작하지 않아도 거둔다는 뜻이다. 바꿔 말하면 '아무것도 하지 않는 노력'이라 해도 과언이 아니다.

살다 보면 아무것도 하지 않고도 거저 얻을 수 있는 때가 있다. 괜히 나서지 않고 가만히 앉아 있기만 해도 내 차례가 오는 경우가 있다. 그러나 인간은 때때로 무엇인가를 하지 않으면 살아갈 수 없다고 생각하여 조바심을 낸다. 열심히 애를 써서 잃어버리는 결과를 자초하고 어떤 문제를 괜히 건드려서 화근을 만드는 경우가 종종 있다. 이것저것 손을 써서 문제가 더욱 커지거나 훨씬 더 나쁜 결과를 초래한다. 왜 그럴까? 사람이나 동물이나 사고방식에 한계가 있고, 생각이 고정되어 있어서 그렇다. 늘 하던 방식대로만 하려는 경향이 있어 그렇기도 하다. 그러니 세상을 외곬으로만 살아가려는 아둔한 생각을 버려야 한다. 또 자신이 집착하던 욕망을 버림으로써 오히려 가장 소중한 것을 얻을 수 있다는 인식도 가질 필요가 있다.

여기서는 "무망지질물약无妄之疾勿藥"이라고 하였다. 무망의 병에는 약이 없다. 즉, 약을 쓰지 않아도 낫는다는 뜻이다. 모든 병은 신진대사가 원활하지 못해서 생겨나고 부자연스러움이 겹치고 겹쳐서 생겨난다. 예나 지금이나 지나치게 화를 내거나 걱정하고, 지나치게 슬퍼하는 감정들이 오래 머물면 몸에 해가 된다. 그러므로 마음공부를 잘하고 심신을 수양해서 정신세계를 슬기롭게 다스려야 한다. 현대인들은 바쁘다는 이유로 조금만 아파도 얼른 나아야 한다는 조급한 생각에 병원에 가고 약을 찾는다. 평시 즐겨 찾고 오남용하면 내성이 생겨서 정말로 위급할 때 약은 무용지물이 되고 만다. 내성이 생긴 것은 물을 끓지 않게 하려고 물을 더 부은 결과이다. 그러면 점점 더 많은 물을 끓이는 것이니, 물이 끓는 것을 멈추게 하는 것은 불을 끄는 방법밖에 없다.

동양에는 오래전부터 "약은 펴부을 만큼 먹어도 좋은 식사에는 미치지 못한다."라는 말이 있다. 가벼운 증상만 있어도 병원으로 쪼르륵 달려가고 독한 약을 한 움큼씩 먹어대면 자기 명을 재촉할 뿐이다. 병원에 가는 대신 산에 가고, 비싼 약 대신 좋은 음식을 먹으면서 자기 복원력을 높이는 것이 명을 늘리는 방법이다. 송宋나라 때 지어진 『익지서益智書』에는 "거친 밥 먹으며 병 없이 사는 것이 보약 먹으며 골골대고 사는 것보다 낫다."라는 문장이 있다. 건강은 건강할 때 지키고 관리해야 효과가 있다. 그래서 '무망无妄' 장에서는 자연적인 치유를 강조하면서 망령됨이 없으면 크게 형통하다고 한 것이다.

제26장

창고에
알곡이 가득 쌓여 있다

대축大畜

大畜

대축大畜: 많이 쌓다, 크게 모으다

역량을 쌓는 일을 멈추지 마라

大畜 利貞 不家食 吉

大畜 剛健篤實 輝光 日新其德

君子 以 多識前言往行 以畜其德

有厲 利已

輿說輹 中 无尤也

良馬逐 利艱貞 曰閑輿衛

童牛之牿 元吉

豶豕之牙 吉

何天之衢 道大行也

도와 덕을 쌓고 재능을 겸비한 다음에는
밖으로 나가서 백성을 길러내고 다스려야 한다.
개인의 사사로운 이익에 국한되지 않고
국가의 발전에 헌신하겠다는 원대한 마음을 갖는다.
바큇살이 벗겨진 수레는 탈 수 없으니 물건을 놓아두는 헛간이나 다름없다.
소중한 자녀가 미래의 재원이 아닌
미래의 골칫거리가 되는 것은 막아야 한다.
어린 송아지의 뿔에 횡목을 대는 것은
불행할 수도 있는 미래를 대비한 일이다.
능력이 부족할 때는 자중하며 배우는 일에 힘쓴다.

✲

대축大畜은 '많이 쌓는 것'이다. 창고에 알곡이 가득 쌓여 있는 것이다. 대축은 산천대축山天大畜을 말하며, 산속에 하늘의 기운이 들어 있는 형상이다. 매미에게 겨울을 말할 수 없고 하루살이에게 내일을 말할 수 없듯이, 마음이 굽은 사람과는 큰 도를 얘기할 수 없다. 그래서 사람을 가려야 한다.

대축大畜은 리정利貞이니 불가식不家食해야 길吉하다.

대축은 바르게 해야 이롭고, 집에서 먹지 않아야 길하다.

드높은 산처럼 뜻을 굽히지 않는 선비의 정신을 말하고 있다. 대축大畜은 많이 모아서 크게 쌓는다는 뜻이다. 크게 쌓는 일은 망령됨이 없는 마음이 지속될 때만 가능하므로 바르게 해야 이로운 것이며, 그것은 크나큰 도리를 함양하는 일에 관해서도 마찬가지다. 나아가 집에서 먹지 않아야 길하다는 건 덕을 쌓고 재능을 겸비한 다음에는 너른 세상으로 나가서 백성을 길러내고 다스려야 하기 때문이다. 개인의 사사로운 이익에 국한하지 않고 나라의 발전에 헌신하겠다는 원대한 마음을 갖는다면 당사자 본인은 물론 세상의 많은 이에게 크나큰 이익과 발전을 가져다줄 수 있다. 마음가짐이 올바른 사람은 사소한 일을 해도 똑 부러지게 하고, 그래서 큰일을 맡겨도 능히 해낸다. 인생을 원형리정元亨利貞으로 보았을 때 대축은 '리정'에 해당하는 시기이므로 중장년 이후의 원숙한 나이에나 가능하다.

대축大畜은 강건독실剛健篤實하고 휘광輝光하니
일신기덕日新其德한다.

대축은 강건하고 독실하여 빛나는 것이니
날마다 그 덕을 새롭게 한다.

진실로 어느 날에 새로워졌거든 멈추지 말고 자신을 더욱더 새롭게 만들어가야 한다. 대축은 큰 것이 작은 것을 기르는 형상이며, 일신기덕日新其德은 날로 그 덕을 새롭게 한다는 뜻이다. 배우는 일에 노력하지 않고서도 성인이 되거나 위대한 인물이 된 사람은 일찍이 없었다. 따라서 능력이 부족할 때는 날마다 배우는 일에 힘쓰고, 능력이 충족되면 너른 세상으로 나아가서 하늘의 명에 응해 인간 세상을 구제하고 다스려야 한다. 그것이 곧 날마다 덕을 실천하는 일과 같다. 『시경』에도 "날마다 달마다 성장하고 발전한다."라고 하였으니, 이것이 바로 군자의 본분이다.

군자이君子以하여 다식전언왕행多識前言往行하고
이축기덕以畜其德한다.

군자는 예전의 말과 지나간 행실을 많이 알고
이로써 그 덕을 쌓는다.

성현의 발자취를 귀감으로 삼아야 한다는 말이다. 여기에선 군자는 대축을 보고, 예전의 말과 지나간 행실들을 상기하며, 그것을 덕으로 배양해야 한다고 했다. 자신의 마음을 하늘처럼 넓고 바다처럼 깊게 만드는 것이 진정한 수양이다. 그렇게 다져진 마음속에 지나온 역사를 거울처럼 비추고 등불처럼 밝혀야 한다. 성현들은 오늘의 일을 잘 모를 때 옛날에 비추어보았고, 내일의 일을 짐작할 수 없으면 과거를 살펴보았다. 그리하여 그들은 위로 천년을 알고 또 아래로 천년을 안다고 했던 것이다. 『논어』의 「위정」 편에서도 "옛것을 익히고 그것을 미루어 새것을 안다."라고 했던바, 이는 공자가 옛것을 복습하여 새것을 아는 사람이라면 능히 남의 스승이 될 만하다고 말한 데서 유래되었다.

유려有厲이니 리이利已이다.

위태로움이 있으니 그쳐야 이롭다.

밖으로 나가면 위태로움이 있으니 안으로 공손하게 그쳐야 이롭다고 하였다. 위태로움이 있다는 것은 상황이 여의찮다는 뜻이며, 그쳐야 한다는 것은 위태로움을 따라가면 벼랑 끝에 이를 것이니 그 자리에서 멈추라는 경고이다. 유려리이有厲利已를 한마디로 요약하면, 재앙을 초래하지 말라는 의미다. 예를 들어 뱀이 숨는 것은 제 몸을 보존하기 위해서이지 다른 누구를 안심시키기 위해서가 아니다. 위험한 상황에 자신을 노출하지 않고 무모하게 욕심내지 않으며 자숙하는 태도이다. 그리고 시기가 왔을 때 왕성한 먹이활동을 하기 위해서 힘을 비축하는 일이기도 하다.

여탈복輿說輹이니 중中이라야 무우야无尤也이다.

수레에서 바큇살이 벗겨졌다.

중심에서 움직이지 않아야 허물이 없다.

탈說은 '세'나 '설'로도 읽히지만, 여기서는 벗겨졌다는 뜻이니 '탈'로 읽는다. 저마다 맡은 바와 주어진 일이 있고 해야만 하는 역할이 있다. 그런데 바큇살이 벗겨진 수레에는 사람이 탈 수 없으니 그것은 물건을 놓아두는 헛간이나 다름없다. 수레를 무리하게 몰아서 바큇살이 벗겨지는 지경에 이르렀지만, 그래도 중심을 벗어나지만 않으면 더 이상의 피해는 없다. 망령된 생각과 행동을 거두기 위해서 가던 길을 멈춘다면 허물이 생기지 않을 것이다.

제나라의 관중은 "사물 앞에서 움직이지 마라."라고 했다. 흔들리는 사람은 안정될 수 없고, 불안정한 사람은 고요할 수 없으니, 바쁘게 움직이면서 자세히 살펴볼 수는 없다는 뜻이다. 멈추고 나서야 비로소 보이는 것들이 있다. 인생을 살다 보면 나를 중심으로 세상이 너무나도 바쁘게 돌아간다는 생각이 들 때가 있다. 그럴 때 일단 멈출 수 있다면, 끝없는 분주함 속에서 놓친 것들을 발견할 수 있고 새로운 길이 보이기도 할 것이다. 그늘에 있으면 그림자가 생겨나지 않는다. 멈추면 더 이상의 불필요한 흔적도 생겨나지 않는다.

양마축良馬逐이니 리간정利艱貞하고 일한여위日閑輿衛한다.

좋은 말로 쫓아간다. 어렵게 하고 바르게 해야 이롭다.
매일 수레와 호위를 익힌다.

좋은 말로 쫓아간다는 것은 준마駿馬가 거침없이 앞으로 달려 나가는 역동적인 모습을 가리킨다. 그런데 왜 어렵게 하고 바르게 해야 이롭다고 했을까? 붉은빛이 감도는 털에 하루에 천 리를 달릴 수 있는 적토마가 있다고 치자. 그런 좋은 말을 타고 빠르게 달려갈 때는 더 어렵게 여기면서 바르게 몰아야 무탈할 것이다. 즉, 잘나가는 상황과 기세일수록 더욱 조심하라는 얘기다. 날마다 수레를 몰고 방어하는 법을 익히는 것은 난세를 대비하기 위함이다. 전략과 전술을 스승에게 배울 때도 항상 조심스럽고 어렵게 여겨야 한다. 대충 익히고 엉성하게 준비한다면 대축大畜을 이루기는커녕 참새 한 마리도 잡기 어렵다. 그러니 이 구절은 날마다 뜻을 세우고 익히는 노력을 게을리하지 말라는 가르침이다.

동우지곡童牛之牿이니 원길元吉하다.

어린 송아지의 뿔에 빗장을 대니 크게 길하다.

동우童牛는 어린 송아지를 말한다. 그런 어린 송아지의 두 뿔에 횡목을 댔으니 강제하지 않아도 올바르게 자라난다. 뿔이 제멋대로 자라면 자기 의사와 무관하게 남들에게 상처를 입힌다. 그런 뿔은 풀을 뜯다가도 엉뚱하게 남을 해치고, 멀쩡한 길을 가다가도 본의 아니게 남을 찌른다. 그래서 이유도 모르면서 보복을 당하고 또다시 해치는 악순환을 반복하게 된다. 제대로 성장하기도 전에 재앙이 닥치는 것이다. 그러므로 어린 송아지의 뿔에 빗장을 대는 일은 난처한 상황을 예비豫備하고 불행해질 수도 있는 미래에 대비하는 일이다.

하천지구何天之衢이니 도대행야道大行也이다.

하늘의 길을 거닌다. 도가 크게 행해진다.

하늘에 난 길은 사방으로 통한다. 그런 하늘길을 거닌다는 것은 하늘의 길을 안다는 말과 같다. 크게 성취하기 위해서는 하늘의 뜻과 대자연의 섭리를 알아야 하고 그것을 올바르게 따라야 한다. 신선이 노닐듯이 하늘 길을 거닌다는 것은 하늘인 양의 기운이 임하여 함께한다는 말이다. 그러므로 도가 크게 행해진다고 하였다. 이 구절은 누군가가 윤리적인 이상을 실현할 수 있는 덕을 축적한데다가 그에 더하여 하늘의 도가 크게 이루어진 형상을 나타낸다. 따라서 개인의 꿈이 실현되는 것은 물론이요 나라의 앞날에도 서광이 비친다.

대축大畜: 날마다 달마다 성장한다는 것

대축大畜은 풍년이 들어서 창고에 곡식이 가득히 쌓여 있는 상태이다. 큰 꿈을 꾸는 사람이라면 대축처럼 역량을 쌓아서 비축하고 있어야 한다. 그러기 위해선 사람이 마땅히 해야 하는 도리에 따라서 자신의 능력을 기르고 남에게도 능력을 함양할 수 있도록 도움을 주어야 한다. 매미에게 겨울을 얘기할 수 없고, 하루살이에게는 내일을 얘기할 수 없다. 그렇듯이 마음이 굽은 사람과는 큰 도를 얘기할 수 없으니 사람을 가려야 한다. 옷감을 물들일 때 정성을 다해야만 제대로 물이 드는 것처럼 주변 사람을 잘 선택하고 바르게 대해야 선한 영향을 받는다.

자신의 능력을 함양하고 도야하려면 바른 도리에 길들어야 하고 거기에 진득하니 머물 줄도 알아야 한다. 장자는 "자기가 머물러야 할 곳에 머무를 줄 안다면 지극히 총명한 것이다."라고 하였다. 매일같이 노력을 거듭하여 새롭게 성장해간다면 어떠한 장애나 압력이 있을지라도 축적된 빛은 반드시 밖으로 새어 나와서 힘을 발휘하게 되어 있다. 이 세상에서 유익하면서도 큰일을 달성하기 위해서는 지식과 경륜은 물론이고 인재와 자금도 넉넉해야 한다. 또 항상 기력이 충만하여 정기가 넘쳐흘러야 하며, 어떠한 장애물이나 위험한 상황도 극복할 수 있는 슬기로움을 겸비해야 한다. 그런 다음에 강건하고 독실하게 그 능력을 발휘하면 된다. 종종 난관이 있을지라도 꿋꿋하게 전진하면서 업적을 하나씩 쌓다 보면 누군가의 꿈은 반드시 이루어진다.

'대축大畜' 장에서는 불가식不家食해야 길하다고 하였다. 지식이 빈천貧賤할 때는 집안에 머무르되, 지식이 깊어져서 성숙하였다면 광활한 세상으로 나아가서 뜻을 펼쳐야 한다. 자벌레가 몸을 접는 것은 앞으로 뻗어나가기 위함이며, 뱀이 몸을 숨기는 것은 자신의 몸을 보존하여 때를 기다리기 위해서이다. 몸을 접거나 숨는다는 것은 모두 에너지를 비축하였다가 크게 쓰기 위함이니 효용의 가치가 크다.

그래서 사람도 집안일과 같은 좁은 범주에서 벗어나 사회지향적으로 널리 활동 범위를 넓히고 키워야 한다. 사람은 국가에 공헌하겠다는 원대한 뜻을 품어야 비약적으로 성장할 수 있다. 누구든 자기 삶의 범주 안에만 머무르려 하면 큰 발전을 기대하기 어렵다. 대문을 활짝 열고 집 밖으로 나가야 현인을 만나고 동지도 만날 수 있다. 좋은 사람을 만나는 것이야말로 성공으로 가는 지름길이다.

그러나 이런 만남에서도 의義를 명확히 분간해야 한다. 여기서 의는 의리와 정의를 말한다. 남기는 것과 버리는 것을 가리는 일에 적당함이나 애매함이 있어서는 안 된다. 순간적인 감정이나 아첨으로 밀착된 관계는 오래가지 못할뿐더러 나중에 좋게 끝나지도 않기 때문이다. 남길 것을 남기고, 버릴 것을 버리며, 올바르게 세력을 확장해서 앞으로 나아가면 멈추고 싶어도 멈출 수 없는 지경에 이른다. 하늘의 도리에 마땅히 순응하고 따른다면 비록 큰 강을 건너는 위험이 있더라도 끝내 순조롭게 성사된다고 한다. 이것이 대축大畜의 가르침이다.

제27장 음식을 달라고 입을 벌리고 있다 이頤

頤

이頤: 턱, 기르다

절제와 수양에 힘써
그 덕으로 다른 이를 길러라

觀頤 自求口實

聖人養賢 以及萬民 頤之時大矣哉

山下有雷頤 君子 以 愼言語 節飮食

舍爾靈龜 觀我朶頤 凶

征凶 行 失類也

十年勿用 道大悖也

虎視耽耽 其欲逐逐 无咎

拂經居貞 吉 不可涉大川

由頤厲 吉 大有慶也

기르는 도는 다양하니 그만큼 신중을 기해야 한다.

부모가 자식을 낳아 기르듯이 자신의 참모습을 찾아서 스스로 기른다.

천지가 만물을 낳아 기르듯이

성인은 어진 이를 길러서 그 덕이 미치게 한다.

인군의 눈은 백성의 호주머니가 아니라

백성의 어려운 실정을 헤아리고 살펴야 한다.

모든 생명은 하나로 연결되어 있어

알게 모르게 서로 소통하기도 하고 교감하기도 한다.

좋은 음식을 섭취하고 좋은 말을 내뱉는다.

이頤는 기르는 것이니, 음식을 달라고 입을 벌린 모습을 생각하면 된다. 이는 산뢰이山雷頤를 말하며, 산 아래 우레의 기운이 있는 형상이다. 음식물을 씹어 먹고 육신을 기르며, 가까운 것을 앎으로써 먼 것까지 알게 되고, 자기를 완성함으로써 다른 이까지 완성시킨다. 성인의 도는 이처럼 간결하다.

관이觀頤하고 자구구실自求口實한다.

기르는 것을 보며 스스로 입의 실물을 구한다.

자발적인 노력이 가장 중요하다는 말이다. 이頤는 '턱'이지만 여기서는 기른다는 의미로 쓰였다. 기르는 것을 본다는 것은 자신이 성장하는 모습을 거울에 비춰보듯 자세히 바라본다는 뜻이며, 입의 실물을 구한다는 것은 양질의 음식을 섭취하여 건강한 몸을 기른다는 뜻이다. 스스로를 바라보면서 스스로 기르는 것이다. 천지가 만물을 낳아 기르고 부모가 자식을 낳아서 기르는 것처럼 자신의 참모습을 찾아서 기른다는 게 이頤의 큰 뜻이다.

달걀에도 뼈가 있다는 말이 있다. 복이 없는 사람은 모처럼 좋은 기회를 만나도 그 덕을 보지 못한다는 뜻이다. 남의 힘을 빌리고 지혜를 구하는 것도 좋지만, 평소 스스로 소양을 충분히 갖추는 게 먼저다. 자신을 바라보고 기르는 일에 게으르지 않아서 스스로를 올바르게 세울 수 있다면, 삶은 결코 헛될 일이 없다. 하지만 자신을 기르고 타인을 기르는 도는 다양하므로 신중해야 한다.

성인양현聖人養賢하고 이급만민以及萬民하니
이지시대의재頤之時大矣哉라.

성인이 어진 이를 길러서 만민에게 미치게 하므로
기르는 때가 크도다.

현자賢者를 기르는 지혜에 대해 말하고 있다. 덕을 쌓아서 훌륭한 인재를 키우고 평범한 백성을 현인으로 길러내야 하기 때문이다. 그래서 천지가 만물을 낳아 기르듯 성인은 어진 이를 길러서 만민에게 그 덕이 미치게 한다고 하였다. 천지를 본받아 살아가는 성인이 사람을 길러내는 것이니, 그 기르는 때가 크다. 노나라의 역사를 다룬 『좌전左傳』에는 "사람들이 좋아하고 싫어하는 것을 살펴서 그들의 성정性情을 도야陶冶해야 한다."라는 문장이 나온다. 피교육자의 자질을 세심히 헤아려야 한다는 뜻이다. 관상목觀賞木은 키우는 사람의 뜻대로 자라주지만, 방치하면 제멋대로 자란다. 사람 역시도 길들이지 못하면 타고난 대로 살다가 가는 수밖에 없다. 그런데 아쉽게도 많은 이들이 그것을 팔자로 여기며 불가피한 일이라고 생각한다.

산하유뢰이山下有雷頤이니 군자이君子以하여

신언어愼言語하고 절음식節飮食한다.

산 밑에 우레가 있는 것이 이頤이다.

군자는 이以를 보고 언어를 삼가며 음식을 절제한다.

인간은 음식으로 몸을 육성하지만 남의 말을 귀담아들으면서 정신을 수양하기도 한다. 칭기즈칸은 어린 나이에 아버지를 잃고 친족과 씨족에게 버려졌지만 남의 말을 귀동냥하여 지식을 쌓고 정신을 수양했다고 한다. 여기서 군자는 산 아래 우레가 있는 것을 보고 말을 삼가며 음식을 조절한다고 했다. 소인의 학문은 귀로 들어오고 입으로 나간다는 말이 있다. 이쪽 골목에서 들은 말을 생각할 겨를도 없이 저쪽 골목에다 내뱉는 경우가 그러할 것이다. 출근길에 잠깐 들은 말을 미처 소화할 틈도 없이 회사에 가자마자 급하게 내뱉는 경우도 마찬가지다. 말을 전하는 과정에서 진의가 어긋나거나 왜곡되기 십상이고, 그런 이들은 끝끝내 아는 척을 하려다가 오히려 경망스러운 사람으로 전락한다.

사이영귀舍爾靈龜하고 관아타이觀我朶頤하니 흉凶하다.

너의 신령한 거북이를 버리고, 나를 보고 턱을 움직이니 흉하다.

나를 보고 턱을 움직인다는 것은 나에게 음식을 달라고 입을 벌리고 있는 형상이다. 즉, 먹는 것을 탐하여 구걸하는 모습이다. 여기서 말하는 거북이는 장수長壽를 상징하기도 하며, 기氣를 먹고 자랄 뿐 음식을 구하지 않는다는 전설도 있다. 그렇게 신령스러운 거북이와 같은 자신의 고귀함을 저버리고 남에게 의지하려고 하니 흉하다고 한 것이다. 거북이의 마음을 버렸다는 것은 자존감을 상실했다는 뜻이며, 미래를 통찰하고 판단할 수 있는 지각 능력이 떨어졌다는 뜻으로도 볼 수도 있다. 타인에게 무언가를 바라며 손을 내밀거나 입을 벌리는 것은 바람직한 태도가 아니라는 것을 지적한 구절이다.

정흉征凶이니 행行하면 실류야失類也이다.

가면 흉하고 행하면 무리를 잃는다.

신뢰하는 마음이 없으면 큰일은 고사하고 작은 일조차도 도모하기 어렵다. 여기서 가면 흉하다고 한 것은 옳지 못한 길을 계속 고집하면 무리를 잃는다는 뜻이다. 무리를 잃게 되는 이유는 스스로 신뢰를 저버렸기 때문이다. 신뢰를 얻는 것은 무릇 일의 근간이고, 얻고자 하는 바의 밑천이다. 염치없이 남들에게 의지한 채 제 실속만 차리고자 한다면 종국엔 무리를 잃을 수밖에 없다.

십년물용十年勿用이니 도대패야道大悖也이다.

십 년 동안 쓰지 못한다. 도가 크게 어긋났다.

올바른 도에서 크게 벗어나면 오랫동안 자신의 역할을 제대로 하지 못한다. 분수를 망각하고 정도에서 어긋나버렸기 때문이다. 여기서 십 년은 오랜 세월을 의미한다. 재앙이 반복되어 기나긴 시간 동안 자신을 기르지도 뜻을 행하지도 못하게 된다는 말로, 하늘의 도를 따르지 않으면 행할수록 어긋나기만 할 뿐이라는 뜻이기도 하다. 그런데도 자성하지 못하고 사사로운 이익만 좇는다면 끝내는 무리로부터 외면받을 수 밖에 없다.

호시탐탐虎視耽耽하며 기욕축축其欲逐逐하니 무구无咎하다.

호랑이가 호시탐탐 자신이 하고자 하는 바를 쫓고 또 쫓으니, 허물이 없다.

호랑이가 먹잇감을 노리듯이, 자신이 하고자 하는 바를 위해 적극적으로 노력한다면 허물이 없다고 했다. 호시탐탐 본다는 것은 무섭게 노려보는 것이 아니라 예리하게 본다는 뜻이다. 지도자의 입장에서는 그처럼 아랫사람의 실정을 빈틈없이 파악하고 그들에게 필요한 일을 위해 정성 어린 노력을 다해야 한다. 아랫사람을 가벼이 여기면 혼란이 오기 때문이다. 이때 가까운 곳을 응시하고 있는 것처럼 보이나 속마음이 다른 곳에 가 있으면 곤란하다. 인군의 눈은 백성의 호주머니를 보는 것이 아니라 백성의 어려운 실정을 헤아리고 살펴야 한다.

불경거정拂經居貞이니 길吉하나 불가섭대천不可涉大川이다.

법을 거스른 상황에서도 바른 곳에 거하면 길하다.
큰 강을 건널 수는 없다.

원칙을 어기면서 큰일을 성취할 수는 없으니 언제나 정도를 가야 한다는 가르침이다. 법을 거스른다는 것은 바른길에서 벗어나는 형국이다. 바른 데 거하면 길하다는 것은 올바른 사람을 따르거나 올바른 곳에 가담해야 길하다는 뜻이며, 큰 강을 건널 수 없다는 것은 법을 거스르면서 큰일을 시도해서는 안 된다는 뜻이다. 자신의 소양이 부족하거나 잘못이 있더라도 윗사람의 가르침에 따른다면 끝내 잘 풀려나갈 것이라는 언질을 주고 있다. 그러므로 분에 넘치는 일은 시도하지 말고 안으로 덕을 기르고 자질을 함양해야 한다. "배암투명背暗投明"이라는 말이 있다. 어두운 것을 등지고 밝은 곳에 들어선다는 뜻이니, 작은 이익에 현혹되어 어둠 속을 헤매지 말고 항상 올바른 무리에 가담하여 대의를 따라야 한다.

유이려由頤厲하니 길吉하고 대유경야大有慶也이다.

말미암아 길러진다. 위태롭게 해서 길하니 크게 경사가 있다.

성인을 공경하면서도 두렵게 여겨야 마땅하다는 말이다. 여기서 말미암아 길러진다는 것은 평범한 사람은 스스로 길러지기가 어렵기에 누군가로 말미암아 길러지고 육성된다는 뜻이며, 위태롭게 해서 길하다는 것은 가르치는 성인을 어렵게 여기고 존중해야 한다는 뜻이다. 위태롭게 하는 일은 신중함을 요구하므로 매사에 살얼음판을 걷듯이 조심해야 한다는 말이기도 하다. 그래서 앞에서도 위태로운 마음으로 언행을 삼가고 음식을 조절한다면 경사가 있다고 한 것이다. 그렇듯 『주역』은 지극히 당연하고도 사소한 일에서 깊은 뜻을 헤아리고 찾아낸다. 그것이 바로 이 경전이 전하는 지혜의 핵심이고 본질이다.

이頤: 자신과 타인을 길러나간다는 것

말과 음식의 중요성에 대해서는 두말할 나위가 없지만, 입으로 병이 들어온다면 이것은 모두 무용지물이 되고 만다. 그러므로 이목구비 중에서도 이頤의 역할이 작지 않다. 이를 턱으로 해석하면, 인간이나 동물이 턱을 움직여 음식물을 씹어 먹고 육신을 지탱하는 일을 가리킨다. 그런데 이頤는 기른다는 뜻도 가지고 있다. 이를 기른다는 의미로 해석하면, 인간이 무엇으로 입신立身할 것인가를 스스로 정하고, 이를 위해 자신을 기르는 방법을 찾아야 한다는 뜻이다.

『여씨춘추』엔 "가까운 것을 앎으로써 먼 것까지 알게 되고, 자기를 완성함으로써 남까지 완성시키는 것이다. 성인의 도는 이처럼 간결하다."라고 적혀 있다. 자기 자신을 기르지 않고 타인을 기를 수는 없는 노릇이다. 먼저 솔선수범하고 남에게 모범이 되지 않는다면 그 누구도 따르지 않기 때문이다. 그래서 다른 존재를 기르는 일과 자신의 정신과 육신을 기르는 일을 근본적으로 떨어진 것이 아니다. 지구상의 모든 생명은 하나로 연결되어 있고, 서로가 서로를 필요로 하며, 알게 모르게 서로 소통하고 교감하기도 한다. 그 과정에서 기존의 낡은 것은 소멸하고 새로운 것이 지속적으로 생겨난다. 지혜로운 이에게는 새로운 것을 길러서 세상에 크게 쓰이도록 할 의무가 있으며, 그 의무를 달성했을 때의 보람은 무엇과도 견줄 수 없다.

자신과 타인을 기르는 일은 신중에 신중을 기해야 한다. 말에 관해서만 생각해도 그렇다. 우리는 적절하고 조리 있는 말 한마디가 얼마나 중요지를 잘 안다. 작게는 말 한마디로 분위기를 바꾸기도 하지만 크게는 말 한마디로 세상을 움직이기도 한다. 그런가 하면 예전에는 불충한 말 한마디로 목숨을 내놓아야 했던 사람이 부지기수로 많았다. 그러므로 말의 중요성은 아무리 강조해도 지나치지 않는다. '이頤' 장에서는 "신어절식愼言節食"이라는 문장으로 이를 강조했다. 말에 관해서도, 몸가짐에 관해서도, 이 세상의 그 어떤 일에 관해서도 적당한 때에 그칠 줄 아는 것은 매우 현명한 처신이다. 또한 제아무리 올바른 도리를 행한다고 할지라도 그쳐야 할 때 적당하게 그칠 줄 아는 것이 미덕이다. 이것은 중용의 본질이기도 하지만, 『주역』에서 말하고자 하는 절節의 가르침이기도 하다.

제28장 마룻대가 약해져서 흔들린다 대과大過

大過

대大: 크다 | 과過: 지나치다, 과도하다

스스로의 한계를 직시해라

大過 棟橈 利有攸往 亨
剛過而中 巽而說行
君子 以 獨立不懼 遯世无悶
藉用白茅 无咎
枯楊生稊 老夫得其女妻 无不利
棟 橈 凶
棟隆 吉 有它 吝
枯楊生華 老婦得其士夫 无咎无譽
過涉滅頂 凶 无咎

기와지붕이 지나치게 무거워서 기둥이 버티지 못하고 휘어지고 있다.
풀잎이나 이엉을 엮어서 지붕을 얹는다면
기둥이 휘어지거나 부러질 리가 없다.
의지가 돌처럼 굳다면
어떤 상황이나 유혹에도 마음이 흔들리지 않는다.
홀로 있어도 두렵지 않으며 세상을 등지고 있어도 답답하지 않다.
마른 버드나무에 꽃이 피고
늙은 여자가 젊은 남편을 얻으니 허물도 없고 명예도 없다.
물 아래에 바람이 있으니 서로가 불안정하다.

대과大過는 크게 지나친 것이니, 마룻대가 약해져서 흔들리는 상황을 일컫는다. 대과는 택풍대과澤風大過를 말하며, 연못에서 바람이 일렁이는 형상이다. 조화롭지 못하여 한쪽에서는 벅찬 일을 감당하지 못한 채 곤욕을 치른다. 그러나 부러진 대들보는 다시 쓸 수 없어도 인간은 얼마든지 다시 고쳐 쓸 수 있다.

대과大過는 동요棟橈이니 리유유왕利有攸往하고 형亨하다.

크게 지나쳐서 기둥이 흔들리는 것이니,
가는 바를 두는 일이 이롭고 형통하다.

기둥이 흔들린다는 것은 지붕이 지나치게 무거워서 기둥이 버티지 못하는 형국을 말한다. 위와 아래가 조화롭지 못해서 무게중심이 흔들린다. 이는 분수에 넘치는 일을 맡았으나 역량이 부족해서 쩔쩔매는 모습과 같다. 또한 기둥이 흔들린다는 것은 하늘의 도가 변하고 있음이다. 흔들리는 조짐이 보이면 모든 기반을 서둘러 옮기는 것이 상책이며 그게 쉽지 않다면 제 한 몸이라도 빠져나와야 한다. 가는 바를 두는 일이 이롭고 형통하다고 하였으니 작금의 모든 여건을 뒤로하고 새로운 터전을 찾아 나서야 한다.

강과이중剛過而中이니 손이열행巽而說行한다.

강한 것이 지나치나 중정하니, 공손하게 기쁨으로 행한다.

나아가야 할 때 나아가지 못하고 물러나야 할 때 물러나지 못하는 상황이다. 이때 강剛이 지나치나 중정하다고 한 것은 아직은 강한 것이 모든 중심에 자리하고 있다는 뜻이다. 그러므로 매사에 바른 도리로 임해야 한다는 말이다. 공손하게 기쁨으로 행한다는 것은 자신을 낮추고 기꺼운 마음으로 행동해야 이롭다는 뜻이다. 여기서 공손함은 시시비비를 가리지도 않고 따지지도 않는 수세적인 태도이며, 기꺼운 마음이란 능동적으로 일에 임하는 자세이다. 어려운 시기에는 자신의 판단이 옳다는 생각이 들더라도 나는 옳고 너는 그르다는 자기중심적인 사고방식을 버려야 한다. 그것이 바로 중정한 태도이다.

군자이君子以하여 독립불구獨立不懼하고 돈세무민遯世无悶한다.

군자는 홀로 있어도 두려워하지 않으며,
세상을 멀리해도 민망하게 여기지 않는다.

누구에게나 어려움이 찾아와서 어쩔 수 없이 홀로 서야 하는 때가 있다. 군자는 마음을 굳건히 먹어 홀로 있어도 두려워하지 않고, 세상을 멀리해도 번민하지 않는다고 하였다. 세상을 멀리해도 민망하게 여기지 않는다는 것은 물러나야 할 자신의 상황에 의연히 대처할 뿐 괴로워하지도 미련을 두지도 않는다는 뜻이다. 그러므로 군자는 세상을 등지고 있어도 답답해하지 않는다. 사자성어에 "목인석심木人石心"이라는 말이 있다. 나무와 같은 사람에 돌과 같은 마음이라는 뜻이다. 의지가 돌처럼 굳다면 어떤 유혹에도 마음이 흔들리지 않을 수 있다.

자용백모藉用白茅이니 무구无咎하다.

흰 띠로 엮은 자리를 깔고 있으니 허물이 없다.

큰 난관에 부닥쳤다면 두려워하고 삼가야 정상이다. 흰 띠는 연못가에서 자라는 띠풀이다. 띠풀로 자리를 깔고 앉았으니 화려하지 않다. 대궐에 얹은 기와지붕이 아니라 가벼운 풀잎이나 이엉을 엮어서 지붕을 얹는다면 기둥이 휘고 부러질 리가 없다. 물론 남루한 자리를 깔고 앉으면 허물은 없으나 지지기반이 약한 것도 사실이다. 하지만 형편이 안 되는데 청기와를 얹고 허세를 부린다면 기둥이 송두리째 흔들릴 것이다. 스스로 드러내지 않고 매사에 삼가면서 겸손한 마음으로 살아가야 허물이 없다는 가르침이다.

고양생제枯楊生稊하고 노부득기여처老夫得其女妻하니 무불리无不利하다.

마른 버들이 싹을 내며 늙은 사내가 젊은 아내를 맞는다.
이롭지 않음이 없다.

버드나무는 물기를 빨아들이는 성질이 강하고 생명력이 왕성해 늙어서도 싹을 낼 수 있다. 하지만 늙은 사내는 마른 버들처럼 쇠약해져서 쓸모가 없는 존재다. 정상적이지 않고 조화롭지 못한 모습이지만, 기둥이 흔들릴 정도로 크게 지나친 대과大過는 아니다. 조금 지나친 소과小過에 해당하므로 처음에는 부자연스러워도 바르게 정착하면 만사가 순조로워진다. 고목이 싹을 내고 젊은 아내를 맞는 것이 정상적인 모습은 아니지만 그렇다고 해서 아주 나쁜 것도 아니기에 이롭지 않음이 없다고 하였다.

동棟이 요橈이니 흉凶하다.

기둥이 휘어지니 흉하다.

강한 기운이 지나쳐서 기둥이 휘어지는 것은 누구도 도와줄 수 없으니 흉하다고 하였다. 기둥이 휘는 것은 중도를 벗어난 지나친 행동으로 초래된 재앙이다. 지나친 행동은 온전히 과한 욕심의 발로로 봐야 한다. 삶이 순탄하려면 순리대로 살아야 하는데 그것을 막는 게 과욕이기 때문이다. 고사에 "자기가 꼰 새끼줄로 자기를 묶는다."라는 말이 있듯, 옹졸한 마음 씀씀이나 지나친 행동으로 인한 재앙은 결국 자신에게 부메랑으로 돌아온다. 그러나 매우 위태로운 상황에서 휘는 기둥을 그나마 부러지지 않게 하려면 제자리를 굳게 지켜야 한다. 그러면서 때를 보아야 조금이라도 해가 덜 미치게 된다.

동륭棟隆이니 길吉하고 유타有它이니 인吝하다

기둥이 높아지니 길하다. 다른 것을 두면 인색하다

곧은 소나무는 훌륭한 재목이 될 수 있지만 화사한 꽃을 피우려 한다면 곤란한 일이다. 대들보가 높아 길해도 다른 곳에 결함이 있다면 나쁘다고 하였다. 기둥이 높아지는 것은 의젓한 모습이므로 보기에는 좋지만 다른 뜻을 둔다면 비난받는다. 바꿔 말하자면 겉과 속이 다르면 안 된다는 뜻이다. "양두구육羊頭狗肉"이라는 말이 있다. 양의 머리에 개의 고기라는 뜻으로 겉과 속이 다른 경우를 일컫는 말이다. 고기장수가 가게 앞에는 양의 머리를 걸어 놓고 손님에게는 개고기를 팔고 있으니 감쪽같이 속을 수밖에 없다. 겉은 훌륭한 것 같으나 속내는 그렇지 못한 경우를 비유한다.

고양생화枯楊生華하고 로부득기사부老婦得其士夫하니
무구무예无咎无譽하다.

마른 버드나무에 꽃이 핀다.
늙은 여자가 젊은 남편을 얻으니 허물도 없고 명예도 없다.

늙은 사내가 젊은 여자와 관계를 맺으면 드러내놓고 자랑하고자 하지만, 늙은 여자가 젊은 사내와 관계를 맺으면 손가락질을 받는 게 오늘의 현실이다. 그러나 둘 다 크게 다를 바도 없고 크게 지나친 것도 아니므로 허물이 없다고 하였다. 마른 버드나무란 죽어가는 버드나무를 말함이니, 고목古木에 꽃이 핀들 오래갈 수 없다. 늙은 여자가 젊은 남편을 얻으니 마른 나무에 꽃이 핀 것처럼 기이한 일이라는 뜻이다. 하지만 이 역시도 아주 지나친 대과大過가 아니라 조금 지나친 소과小過에 해당하므로 허물도 없고 명예도 없다고 하였다. 나쁘다고 욕할 수도 없지만 그렇다고 자랑할 만한 일도 못 된다는 뜻이다.

과섭멸정過涉滅頂이라 흉凶하나 무구无咎하다.

지나치게 건너다 이마를 멸한다. 흉하나 허물할 데가 없다.

자신의 역량을 과신하다가 스스로 궁색함을 초래하는 경우를 말한다. 여우가 정도를 잃었으니 물에 빠져서 큰 재난을 당한다. 과섭過涉은 지나치게 무리해서 건넌다는 뜻이니 대과에 해당한다. 몹시 기운이 쇠한 상태에서 무리하게 강을 건너다가 머리가 그만 잠기고 만다. 과욕을 부리다가 물속에 빠져버렸으니 누구를 허물하겠는가. 남을 탓할 수 없음이니 자신의 분수를 알았어야 했다. 특히나 조화롭지 못한 상태에서의 무모한 도전은 이마를 멸할 정도로 흉하게 된다는 말이다.

대과大過: 무모함과 지나침에 관하여

대과大過는 크게 지나쳐서 문제라는 뜻이다. 대들보가 지붕의 무게를 견뎌내지 못하고 휘어지는 양상이다. 양의 기운이 넘쳐흐르고 있지만, 그것을 받아들이고 지탱해야 하는 음의 기운이 상대적으로 약하다. 조화롭지 못한 것이니 한쪽에서는 벅찬 일을 감당하지 못해서 곤욕을 치른다.

기초가 부실한 바닥은 큰 기둥의 무게를 견뎌내지 못한다. 또한 부실한 기둥은 지붕의 무게를 받쳐주지 못하고 붕괴하고 만다. 호수에 물이 가득 차서 나무가 잠기면 오래 견디지 못하고 쓰러지는 것처럼, 불균형의 정도가 일정한 수준을 넘기면 사람이나 사물이나 공히 그 형태를 유지하기 어렵다. 대들보가 휘는 것과 인생에서 실패하고 좌절하는 모습이 겉으로는 비슷해 보인다. 그러나 휘어지거나 부러진 대들보는 다시 쓸 수 없어도 인간은 얼마든지 고쳐서 다시 쓸 수 있다는 점에서 본질적으로 다르다.

인간의 삶에서도 대과大過처럼 크게 지나친 것은 권력과 부를 추구하는 데서 잘 나타난다. 신하는 충성을 해야 하지만, 충성이 너무 지나치면 권력의 독점으로 변질할 수 있다. 특히나 초로初老에 접어들수록 세상의 부귀영화에 대해서 너무 깊이 생각해서도 안 되고 집착해서도 안 된다. 모든 병의 근원이 되고 말년에 수치를 겪게 만드는 화근이다. 자신의 분수를 있는 그대로 받아들인다면 자연의 아름다움을 향유하기에도 인생은 짧다.

세상에는 우리가 알고 있는 것 이상으로 네 것도 내 것도 아닌 무주

공산無主空山이 무진장으로 널려 있다. 소동파蘇東坡의 『적벽부赤壁賦』에는 "강 위에 부는 산들바람과 산 위의 밝은 달은 귀에 들어오면 소리가 되고 눈에 닿으면 색깔이 되는데 아무리 가져도 금하지 않고, 써도 써도 없어지지 않는다오. 이것은 조물주의 무진장한 보물이니 나와 그대가 함께 즐길 수 있는 것이라오."라는 구절이 있다. 낙천적이면서도 넉넉한 마음이 배어나오는 멋진 시구詩句이다. 『도덕경』에서는 "하늘과 땅 사이 온 세상이 풀무 같구나. 비어 있으나 마르지 않는다. 움직이면 점점 더 많이 나온다."라고 했다. 하늘과 땅 사이는 풀무처럼 빈 듯하지만 끝없이 펼쳐진 대자연이 모두 내 것이니, 의식주 해결하고 술 한 병을 살 돈이 있으면 그만이다. 거기서 무엇이 부족하여 더 구하려 하는가.

하늘과 땅 사이에 만물이 존재하는 것은 인간의 몸에 모든 기능이 갖추어져 있는 것과 흡사하다. 그러나 우리는 좁은 자아와 식견, 시야에 갇혀 사물의 이면이나 사람의 속내를 꿰뚫어 보지 못한 채 참으로 많은 시간을 돌고 돌면서 덧없이 흘려보낸다. 세상의 귀중한 것들이 나를 기다려줄 때 조금 더 관심을 가지고 살펴보지 못해서 그렇다. 그처럼 내 주위의 사물이나 사람을 무심코 저버린 대가로 엄청난 기회와 행운을 놓치고 마는 어리석음을 우리는 종종 경험하면서 산다.

그래서 자사子思는 『중용中庸』에서 "덕을 갖추고 있으면서, 때에 맞추어 중에 따라 행동해야 한다."라고 한 것이다. 충분한 준비도 없이 오가는 때도 알지 못하면서 중심을 잃고 경거망동한다면 바람 앞에 놓인 촛불처럼 나약한 존재로 전락할 뿐이다. 『계사상전』에서는 "뉘우치고 나서야 흐름은 길한 방향으로 바뀐다."라고 하였다. 후회하는 것은 걱정하는 것 속에 있고, 무서워하면서도 움직이게 하는 것은 뉘우침 속에 있다. 그러므로 뉘우침이 없다면 곤란하게 된 원인을 파악하고 걱정한들 아무런 소용이 없다. 두려움에 온몸이 소스라칠 정도로 반성하고 나서야 그 흐름을 바꿀 수 있다. 인간의 한계란 이를 두고 하는 말이다.

제29장 오가는 데가 온통 구덩이뿐이다 감坎

坎

감坎: 구덩이, 험하다, 험난하다

위태롭고 험난한 시간은 정면으로 돌파해라

習坎 有孚維心 亨 行有尙

設險 以守其國 險之時用大矣哉

洊至習坎 君子 常德行 習敎事

習坎 入于坎窞 凶

坎有險 求 小得

來之 坎坎 險且枕 入于坎窞

樽酒簋貳 用缶 納約自牖 終无咎

坎不盈 祇旣平 无咎

係用徽纆 寘于叢棘 三歲 不得 凶

거듭되는 위험에서도 해낼 수 있다는 믿음을 둔다면 형통하다.

험險을 쓰는 것은 양면성이 있어서

절망에 빠질 수도 있고 기회가 될 수도 있다.

사슴이 올가미에 걸렸을 때 발버둥 치면 칠수록 더 졸릴 뿐이다.

험한 때에 숨거나 뒷걸음질하지 않고

험을 잘 활용함으로써 더 크게 이룰 수도 있다.

가르침에서 지성보다 덕성에 치중하는 것은

많이 아는 것보다는 심성이 곧아야 하기 때문이다.

물이 아래에 있고 위에도 있으니 위험이 거듭된다.

*

감坎은 험한 것을 일컬으니, 오가는 데가 온통 구덩이뿐이다. 감은 중수감重水坎을 말하며, 물이 겹쳐오는 형상이다. 가을에 이른 추위가 오면 겨울에는 따뜻하고, 봄에 비가 많이 내리면 여름에는 반드시 가뭄이 든다. 천지에도 두 기운은 병존할 수 없는데 하물며 인간에게서는 어떠하겠는가.

습감習坎이니 유부유심有孚維心이면 형亨하고 행유상行有尙한다.

거듭되는 험함이니 오로지 믿는 마음이 있어야 형통하다. 행하면 높아짐이 있다.

인생의 고난은 사람에게 당해서 겪는 경우가 대부분이지만, 그럴수록 스스로에 대한 믿음을 가져야 한다. 감坎은 구덩이로 험난하다는 뜻이고, 습習은 거듭하여 빠져든다는 뜻이다. 하지만 거듭되는 위험 속에서도 빠져나올 수 있다는 믿음만 있다면 형통하다고 하였다. 행하면 높아짐이 있다는 것은 안팎으로 험한 상황이 반복될지라도 희망을 품고 노력한다면 명예가 있다는 뜻이다. 극한의 어려움을 일상처럼 감내하면 믿음이 생겨나서 민심이 따르고, 천심이 함께하기 때문이다.

물은 흐르지 않으면 어딘가에 갇히지만 일단 흐르면 웅덩이가 됐든 들판이 됐든 극복하고 앞으로 나아간다. 이러한 물의 특성을 헤아리고 믿음을 잃지 않아야 한다. 『논어』의 「학이學而」 편에 "경사이신敬事而信"이라는 말이 있다. 무슨 일을 하든 공경하고 미덥게 하라는 뜻이다.

바꿔 말하면 일을 추진함에서 경외심과 믿음을 가지고 임하라는 것이다. 이 구절 또한 막혔다고 체념하는 대신 믿음을 가지고 용기 있게 뚫고 나아가라는 가르침이다.

설험設險하고 이수기국以守其國하니 험지시용대의재險之時用大矣哉라.

험을 베풀어서 그 나라를 지키는 것이니,
험의 때와 쓰임이 크도다.

불가피하게 험한 상황에 빠져들 수도 있지만 때로는 험險을 역이용해볼 수도 있다. 험을 베풀어 그 나라를 지킨다고 한 것은 경우에 따라서 험한 일도 잘 대처하고 활용할 줄 알아야 한다는 뜻이다. 험을 쓰는 데는 양면성이 있어 그 때문에 불가피한 상황에 빠질 수도 있지만 우리는 그런 상황을 절호의 기회로 삼을 수도 있다. 그러므로 험한 것을 때에 맞게 사용하는 것은 그 쓰임새가 크다고 한 것이다. "시험약이視險若夷"라는 사자성어는 험지를 보고도 마치 평지인 것처럼 대한다는 뜻이다. 위태로운 곳에 처해 있어도 마치 평지에 서 있는 것처럼 마음을 다스리고 행동한다면 두려운 마음이 생겨나지 않아서 자연스럽게 헤쳐 나갈 수 있다.

천지습감洊至習坎이니 군자君子는 상덕행常德行하고 습교사習敎事한다.

물이 거듭 흐르는 것이 습감이다.
군자는 항상 덕행을 기르며 가르치는 일을 계속한다.

사람은 어려울 때일수록 진면목이 드러나고, 군자는 어려운 때일수록 덕행을 실천하여 만인의 귀감이 될 수 있다. 물은 항상 아래를 향하여 흐르기 때문에 쉬지 않고 움직이는 특성이 있다. 군자는 물이 거듭거듭 흘러 바다에 이르는 것을 본다. 그 후 험한 가운데서도 덕을 길러서 물처럼 고이게 하고, 이러한 덕으로 백성을 끊임없이 가르친다고 하였다. 이처럼 군자가 백성을 가르칠 때는 지성知性보다는 덕성德性을 함양하는 데 더 큰 목적을 두었다. 많이 아는 것보다는 심성이 곧아야 하기 때문이다.

습감習坎에 입우감담入于坎窞이니 흉凶하다.

거듭 험함에도 더 험한 구덩이에 들어가는 것이니 흉하다.

구덩이 속에서 빠져나오다가 더 깊은 구덩이로 빠져드는 양상을 이른다. 험한 일들이 거듭하여 일어날 때는 강한 신념과 불굴의 의지로 고군분투하지 않으면 더욱 난처한 상황으로 빠져들 뿐이다. 사슴이 올가미에 걸렸을 때 빠져나오려고 발버둥을 치면 더욱더 졸리기만 한다. 올가미는 움직일수록 죄이도록 만들어진 사냥도구이기 때문이다. 한발 물러나서 궁리해도 어려운 상황인데, 생각 없이 빠져나가는 데만 목적을 둔다면 벗어날 길은 더욱 요원해진다. 이런 사면초가의 상황에서 마지막으로 견딜 수 있는 유일한 힘은 평소에 닦아놓은 자신의 소양뿐이다. 만약 발이 올무에 걸렸다면 발을 비틀어서 잘라 내버리는 것이 상책일 수도 있다. 위기에 봉착했을 때는 냉정함과 침착함을 잃지 않아야 더 큰 위험에 빠지지 않는다.

감유험坎有險이나 구求하면 소득小得한다.

구덩이에 험함이 있으나 구하면 조금은 얻는다.

험한 가운데서도 중도中道를 지키기는 쉬운 일이 아니다. 여기에선 구덩이 속이 험하다고 했는데, 그 험한 상황에서도 구하는 것은 좋으나 조금 얻는다고 하였다. 불리하고 열악한 시기엔 작은 것이라도 구하는 일에 지극한 어려움이 따른다. 그마저도 애쓰지 않으면 얻을 수 없으므로 적극적인 자세를 취해야 한다. 그러나 조금 얻는다는 것은 단기간에 어려움을 완전히 극복할 수 없으며, 한 번에 모든 것을 해결할 수 없다는 뜻이다. 결국엔 자신이 처한 어려움만 간신히 면할 수 있다는 말이니 이런 일을 통하여 먼 미래를 지향할 수는 없다.

래지來之이니 감감坎坎이며 험차침險且枕이니 입우감담入于坎窞이다.

오고 감에 구덩이와 구덩이뿐이다.
험한 데를 또 베개 삼아 험한 구덩이에 들어간다.

험한 상황에 있음에도 불구하고 더 심한 험지로 빠져드는 양상이다. 어려움이 거듭 밀려들고 있으니, 사방이 험한 구덩이뿐이다. 험한 데를 베개 삼는다는 것은 험한 상황을 제대로 인식하지 못하고 안이한 태도를 취한 모습이다. 그러나 앞에는 호랑이가 있고 뒤에는 늑대가 버티고 있는 것처럼 진퇴양난의 상황이다. 올가미에 걸린 짐승처럼 발버둥만 치는 일을 멈추고 묘수를 찾지 못하면 제아무리 노력해도 끝내는 공이 없을 것이다. 이때는 철부지처럼 경거망동하려는 것을 특히 경계해야 한다.

준주궤이樽酒簋貳이니 용부用缶하고

납약자유納約自牖하니 종무구終无咎하다.

술통과 제기 두 개를 질그릇으로 쓰고,

들창을 통하여 묶어 들이면 허물이 없다.

제사는 자신의 안위와 풍요를 기원하는 일인데, 이 일에 쓰이는 제물은 풍성해야 한다는 막연한 믿음이 있다. 여기서 술과 안주를 들창으로 간략하게 들인다는 건 난국을 타개하기 위해 기울이는 정성을 뜻한다. 술병과 제기를 질그릇으로 쓴다는 것은 제물이 간소하다는 뜻이다. 이처럼 비록 소박한 제물이지만, 들창을 통해서 들이면 허물이 없다고 하였다. 들창은 남이 보지 못하도록 벽을 뚫어 낸 작은 창이다. 술과 밥을 질그릇에 담아서 들창으로 들이는 것은 제물이 부끄러워서 몰래 하는 행동이지만 허물이 되는 것은 아니다. 어려운 상황에서도 정성을 다하는 마음가짐만 있다면 어느 정도의 난국은 타개할 수 있다는 말이다.

감불영坎不盈이나 지기평祗旣平이니 무구无咎하다.

구덩이가 차지 않았다. 평평한 데 이르면 허물이 없다.

구덩이가 차지 않았다는 것은 험한 상황이 아직 끝나지 않았음을 암시한다. 큰 강은 끊임없이 흘러가기 때문에 홍수로 가득 차서 넘실대도 곧 수위가 낮아지게 마련이다. 그러니 세상이 잠잠해진 후에 움직여야 한다는 말이다. 위태로운 상황에선 제 몸 하나 건사하기 어렵다. 따라서 다른 사람을 구하는 것도 좋지만, 자기 자신만 벗어난다고 하여 허물이 되는 것은 아니다. 또한 스스로 빠져나올 수 있는 상황이 아니라면 구조를 요청하고 기다려야 한다. 극한의 위험에 처했을 때 침착함을 잃게 되면 목숨까지도 따라서 잃게 된다.

계용휘묵係用徽纆이니 치우총극寘于叢棘하고
삼세三歲라도 부득不得이니 흉凶하다.

매는데 세 겹과 두 겹의 노끈을 써서 가시덩굴에 둔다.
삼 년이라도 얻지 못하니 흉하다.

휘묵徽纆은 죄인을 묶는 포승줄이다. 가시덩굴에 둔다는 것은 감옥에 가둔다는 의미이다. 실제로 상고시대의 감옥 주위에는 가시나무를 잔뜩 심어놓고 죄수가 탈옥하는 것을 막았다고 한다. 삼 년이라도 얻지 못한다는 것은 감옥에 갇혀 삼 년이나 있어야 하니 흉하다는 뜻이며, 지극히 험한 지경에 이르렀음을 말한다. 주나라 문왕은 제왕이 되기 전에 유리羑里감옥이라는 곳에서 7년씩이나 옥살이를 했다. 참고로, 유리는 지명이다. 암흑과 같은 절망 속에서 『주역』을 집필하고 완성하였으니 그가 위대한 사람이었음엔 틀림이 없다. 후세의 사학자들 중에선 문왕이 극한의 어려움에 처해 있었기 때문에 『주역』을 집필할 수 있었다고 말하는 사람이 많다.

감坎: 궁하면 반드시 통한다

삶의 길에 어찌 평지만 있을 수 있겠는가. 산도 있고 계곡도 있으며, 작은 내[川]가 있는가 하면 큰 강도 있다. 심지어는 지구의 71퍼센트를 차지하는 심연의 바다도 있다. 물은 끊임없이 흐르기 때문에 쉬이 넘치지 않고, 험지로 향해도 그 믿음을 잃지 않는다. 어디에 부딪히든 흐르고 흘러서 상황이 어떠하든 간에 물의 본질을 잃어버리지 않는다. 이처럼 인간도 어떠한 난관에 맞닥뜨릴지라도 물처럼 믿음을 잃지 않는다면 반드시 벗어날 수 있다는 것을 '감坎' 장에서는 강조하고 있다.

인간은 천지와 자연의 형상을 닮아갈수록 이롭게 되고 하나라도 더 얻게 된다. 천지의 형상을 따라야 하는 것은 인간의 삶도 굴곡지고 험하기 때문이다. 지극히도 자연스러운 현상을 외면하려고만 한다면 고통만 가중될 뿐이다. 천재지변의 대표적인 것은 불로 인한 재앙과 물로 인한 재앙이다. '감坎' 장의 중수감重水坎은 물이 거듭되고 있음을 뜻하니, 큰 장마나 홍수와 같은 물로 인한 재앙이다. 『주역』에선 이처럼 세상이 혼란스러운 형국에 처했을 때에도 "상덕행습교사常德行習教事"가 중요함을 강조한다. 천지의 운행에 큰 변화가 일어나거나 국가적으로 큰 어려움이 닥칠지라도, 군자는 덕을 떳떳하게 행하고 가르치는 일을 게을리하지 않는다는 뜻이다.

같은 맥락에서 『논어』에선 지혜로운 자는 물을 즐긴다고 일렀다. 여기서 물은 고난을 뜻하기도 하므로, 고난을 즐긴다고 해석할 수도 있다. 바꿔 말하면 지혜로운 사람만이 고난을 즐길 줄 알기 때문에 "지자요수智者樂水"라 불릴 수도 있는 것이다. 험난한 시절은 누구에게나 어렵고 고통스럽지만, 그 시기를 잘 견디면서 전화위복의 기회로 삼는다면 인생에서 절대적인 효용의 가치가 있다. 험난한 때일수록 숨거나 뒷걸음질 치지 않고 험을 역이용하거나 잘 활용함으로써 오히려 더 크게 이룰 수도 있기 때문이다.

감坎은 구덩이를 뜻한다. 구덩이에 거듭 빠져들고 있으니 험한 형국이다. 오가는 데가 온통 구덩이뿐이니 물러나는 것조차도 어려운 때이다. 이렇게 일신이 위험해진 것도 모르고 위험을 베개 삼아 안이하게 누워 있다면 결국 벗어날 수 없는 더 깊은 함정에 빠져들게 된다. 험한 시기를 결코 좌시해서는 안 되며, 자기 삶을 귀하게 여기고 존중해야 한다는 뜻이다.

그렇듯 사슴처럼 올가미에 걸렸을 땐 침착함을 잃지 말고 누군가의 도움을 받아야 한다. 평상시 편안한 삶을 영위할 때 씀씀이를 잘해야 하는 까닭이다. 『주역』은 궁하면 통한다는 "궁즉통窮則通"의 원리를 강조한다. 극한의 상황에 부닥치게 되면 도리어 해결할 방법이 생겨난다는 말이다. 그처럼 어려운 국면을 지혜롭게 헤쳐 나가기 위해선 온몸을 던지는 굳센 결단과 용기가 필요하다.

離

리離: 붙어 있다, 결합하다, 걸리다

유순하고도 단호하게
내일을 맞이해라

離 利貞亨 畜牝牛 吉

重明以麗乎正 乃化成天下

明兩作離 大人以繼明 照于四方

履錯然 敬之无咎

黃離 元吉

日仄之離 不鼓缶而歌 則大耋之嗟

突如其來如 焚如死如棄如

出涕沱若 戚嗟若 吉

王用出征有嘉 折首獲匪其醜 无咎

중도中道를 지키며 살아가는 인간의 삶은 더없이 길하다.
줄기에 아름다운 꽃이 오순도순 달려서
함께 자라나고 있으니 화사하다.
수많은 사람이 모이면 세상을 밟아온 이력이 그만큼 다양하다.
어둠을 뚫고 솟아오른 태양이 찬란한 것처럼
험한 고비를 이겨낸 삶은 아름답게 빛을 발한다.
장수의 말보다는 왕의 말이 더 잘 먹히고,
왕이 솔선수범하면 백성은 감동하며 따른다.
눈물을 머금으며 후회하고 있으니 길하다.

리離는 붙어 있는 것이니 불은 홀로 타오를 수 없다. 리는 중화리重火離를 말하며, 불이 겹쳐 있는 형상이다. 일월日月은 하늘에 걸려서 빛나고, 초목은 땅에 붙어서 자라며, 불은 무언가에 붙어서 타오른다. 그처럼 사람도 올바른 곳에 가담하면 모든 일에 밝아지고 본래의 충실함을 얻을 수 있다.

리離는 리정형利貞亨이니 축빈우畜牝牛하면 길吉하다.

리는 바르게 해야 형통하고 이로우니 암소를 기르면 길하다.

『주역』의 제1장에서 제30장까지를 상경上經이라 하고, 제31장에서 제64장까지를 하경下經이라고 한다. 따라서 리離 장은 상경의 마지막 장이다. 상경은 천도의 이치를 이야기하고, 하경은 천도를 받은 인간의 도를 이야기한다.

리離는 밝음이 붙어 있다는 뜻이다. 불이 거듭하여 일어나고 있으니 바르게 해야 형통하고 이롭다고 하였다. 암소를 기르면 길하다는 것은 암소가 곤坤을 닮기도 했지만, 이 동물이 강하면서도 유순함을 상징하기 때문이다. 곤이 그러하듯 사람도 암소의 성품처럼 바르고 순하게 길들여야 좋다는 뜻이다.

암소는 농사일을 돕고 새끼를 낳아 기르며 마지막에는 단백질까지 공급해준다. 인간에게 유익한 것만 내어주는 동물이다. 황소는 쟁기질하거나 달구지를 끌고 갈 때 제멋대로 날뛰기 때문에 힘은 세지만 제대로 써먹을 수가 없다. 그렇다고 새끼를 낳아 기르는 것도 아니다. 그래서 옛날에는 "되는 집에는 암소가 세 마리, 안 되는 집엔 계집이 셋."이라는 말이 있었다. 그만큼 암소는 귀한 동물로 여겼고 줄줄이 딸만 낳으면 집안이 망한다고 여겼다. 그러나 이젠 말도 안 되는 소리다. 요즘은 암소의 인기가 예전만 못하지만 딸 부잣집은 더러 선망의 대상이 되기도 한다.

중명이려호정重明以麗乎正이니 내화성천하乃化成天下이다.

거듭 밝음으로 바른 데 걸린다. 이에 천하를 화하여 이룬다.

해와 달은 하늘에 걸려서 빛나고 온갖 초목과 곡식은 땅에 붙어서 자라난다는 이치를 말하고 있다. 거듭되는 밝음으로 바른 곳에 걸린다는 것은 식물의 줄기에 아름다운 꽃이 오순도순 달려서 함께 자라나는 모습과 같다. 이에 천하를 화하여 이룬다는 말은 천지가 조화를 이루어 세상을 바르게 변화시키고 태평성대를 열어나간다는 뜻이다.

왕은 왕의 자리에서, 신하는 신하의 자리에서, 백성은 백성의 자리에서 제 역할을 다할 때 인간 세상은 크게 번영한다. 그럴 때 아랫사람은 도리를 어기지 않고 윗사람은 떳떳하지 못한 행동을 하지 않게 된다. 만약에 서로의 역할이 바뀌게 되면 눈과 귀가 혼미해져서 보이지도 않고 들리지도 않는다. 일이 되어가는 형편이 그렇게 만드는 것이다. 그러므로 각자 자신의 직분에 충실하여 이름과 실제가 부합하도록 해야 한다.

명량작리明兩作離이니 대인이계명大人以繼明하고

조우사방照于四方한다.

밝은 것이 둘이나 붙어 있으니 대인은 이를 보고

밝음을 이어서 사방에 비춘다.

밝은 것이 둘이나 붙어 있다는 것은 불이 겹쳐서 일어나는 모습이다. 대인이 밝은 빛이 거듭하여 일어나는 것을 보고 그 밝음을 이어받아 사방에 널리 비춘다고 하였다. 밝음을 이어받는다는 것은 천지의 밝음을 이어받아서 중생을 구제하는 일이며, 널리 비춘다고 함은 천지의 빛으로 온 세상을 밝게 다스린다는 말이다. 밝은 빛이 소멸하지 않도록 보살펴야 하는 것은 물론이다. 백성의 삶을 윤택하게 만들고 그것을 지속해가려면 사람을 비추는 거울처럼 자신의 마음이 먼저 맑고 깨끗해야 한다.

리착연履錯然이니 경지무구敬之无咎하다.

밟는 것이 섞여 있으나, 공경하면 허물이 없다.

리履는 밟는다는 뜻으로, 여기선 걸음걸이를 일컫는다. 경敬은 예로써 공경한다는 뜻이다. 이 구절에선 타인과의 다툼이나 오해의 소지를 방지할 때 필요한 예를 가리킨다. 밟는 것이 섞여 있다는 것은 수많은 사람이 모이게 되면 세상을 살면서 저마다 밟아온 이력이 그만큼 다양하다는 뜻이다. 그래서 상대방을 존중하는 마음이 전제되어 있어야 다툼의 여지가 생기지 않는다. 타인의 의중이 궁금하다면 자기중심적인 시야에서 벗어나 객관적인 시각을 가져야 하며, 그 일엔 나보다 타인을 더 우선시하는 경의 마음가짐이 필요하다. 그렇기에 많은 사람들이 구름처럼 모여들어도 서로가 공경하면 허물이 없다고 한 것이다.

황리黃離이니 원길元吉하다.

누렇게 걸리니 크게 길하다.

황금빛이 만물을 비추어서 크게 길하다는 것은 중도를 얻었다는 뜻이다. 황黃은 누른빛으로 태양을 가리킨다. 하지만 이 구절의 황은 중中을 지칭하는 것으로서 중용의 덕과 도를 말한다. 태양이 만물을 비추듯이 중용의 덕과 도가 인간 세상에 펼쳐지고 있으므로 크게 길하다고 한 것이다. 지구보다 109배나 더 큰 태양이 하늘 가운데 걸려서 환하게 빛나고 있다. 그 아래에서 중도中道를 지키며 살아가는 인간의 삶은 더없이 길하다. 어둠을 뚫고 솟아오른 태양이기에 더욱 찬란한 것처럼, 인생의 험한 고갯길을 넘어오면서 일궈낸 삶은 더없이 아름답게 빛을 발한다.

일측지리日仄之離이니 부고부이가不鼓缶而歌면
즉대질지차則大耋之嗟이다.

해가 기울어져 걸린다.
장구를 두드리고 노래하지 않으면 큰 노인이 슬퍼한다.

질耋은 여든 살의 노인이다. 하루가 저무는 것을 알려주는 석양이 하늘에 오래 머물지 못하는 것처럼, 곁에 죽음이 임박한 사람이다. 그런 노인을 윗사람이 공경하면 세상에는 효孝가 일어나고 의리가 생겨난다.

해가 서쪽으로 기운다는 것은 인생이 노년으로 접어들었다는 뜻이며, 장구를 두드리고 노래한다는 것은 노인을 위로한다는 뜻이다. 그러지 않으면 큰 노인이 곧 슬퍼한다고 했다. 소동파蘇東坡의 시에는 "설니홍조雪泥鴻爪"라는 구절이 있다. 눈 위에 난 기러기의 발자국은 눈이 녹으면 따라서 없어진다는 뜻이다. 인생이라는 그림자도 때가 되면 흔적도 없이 사라질 것이니, 그만큼 덧없다. 이 구절의 노인은 삶이 다해가고 있지만 풍악 소리를 잊은 지가 오래되었다. 이제 한번 떠나면 천년이고 만년이고 돌아오지 못할 것이니 장구를 두드리고 노래하며 위로하는 때를 놓치지 말라는 충고이다.

돌여기래여突如其來如하고 분여사여기여焚如死如棄如한다.

돌연히 들이닥친다. 불을 사르고 죽여서 버린다.

기운 줄 알았던 재앙이 다시 찾아와서 더 큰 혼란을 야기한다. 그래서 갑자기 나타나 집을 불태우고 사람들을 죽여서 내다 버린다고 하였다. 대비를 소홀히 하였으니 마을에 도적이 쳐들어와서 불을 지르고 사달을 낸다. 평소에 게으름을 피웠으니 재앙이 초래되는 것은 당연한 결과이며, 대문을 활짝 열어놓고 도적을 불러들인 격이다. 인간이 죽는 날까지 잠시도 망각해서는 안 되는 유비무환의 태도를 가벼이 여긴 탓이다.

출체타약出涕沱若하며 척차약戚嗟若하니 길吉하다.

비 오듯 눈물을 흘리며 슬퍼하고 걱정하니 길하다.

갑작스러운 침략에 몸 둘 곳이 없어서 파멸되는 지경에 이르렀다. 비 오듯 눈물을 흘린다는 것은 심한 자책감에 후회하면서 통곡하는 모습이다. 『주역』에서 묘사하는 것치고는 매우 격한 표현에 속한다. 경계를 소홀히 한 탓에 무고한 생명이 희생되었고, 재물은 강탈되었으며, 집은 불타버렸다. 모두 나태한 생활에 익숙해지고 그 편안함에 길들었기 때문이다. 대비를 철저히 하지 못한 탓에 도적들에게 모든 것을 빼앗겼다. 그래도 작금의 상황을 인식하고 온몸을 떨면서 크게 반성하고 있다. 걱정하면서 대책을 강구하고 있으니 그나마 길하다고 하였다.

왕용출정유가王用出征有嘉하고
절수획비기추折首獲匪其醜하니 무구无咎하다.

왕이 정벌을 나가면 좋은 일이 있다.
두목의 머리만 절단하고 그 무리는 잡지 않으니 허물이 없다.

군주의 존재가치와 자질에 대하여 말하고 있다. 여기서는 왕이 직접 나가서 적의 우두머리를 베었다. 장수만 죽이고 나머지는 사로잡아서 교화시켰으니 허물이 없다고 하였다. 병법에 이르기를, 전쟁에서 적의 우두머리만 잡으면 이미 승패는 정해진 것이다. 범국가적으로도 큰 혼란이 발생했을 때는 최고 통수권자가 직접 나서야 백성이 진정으로 믿고 따른다. 그래서 이 구절에선 왕이 직접 정벌을 나가야 좋은 일이 있다고 하였다. 왕이 직접 나서서 혼란의 원인을 제거하고, 질서를 바로잡아야 한다. 장수의 말보다는 왕의 말이 더 잘 먹히며 왕의 솔선수범이 백성들에게도 감동을 불러일으키기 때문이다.

리離: 밝은 지성의 힘

리離는 밝음이 걸려 있다는 뜻이다. 대한민국 태극기의 건곤감리乾坤坎離 중에서의 리가 여기에서 왔다. 리는 불과 태양을 상징한다. 무언가에 붙어서 타오르기 때문에 붙다, 부착된다는 의미도 있다. 해와 달은 하늘에 걸려서 빛나고 곡식과 초목은 땅에 붙어서 자라난다. 이처럼 사람도 올바른 곳에 가담하면 모든 일에 밝아지고 본래의 충실함을 얻을 수 있다.

『사기』에 "재소자처在所自處"라는 말이 있다. 어디에 가담하고 어떻게 처세하느냐에 따라서 인생이 결정된다는 뜻이다. 인생의 길 위에서 어디에 가담하고, 어떻게 처신하느냐는 누군가의 삶에 중요한 질문이다. 또한 당장은 쓸모가 없고 하찮게 보이는 것일지라도 시기와 사람을 잘 만나면 귀하게 쓰이는 것들이 많다. 불이 무엇인가에 붙어서 타오르듯 물건이나 사람도 마땅한 곳에 합류함으로써 그 힘을 몇 배로 늘려서 발휘할 수가 있다.

리는 사람으로 치면 밝은 지성과 명석한 두뇌이다. 군자는 지성과 지혜를 가지고 정도를 밟으면서 백성들을 교화시켜야 한다. 자고로 교화란 어루만져주며 적응하도록 돕고, 때로는 기다려주면서 습관이 되도록 돕고, 때로는 조금씩 나아가며 순리대로 행할 수 있도록 돕는다는 말이다. 이를 『주역』에선 "명조사방明照四方"이라고 일렀다. 밝은 빛을 이어받아 사방을 비추듯이 만백성들을 보살피라는 뜻이다. 서광曙光이 비출 땐 자신의 입장을 견고히 하고 튼튼하게 뿌리를 내려야 하며, 이후 한낮의 태양과 같은 밝은 지성과 지혜로움으로 모든 어려움을 극복해야 한다.

그러나 '리離' 장에선 빛나는 태양처럼 강렬하게만 행동하는 것을 우려하여 암소의 유순함을 겸비하라고 하였다. 『도덕경』에선 "작은 것을 보는 것을 일러 밝음이라 하고, 부드러운 것을 지키는 것을 일러 강한 것이라 한다."라고 하였다. 작은 것을 보는 마음은 밝고 강하다. 큰일은 조심하고 경계하는 마음이 있어 두렵게 여기기에 오히려 탈이 없지만, 망조는 항상 작은 것에서 비롯되므로 사소한 변화를 감지하는 날카로운 통찰력을 갖추고 있어야 한다.

인간은 타오르는 정열에 몸을 맡기고 경솔하게 행동하려는 경향이 있다. 기세를 타고 자신의 재능만 앞세워 강렬하게 솟아오르려고 한다면 활활 타오르는 불꽃에 속아서 날아드는 나방처럼 스스로 타버려서 한순간에 밝은 세상을 잃어버릴 수 있다. 노자의 말처럼, 물처럼 부드러운 것이 강한 것을 이기는 것은 물론이다. 물처럼 부드러운 것은 잘 스며들뿐더러 느리지만 오래간다. 그러므로 여기서 암소를 기르면 길하다고 일컬은 것이다.

제31장 여인을 취하면 길하다 함咸

咸

함咸: 느끼다, 두루 미치다, 같게 하다

스스로를 비움으로써
다른 사람을 받아들여라

咸亨 利貞 取女 吉

柔上而剛下 二氣感應以相與 止而說

山上有澤 咸 君子 虛 受人

咸其拇 志在外也

咸其腓 凶 居 吉

咸其股 執其隨 往 吝

貞吉悔亡 未感害也 憧憧往來 未光大也

咸其脢 无悔

咸其輔頰舌

남자와 여자가 서로 느낀다는 것은

음양이 만나서 하나 되는 자연스러운 현상이다.

여자에게 사랑을 구하니 서로의 마음이 통하여 화목하게 된다.

모든 동물은 배란기에만 교배하지만,

오로지 인간은 그렇지 않다.

서로의 기운을 교감하고 뜻이 통하면 만사가 형통하게 된다.

양의 기운이 음의 기운에 드는 것이니

하늘과 땅이 교감하여 만물을 이루는 것과 같다.

산 위에 연못이 있으니 서로 느끼고 감응한다.

함咸은 느끼는 것이니, 남녀가 서로 감응한다. 함은 택산함澤山咸을 말하며, 산 위에 연못이 있는 형상이다. 남성과 여성이 만나면 성적 호르몬이 분비되고, 자석이 당기는 것처럼 서로를 끌어당긴다. 겉으로는 아니라고 해도 속에선 이미 본능의 힘이 꿈틀거리고 있다.

함형咸亨이니 리정利貞하고 취녀取女면 길吉하다.

함은 형통하니 바르게 함이 이롭고, 여자를 취하면 길하다.

남녀가 서로 감응하는 것은 음양陰陽이 만나서 하나 되는 지극히 자연스러운 현상이다. 서로 느껴서 응하는 것은 형통하므로, 바르게 하면 이롭다고 하였다. 남녀관계가 원만하면 서로에게 이로우므로 여자를 취하면 길하다고 한 것이다. 왜 『주역』에서 굳이 남녀의 은밀한 관계를 이처럼 적나라하게 표현했을까? 모든 동물은 배란기에만 교배하지만, 오로지 인간만은 배란기와 무관하게 성적인 관심이 많다. 동물은 배가 차면 음식을 더 이상 섭취하지 않지만 오로지 인간은 탐나는 음식을 보면 꾸역꾸역 집어넣어서 배를 불리는 것과 같다. 인간의 사적인 생활영역에서 교합交合이 차지하는 비중이 작지 않은 것이다.

유상이강하柔上而剛下하니 이기감응이상여二氣感應以相與하고
지이열止而說한다.

유가 올라가고 강이 내려와 두 기운이 서로 감응한다.
서로 더불어서 그치니 기뻐한다.

『주역』 하경下經의 첫 번째 장에서 남녀가 교감하는 이치와 과정에 관해 설명하는 이유는 그것이 생명이 비롯되는 행위이기 때문으로 풀이된다. 여기서 부드러운 유柔가 올라가고 강剛이 내려온다는 것은 하늘과 땅이 교감하는 이치와 같다. 또한 두 기운이 감응하게 된다는 것은 서로 끌어안아서 통하게 된다는 뜻이고, 그치며 기뻐한다는 것은 남녀가 한 몸을 이루면서 통정通情하기에 기쁨이 있다는 뜻이다. 강한 양의 기운이 부드러운 음의 기운에 드는 것이니, 하늘의 정기가 땅에 임하여 세상의 모든 만물이 생겨나는 것과 다르지 않다.

산상유택山上有澤이 함咸이니 군자君子는 허虛로 수인受人한다.

산 위에 못이 있는 것이 함이다.
군자는 비움으로써 사람을 받아들인다.

천지가 교감하고 남녀가 교합하는 것에는 아무런 조건이나 흥정이 없어야 한다. 산 위에도 빈자리가 있었기에 자연스럽게 못이 생겨났다. 이것이 함咸이니, 군자는 마음을 비움으로써 다른 사람을 받아들인다고 했다. 남녀관계에서도 좋을 때는 항상 머무는 것이 아니므로 놓치지 말고 살아가야 한다. 소슬바람이 몰아칠 때 봄바람을 그리워한들 무슨 소용이 있으랴. 농부에게는 사계절에 맞추어서 해야 하는 일이 각기 다르듯, 인생의 계절에서도 때에 맞는 일이 정해져 있는 것이다.

함기무咸其拇이니 지재외야志在外也이다.

그 엄지발가락에서 느낀다. 뜻이 밖에 있음이다.

남성과 여성의 교합交合 과정을 표현하고 있다. 그 엄지발가락에서 느낀다는 것은 시작을 의미하지만, 아직은 뜻이 밖에 있다고 하였다. 엄지발가락은 일의 시작이며 물건의 처음이다. 사람이 움직이고자 할 때는 가장 먼저 다리 끝에 힘을 준다. 움직임이 시작되면 발가락이 먼저 나아가며 위로 치켜든다. 따라서 엄지발가락에서의 느낌은 가장 낮은 단계지만 원초적인 감정의 시작이기 때문에 의미를 부여한 것이다. 남녀가 교감하는 것은 엄지발가락에서 비롯된다고 보았지만, 그 느낌은 아직 전면적인 것이 아니므로 서로가 눈치채지 못하는 경향이 있다.

함기비咸其腓이니 흉凶하고 거居하면 길吉하다.

종아리에서 느끼면 흉하니 가만히 있어야 길하다.

날이 저물면 저절로 둥근달이 떠오르게 되어 있으니 서두르지 않아도 된다는 말이다. 종아리는 발목과 무릎 사이에 있다. 종아리는 걸을 때 제일 먼저 움직이는 신체 기관이지만, 여기서는 생각이 앞서가는 것을 가리킨다. 그래서 종아리에서 느끼면 흉하니 가만히 있어야 한다는 건 어설픈 느낌만 갖고 적극적으로 응하는 것은 올바른 방법이 아니라는 뜻이다. 그대로 있으면 교감의 정을 느끼게 될 것이니 미리 앞서가지 말라는 가르침이다.

함기고咸其股이니 집기수執其隨이며 왕往하면 인吝하다.

넓적다리에서 느낀다. 그 따름을 잡으며 가면 인색하다.

넓적다리는 사타구니를 의미하니, 거기엔 남녀의 성기가 있다. 그러므로 넓적다리에서 느낀다는 것은 남자와 여자가 부둥켜안고 서로를 따른다는 뜻이고, 따름을 잡으면 인색하다는 것은 계속 나아가지 않고 어물쩍거리면 박해진다는 뜻이다. 함기고咸其股는 땅에 연못의 물이 흐르고 있으며 그곳에 햇살이 영롱하게 비추이는 것과 같은 형상이다.

정길회망貞吉悔亡이니 미감해야未感害也이며
동동왕래憧憧往來이니 미광대야未光大也이다.

바르게 하면 길하여 뉘우침이 없어진다.
느껴서 해롭지는 않으나 빛나고 크지도 못하다.

바르게 하면 길하다는 것은 교합은 바르게 하면 좋은 결과가 초래될 뿐 후회할 일은 아니라는 뜻이다. 또 해롭지 않으나 빛나고 크지도 못하다는 것은 올바르게 느낀다면 좋은 행위이지만 자주 왕래한다고 하여 대단한 일은 아니라는 뜻이다. 소나무의 송진이 자꾸 빠져나가면 송이버섯이나 송근봉은 구경하기가 힘들어진다. 그처럼 인간의 기운도 지나치게 빠져나가면 일상생활을 영위하고 장수하는 데 지장이 있다.

함기매咸其脢이니 무회无悔하다.

등골에서 느끼니 후회할 일이 없다.

발가락을 시작으로 종아리를 지나고 허리를 거쳐 등골에 이르렀으니 후회할 일이 없다고 하였다. 남녀의 느낌이 절정에 이르렀고 성감대가 말초에 다다랐다는 의미이다. 잘 맞는 볼트와 너트는 기름칠을 하지 않고 맨손으로 돌려도 잘 들어맞는다. 틈새가 전혀 없으니, 그것이 바로 잘 맞는 속궁합과 유사하다. 조화가 생화를 앞지를 수 없듯, 살아서 혈기가 왕성한 인간이 성적본능에 충실하게 임하는 것을 저속하다고 볼 수는 없다. 그것은 인간이 입으로 먹고 항문으로 내놓을 때 기쁨을 느끼는 것과 다르지 않기 때문이다.

함기보협설咸其輔頰舌이다.

볼과 뺨과 혀에서 느낀다.

사랑은 용기 있는 자가 아니라 제때 말할 줄 아는 자가 차지한다는 진리를 말하고 있다. 서로를 위안하며 볼과 뺨과 혀에서 느낀다는 것은, 성적인 쾌감을 느낀 뒤 그 기쁨의 기운이 상기되어 입으로 서로에게 사랑을 전하는 일을 가리킨다. 그 일련의 과정은 상대를 향한 깊은 배려와 다르지 않다. 사랑하는 이와 나누는 언어적인 교감은 육체적인 교감만큼 강렬하고 중요한 것이기 때문이다.

함咸: 천생연분은 없다

남녀가 만나면 성적 호르몬이 분비된다. 남녀가 함께 있으면 마치 자석이 당기는 것처럼 본능적으로 끌어당김의 법칙이 작동된다. 겉으로는 아니라고 말을 해도 속으로는 이미 본능의 힘이 꿈틀거리고 있다. 애초에 조물주가 인간을 빚을 때 이미 그렇게 만들어놓은 것이다.

일순간의 작은 인연은 만날수록 정이 깊어지며, 그 인연의 끈은 든든한 동아 밧줄로 변해간다. 그래서 부부는 헤어지기도 하지만, 한국을 기준으로 약 67퍼센트의 부부는 평생을 해로偕老한다. 이렇듯 평생을 함께할 수 있는 천생연분天生緣分은 따로 정해져 있는 것이 아니다. 서로가 인내하고 배려할 때는 그 인연의 끈이 생겨나기도 하고 각자의 주장이 강해 관계가 소원해질 때는 끈이 사라지기도 한다. 그러므로 연분이라는 것은 살아 있는 생물과 조금도 다를 바가 없다. 부부는 서로가 하기 나름이니, 좋은 배우자나 나쁜 배우자는 애초부터 없다.

이를 『주역』에서는 "이허수인以虛受人"이라고 하였다. 비움으로써 사람을 받아들인다는 뜻이다. 허虛는 마음속 깊은 곳에 비어 있는 공간을 말한다. 이 공간은 마음이 움직이고 느끼는 감성의 근원이며, 인도의 철학 경전 『우파니샤드Upanisad』는 그 공간을 일러 "마음속의 한 모퉁이는 우주만큼이나 크다."라고 표현했다. 호수의 물은 아래로 스며들면서 산과 들의 흙을 촉촉하게 적신다. 산속에 빈자리가 있었기에 물이 고일 수 있었다. 연못과 산은 아무런 사사로움 없이 늘 서로의 기운을 통하고 있다.

사람 역시 서로의 마음에 빈자리가 있어야만 다른 사람의 생각이나 행동을 허심탄회하게 받아들일 수 있다. 활활 타오르는 불길을 자세히 보면 그 중심은 어둡다. 큰 불길의 중심이 그러하듯 사람의 마음도 비어 있지 않으면 밝음을 이어가지 못한다. 지나치게 옹졸하여 가슴에 바늘 하나 꽂을 자리 없다면 누군들 흉금 없이 다가설 수 있겠는가. 천기天氣와 지기地氣가 교류하듯, 남녀 사이를 비롯한 사회생활의 모든 관계에선 늘 마음 한 자락을 비워놓아야 누군가 비집고 들어올 수 있다. 그런 다음 서로의 기운을 교감하고 뜻이 통하면 만사가 형통한다.

제32장 언제나 한결같고 변함이 없다 항恒

恒

항恒: 항상, 언제나, 변치 않는다

깊이 사랑하고, 결코 변치 마라

恒 亨 无咎 利貞 利有攸往
天地之道 恒久而不已也
雷風 恒 君子 立不易方
浚恒 貞 凶 无攸利
悔亡
不恒其德 或承之羞 貞 吝
田无禽
恒其德 貞 婦人吉 夫子凶
振恒 凶

인륜이란 인간으로서 지켜야 할 도리이다.
사람이 가장 많이 배우는 바는 자신과 가장 차이가 큰 것에서 비롯된다.
우물을 만들 때 수맥水脈을 찾지 않고
땅을 깊숙이 파려고만 하면 물을 얻지 못한다.
살다 보면 즐거움도 있고 풍파도 있지만
묵묵히 자신의 본분을 다한다면 이로울 뿐이다.
사람은 싫증이 나면 변화를 추구하나
같은 일을 되풀이하는 과정에서 진화하고 성장한다.
부부는 함께 아침밥을 먹는 것만으로도 큰 행복이다.

항恒은 변치 않음이니, 언제나 한결같음을 이른다. 항은 뇌풍항雷風恒을 말하며, 이는 우레와 바람이 결합하는 형상이다. 기러기는 한번 짝을 맺으면 영원히 함께하고, 짝이 죽으면 혼자 살다가 생을 마감한다. 한 방향으로 깊이 사랑하면 다른 모든 방향의 사랑도 깊어지며 후회할 일도 생기지 않는다.

항恒은 형亨하니 무구无咎하고 리정利貞이니 리유유왕利有攸往이다.

항은 형통해서 허물이 없다.

바르게 함이 이롭고 가는 바를 둠이 이롭다.

항은 변치 않는 마음, 신념을 뜻한다. 굳은 신념이 없으면 자신의 삶을 개척하지 못하고 피동적으로 이끌려 살게 된다. 그래서 언제나 한결같고 변함없는 마음으로 바르게 하면 항상 이롭다고 하였다. 또 가는 바를 둠이 이롭다는 것은 큰일을 맡아도 좋을 때이니 밖으로 나가면 기쁨이 있다는 뜻이다. 부부가 함께 살아가다 보면 즐거움도 있고 풍파도 있겠지만, 어느 상황에서나 자신의 본분을 다한다면 항상 이롭기만 할 뿐이다. 예나 지금이나 부부가 한 끼 식사를 함께하는 것만으로도 큰 행복인데 많은 사람은 이러한 즐거움을 대수롭지 않게 여기며 살아간다. 귀한 물건을 잃거나 소중한 관계가 소원해지고 나서야 그 가치를 새삼스레 깨닫는 것이 그와 같다.

천지지도天地之道이니 항구이불이야恒久而不已也이다.

하늘과 땅의 도는 영원하여 그치지 않는다.

사람은 천지의 도를 본받아야 인간 세상을 널리 이롭게 할 수 있다. 하늘과 땅의 도는 항구하여 영원히 그치지 않기 때문이다. 그래서 해와 달이 하늘에 걸려 영원히 비추고, 사계절이 변화하면서 만물을 낳고 기르는 바를 본받으면 인간의 도가 이루어진다. 인간의 도라는 것은 사람으로서 지켜야 할 도리이니, 그러한 인륜人倫을 어느 정도라도 지켜나갈 수 있다면 시대를 초월하여 안정된 사회를 조성하는 데 크게 이바지할 수 있다.

뢰풍雷風이 항恒이니 군자君子는 립불역방立不易方한다.

우레와 바람이 항이다.

군자는 뜻을 세우고 방향을 바꾸지 않는다.

뢰풍항雷風恒은 우레와 바람이 항구하다는 뜻이다. 우레와 바람은 자연의 변화를 상징하기도 하지만, 만물을 생기 있게 살아 움직이게 하는 동력이라 할 수 있다. 군자는 이러한 자연 현상을 보고 한번 뜻을 세우면 방향을 바꾸지 않는다고 하였다. 방향을 바꾸지 않는다는 것은 오래 해야 할 바를 얻기 때문이며, 그 의지를 굳게 지켜나가기 위해서다. 장자는 "우리들로 하여금 가장 많이 배우게 하는 것은 항상 우리와 차이가 가장 큰 것이다."라고 말했다. 바로 우레와 바람이 그렇다. 우레와 바람의 항구한 마음과 기상은 인간에게도 절실한 것이다.

준항浚恒이면 정貞이라도 흉凶하니 무유리无攸利하다.

깊은 것을 고집하면 바르더라도 흉하니 이롭지 않다.

사람에겐 일방적으로 집착하지 않고도 일을 꾸려나갈 수 있는 수단이나 방도가 있어야 한다. 준항浚恒은 끊임없이 파고들며 소통하려 한다는 말이다. 그러나 처음부터 깊은 것을 고집하면 방법이 바르더라도 흉하니 이롭지 않다고 하였다. 항구한 인간의 도는 적절한 상호관계 속에서 이루어져야 하고, 그래야만 지속 가능하기 때문이다. 성숙하기도 전에 깊은 관계를 고집하거나 무엇인가를 일방적으로 바라기만 한다면 오히려 어긋날 뿐이다. 이것은 우물을 만들고자 할 때 수맥水脈을 찾지 않고 땅을 깊숙이 파려고만 하여 물을 얻지 못하는 것과 같다. 올바른 수단과 방법도 없이 일방적으로 집착하는 것은 인간관계에서나 일에서나 괴로움만 안겨주고 서로를 지치게 할 뿐이다. 이것은 자연의 순리에도 어긋나는 일이기 때문에 제대로 성사될 리가 없다.

회망悔亡이다.

후회할 일이 없어진다.

후회란 부끄러움을 알아차린 다음에 오는 일종의 뉘우침이다. 자신의 잘못을 고친다는 것은 아주 훌륭한 일이지만, 말처럼 그렇게 호락호락한 일은 아니다. 어떠한 어려움이 있어도 항구한 마음을 간직할 수 있어야 가능한 일이다. 인간이란 어떤 바람이나 욕망에서 완전히 벗어날 수 있는 존재가 아니기 때문이다. 그러므로 회망悔亡의 삶을 끝까지 유지하기에는 한계가 있다. 단지 인간다운 삶을 영위하고 인간의 길을 가기 위해 언제나 노력할 뿐이다. 떳떳하다면 부끄러울 것이 없고, 부끄러울 것이 없다면 후회할 일도 생겨나지 않는다. 인간이 욕망을 완전히 벗어던질 수는 없지만 절제할 줄 아는 마음을 시종일관 지키면 후회할 일은 생기지 않는다.

불항기덕不恒其德이며 혹승지수或承之羞이니 정貞해도 인吝하다.

덕을 항구하게 지켜나가지 못한다.

혹여 부끄러움을 이어나가니 바르더라도 인색하다.

인간이 동물과 다른 것 중 하나가 부끄러움을 아는 것이다. 그러나 덕德을 항구하게 지켜가지 못하기 때문에 부끄러운 행동을 하게 된다. 그렇게 부끄러움을 이어가면 인색해지고 인색해지면 의지할 곳이 점점 줄어든다. 그래서 어떠한 경우라도 한결같은 마음을 유지해야 하늘의 도움을 받을 수 있고 타인의 도움도 받을 수 있다. 부끄러움은 올바른 행동을 하도록 유도하는 올바른 감정이기 때문에 도덕심이 동반돼야 한다. 그래서 진정으로 부끄러움을 아는 사람은 그 부끄러움을 이어나가지 않는다.

전무금田无禽이다.

밭에 날짐승이 없다.

사냥을 나갔는데 새와 짐승이 보이지 않는다. 헛고생하는 것이니, 사냥하는 자리가 적당치 않기 때문이다. 또는 그동안 멈추지 않고 사냥을 계속해서 사냥감이 줄어들었을 수도 있다. 그런데도 사냥을 계속한다면 곧 어리석음을 좇는 꼴이 된다. 제자리로 돌아와서 자신의 본성을 회복하지 못하면 끝내는 삶의 중심추가 흔들린다. 『관자』에 "되지도 않는 일을 강제하거나, 알지도 못하는 사람에게 말을 하거나, 몹쓸 일을 계속 이어가는 것은 고생스럽기만 할 뿐 결국에는 보람이 없다."라는 문장이 있다. 스스로 알아차리게 도와주고 스스로 일어나게 돕는 방법이 최선이라는 뜻이다. 강요하거나 억지를 부리게 되면 돕고자 하는 사람 역시도 비루해지기만 할 뿐이다. 그래서 날짐승이 없는데도 사냥을 계속한다는 것은 어리석은 일이므로 행하면 기필코 실패한다는 교훈이다.

진항振恒이니 흉凶하다.

항구한 마음을 떨쳐내니 흉하다.

진振은 마음의 흔들림이 극에 이른 상태다. 그래서 남자는 자중하지 못하여 마음에 파도가 치듯이 일렁이고, 여자는 여자대로 싫증이 나서 마음의 중심이 흔들린다. 화목한 가정은 파탄이 나고 부부가 이혼 지경에 이르고 있으니 돌아올 수 없는 강을 건너고 있다. 각자가 스스로를 다스리지 못하면 안정된 길로 들어설 수 없으니 이는 누구도 대신해줄 수 있는 일이 아니다. 그래서 예나 지금이나 제 복이 있고 제 운이 있다고 하였다. 그릇은 용도가 다르고 크기도 제각각이며, 가끔은 자기라는 그릇에 무엇을 담을 수 있고 무엇을 담아야 하는지를 곰곰이 따져봐야 한다. 자신의 존재가치를 스스로 가늠해보아야 한다는 말이다.

항恒: 방향을 바꾸지 않는 일의 아름다움

사람을 친애하는 자는 많이 있어도 친애하는 방법을 아는 자는 극히 드물다. 지혜로운 분별력보다 일방적인 감정이 항상 앞서기 때문이다. 그러나 사랑에도 서로가 지켜야 할 책임과 의무가 있으니 크고 위대한 행위임에는 틀림없다. 사랑의 위대함에 대하여 러시아의 안네-소피 스웨친Anne-Sophie Swetchine은 "한 방향으로 깊이 사랑하면 다른 모든 방향의 사랑도 깊어진다."라고 말하였다. 세상에서 가장 큰 힘은 사랑이다. 그것은 어느 누구도 부인할 수 없는 진리에 가까울 것이다. 그래서 사랑의 파급력은 크기를 가늠하기조차 어렵다.

예전에는 평생토록 한 남자만 따르는 것을 여자의 가장 큰 행복이라고 하였다. 고릿적 얘기라고 할 사람도 있겠지만 그것은 현대사회에서도 그대로 유효하다. 단지 예전과 바뀐 것이 있다면 남자 입장에서도 일처종사를 하는 것이 행복의 기본적인 요소가 되었을 뿐이다. 그러기 위해서는 변치 않는 마음인 항상심恒常心이 있어야 한다. 이를 '항恒' 장에서는 "입불역방立不易方"이라고 하였다. 군자는 서서 방향을 바꾸지 않는다는 뜻이다.

사람은 싫증이 나면 변화를 추구하는 경향이 있으나 매일같이 똑같은 일을 되풀이하는 과정에서 인간은 진화하고 성장한다. 항상 못된 송아지의 엉덩이에서나 뿔이 나는 법이다. 뜻이 확고하다면 동요하거나 휩쓸리지 않고 묵묵히 자신의 길을 걸어갈 수 있다. 또한 남녀관계에서도 서로 방향을 바꾸지 않으려면 공히 인내하고 배려하는 마음 바탕이 전제되어 있어야 한다. 행복한 가정은 목석같은 사람이 보아도 흐뭇한 미소를 짓고, 누구나 앞다투어 질투할 만큼 아름다운 것임이 분명하기 때문이다.

'항恒' 장에서는 신중하게 목표를 설정하고 뜻을 세웠으면 이루라고 했다. 이것을 남녀관계로 본다면 결혼하기 전에는 신중하게 배우자를 선택하고, 이미 결혼했으면 흔들림 없이 가정을 지켜가라는 뜻이다. 초등학교 도덕책에나 나올 법한 이야기지만 사실 이것이 잘 안 되어서 이혼하는 부부가 하나둘이 아니다. 인내와 배려라는 거름이 부족하였거나 아예 없었기에 그렇다.

책의 제53장 '점漸'에서도 이야기하겠지만, 기러기는 처음 인연을 맺으면 죽을 때까지 연분을 지킨다. 홍鴻은 큰 기러기를 말하는데 한번 짝을 맺으면 영원히 함께하고 짝이 죽으면 혼자 살다가 생을 마감한다. 요즘과 같은 시대에 인간을 부끄럽게 만드는 정온동물이다. 또 기러기는 서열을 지키며 질서정연하게 가고, 힘에 겨워도 아무 데서나 날개를 접지 않는다. 그 뜻이 곧고 또 바르니 어쭙잖은 인간보다 날짐승인 기러기가 낫다.

遯

둔遯: 달아나다, 피하다, 물러나다

깊이 사랑하고, 결코 변치 마라

遯 亨 小利貞

小利貞 浸而長也 遯之時義 大矣哉

天下有山 遯 君子 遠小人 不惡而嚴

遯尾之厲 不往 何災也

執用黃牛 固志也

係遯有疾 厲 畜臣妾 吉

好遯 君子吉 小人否

嘉遯 貞 吉

肥遯 无不利

운이 쇠할 때는 물러나서 관망하는 것이 순리이다.
가까이서 보아야 좋은 사람이 있고
멀리 두고 보아야 좋은 사람이 있다.
물러남은 겸양의 미덕이 아니라 자신을 지키는 가장 확실한 방법이다.
때를 놓치면 많은 것을 잃어야 하고
물러나더라도 멀리 가지 않으면 꼬리가 밟힌다.
은둔은 쥐 죽은 듯 숨어 있는 것이 아니라
언제나 나서지 않고 자중하는 태도를 말한다.
하늘 아래 오직 산만 있으니, 물러나서 힘을 기른다.

✻

둔遯은 물러나서 시류時流를 관찰한다는 뜻이다. 둔은 천산둔天山遯을 말하며, 하늘 아래 산이 있는 형상이다. 큰일을 할 때는 백성들과 함께하고, 대업을 이루지 못할 때는 혼자 간다. 부귀와 영화는 그의 마음을 어지럽히지 못한다. 한 걸음 물러날 줄 알면 평생 자기 자신을 지킬 수 있다.

둔遯은 형亨하니 소리정小利貞이다.

둔은 형통하니 바르게 하면 조금은 이롭다.

나아가야 할 때 나아가고 물러나야 할 때 물러나는 것이 올바른 도道라고 말할 수 있다. 둔遯은 물러난다는 뜻이다. 바르게 해야만 조금 이롭다는 것은 물러나는 음의 입장이기 때문이다. 하늘 아래 산밖에 없는 험한 형국이니 지금은 나설 때가 아니다. 운이 쇠할 때는 물러나서 관망하는 것이다. 관망하기 위해 물러나는 것은 숨거나 도망치는 것이 아니므로 오히려 형통하다고 한 것이다.

노자는 "공수신퇴功遂身退"라고 했다. 공을 이루었으면 물러나는 것이 천지의 도라는 뜻이다. 고대사회에서는 큰 공을 세웠어도 물러나지 않아 토사구팽兎死狗烹당하는 경우가 많았다. 따라서 물러나는 것은 겸양이 아니라 자신의 목숨을 온전하게 지켜내는 확실한 방법이었다. 그것은 지금도 처세의 측면에선 별반 다르지 않다. 공을 세우고 자리가 높아질수록 시기하고 흔드는 사람이 많아지는 것은 당연하다. 그래서 과일은 익을수록 값이 나가지만 관직은 높아질수록 위험해진다. 일면식도 없는 사람이 적이 되어 칼을 겨누니 올라가고 내려옴에서 처신을 잘해야 한다는 가르침이다.

소리정小利貞은 침이장야浸而長也이니
둔지시의遯之時義는 대의재大矣哉이다.

바르게 해야 조금 이로운 것은 점차 그치고 있기 때문이다.
둔의 때와 뜻이 참으로 크다.

물러나는 것도 때를 놓치면 어려워진다는 말이다. 바꿔 말하면, 때에 맞춰 순리대로 일을 행하는 것이 얼마나 중요한지를 강조한 구절이다. 침浸은 물이 스며들듯이 천천히 이루어지는 모습이다. 바르게 할지라도 조금만 이롭다는 것은 올바른 도가 사라지고 있기 때문이며, 점차 그치고 있다는 것은 시기를 놓치고 끝까지 몰고 가면 모든 것이 작아진다는 의미이다. 그래서 이 구절에서는 스스로 물러나는 둔의 때와 뜻이 참으로 크다고 하였다. 곧 소인의 세력이 싹을 틔우며 성장할 것이니 고립되기 전에 운둔하는 것이 이롭다.

천하유산天下有山이 둔遯이니 군자君子는
원소인遠小人하고 불악이엄不惡而嚴한다.

하늘 아래 산이 있는 것이 둔이다. 군자는 이를 보고
소인을 멀리하되 악하게 하지 않고 엄하게 한다.

상대할 가치가 없는 사람은 가까이할 필요도 없지만 그렇다고 미워할 필요도 없다. 그래서 군자는 소인을 경계하고 엄하게 대할지언정 악하게 대하진 않는다고 하였다. 똥이 무서워서 피하는 사람은 없기 때문이다. 군자는 하늘 아래 산이 있는 것을 바라보듯, 소인과 다투지 않고 그저 멀리할 뿐이다. 소인은 스스로 문제를 일으키는 사람이다. 누구든 그를 가까이하지 않으면 저절로 멀어지게 되어 있다. 산과 들은 모두가 푸르러서 멀리서 바라보면 똑같은 풍경처럼 보이지만, 가까이서 보면 수많은 종류의 초목과 수풀이 조화를 이루며 어우러져 있다. 그렇듯 사람도 가까이서 보아야 좋은 사람이 있고 멀리서 보아야 좋은 사람이 있다.

둔미지려遯尾之厲이니 불왕不往이면 하재야何災也이다.

물러나는 사람 뒤에 있으니 위태롭다. 가지 않으면 재앙이 있다.

둔미遯尾는 달아나는 사람의 등짝이자 꼬리를 가리킨다. 물러나는 이의 뒤에 있으면 꼬리를 밟혀서 화를 당하기에 십상이다. 둔의 상황에서 제멋대로 행동하거나 섣불리 나설 경우 반드시 곤란을 겪게 된다. 그래서 가지 않으면 재앙이 있다고 했으니, 이는 피하고 은둔하라는 말과 같다. 그렇다고 깊은 산속으로 들어가서 쥐 죽은 듯 숨어 있는 것만이 은둔은 아니다. 언제 어디서든 자기 자신을 드러내지 않고 자중하는 태도가 참다운 은둔이다.

집용황우執用黃牛이니 고지야固志也이다.

황소를 잡아 쓰는 것은 뜻을 굳게 하기 위함이다.

팔랑귀를 가진 사람은 자주 혼란에 빠진다. 줏대가 없어서 남의 말에 쉽사리 흔들리기 때문이다. 여기서 황소를 잡아 쓴다는 것은 황소의 가죽으로 잡아맨다는 뜻이다. 은둔해야 할 시기임에도 불구하고 아직도 본래의 자리에 있다면, 황소의 가죽으로 잡아매듯 물러날 뜻을 견고하게 지켜나가야 한다. 프리드리히 니체F. W. Nietzsche는 "약한 인간은 나는 해야 한다고 말하고, 강한 인간은 그것은 반드시 행해져야 한다고 말한다."란 말을 남겼다. 결국 뜻이 확고하고 의지가 강해야 한다는 것이니 이 구절이 의미하는 바와 같다.

계둔유질係遯有疾이니 려厲하고 육신첩畜臣妾이니 길吉하다.

매여서 물러나니 병이 생겨서 위태롭다.
신하와 첩을 기르면 길하다.

물러나는 일은 자의일 경우도 있고, 타의일 경우도 있다. 하지만 여기서 물러난다는 것은 복잡하게 얽히고설킨 상태에서의 물러남이므로 뒤가 개운치 않은 상황이다. 그래서 자리에 얽매이니 병이 되고, 망설이다 보니 또 병이 되어 위태롭다. 혼자만 물러나지 않으면 안팎을 모두 경계해야 해서 피로가 겹치고 쌓인다. 높고 귀한 자리일수록 물러남에는 위험이 따르고 아픔이 수반된다. 신하와 첩은 평소에 존재 자체를 귀하게 여기지 않았던 사람들이었지만, 이제 그들은 고달픈 몸과 마음을 달래줄 안식처요 나를 지켜줄 피난처가 될 것이다. 그래서 그들은 내게 길한 존재라 할 수 있다.

호둔好遯이니 군자길君子吉하고 소인부小人否하다.

좋아도 물러나니 군자는 길하고 소인은 비색하다.

자신이 물러나야 할 때를 알고 자리에서 내려온다. 그래서 좋아하는 것들이 있음에도 불구하고 과감하게 은퇴를 감행한다고 하였다. 군자는 기꺼이 할 수 있어도, 소인은 꾸물대고 망설일 뿐 실행하기 어려운 일이다. 그래서 군자는 길하고 소인은 비색하다. 흔히 은둔을 비움의 미학이라고 한다. 즐거움은 텅 빈 마음의 상태에서 발생한다는 장자의 말처럼, 잡다한 욕심들을 모두 다 버리고 한적한 상태가 되면 오히려 묘한 기쁨이 찾아와서 깃든다. 그래서 군자는 미련이 남아 있어도 흔쾌히 물러난다. 앞길이 막히지도 않고, 누구에게 간섭받지도 않는다.

가둔嘉遯이니 정貞하면 길吉하다.

아름답게 물러나는 모습이니 바르면 길하다.

그럼에도 어떤 이가 물러나는 모습은 누가 봐도 안쓰럽고 아쉽다는 마음이 든다. 그러나 물러나는 모습이 위풍당당하고 보기 좋다면, 그것은 누군가의 내면에 올바른 뜻이 서 있기 때문이다. 여기서 아름답게 물러난다는 건 주위의 칭송을 받으며 물러나는 모습이니, 바르면 길하다고 하였다. 망설이다가 때를 놓치면 많은 것을 내려놓고 가야 한다. 또 물러나더라도 멀리 가지 않으면 꼬리를 밟힌다. 그러므로 뜻을 굳혔다면 욕망이 꿈틀댈지언정 미련 없이 떠나야 한다.

비둔肥遯이니 무불리无不利하다.

살지게 물러나니 이롭지 않음이 없다.

은퇴를 하더라도 살림살이가 풍족하다면 크게 아쉬울 것이 없다. 살지게 물러난다는 것은 재산을 모으고 명예를 얻은 후에 물러나는 아주 드문 경우를 가리킨다. 그래서 흡족한 마음으로 물러날 수 있는 것이다. 그것이 유익하다는 것은 의심할 여지가 없다. 여유로운 마음으로 떠나는 것이니, 유불리를 떠나 만사가 순조롭다. 다시 새롭게 출발할 수 있는 만반의 준비가 되어 있는 것이나 마찬가지다. 그때는 바짓가랑이에 묻은 먼지나 털듯이 훌훌 털고 가도 좋다.

물러난다는 것은 때를 안다는 말과 같다. 맹자는 "천하에 나서서 큰일을 성취할 때는 백성들과 함께하고, 대업을 이루지 못할 때는 혼자 간다. 그러더라도 부귀와 영화가 그의 마음을 어지럽게 하지 못한다."라고 말했다. 표범은 사냥 후엔 산속에 깊이 숨어서 정도正道를 지킨다. 그것은 악함을 물리치고 멀리하는 태도이자, 스스로를 지키면서 자중하는 자세와 같다.

혼자 간다는 것은 은둔을 뜻하기도 하지만 어리석은 사람과는 어울리지 않겠다는 의지를 표명하는 말이기도 하다. 『법구경法句經』에서도 "어리석은 사람과 함께하면 근심하고 슬퍼할 날이 길고 오래 간다."라고 했다. 어리석은 사람과 어울리면 함께 도매금으로 넘어가는 일을 피할 수 없게 된다. 멀쩡하게 생긴 사과가 흠집 난 상자에 들어가서 헐값에 넘겨지는 것과 같다.

소인을 멀리하고자 할 때 혼자서만 고고한 척하면서 피하기만 한다면 쓸데없는 원한을 사고 원망을 듣게 된다. 자신의 길을 꿋꿋하게 간다는 태도로 대한다면 어리석은 사람은 자연스럽게 떨어져 나갈 것이다. 따라서 어리석은 사람은 멀리하되 악하게 대하지 말고 위엄 있게 대하는 것이 좋다. 위엄이 서 있으면 간사하거나 사악한 행위가 저절로 그치기 때문이다. 그러나 송宋나라의 사관이었던 범충선공范忠宣公은 "어리석은 사람도 다른 사람을 탓할 때는 매우 똑똑하다."라는 말을 남겼다. 아무리 어리석어 보이는 사람일지라도 소홀히 여기거나 함부로 대하지 말아야 하는 이유가 여기에 있다.

둔遯은 달아나서 피하거나 물러나서 숨는다는 뜻이다. 즉, 도망치듯이 물러난다는 말이다. 심하게 막힐 땐 쇠퇴하는 세월의 흐름을 거역하지 말아야 한다. 왕성하게 활동하던 무대에서 잠시 내려와 시골이나 구석진 외딴곳으로 몸을 숨기고 조용하게 재기를 노려야 한다. 장자는 "한걸음 물러나면 평생 자기 자신을 지킬 수 있다."라고 강조했다. 자신을 내려놓아야 할 땐 무슨 일에서든 깨끗하게 물러서고 깊이 관여하지 않음으로써 어려움을 피할 수 있다.

난세에는 허세를 부려도 안 되고, 알량한 체면조차도 아랑곳하지 말아야 한다. 피하는 것만이 살아남는 길일 때 피하는 것은 수치가 아니라 지혜로운 행동이다. 멀리 내다보면, 인간의 시간은 흘러가는 강물처럼 길게 펼쳐져 있다. 그러니 현재에 집착하는 마음을 과감하게 떨쳐버려야 미래를 도모할 수 있다. 더욱이 물러나는 것이 최선인 상황에도 마음이 장마철 날씨처럼 흐렸다 개었다 한다면 곤란하다. 일단 물러나기로 마음을 먹었다면, 서둘러 실행하고 멀찌감치 떠나야 한다. 굼벵이처럼 머뭇기리고 망설이다가는 제때 떠나지도 못할뿐더러 멀리 가지도 못한다.

공을 이루고 난 뒤에도 물러나야 한다. 한 사람이 어떤 자리에서 크나큰 업적을 이루었을 때 그 영광을 다 누리려고 하다가 물러나야 할 때를 놓치면 큰 화를 입게 된다. 그 시기를 놓쳐 토사구팽을 당한 사례는 역사 속에서 숱하게 찾아볼 수 있다. 한나라 초기의 대장군이었던 한신韓信이 있고, 진나라의 재상 여불위도 있으며, 조선 건국의 설계자였던 정도전鄭道傳 등 이루 헤아리기 힘들다. 물러나야 하지만 그 물러남이 시원치 못하면, 먹구름이 자욱하게 깔린 길을 가는 것처럼 갈팡질팡 헤매게 된다. 물러났으면 기꺼운 마음으로 은둔하면서 쇠퇴한 운이 지나가기를 기다려야 한다. 주도면밀하게 계획을 세우고 힘을 길러야 다시 세상 구경하러 어슬렁거리며 기어 나올 수 있다. 그래서 때를 알고 힘을 쓰는 자는 영웅이 된다고 했던 것이다.

제34장

장대한 사람이
바르게 행동한다

대장 大將

大將

대大: 크다. 장壯: 씩씩하다, 기상이 굳세다

오로지 공명정대해라

大壯 利貞 大者壯也

雷在天上 大壯 君子 非禮弗履

壯于趾 征凶 有孚

貞吉 以中也

小人用壯 君子用罔 貞厲

藩決不羸 壯于大輿之輹

喪羊于易 无悔

不能退不能遂 不詳也.

강한 기운이 태동하고 있으므로 확장하여 힘껏 밀고 나간다.
자신의 알량한 힘 하나만 믿고 바른길에서 벗어나면, 반드시 막힌다.
큰 건물이 흔들리지 않으려면
대들보가 튼튼하고 똑바로 서 있어야 한다.
양 이 무리 지어 제아무리 날뛰어도
우두머리의 고개만 돌려놓으면 모두의 흐름이 바뀐다.
바르게 생각하고 정도를 행해야
어려운 일도 실타래 풀듯 순조롭게 풀린다.
남에게 의존하여 나대지 말고 제 몸부터 바로 한다.

✻

대장大壯은 큰 기운이니, 장대한 사람이 바르게 행동한다. 대장은 뇌천대장雷天大壯을 말하며, 하늘에 우레가 있는 형상이다. 굳세고 강하게 움직이면 밝은 기운이 거침없이 뻗어나간다. 도리를 상실하면 윗사람과 아랫사람 간의 질서가 혼란스럽고 천한 사람과 귀한 사람이 다투게 된다.

대장大壯은 리정利貞이니 대자장야大者壯也이다.

대장은 바르게 해야 이로우니 큰 자의 장함이다.

큰 사람이 바르게 행동해야 세상의 질서가 바로 선다. '대장大壯' 장에서 대장은 장대한 사람을 가리킨다. 왕성한 기운으로 강하게 움직이는 까닭에 기상이 굳세다. 그처럼 크고 장한 기운은 아무 때나 휘두르는 것이 아니라 어렵고 혼란한 시기에 발휘되어야 가치가 있다. 또한 교만하면 안 된다. 자신의 힘을 자랑하지 않아야 크게 쓰인다.

작고 미약한 존재들의 안정 여부는 크고 강한 존재들의 역할에 달려 있다. 『여씨춘추』에선 "작고 약하면서도 살펴서 알 수 없다면 강한 자들이 그에 대해 의심을 품는다. 사람은 의심스러운 자를 아낄 수 없는 법이다. 강한 자가 약한 자를 아껴주지 않는다면 약자는 생존할 수 없다."라고 했다. 즉, 약자는 강자에게 믿음을 주고 강자는 약자를 보호하면서 공존해야 한다. 그러지 않고 약한 자가 경거망동하면 멸망하는 지경에 이르며, 강한 자가 경거망동하면 목숨이 위태로워진다. 약한 것은 쉽게 부서지고, 강한 것은 쉽게 부러지기 때문이다.

뢰재천상雷在天上이 대장大壯이니

군자君子는 비례불리非禮弗履한다.

하늘 위에 우레가 있는 것이 대장이니,

군자는 예의에 어긋나는 일은 하지 않는다.

모든 것이 자신의 선택에 달려 있다는 말이다. 하늘 위에 우레가 있는 것이 대장이라고 하였으니, 큰 것이 정도正道를 벗어나면 잃는 바도 크다. 따라서 군자는 하늘에 우레가 있는 모습을 보고 예의에 벗어나는 일은 하지 않는다고 하였다. 그것은 강하게 나아가면서도 예禮가 아니면 밟지 않는다는 의미이다. 예절에 맞는 몸가짐은 인간관계에서 조화와 질서를 얻는 중요한 도덕규범이다. 예는 행동을 규제하는 면이 있어 때로는 귀찮고 번거롭기도 하다. 하지만 인간은 다른 이와 어울려 살아가기 때문에 반드시 원칙과 규범이 입각해 행동해야 한다.

일련의 원칙과 규범들은 나를 옥죄는 것이 아니다. 다른 사람들과 나의 관계를 올바르게 정립하는 유일한 길이다. 공자는 "사람들이 모이는 자리에는 예의가 있어야 하는 법이다."라고 했다. 또한 "예가 아니면 보지 말고, 예가 아니면 듣지도 말 것이며, 예가 아니면 말하지도 말고, 예가 아니면 움직이지도 마라."라고 말하기도 했다. 인간이 인간의 도리를 상실하면 정신이 흐려지고 사리에 어두운 상태가 된다. 따라서 윗사람과 아랫사람의 질서가 혼란스러워지고 천한 사람과 귀한 사람이 다투게 된다. 그래서 도덕과 상식에 부합되지 않는 짓도 거리낌 없이 행하는 지경에 이른다.

장우지壯于趾이니 정흉征凶이라 유부有孚하다.

발가락에 힘이 있어 씩씩하다. 가면 흉함이 믿음을 둔다.

모든 기운이 한곳으로 모일 때는 균형 감각이 있어야 한다. 발가락에 힘이 있어 씩씩하지만, 가면 흉하다고 하였다. 흉함이 믿음을 둔다는 것은 반드시 흉하게 된다는 것을 강조하는 말이다. 발가락에 힘이 조금 들어간 상태인데 제 분수도 모르고 날뛰면 곤란하다는 뜻이다. 자신의 알량한 힘 하나만 믿고 바른길에서 벗어나면 반드시 막히게 된다. 힘이 왕성한 때일수록 다른 이를 끝까지 밀어붙여서는 안 된다. 언젠가는 자기 자신도 비색해지거나 작아지게 될 것을 염두에 두어야 한다. 사마귀가 앞발을 들어서 마차를 멈추려는 것처럼, 자신의 분수도 모르고 세상을 향해 무모하게 덤벼드는 것은 어리석은 객기에 불과하다. 결국은 지나가는 사람들이 사마귀를 보고 비웃듯 이 세상에 자신의 웃음거리만 하나 더 만들어놓고 가는 꼴이다.

정길貞吉이니 이중야以中也이다.

바르게 하면 길하니 중정함으로써 하라.

세상사 무슨 일이든 바르게만 하면 길하다. 이것은 의심할 여지가 없는 영원한 진리이다. 이 구절에서는 모든 일이 중中으로 행해져야 한다는 것을 강조한다. 중정함으로써 한다는 것은 일을 조급하게 몰고 가거나 과격한 행동을 삼가야 한다는 뜻이다. 큰 건물이 흔들리지 않으려면 대들보가 튼튼해야 한다. 튼튼한 대들보는 항상 똑바로 서 있어야 제 역할을 다할 수 있다. 여기에는 한 치의 어긋남이 있어서도 안 된다. 큰 것이 넘어지면 그만큼 손실이 크기 때문이다. 그래서 진정한 대장의 용기와 힘은 어려움이 극한의 상황에 이르렀을 때 비로소 그 가치가 드러난다.

소인용장小人用壯하고 군자용망君子用罔하니 정려貞厲하다.

소인은 힘을 사용하고 군자는 그것을 사용하지 않는다.
세력을 등에 업으면 마음이 곧아도 위태롭다.

군자는 망罔을 쓴다고 했는데, 망은 그물을 말한다. 군자는 세력을 과시하지 않고 그물을 쓰듯 오직 올바른 도리에 의지한다. 즉, 힘으로 밀어붙이지 않고 방도를 생각한다는 뜻이다. 소인은 장壯을 쓴다고 했는데, 장은 세력을 말한다. 남의 힘을 자랑하는 사람을 소인이라고 부른다. 무력으로 굴복시키는 것은 방법이 수월할지 몰라도 오래가지는 못하며, 더군다나 남의 힘을 이용해서 누군가를 해하거나 이득을 취한다면 그것은 아주 비겁한 짓에 불과할 뿐이다. 소인은 바른 일을 할 때도 사사로운 이익을 생각하기 때문에 늘 위태로움이 뒤따른다. "열 사람의 형리刑吏를 사귀지 말고 한 가지 죄를 범하지 마라."라는 옛말이 있다. 남의 힘을 믿고 함부로 나대지 말고 제 몸이나 올바로 건사하며 처신하라는 뜻이다.

번결불리藩決不羸이니 장우대여지복壯于大輿之輹이다.

울타리가 터져서 걸리지 않으며, 큰 수레바퀴에 장함이 있다.

화합을 방해하던 장벽이 무너지면서 큰 기운이 거침없이 뻗어나가고 있다. "번결불리藩決不羸"는 울타리가 터져서 아무도 숫양을 제어하지 못하는 상황이다. 걸리지 않는다는 것은 붙잡혀 매이지 않는다는 뜻이므로 더 이상 그 안에서 답답해하거나 괴로워할 이유가 없다. 울타리가 허물어지기를 학수고대하며 기다려왔는데 마침내 활짝 터졌으니 뛰쳐나가는 모습인 것이다. 수레바퀴에 장함이 있다는 것은 숫양이 큰 수레바퀴처럼 앞으로 힘차게 나아가는 모습을 가리킨다. 그 모습이 바로 대장의 당당함이니, 앞이 훤하게 트여 있어 거침없이 전진할 수 있다. 즉, 꽉 막혔던 장벽이 무너지고 일에도 장함이 있으니 드디어 장부의 큰 뜻이 이루어질 것이다.

상양우이喪羊于易이니 무회无悔하다.

양을 잃었으나 후회하지 않는다.

큰일을 하기 위해서는 불가피한 희생도 있게 마련이다. 여기서 양을 잃었다는 것은 자리가 마땅치 않았다는 뜻이다. 그러나 양의 무리가 제아무리 날뛰어도 우두머리의 고개만 돌려놓으면 모두의 흐름이 바뀐다. 그래서 양을 잃어도 후회하지 않는다고 하였다. 걱정하고 후회할 시간에 지금 이 순간 정성을 다하는 편이 낫다. 과거의 일은 되돌릴 수도 없고 바꿀 수도 없기 때문이다. 어찌할 것인가? 후회막급後悔莫及을 개과천선改過遷善으로 바꾸면 간단하게 해결된다. 이미 잘못된 뒤엔 아무리 후회해도 어찌할 도리가 없지만, 인간은 지난날의 잘못이나 허물을 고쳐서 바르고 선하게 살아갈 수 있는 존재다.

불능퇴불능수不能退不能遂이니 불상야不詳也이다.

능히 물러나지 못하고 능히 나아가지도 못한다.
헤아리지 못함이다.

아무리 하찮게 보이는 일도 어렵게 여겨야 탈이 없다. 이 구절은 뒤로 물러날 수도 없고 앞으로 나아갈 수도 없는 진퇴양난의 상황을 나타낸다. 숫양이 뿔 자랑을 하다가 울타리에 걸린 꼴이니 이로울 바가 없다. 자신의 재주만 믿고서 헤아리지 못하고 살피지 않은 까닭이다. 세상에는 일순간의 사소한 부주의로 목숨까지 잃는 경우가 허다하다. 벼랑은 누구에게나 가까이에 있고, 이승과 저승의 거리는 생각보다 가깝다.

대장大將: 강한 것은 쉽게 부러진다

뢰천대장雷天大壯은 하늘에서 번개가 치고 천둥이 울리는 우렁찬 모습이다. 굳세고 강하게 움직이니 밝은 기운이 거침없이 뻗어나간다. 암울했던 과거를 모두 잊고 떠들썩하게 나아가는 형상이며, 어떤 일을 적극적으로 추진하기 위해 양陽의 기운이 왕성하게 활동하는 시기이다. 때가 무르익었으니 젖 먹던 힘까지 다해서 힘껏 밀어붙여야 한다.

이제 자신의 능력을 믿고 나아가야 할 때이니 사업을 확장하는 것도 좋다. 기회는 아무 때나 찾아오지 않는다. 한번 시도해볼 만하고 그 가치가 충분하다는 생각이 든다면 떨치고 일어나서 움켜잡아야 한다. 인간의 수명은 학이나 거북이처럼 길지 않으니 시간적인 여유가 그렇게 많지 않다. 절호의 기회가 찾아왔다고 판단되면 모든 역량을 동원해서 덤벼들어야 한다.

좋은 일에는 흔히 방해되는 일도 많다. 그래서 막힘없이 승승장구하며 잘나갈지라도 눈을 크게 뜨고 두리번거리며 살필 줄 알아야 한다. 지나치게 강하고 거리낌이 없으면 이러한 기세를 조정한다는 것은 매우 어려운 일이 돼버린다. 자신 있게 휘두른 칼이 때로는 자신을 겨냥하여 자기 자신까지도 놀라게 하는 경우가 있는 것이다.

이처럼 상승하는 기운이 지나치게 넘쳐날 때는 많은 이들이 길을 벗어나곤 한다. 그래서 좋은 기회가 찾아왔다고 해도 중도를 지키지 않으면 오히려 해를 입거나 크게 넘어질 수 있다. 법가法家사상을 완성한 한비韓非는 "수영 잘하는 사람이 물에 빠지고, 말 잘 타는 사람이 말에서 떨어진다."라고 했다. 한마디로 잘난 체하지 말라는 교훈이다. 건강한 사람이 경솔하게 행동함으로써 일찍 죽고, 허약한 사람이 근신함으로써 오히려 장수하는 이유가 여기에 있다.

『여씨춘추』에는 "어떤 사람이 음식을 먹다가 목이 메어 죽었다고 해서 천하의 사람들에게 음식 먹는 일을 금할 수 없다. 어떤 사람이 배를 타다가 조심하지 않아서 빠져 죽는 것을 보고 배 타는 것을 금할 수 없다."라는 구절이 있다. 세상에서 일어나는 모든 일과 행위는 자기가 하기 나름이다. 마약도 마취제로 쓰면 약이 되고 기호식품으로 먹으면 독이 된다. 위대한 사람은 바르게 생각하고 정도를 걸어감으로써 어렵고 큰 일도 실타래 풀듯이 순조롭게 풀어나간다. 모든 일에서 권세나 정욕에 흔들리지 않고, 공명한 정신과 정당한 방법으로 실행하는 사람만이 원하는 바를 성취하고 그것을 오래도록 유지할 수 있다.

제35장 시기를 적중하여 놓치지 않는다 진晉

晉

진晉: 나아가다, 억누르다

나아가야 할 순간,
머뭇거리지 마라

康侯 用錫馬蕃庶 晝日三接

順而麗乎大明

明出地上 晉 君子 以 自昭明德

晉如摧如 貞吉 罔孚 裕无咎

晉如愁如 貞吉

衆允 悔亡

晉如鼫鼠 貞 厲

失得勿恤 往有慶也

維用伐邑 道未光也

아침 해가 솟아오르고 있으니 힘차게 나아가면 성취할 수 있다.

태양이 떠올라 온 세상을 환하게 비추듯이

내 안의 덕을 밝혀 스스로를 환하게 드러낸다.

존경받을 만한 덕행을 많이 쌓으면 하늘에서 천작天爵을 받는다.

할 듯 말 듯 망설이는 사람의 대부분은

다른 속셈이 있거나, 일에 대한 믿음이 없어서이다.

마음을 수고롭게 하는 자는 남을 다스리고

힘을 수고롭게 하는 자는 남에게 다스려진다.

얻고 잃음에 신경 쓰지 말고 힘껏 나아가야 이롭다.

진晉은 나아가는 것이니, 시기에 적중해서 놓치지 않음을 일컫는다. 진은 화지진火地晉을 말하며, 땅 위에 불이 있는 형상이다. 아침 해가 환하게 떠오르는 시기에 기회가 왔음에도 두려운 마음에 머뭇거리면서 석양을 기다리는 우를 범해서는 안 된다. 비스듬히 발을 떼어도 언젠가는 한양에 다다른다.

강후康侯에게 용석마번서用錫馬蕃庶하고 주일삼접晝日三接하다.

제후에게 말〔馬〕을 많이 하사하여 쓰게 하고
하루에 세 번 접견했다.

'진晉' 장은 어둠이 사라지고 천하가 점점 밝아오면서 활력이 넘치고, 운세도 지위도 상승하는 모습을 나타낸다. 제후에게 말을 많이 하사했다는 것은 나라를 편안하게 하는 이에게 포상이 푸짐했다는 뜻이고, 하루에 세 번 접견했다는 것은 특별하게 대우했다는 뜻이다. 제후는 알현할 때와 잔치를 열었을 때, 그리고 돌아갈 때 이렇게 세 번을 황제와 만났다. 임지任地를 잘 다스렸다고 융숭한 대접과 함께 신용장을 하사한 것이나 다름없으니 제후의 입지가 견고해졌다. 믿음이 모든 일의 근간이기 때문이다. 황제에게 신임을 받았으니 평소에 머뭇거리며 눈치만 보던 정치나 정책을 마음껏 구현해도 손색이 없게 되었다. 현대사회에서도 큰일을 하려면 윗사람의 마음을 얻어야 하고, 많은 사람의 인심을 얻어놓아야 한다.

순이려호대명順而麗乎大明하다.

순한 마음으로 큰 밝음에 응하여 함께 나아간다.

큰 밝음은 왕이고, 응하는 것은 제후와 신하이다. 큰 밝음에 응하여 함께 나아간다는 것은 크고 밝은 왕에게 순한 마음으로 응하여 짝을 짓는다는 뜻이다. 아침 해가 솟아오르는 것처럼 왕이 난세를 벗어나서 큰 덕을 밝히며 신료들과 함께 나아가는 모습이기 때문이다. 제후와 신하들은 유순한 태도로 크고 밝은 군주를 따른다. 군주가 천지의 덕으로써 천하를 다스리니 온 세상에 숨통이 트이고 밝은 빛이 드리운다.

그러나 바르지 못한 사람들이 왕의 주변에 득실거린다면 나라를 망치는 것은 순식간이다. 여불위는 다음과 같이 말한다. "모름지기 간사하고 음흉한 사람들은 반드시 기미를 이용한다. 어떤 기미를 이용하는가? 군주가 몸소 일하게 하는 것이다. 군주가 몸소 일하길 좋아한다면 직책을 맡은 자는 직책을 버리고 군주가 하는 일에 비위를 맞출 것이며, 군주가 하는 일에 비위를 맞춘다면 잘못이 있어도 책임을 물을 수 없게 된다. 군주는 나날이 세가 깎여 가는데 신하는 나날이 세를 얻게 된다. 마땅히 움직여야 할 것이 멈추어 있고, 마땅히 멈춰야 할 것이 움직이는 꼴이다. 존귀해야 할 것이 비천해지고 비천해야 할 것이 존귀하게 되는 일은 바로 이런 데서 생겨난다. 이런 연고로 나라가 쇠퇴하고 적들이 공격해오는 것이다."

명출지상明出地上이 진晉이니 군자이君子以하여 자소명덕自昭明德한다.

진晉은 밝은 빛이 땅 위로 솟아오르는 모습이다.

군자는 이를 보고 스스로의 덕을 밝힌다.

자연의 이치를 본받아서 행동하는 것이 군자의 덕이다. 따라서 군자는 태양이 떠올라서 온 세상을 비추는 것을 보고 내면에 있는 덕을 밝혀 스스로를 환하게 드러낸다고 하였다. 자신이 자신을 바라보고 살피는 마음가짐을 자소自昭라고 일컬으니, 여기엔 겸손함이 어려 있다. 명덕明德은 덕을 밝힌다는 것이니 덕을 높이고 널리 베풀어서 천하를 다스린다는 뜻이다. 예부터 남들에게 존경받을 만한 덕행을 많이 쌓으면 천작天爵을 받는다고 하였다. 사람이 주는 작위인 인작人爵은 공정하지 못한 때도 있으나, 천작은 하늘이 내리는 벼슬이니 조금도 틀림이 없다. 그러므로 구중궁궐의 섬돌을 밟는 것만 부러워할 일이 아니다.

진여최여晉如摧如이니 정길貞吉하고, 망부罔孚라도 유무구裕无咎하다.

나아가는 듯 꺾이는 듯 하다.

바르게 하면 길하고 믿음이 없어도 넉넉하면 허물이 없다.

진여晉如는 앞으로 나아가는 모습이고 최여摧如는 의지가 없어서 뒤로 물러나는 모습이다. 여기서는 나아가는 듯 꺾이는 듯 하다고 하였으니, 어쩔 줄 몰라서 몸 둘 바를 모르는 모습이다. 현룡見龍처럼 이제 막 세상에 나와서 자신감이 결여되어 있지만 나아가고 물러나기를 반복하더라도 바르게 하면 길하다고 하였다. 믿음이 없어도 넉넉하면 허물이 없다는 것은 윗사람이 지금은 신뢰하지 않더라도 매사에 올바르게 임하려는 곧은 마음이 있음을 말한다. 그러므로 수없이 넘어지고 다쳐도 신념을 잃지 않아야 한다.

할 듯 말 듯 망설이는 사람들은 다른 속셈을 품고 있거나 일에 대해 믿음이 없는 경우가 많다. 그렇게 속고 속이는 어지러운 세상일수록 마음가짐을 바르게 하는 일은 훗날 반드시 득이 된다. 그것은 마치 온 세상이 어둡기 때문에 밤하늘의 별이 돋보이는 것과 같다. 속담에 비스듬히 가도 한양에 다다른다는 말이 있듯, 올바른 마음으로 목적한 바를 잊지 않는다면 누군가의 뜻은 반드시 이루어진다.

진여수여晉如愁如이니 정길貞吉하다.

전진하면서도 어려움이 있을까 걱정한다. 바르니 길하다.

모든 일에 적당히 근신하고 조심하는 마음은 뜻밖의 위기를 모면하게 해주기도 한다. 여기서 진여晉如는 전진하는 모습이고 수여愁如는 걱정하는 마음이다. 앞으로 나아감에 어려움이 따를까 근심할지라도 바른 도리를 지켜나가면 길하다고 하였다. 끊임없이 갈고 닦으며 노력하는 사람에게는 실수가 따르지 않는다. 혹여 실수가 따르더라도 덜 따라붙는다. 맹자는 "마음을 수고롭게 하는 자도 있고, 힘을 수고롭게 하는 자도 있다. 마음을 수고롭게 하는 자는 남을 다스리고, 힘을 수고롭게 하는 자는 남에게 다스림을 당한다."라고 일렀다. 다스림에서도 힘으로 강제하지 않고 바른 도리로 행해야 물처럼 자연스럽게 스며든다. 그러니 이 구절에서 전진하면서도 어려움이 있을까 걱정한다는 것은 백성을 위해서 자신의 마음을 수고롭게 하는 진중한 자세를 일컫는다.

중윤衆允이니 회망悔亡이다.

무리가 진실해서 뉘우칠 일이 없어진다.

나라를 위하는 충정이 높이 드러난다는 말이다. 여기서 무리가 진실하다는 것은 백성이 믿고 따르는 마음이 진실하다는 뜻이며, 뉘우칠 일이 없다는 것은 백성의 마음이 위를 향하고 있기 때문에 후회할 일이 생기지 않는다는 뜻이다. 그러므로 마음이 진실하면 부끄러운 일을 하지 않고 부끄러운 일을 하지 않으니 후회할 일도 생기지 않는다. 모두의 마음이 맑고 투명하면 둘러대거나 감출 것이 없으므로 언제나 떳떳하고 당당하다. 그래서 성품이 진실한 사람은 밝은 색이 다른 색과 잘 조화되듯이 서로 간의 화합도 임의롭다.

진여석서晉如鼫鼠이니 정貞해도 려厲하다.

다람쥐처럼 달려간다. 고집을 부리면 바르더라도 위태롭다.

다람쥐는 체구가 작으면서도 욕심이 많다. 그래서 다람쥐처럼 가볍게 처신하면서도 고집을 부리면 바르더라도 위태롭다고 하였다. 자신의 생각이나 방법에 문제가 있으면 고쳐야 마땅하다. 선종禪宗의 역사를 기록한 『조당집祖堂集』에는 "폐문조거閉門造車"라는 말이 있다. 문을 닫아걸고 그 안에서 수레를 만든다는 뜻이다. 어떤 일이 실제에 부합하는지를 고려하지 않고 오직 자기 생각대로만 한다는 말이다. 이는 허영심이 가득한 다람쥐가 제멋대로 행동한 탓에 재앙이 뒤따르는 것과 다르지 않다.

실득물휼失得勿恤이니 왕유경야往有慶也이다.

얻고 잃음에 노심초사하지 말고 나아가면 경사가 있다.

왕이 밝음을 얻었기 때문에 백성들이 모여들고 지난날의 후회도 사라진다. 그래서 얻고 잃음에 근심할 것이 없으니, 이해득실을 저울질하지 말고 나아가서 일을 맡으면 경사가 있다고 했다. 가기만 해도 좋은 일이 생기는데 계산기만 두드리고 앉아 있을 이유가 없다. 주어진 일에 노심초사한다는 것은 좌고우면左顧右眄하는 모습과 다르지 않다. 이는 좌우를 돌아보며 이 생각 저 생각으로 망설이는 것이며, 어떤 일을 결정짓지 못하는 안타까운 모습을 이른다. 그러므로 힘차게 떨치고 나아가야 경사가 있다고 하였다.

유용벌읍維用伐邑이니 도미광야道未光也이다.

오직 읍을 친다. 도가 빛나지 못하기 때문이다.

오직 읍을 친다는 것은 자신의 권력을 이용하여 이웃을 친다는 뜻이다. 이웃을 정벌한다는 것은 덕이 널리 시행되지 못했고, 그로 인해 반란이 일어났기 때문이다. 다스리는 도가 널리 미치지 못해서 벌어진 일이다. 그러므로 진압하는 과정에서 무조건 정도를 따른다고 해도 좋은 일은 아니다. 민심의 이반은 혜택이 골고루 미치지 못했기에 일어나는 일이기도 하다. 따라서 지나치거나 강경하게 진압해서는 안 된다. 순리대로 행하되, 널리 헤아릴 줄도 알아야 한다. 이러한 정벌은 설령 그 이유와 방식이 정당할지라도 계속 이어지면 원한이 맺혀서 돌이킬 수 없는 지경에 빠질 수 있기 때문이다.

진晉: 아침 해가 환하게 떠오르는 것처럼

화지진火地晉은 힘차게 나아가는 모습이며, 찬란한 태양이 땅 위로 솟구치고 있는 형상이다. 『손자병법孫子兵法』에선 "아침의 기운은 날카롭고, 낮의 기운은 게으르며, 저녁의 기운은 돌아갈 생각만 한다."라고 일렀다. 여기서 아침의 기운이 날카로운 이유는 새로운 기운이 용솟음치는 희망찬 시간이기 때문이다. 새로운 시대가 활짝 열리고, 무슨 일이 됐건 순탄하게 경륜할 수 있는 때가 도래하였다. 그동안 침체일로에 있었던 사람들도 이제부터는 상승일로로 접어들었다는 뜻이다.

이제는 어두웠던 과거는 잊고 차분하게 계획을 세우고 나아가야 한다. 그러다 작은 성공들이 쌓이면 예상치 못했던 이득을 보는 경우도 생긴다. 그처럼 일을 하면 할수록 주변 사람들로부터 인정받고 그에 걸맞은 보상도 따른다. 진晉은 황소처럼 무턱대고 밀어붙이는 것이 아니라 시운을 얻어서 모든 역량을 발휘하는 것이므로 참으로 좋은 때이다. '진晉' 장에서는 이를 두고 "자소명덕自昭明德"이라고 하였다. 태양이 밝은 빛을 골고루 비추듯이 내 안에 있는 덕을 밝혀서 세상을 비춘다는 뜻이다.

또 고집을 부리면서 제멋대로 하는 것을 두고 "진여석서晉如鼫鼠"라고 했다. 다람쥐처럼 달려간다는 뜻이다. 다람쥐는 빠르기도 하지만 욕심이 많고 겁도 많은 동물이다. 가을이 되면 도토리나 밤과 같은 견과류를 겨울 식량으로 저장하는데, 여러 군데에 필요 이상으로 저장하며 다른 동물들에게 도둑을 맞기도 하고 적을 불러들여 목숨을 잃기도 한다. 또한 자그마한 소리에도 놀라서 십 리 밖으로 줄행랑을 치는 바람에 길을 잃기도 하고 그 때문에 쓸데없는 에너지를 낭비하여 단명하는 동물이기도 하다. 그처럼 욕심이 지나치고 정도를 벗어나는 일에 휩쓸려 스스로 화를 자초하는 경우가 세상에는 비일비재하다.

하지만 자기 행동이 정직하고 올바르다면 거리끼는 마음이 생겨나지 않는다. 도둑이 제 발 저리다고, 떳떳하지 못한 사람이 다람쥐처럼 겁부터 내는 것이다. 두려움은 사악한 사람들의 몫이지 무고한 사람들의 차지가 아니다. 『해리포터』의 저자 조앤 롤링Joanne K. Rowling은 "바닥을 치면 두려울 것도 꺼릴 것도 없다. 다시 일어나서 나아갈 일만 남아 있기 때문이다."라고 말했다. 아침 해가 환하게 떠오르는 것처럼 기회가 왔음에도 불구하고 두려운 마음에 머뭇거리면서 석양을 기다리는 우를 범해서는 안 된다. 거듭 반복하듯 『주역』에서는 어떠한 때라도 반드시 시중時中이 있다고 하였다. 시기를 적중하여 놓치지 않는다는 게 그만큼 중요하다는 말이다.

제36장

어둠이 내리면
새도 날개를 접는다

명이 明夷

明夷

명明: 밝음 | 이夷: 상하다, 평정하다

자신을 감추는 지혜를 잊지 마라

明夷 利艱貞

晦其明也 內難而能正其志

明入地中 君子 莅衆 用晦而明

明夷于飛 垂其翼

明夷 夷于左股 用拯馬壯 吉

明夷于南狩 得其大首 不可疾貞

入于左腹 獲明夷之心 于出門庭

箕子之貞 明不可息也

不明 晦 初登于天 後入于地

소인이 세력을 얻어서많은 백성이 고통스러워한다.

종일 내리는 소낙비는 없으며,

위세威勢를 부리는 자도 오래가지 못한다.

밝은 것을 그믐으로 한다는 것은

자신의 밝음을 어둡게 가린다는 말이다.

관용寬容은 어려운 일이 아니지만

자기 자신을 감추는 것은 지혜로워야 가능하다.

재능을 감춘다는 것은 어리석음을 슬기로움으로 옮기는 일이다.

밝은 빛을 감추고 어둠 속에서 실력을 배양한다.

명이明夷는 밝음이 상한 것으로, 어둠이 내리면 나는 새도 날개를 접는다. 명이는 지화명이地火明夷를 말하며, 밝음이 땅속으로 들어가는 형상이다. 죽은 사람과 똑같은 병을 앓는다면 살 수 없고, 멸망한 나라와 똑같은 노선을 걷는다면 그 나라는 망한다. 너무 성하면 지키기 어렵다.

명이明夷는 리간정利艱貞이다.

명이는 어렵더라도 바르게 해야 이롭다.

어려움을 깨닫고 올바름을 굳게 지키는 것이 이롭다는 말이다. 밝음을 가리는 것이 명이明夷이다. 이 구절에서의 명明은 명료하고 결백하다는 의미로 쓰였으며, 밝음으로 인하여 진리를 얻었기 때문에 깨우침의 지혜를 상징하기도 한다. 이夷는 상하거나 다친다는 뜻이다. 어렵더라도 바르게 해야 이롭다는 것은 어려울수록 안으로는 밝게 하고 겉으로는 유순하게 처신해야 한다는 뜻이다.

명이는 태양이 땅속으로 들어가서 밝은 빛이 감춰지는 것으로, 지혜가 암흑 속에 가려지는 양상을 가리킨다. 지혜가 없으면 미래의 변화를 예측할 수 없으며 자연히 모든 상황이 위태로워질 수밖에 없다. 또한 캄캄한 어둠과 같은 환경에 처하면 누구나 답답하고 괴로운 마음이 일어난다. 그렇지만 시류가 어렵다는 것을 깨닫고 인내한다면 극복해나갈 수 있다. 이런 상황에서는 하루는 길고 일 년은 짧다는 마음가짐이 요구되는 것이다.

회기명야晦其明也이니 내난이능정기지內難而能正其志이다.

밝은 것을 그믐으로 한다. 안으로 어려우면서도 능히 그 뜻을 바르게 한다.

음력으로 29일에서 30일경을 그믐이라고 한다. 말 그대로 달이 삭아서 없어지는 때가 그믐이다. 밝은 것을 그믐으로 한다는 것은 자신의 밝은 지성을 어둠으로 가린다는 뜻이다. 어렵지만 의지를 바르게 한다는 것은 힘든 상황일지라도 참고 견뎌내야 한다는 인내의 중요성을 가리킨다. 그래서 안으로는 재능을 감추고 밖으로는 어리석게 처신한다면 비록 비굴하게 보일지는 몰라도 자신의 지조만은 능히 지킬 수 있다. "스스로 드러내지 않는다. 그러므로 밝다."라는 노자의 말처럼, 밝은 것을 그믐으로 한다는 것은 험한 상황에 처할지라도 올바른 뜻은 굳게 지켜나가야 한다는 가르침이다.

명입지중明入地中이니 군자君子는 이중莅衆에 용회이명用晦而明한다.

밝음이 땅 가운데로 들어가는 것이니,
군자는 무리와 함께할 때 그믐을 활용하여 밝힌다.

암울한 시절에 자신을 지키는 방법에 대하여 말하고 있다. 군자는 밝음이 땅속으로 들어가는 것을 보고 밝은 덕이 있어도 무리에서 그것을 드러내지 않는다. 그믐을 활용한다는 것은 밝음을 가리고 어둠을 쓴다는 뜻이니 이것은 재능을 숨겨서 득세한 소인들의 시기를 조심스럽게 피하는 방법을 가리킨다. 재능을 가린다는 것은 결국 슬기로운 처세의 수단이며, 그러므로 참된 지혜가 오히려 빛을 발하게 된다.

명이우비明夷于飛이니 수기익垂其翼이다.

날이 저물어 어둠이 내리면 날던 새도 날개를 접는다.

도가 무너진 세상에서는 머리를 감출 줄 알아야 한다. 날이 저물어 어둠이 내리고 있으니 날던 새도 둥지로 돌아가 하루의 피로를 푸는 것이다. 그래야 다시 밝아오는 내일을 힘차게 맞이할 수 있다. 어두운 세상 속을 계속 걸으면 끝내는 넘어지고 만다. 항상 끝맺음의 때를 알고 신중하게 처신해야 한다는 가르침이다. 『도덕경』에서 “취우부종일驟雨不終日”이라고 일렀으니, 소나기는 온종일 내리지 못한다는 뜻이다. 구름이 가지고 있는 빗물의 양에는 한계가 있고, 권력이나 재력으로 위세를 부리는 자도 결국은 오래가지 못한다.

명이明夷에 이우좌고夷于左股하니 용증마장用拯馬壯이면 길吉하다.

밝은 빛이 사라져서 왼쪽 다리를 상했으니,
구원해주는 말이 건장해야 길하다.

밝은 빛이 사라졌다는 것은 암흑의 시대가 찾아왔다는 뜻이며, 왼쪽 다리를 상했다는 것은 행동에 규제를 받아 자유롭지 못하다는 뜻이다. 그래서 도와주는 말이 건장해야 길하다고 하였다. 비록 다리를 다치기는 했지만 건장한 말을 타게 되면 이동에 지장이 없기 때문이다. 암흑과 같은 지배가 가중되는 상황일지라도 자신이 먼저 중정의 덕을 지니고 있어야만 건장한 말과 같은 구원자를 만날 수 있을 것이다. 『주역』을 쓴 문왕이 감옥에 갇혀 있을 때 아들이 죽임을 당해 소금에 절여온 비극이 있었다. 문왕은 그것을 보고도 놀라거나 원망하기는커녕 태연하게 처신하여 목숨을 부지했다. 여기서 밝은 빛이 사라져 왼쪽 다리가 상했다는 건 문왕 개인의 비극과 아픔을 상징한다고도 볼 수 있다.

명이우남수明夷于南狩하고 득기대수得其大首하니
불가질정不可疾貞이다.

암울한 시대에 남쪽 지방에서 사냥한다.
그 큰 머리를 얻었어도 빨리 바로잡을 수 없다.

남쪽에서 사냥한다는 것은 남쪽 지방을 정벌한다는 뜻이다. 용기 있게 일어나고 단호하게 진군하여 적의 우두머리를 취하였다. 빨리 바로잡을 수 없다는 것은 보통 때라면 큰 상을 받아야 마땅하지만, 명이明夷의 시절이므로 합당한 공로조차도 인정받지 못한다. 이 구절은 전공을 인정받으려고 초조한 심정으로 우쭐대지 말고 묵묵히 기다리라는 뜻이다. 또한 큰일을 하고자 할 때는 뚜렷한 명분이 있어도 왕의 재가를 받고 민심을 얻은 후 감행해야 한다는 말이기도 하다. 쓸데없는 오해나 의심을 사서 손해를 보거나 자충수에 빠질 필요는 없다.

입우좌복入于左腹하여 획명이지심獲明夷之心하고
우출문정于出門庭하다.

왼쪽 배로 들어가서 어두운 자의 마음을 얻은 후
문밖 뜰로 나섰다.

폭군의 뱃속으로 들어가서 폭군의 마음을 읽었다. 즉, 은나라 주왕의

심중으로 들어가서 그에게 개선의 조짐이 없다는 것을 알게 되었다는 뜻이다. 그래서 어두운 궁궐을 벗어나 세상 밖으로 도망치다시피 나왔다. 누군가의 본색은 무엇이든 빨리 파악할수록 좋다. 빨리 파악할수록 시행착오를 덜 겪고 곤경에 빠지지 않을 수 있다. 그래야 몸과 마음의 평안을 얻을 수 있다. 그와 내가 인연이 아니라는 것을 깨달았다면 하루라도 빨리 새로운 길을 모색해야 한다. 밝음이 상한 곳은 불구덩이나 다름없으니 급히 빠져나와야 함을 강조하고 있다.

기자지정箕子之貞이니 명불가식야明不可息也이다.

기자의 바름은 밝음을 쉬지 않는 것이다.

기자箕子는 은나라의 충신으로 주왕의 숙부였다. 기자는 주왕의 폭정이 극에 달하자 미친 척하여 자신의 총명함을 감추었다. 여기서 기자의 바름은 밝음을 쉬지 않는 것이라고 했는데, 이것은 안으로 감추어둔 밝은 도를 잠시도 잃지 않았다는 뜻이다. 여기서 말하는 도道는 몰래 감추어둔 보석과도 같은 것이니 남에게 알려서도 안 되고 드러내서도 안 된다. 귀중한 물건을 남에게 과시한다는 것은 자신의 목숨을 길거리에 내놓는 것과 다르지 않기 때문이다.

예부터 곧게 뻗은 나무가 먼저 잘리고, 맛있는 샘물이 먼저 마르며, 신령한 뱀이 먼저 햇볕에 말려진다고 했다. 역사적으로 보았을 때도 맹분孟賁이 죽임을 당한 것은 너무 용감했기 때문이고, 비간比干이 죽임을 당한 것은 너무 고상했기 때문이다. 또한 오기吳起의 몸이 찢기게 된 것은 너무나 일을 잘했기 때문이고, 서시西施가 익사한 것은 너무나도 아름다웠기 때문이다. 이들은 하나같이 자신의 뛰어난 장점 때문에 억울하게 죽었다. 그렇기에 묵자가 "너무 성하면 지키기 어렵다."라고 했던 것이다.

불명不明하고 회晦하니 초등우천初登于天하고 후입우지後入于地한다.

밝지 않아서 어둡다. 처음에는 하늘로 오르고
나중에는 땅속으로 들어간다.

밝지 않다는 것은 지혜롭지 못하다는 뜻이고, 어둡다는 것은 때를 얻지 못했다는 뜻이다. 하늘로 오르다가 땅속으로 기어간다는 것은 처음에는 온 세상을 밝게 비추다가 나중에는 올바른 도리를 잃고 소멸한다는 말이다. 폭군은 처음엔 정치를 잘하다가 나중에 백성을 괴롭히며 나라를 큰 혼란에 빠트렸으므로 결국에는 죽임을 당하였다. 상고시대 이래로 패업霸業을 이룬 왕들이 많았는데, 공적은 모두가 상이하지만 백성의 살림살이를 살피고 그들의 평안함을 추구한 것은 모두가 같았다. 하지만 어떤 이는 죽임을 당하고 어떤 이는 성군으로 추대되어 역사 속에서 빛을 발한다. 은나라의 마지막 왕인 주왕은 결국 주나라의 무왕에게 머리가 잘려 죽었고, 은나라는 주나라에 의해 멸滅하였다.

명이明夷: 어둠으로 밝음을 지향하는 시간

명이明夷는 밝음이 상한다는 것이니 해가 땅속으로 들어가고 올바른 것들이 해를 입는다는 뜻이다. “기자지정箕子之貞”은 기자가 밝음을 상하여 바름을 지켰다는 말이다. 이 말은 『논어』의 「미자微子」 편에 나온다. 은나라에는 세 명의 어진 신하가 있었다. 미자는 주왕의 폭정을 간하다가 말을 듣지 않자 은나라를 떠났으나, 비간比干은 계속 간하다가 죽임을 당했다. 그리고 기자箕子는 주왕의 잘못을 간하다가 종이 되었으나 미치광이 노릇을 하여 화를 면하였다.

『삼십육계三十六計』에서는 이를 “가치부전假痴不癲”이라고 하였다. 이 말은 어리석은 사람처럼 보이되 진짜 미친 것은 아니라는 뜻이다. 기자는 자신의 총명함을 숨김으로써 목숨을 부지하여 다음 세상을 기약하였고 후일 고조선기자조선의 군주가 되었다. ‘명이明夷’ 장에서는 이를 일러 리간정利艱貞하고 회기명야晦其明也한다고 하였다. 간난 속에서 바르고 이롭기 위해선 그 밝음을 감추어야 한다는 뜻이다.

관대하게 알고도 모르는 척 넘어가는 것은 그렇게 어려운 일이 아니지만, 자신의 총명함을 감추는 것은 지혜로워야만 가능한 일이다. 암흑의 시대에는 크나큰 덕이 오히려 박해를 받고 상처를 입게 된다. 상식과 도리가 통하지 않기 때문에 온갖 고초를 겪지만 먼 훗날을 위해서는 자신의 명석함을 감추고 참아내야 한다. 이것이 바로 어둠을 씀으로써 밝음을 지향하라는 『주역』의 가르침이다. 『삼국지三國志』에서는 이를 “도광양회韜光養晦”라고 하였다. 이는 유비가 촉의 땅으로 은신하듯 들어갈 때 공명이 한 말이다. 빛을 감추고 어둠 속에서 실력을 배양해야 한다면

서 유비를 위로했던 것이다. 기자나 유비나 실속 있는 내적인 가치를 다지고 쌓았기 때문에 당시의 세상을 자신의 것으로 만들 수 있었다.

은나라 말기를 시대적 배경으로 보면, 마지막 천자였던 주왕은 이치에서 벗어난 가혹한 법을 만들어 백성들을 착취하고 억압하였다. 또한 정사는 뒷전이었으면서도 달기妲己라는 여인을 총애하여 호화로운 궁궐을 짓고 온당치 않은 쾌락을 추구하며 방탕한 생활을 했다. 당시 귀족들이 대를 이어 벼슬하는 것이 전통적인 관례였지만, 주왕은 중앙집권제를 강화하기 위해서 왕에게 절대적으로 복종하는 사람들로만 자리를 채웠다.

그러다가 동쪽의 오랑캐 정벌에 나섰으나 비록 승리하기는 했지만 오랜 전쟁으로 국력이 쇠하였다. 백성들의 삶은 더욱 피폐해지고 혼란이 가중되던 때, 주周나라의 무왕이 떨쳐 일어났다. 은나라 병사들은 창을 거꾸로 세우고 무왕에게 길을 열어주었다. 어느 나라, 어느 시대를 막론하고 역사는 항상 승자의 기록이니 그것을 감안하고 헤아리면 된다. 기록에는 본래 주왕이 정치를 잘했지만, 나중에 폭정으로 백성을 괴롭히고 나라를 어지럽히다가 결국 주나라의 무왕에 의해 축출당했다고 나와 있다. 처음엔 천자가 되어 천하를 비추다가 나중에는 도를 잃고 사라졌음이다.

이것이 '명이明夷' 장에서 말하는 명입지중明入地中이다. 태양이 처음에는 하늘로 올랐지만 나중에는 땅속으로 들어간다는 뜻이다. 결국 밝은 빛이 사라지니 암흑처럼 어두운 세상이 도래한다. 옛말에 "죽은 사람과 똑같은 병을 앓는다면 살 수 없을 것이며, 멸망한 나라와 똑같은 노선을 걷는다면 나라를 망치지 않을 수 없다."라고 했다. 우리는 때로 거친 파도가 치는 험한 인생길을 살아가야 하기에 중국 역사상 최초의 국가였던 은나라의 역사를 되돌아볼 만하다.

제37장

착한 아내 어진 어미가
집을 지킨다

가인家人

家人

가인家人: 집을 지키는 사람

진실한 믿음으로 가족을 대해라

家人 利女貞

正家而天下定矣

風自火出 家人 君子 言有物而行有恒

閑有家 悔亡

无攸遂 在中饋貞吉

家人嗃嗃 悔厲 吉

富家大吉 順在位也

王假有家 勿恤 吉

有孚 威如 終吉

어긋남이 없는 집안은 어수선하지 않고 오히려 한가롭다.
남녀가 각자 바르게 해야 하는 것은
천지가 위대한 도리를 행하는 것과 같다.
여인이 인내하면 가족은 물론 모든 일가친척까지도 평안하다.
친한 친구나 부모와 자식 간에도
해도 되는 말이 있고 해서는 안 될 말이 있다.
집이 좁은 건 참고 살 수 있으나
속이 좁은 사람과는 같이 살기 힘들다.
무심코 내뱉은 말 한 마디가 마른 풀숲에 불을 지른다.

가인家人은 착한 아내, 어진 어미가 집을 지킨다는 뜻이다. 가인은 풍화가인風火家人을 말하며, 바람이 불을 일으키는 형상으로 가인이 집안을 일으킴을 나타낸다. 우린 흔히 함께 사는 사람에게 정은 있지만 사랑이 느껴지지 않는다고 말한다. 그렇지만 현명한 사람은 계절마다 그 나름의 아름다움을 느낄 줄 안다.

가인家人은 리여정利女貞이며, 정가이천하정의正家而天下定矣이다.

집을 지키는 사람은 바르게 해야 이롭고,
안을 바르게 해야 천하가 정해진다.

남자는 바깥일에 힘쓰고 여인은 집안일에 힘써야 하므로 각자 맡은 소임이 다르다. 특히 집을 지키는 여인은 가풍을 이어가고 집안일을 책임져야 하기에 태도가 바른 것이 중요하다. 가인은 어른을 존중하고, 남편을 위하며, 자식을 귀하게 여기는 존재다. 그래서 한 집안의 길흉은 여인의 마음가짐에 달려 있다. 여자가 바르게 해야 이롭다는 것은 가인이 인내하면 가족은 물론 모든 일가친척까지도 평안하기 때문이다.

이는 문명이 발달하지 않은 고대사회에서 집안을 지키고 내조하는 여인의 역할을 얼마나 중요하게 여겼는지를 보여준다. 근대 이전의 봉건적인 계급사회에서는 남녀가 각자 바르게 하는 것이 천지가 위대한 도리를 행하는 것과 같았다. 송나라의 주희朱熹가 편찬한 『대학大學』에서도 "나라를 다스림에는 반드시 먼저 집안을 가지런히 함이 있다."라고 했는데 이 구절과 맥락이 같다.

풍자화출風自火出이 가인家人이니

군자君子는 언유물이행유항言有物而行有恒한다.

바람이 불을 일으키는 것이 가인이다.

군자의 말에는 내용이 있고 행동에는 항상성이 있어야 한다.

언행의 일치를 강조하고 있다. 가인을 바람이 불을 일으키는 것에 비유하였다. 이 말은 불을 지피듯이 집안을 일으키는 사람이 가인이라는 뜻이다. 집안에서의 작고 사소한 일도 부풀어지면 큰일이 되기에 군자는 말은 사실에 근거하여 신중하게 하고 행동에는 일관성을 갖춰야 한다고 했다. 집안에서나 밖에서나 말과 행동은 진실하고 항상성이 있어야 신뢰를 얻는다. 발타자르 그라시안은 평소에 유언장을 쓴다는 각오로 말하라고 했다. 그처럼 친한 친구나 부모자식 간에도 해도 되는 말이 있고 절대로 해서는 안 되는 말이 있다. 무심코 내뱉은 말 한 마디가 마른 풀숲에 불을 지른다. 그래서 말을 할 때는 버릴 말이 없어야 하고 반드시 정확하고 치밀해야 좋다.

한유가閑有家이니 회망悔亡이다.

집안이 한가로우면 후회할 일이 없다.

자유롭고 편안한 것이 좋다 하여 집안의 법도가 혼란스러워져서는 안 된다. 그래서 집안을 잘 단속하면 후회할 일이 생기지 않는다고 하였다. 어긋남이 없는 집안은 어수선하지 않고 오히려 한가롭다. 불안을 초래하는 일을 만들지 않고 오히려 대비하고 있으니 언제나 안정되어 있다. 고려 말기 나옹懶翁 선사가 다음과 같은 시구를 남겼다. "마당에 돌그릇 언제나 평온하고, 세월의 비바람에 지붕 비록 낡았어도, 매화 향기 가득하니 아쉬울 것 있을까. 흰 구름 노니는 작은 초막에서, 앉고 눕고 거닐어도 한가롭다." 옛사람의 생활 속에 넉넉한 여유와 빛나는 지혜가 함께 머물고 있다.

무유수无攸遂이니 재중궤정길在中饋貞吉이다.

이루려는 바가 없고 안에서 음식을 먹으니 길하다.

가족사랑은 밥상에서 비롯된다는 말이다. 여기서 이루려는 바가 없다는 것은 기본적으로 밖에 나가서 적극적으로 활동하지 않는다는 뜻이다. 괜한 일을 만들어서 화를 자초하지 않는다는 말이기도 하다. 안에서 음식을 먹으니 길하다는 것은 아내는 음식 장만에 공을 들이고 온 가족들이 둘러앉아 먹으니 화목하다는 뜻이다. 집안에서 행해지는 일들이 누군가에게는 비록 사소하게 여겨질지도 모르지만, 아침밥을 지어서 온 가족이 함께 먹을 수 있다는 것 자체가 행복이고 본능에 가까운 즐거움이다. 이처럼 흔하고 사소한 행복이 우리 주변에는 수도 없이 널려 있지만 많은 사람들이 간과한 채 살아간다.

가인학학家人嗃嗃이니 회려悔厲하나 길吉하다.

집안의 여인이 엄숙하여 위태로우나 후회가 있어 길하다.

시어머니가 며느리와 딸을 엄하게 꾸짖으니 위태로워 보이지만 뉘우침이 있어 오히려 길하다고 하였다. 하지만 꾸짖어도 부끄러움을 모르고 반성할 줄도 모른다면 집안에 화가 미치는 것은 당연한 일이다. 예부터 집이 좁은 건 참고 살 수 있으나 속이 좁아서 쩨쩨하게 구는 사람하고는 같이 살기 힘들다고 하였으니 마음 씀씀이가 넉넉해야 한다. 서로의 마음가짐이 넉넉하고 자애로워야 가정이나 사회의 모든 구성원간에도 화목하고 밝은 평화가 유지된다. 그런 분위기 속에서만 사람들이 부끄러움도 알고 후회도 할 줄 알게 된다.

부가대길富家大吉이니 순재위야順在位也이다.

집을 부유하게 하는 것은 순한 것이 위에 있음이다.

부자가 되는 길에 대하여 말하고 있다. 집안을 부유하게 만드는 것은 남자의 도를 가리키는 것이다. 하지만 순한 것이 위에 있다고 하였으니 현명한 아내의 내조가 매사에 영향을 끼친다는 뜻이다. 그런 아내의 내조를 받는 남편이 밖으로 나가면 겸손한 태도를 갖추고 부드럽게 소통할뿐더러, 매사에 당당하게 임할 것이니 어려운 일도 막힘없이 성사시키고 돌아온다. 이렇게 아내의 올바른 내조가 한 집안을 부유하고 넉넉하게 만든다고 보았다. 그래서 '가인家人' 장에선 가인을 바람이 불을 일으키는 것에 비유하여 "풍화가인風火家人"이라고 명명하였다.

왕격유가王假有家이니 물휼勿恤하고 길吉하다.

왕이 집을 갖고 지극하게 하니, 근심하지 않아서 길하다.

격假을 거짓이라는 뜻으로 사용할 때는 '가'로 읽지만, 여기서는 지극하다는 뜻이므로 '격'으로 읽는다. 나라를 다스리는 군왕도 한 집안으로 보면 가장이다. 왕이 가정을 꾸리고 집안을 지극하게 하니 왕의 가족이 근심치 않아서 길하다고 하였다. 집안을 지극히 한다는 것은 가족들에게 아낌없는 사랑을 두루 베푸는 일이다. 그로 인해 근심거리가 사라졌으니 왕이 집안을 살피듯 백성을 가까이서 보살피게 된다고 하였다. 이 구절은 왕의 집안도 일반 가정처럼 평안해야 왕이 근심치 않고 백성을 다스릴 수 있다는 말을 하고 있다.

유부有孚하고 위여威如하니 종길終吉하다.

믿음을 두고 두렵게 하면 마침내는 길하다.

집안의 도가 완성되는 단계로서 진실한 믿음이 가족 사랑의 근본이라는 말이다. 유부有孚는 믿음을 둔다는 뜻이고 두렵게 한다는 것은 위엄을 갖추어야 한다는 뜻이다. 그러므로 자애로운 마음이 있으면서도 동시에 위엄이 있으니 마침내는 좋은 결과를 초래한다고 하였다. 『논어』에 "무신불립無信不立"이라는 말이 있다. 사람에게 믿음이 없으면 바로 설 수 없다는 뜻이다. 진실한 믿음을 바탕에 두고 당당한 위엄을 갖추고 있으면 세상에 거리낄 것이 없다.

가인家人: 가정의 평온함이 모든 것의 열쇠다

가인家人은 집을 지키는 사람이다. 여기서는 여인은 어떤 일이 있어도 끝까지 집을 지켜야 한다는 당위성에 대해 말하는데, 벌써 삼천 년 전의 봉건적인 사상이라서 오늘날의 사회상과는 상이한 점이 있다. 현존하는 사회는 남녀가 공히 평등한 시대에 살고 있기 때문이다.

우리 부모 세대까지만 해도 남편을 바깥양반이라고 호칭했고 아내는 안사람이라고 호칭했다. 왜냐하면 남자는 대문 밖에서 일을 하고 여성은 울타리 안에서 일을 했기 때문에 그렇게 불리어왔다. 그러나 현대의 여성들은 남성과 동등한 사회구성원으로서 자신의 끼와 역량을 마음껏 발휘하고 있다. 현재 맞벌이하는 가정이 전체 가구의 절반에 달하며 계속 증가하는 추세에 있다. 현대 여성들의 사회활동은 가정경제에서도 한 축을 담당하고 있지만, 범국가적인 측면에서도 엄청난 국력이고 없어서는 안 되는 인적자원이다.

가정의 행복이나 불행은 눈에 보이지 않는 추상적인 개념이라서 그 깊이를 잴 수도 없고 무게를 달아 측정할 수도 없다. 하지만 주변에 보면 살림살이는 녹록지 않아도 서로가 신뢰하고 배려하는 가운데 아낌없는 사랑을 나누며 살아가는 훈훈한 가정을 드물지 않게 볼 수 있다. 그런가 하면 아주 부유하면서도 걱정거리라고는 단 하나도 없어 보이지만 서로 바라보는 곳이 달라서 각자의 방식대로 살다 보니 집안에 고성이 오가는 집도 있다. 프랑스의 작가인 프랑수아 를로르François Lelord는 "사람들은 함께 사는 사람에게 정을 느끼지만, 사랑을 느끼진 않는다. 그러나 현명한 사람은 계절마다 그 나름의 아름다움을 느낄 줄 안다."라고 했다. 이 말은 부부간의 애정이나 금슬이 어떤 방식으로 변해야 하는지, 우린 그것을 어떻게 받아들여야 현명한 삶을 살아갈 수 있을지 참으로 적절하게 표현하고 있다.

서로 모르는 남녀가 만나서 짝을 맺고 가정을 이루는 것보다 더 대단한 인연은 이 세상에 없다. 가정은 국가와 사회를 구성하는 가장 소중한 기반이지만, 부부간에도 서로의 생각이 다르고 추구하는 바도 다르며 행동하는 양식 자체가 다를 수밖에 없다. 하지만 사람은 본래 다른 사람의 다름을 받아들일 줄 알아야 크게 발전한다. 그 다름을 인정하고 품어주며 심지어는 북돋우는 가운데 평온한 가정은 유지되고 우리 사회는 크게 도약한다. 먼저 베풀고 서로 베풀려는 마음이 다투어야 행복한 웃음소리가 담장을 넘어간다. 아무리 친한 관계일지라도 말에는 근거가 있고 행동에는 항상성이 있어야 한다. 가정을 바르게 하면 주변의 모든 것들이 바로 서고 안정된다. 이것이 '가인家人' 장에서 말한 "정가이천하정의正家而天下定矣"로서 집안을 바르게 하면 천하가 안정된다는 가르침이다.

제38장 서로의 생각이 조금씩 다르다 규睽

睽

규睽: 어그러지다, 외면하다, 등지다

작은 일부터 성심을 다해라

睽 小事 吉

天地睽而其事同也 男女睽而其志通也

上火下澤 睽 君子 以 同而異

喪馬勿逐 自復 見惡人 无咎

見輿曳其牛掣 位不當也 无初有終 遇剛也

遇元夫 交孚 厲 无咎

悔亡 厥宗噬膚 往 何咎

睽 孤

물과 불이 서로 등져 있지만 어긋난 것이어서 오히려 유익하다.
남녀의 생각이나 행동거지는 달라도
아이를 낳고 기르고자 하는 뜻은 통한다.
안방에 가면 시어머니 말이 맞고 부엌에 가면 며느리 말이 맞다.
따뜻하게 하는 불이 있는가 하면 화마火魔도 있고
먹는 물이 있는가 하면 익사시키는 물도 있다.
여자가 화대花代를 받고 살았어도,
아이를 낳고 가정을 건사하면 가인으로 인정받는다.
일이 커지기 전에 수습하는 지혜가 필요하다.

規睽는 어긋나는 것으로, 서로의 생각이 조금씩 다른 것을 일컫는다. 규는 화택규火澤睽를 말하며, 이는 연못 위에 불이 있는 형상이다. 안정된 것은 유지하기 쉽고, 겉으로 불거지지 않은 문제는 해결하기 쉽다. 취약한 것은 부서지기 쉬우며 미세한 것은 흩어버리기 쉬우니 일이 커지기 전에 해결해야 한다.

規睽는 소사小事라면 길吉하다.

규는 서로 어긋나 있는 상황이니 작은 일이라야 길하다.

서로의 뜻이 일치하지 않을 때는 큰일은 제쳐두고 사소한 일부터 도모해야 한다. 규는 서로 어긋나는 상황으로, 불은 위로만 솟구치며 타오르려 하고 연못의 물은 하염없이 아래로만 흐르려 고집하는 모습이다. 작은 일이라야 길하다는 것은 어긋나 있는 상황에서 작은 일은 상관없지만, 큰일은 논하기 어렵다는 뜻이다. 시어머니와 며느리처럼 두 여인이 같은 집에 살고 있지만 품고 있는 생각이 다르므로 반목하는 일이 빈번하게 발생한다. 그래서 안방에 가면 시어머니 말이 맞고 부엌에 가면 며느리 말이 옳다. 큰일을 앞에 두고 뜻이 엇갈린다면 문제가 복잡해지고 서로 상처만 입게 된다.

천지규이기사동야天地睽而其事同也이니

남녀규이기지통야男女睽而其志通也이다.

천지가 어긋나도 그 일은 같으며,

남녀가 어긋나도 그 뜻은 통한다.

하늘이 위에 있고 땅은 아래에 있어 두 기운이 어긋나도 만물을 이루고자 하는 뜻은 같다. 남녀의 생각이나 행동거지가 달라도 아이를 낳고 기르고자 하는 그 뜻은 통한다. 만물의 질서가 이와 같으니 어긋남을 때에 따라서 활용하는 것은 그 의미와 가치가 크다. 동진東晉 시대의 소설집인 『수신기搜神記』에는 "연리지連理枝"라는 말이 있다. 두 나무는 따로 떨어져 있지만, 가지가 맞닿아서 서로 간에 결이 통한다는 뜻이다. 당나라의 백거이白居易는 「장한가長恨歌」라는 서사시에 "새가 된다면 비익조比翼鳥가 되고, 나무가 된다면 연리지가 되자."라는 문장을 남겼다. 남자와 여자도 따로 태어나고 서로 다른 환경에서 자랐지만 부부가 되어 한 몸으로 살다 보면 뜻이 절로 통하는 것과 이치가 같다.

상화하택上火下澤이 규睽이니 군자이君子以하여 동이이同而異한다.

불이 위에 있고 호수가 아래에 있다.

군자는 이를 보고 다르면서도 같이 한다.

서로의 차이를 인정하고 받아들여야 유익하다는 말이다. 불이 위에 있다는 것은 타오르기 때문이고, 못이 아래에 있다는 것은 아래로만 흐르는 습성 때문이다. 물과 불이 어긋나는 것은 지극히 자연스러운 현상이지만, 인간은 서로 어긋나면 각자 자기 일만 주장하고 자신의 생각만 늘어놓는다. 군자는 이를 보고 다르면서도 같이하여 형평을 추구한다고 했다. 다르면서도 같이한다는 것은 서로의 뜻은 상이해도 같은 것을 도모한다는 말이다. 집안을 따뜻하게 하는 불이 있는가 하면 집을 몽땅 태우는 불도 있다. 먹는 물이 있는가 하면 사람을 익사시키는 물도 있다. 이렇게 같지만 다르게 쓰이고 있으니 때와 상황에 따라서 다른 것을 같게 하고, 같은 것을 다르게 적용해야 이롭다는 말이다.

상마물축喪馬勿逐이니 자복自復하고 견악인見惡人해도
무구无咎하다.

말을 잃고 쫓지 않아도 스스로 회복한다.
악한 사람을 만나도 허물이 없다.

말을 잃고도 쫓아가지 않는다는 것은 그 말을 찾겠다고 따라가면 도둑의 소굴로 들게 되기 때문이다. 스스로 회복한다는 것은 말은 길눈이 밝아 알아서 돌아온다는 뜻이다. 악한 사람을 만나도 허물이 없다는 것은 악한 사람을 피하기보단 허물을 피해야 한다는 말이다. 그래서 아무리 악한 사람이라는 평판이 나돌지라도 지레짐작으로 멀리할 필요는 없다. 사람의 쓰임새는 어떤 사물보다도 다양하고 광범위해서 악한 사람이 오히려 득이 되고 복이 될 때도 있다. 그것은 마치 같은 물이라도 소가 먹으면 젖이 되고, 뱀이 먹으면 독이 되는 것과 같다. 악한 사람도 쓰이기 나름이고, 좋은 사람 역시도 쓰이기 나름이다. 이 세상에는 언제나 선한 사람만 존재하는 것이 아니기 때문이다.

옛날에 어느 집 소가 우직하게 일도 잘하고 새끼도 쑥쑥 잘 낳아서 기르기에 웃돈을 얹어주고 사 왔다. 그런데 밭을 갈아도 시원찮고 새끼도 들어서지 않았다. 여물은 한정 없이 먹어대면서도 쇠귀신처럼 말을 듣지 않았다. 도대체 이유가 무엇이었을까? 그것은 뒤의 61장에서 말하게 될 '중부中孚'가 부족해서 그렇다. 중부는 돈독한 믿음이다. 돈독하게 믿음이 있는 마음은 돼지나 물고기와 같은 미물微物에게도 영향을 미친다. 그러므로 처음부터 좋은 사람도 없고 나쁜 사람도 없다. 애초부터 좋은 소도 없었으며, 나쁜 소도 없었다. 사람이든 미물이든 내가 어떻게 대하고 어떻게 활용하느냐에 따라서 지극히 달라진다.

견여예기우체見輿曳其牛掣이니 위부당야位不當也이고
무초유종无初有終은 우강야遇剛也이다.

수레를 당기고 그 소를 막음은 자리가 마땅치 않음이다.
무초유종은 강剛을 만남이다.

합당한 장소에 거하지 못하여 방해받고 있다가 귀인을 만나 풀려나는 형상이다. 수레를 당긴다는 것은 수레가 앞으로 가지 못하게 뒤에서 잡아당긴다는 뜻이고, 소를 막는다는 것은 소가 가지 못하게 고삐를 잡는다는 뜻이다. 둘 다 처음엔 자리가 마땅치 않아서 고비를 겪는다. 그러나 무초유종无初有終이라고 하였다. 처음에는 어려웠지만, 나중에 도와주는 이를 만나서 원하는 바를 이룬다는 뜻이다. 또한 무초유종이 강剛을 만나는 것이라고 하였으니 이 구절에서 말하는 후원자는 보이지 않게 돕고 있지만 굳세고 강한 사람이다.

우원부遇元夫이니 교부交孚하고 려厲하니 무구无咎하다,

착한 남편을 만나서 미덥게 여기며 산다.
위태롭게 여기면 허물이 없다.

천신만고 끝에 착한 남편을 만났으니 비로소 한 여자의 뜻이 이루어졌다. 서로 미덥게 여기고 살면서 다른 한편으로 위태롭게 여긴다면 허물이 없다고 하였다. 배우자를 만나서 믿고 의지할지라도 어렵게 여겨야 허물이 없다는 뜻이다. 남자가 비렁뱅이로 살아왔어도 지금 부유하다면 부자로 인정받고, 여자가 화대를 받으며 몸을 팔고 살았어도 지금 아이를 낳고 가정을 건사한다면 가인家人으로 인정받는다. 과거로부터 시선을 떼서 현재와 미래에 놓는 일, 그런 후 서로 아끼고 사랑하며 살아가는 일의 중요성을 말한 것이다. 현재의 안정된 생활이나 행복을 당연하다고 여기지 않아야 무탈할 수 있다는 가르침이다.

회망悔亡하고 궐종서부厥宗噬膚하니 왕往에 하구何咎리오.

뉘우침이 없어지며 그 종당이 살을 씹으며 감에
무슨 허물이 있으리오.

어긋난 것들을 해소하고자 노력하는 과정에서 점차 후회할 일들이 사라진다. 궐종厥宗은 종친이나 일가친척을 가리킨다. 그 종당宗黨이 살을 씹으며 간다는 것은 그 일가친척들이 고기를 내어준다는 의미이니 곧 경제적으로 도움을 준다는 뜻이다. 가난에 찌든 생활이 오래 지속되거나 지나치게 되면 선한 마음이 허물어지고 도덕성도 사라진다. 좋은 마음을 다시 일으키는 것도 어렵고, 선을 유지한다는 것도 요원한 일이 된다. 그러니 누군가의 도움이 절실하게 필요할 때 일가친척들의 도움을 받으며 살아감엔 허물이 있을 수 없다.

규睽하니 고孤하다.

어긋나니 외롭다.

어긋나 있으니, 외로움과 고독이 심각한 지경에 이르렀다. 덕이 있는 사람에게는 믿고 의지하려는 사람들이 찾아와서 외롭지 않지만 어긋난 채로 등을 돌리고 있으면 나 혼자서만 외로울 뿐이니 적막강산이 따로 없다. 어긋났다는 것은 처음에는 꼭 맞았었다는 의미이다. 이제 문을 걸어 잠근 후 깊은 곳에 홀로 앉아 있으니 찾는 이 없고 뜰에는 구름의 그림자만 가득하다. 그래서 외로운 마음에는 아쉽고 안타까운 심정이 늘 서려 있다. 어긋나 있는 상태에서는 지나온 과거를 헤집고 다니기도 쉬우므로 자책하는 괴로움이 가중된다. 내 주위의 모든 관계를 중히 여기고, 그 속에서 가급적 의리가 상하지 않도록 살아가야 한다는 가르침이다.

규睽: 막 시작된 불길은 잡기 쉽다

가정이 화목하지 못하면 집안에서만 시끄러운 것이 아니라 밖에서 일하는 사람이나 학교에 가서 공부하는 자녀도 제대로 자기 능력을 발휘하기가 어렵다. 궂은 날도 있고 갠 날도 있듯 부부간에 벌어지는 어쩌다 한 번쯤의 다툼이야 대수롭지 않게 넘어갈 수 있다. 또한 별것 아닌 언쟁이나 사소한 분쟁은 큰 장애가 되지 않는다. 하지만 긴 장마처럼 갈등이 장기간 지속된다면 가정이 온전치 못하게 되는 것은 너무나도 자명한 일이다.

특히 성장기 자녀들에게 부모의 역할은 절대적이다. 그러므로 안에서나 밖에서나 일이 커지고 복잡해지기 전에 수습하는 지혜가 필요하다. 이제 막 시작하는 불길은 잡기가 쉽다. 화마로 번지기 전에 얼른 잡으면 된다. 노자는 "안정되어 있는 것은 유지하기 쉽고, 겉으로 불거지지 않은 문제는 해결하기 쉽다. 취약한 것은 부서지기 쉽고, 미세한 것은 흩어버리기 쉽다. 그러므로 일이 커지기 전에 처리하고, 어려움이 닥치기 전에 해결하라."라고 하였다. 노자의 말은 화목한 가정이나 건전한 사회를 만들기 위해 꼭 필요한 가르침일 것이다.

『주역』에서는 이에 대하여 "리여정리여인利女貞利女忍"이라 언급한다. 여인의 성정이 바르고 인내해야 이롭다는 뜻이다. 그러나 바르고 인내하는 품성은 비단 여성에게만 요구되는 것은 아니다. 당연히, 남성에게도 똑같이 요구되는 미덕이다. 좋은 가정은 늘 서로서로 배려하고 베푸는 이들에 의해 유지되며, 불행한 부부관계를 들여다보면 거의 언제나 쌍방에게 잘못이 있다. 이 시대에 여성과 남성을 유별해서 따질

일은 아니다.

남편과 아내가 서로를 미덥고 중요하게 여기면 허물이 있을 수 없다. 이는 현대에도 통용되는 『주역』의 귀중한 가르침이다. 부부가 서로 갈라지는 원인은 대개 자신의 부족함이나 잘못은 인정하지 않고 항상 상대방만 탓하기 때문이다. 그런 결혼 생활을 했던 이가 이혼을 한 뒤에 재혼을 열 번 하고 백번 한들 무슨 소용이 있으랴. 그러니 상대방에게 무엇인가를 요구하기 전에 먼저 자기 자신부터 돌아보는 성찰이 필요하다.

제39장 위험을 감지하고 멈추니 지혜롭다 건 蹇

蹇

건蹇: 이지러지다, 손상되다, 잘못되다

멈추어야 할 때를 알아라

蹇 利西南 不利東北 利見大人

險在前也 見險而能止 知矣哉

山上有水 蹇 君子以 反身脩德

往蹇 來譽

王臣蹇蹇 匪躬之故

往蹇 來反

往蹇 來連

大蹇朋來 以中節也

往蹇來碩 志在內也 利見大人

세상천지에 아무 난제難題도 없고 또 굴곡도 없는 탄탄대로는 없다.
오직 자력自力으로만 큰 뜻을 이루려는 것은
올바른 노력이라고 볼 수 없다.
불길로 들어가면 타 죽거나 데이지만,
적당히 떨어져 있으면 몸을 따뜻하게 할 수 있다.
행하고도 얻지 못한다면
모두 자기 잘못이니 자신이 바르면 천하가 돌아온다.
틀에 박은 학문에 매일 것이 아니라
만인을 위해 고민하고 생각하는 힘을 키워야 한다.
정직하고 성실하며 박식한 이와 벗을 해야 이롭다.

건蹇은 이지러진 것을 가리킨다. 위험을 감지하고 멈추니 지혜롭다. 건은 수산건水山蹇을 말하며, 산 위에 물이 흐르는 형상이다. 위험할 때도 멈추어야 하고, 방해를 받을 때도 역시나 멈출 줄 알아야 한다. 먹구름이 잔뜩 끼었는데도 무모하게 길을 나선다면 위험한 여정이 될 수밖에 없다.

건蹇은 리서남利西南이고 불리동북不利東北이니 리견대인利見大人이다.

건은 서남으로 가야 이롭고 동북은 이롭지 않다.
대인을 만나야 이롭다.

시련의 시간이 찾아왔으므로 올바른 곳에 가담해야 이롭다는 말이다. 이 구절에서 건蹇은 험난한 때이다. 폭군이 천하를 움켜쥐고 양민의 두 발에는 족쇄를 채워놓은 것과 같은 난세다. 서남은 이롭고 동북은 이롭지 않다는 것은 서남쪽은 평지가 많고 따뜻하니 상생相生하고, 동북쪽은 산이 많고 춥기 때문에 상극相剋이라는 뜻이다.

세상천지에 아무런 난제도 없고 굴곡도 없는 탄탄대로는 있을 수 없다. 건은 매사 어려움을 겪는 시기이자 쉽사리 나아가지 못하는 형국을 가리키는데, 이처럼 상황이 여의찮을 때는 도움을 받을 수 있는 대인을 만나야 난세를 극복할 수 있다는 것이다. 이로운 곳이 어디인지, 올바른 삶이 무엇인지를 스스로 알 수 없다면 현자의 도움을 받아야 마땅하다.

험재전야險在前也이니 견험이능지見險而能止하고 지의재知矣哉이다.

험하고 어려운 것들이 눈앞에 있다.

위험한 것을 보고 멈춘다면 지혜로운 일이다.

난세에서는 위험을 미리 감지하고 그 위험에 빠지지 않는 지혜가 필요하다. 지혜로운 사람은 눈앞에 위험한 조짐이 꿈틀거리면 본능적으로 멈출 줄 안다. 두려운 마음에 나아가지 못하는 것이 아니라 험난함을 알고 멈추는 것이기에 오히려 신중한 모습이다. 무모하게 행동하는 것은 어리석은 사람의 철없는 객기에 불과하다. 불길이 활활 타오르는 가운데로 들어가면 타 죽거나 데는 것은 당연지사이다. 하지만 적당히 떨어져 있으면 추운 몸을 따뜻하게 할 수도 있고 구멍 난 냄비도 때울 수 있으니 여기서도 중용의 도가 필요하다.

산상유수山上有水가 건蹇이니

군자이君子以하여 반신수덕反身脩德한다.

산 위에 물이 있는 것이 건이다.

군자가 이로써 몸을 돌이키고 덕을 닦는다.

험한 상황에 처하면 자신을 반성하고 수신하는 데 힘써야 한다. 험한 산 위에 물이 있는 것을 건이라 칭하며, 군자는 이를 보고 자신의 몸을 돌이키며 덕을 닦는다고 하였다. 모든 사물의 인과관계에 통달하여 승패의 원인을 파악하고 알아내는 것은 중요하다. 그러나 그 원인은 밖에서 찾는 것이 아니라 자기 자신 안에서 찾아야 한다. 성공과 실패의 원인은 밖에 있는 것이 아니라 항상 자신에게 내재해 있기 때문이다. 하지만 스스로를 수양한다는 건 스스로 엄격하고 정직해야만 가능한 일이다. 맹자는 "행하고도 얻지 못한다면 모두 자신에게 잘못이 있는 것이니, 자신이 바르면 천하가 돌아온다."라고 하였다. 맹자뿐만 아니라 과거의 성현들은 모두 자신의 수양을 한목소리로 강조했다.

왕건往蹇이나 래예來譽이다.

가면 어렵고 오면 기린다.

힘들어도 바른길을 걸어간다면 난세가 지나간 후에 명예를 얻을 수 있다는 말이다. 가면 어렵고 오면 기린다는 것은 나아가면 위험한 여정이 되겠지만, 돌아오면 명예롭게 된다는 뜻이다. 간다는 것은 폭군을 향하는 일이니 죽을 자리를 찾아가는 것이나 다름없다. 반면 온다는 것은 본래의 자리로 되돌아가는 일을 말하는 것이니, 다 내려놓고 고향으로 돌아가면 오히려 따듯한 환대를 받는다는 뜻이다. 고향은 언제나 어머니의 품과 같은 곳이니, 험한 자리를 찾아가는 것보다는 맘 편히 반겨주는 그곳이 백번 낫다.

왕신건건王臣蹇蹇이니 비궁지고匪躬之故이다.

왕과 신하가 어려운데, 절고 저는 것은 몸의 연고가 아니다.

신하들과 더불어 행하는 정치가 어려운 것은 왕과 백성이 서로 통하지 않기 때문이다. 왕신건건王臣蹇蹇은 왕과 신하가 모두 어렵다는 뜻이고, 절고 저는 것이 몸의 연고가 아니라는 것은 자신들의 영달을 위해서 어려움을 참는 것이 아니라는 뜻이다. 왕과 신하가 고민하는 것은 백성의 안녕을 위해서니 그 뜻이 높다. 지금처럼 험한 상황에 이르게 된 것도 자신들의 사리사욕에서 비롯된 것이 아니기 때문에 종국엔 허물이 없다는 말이다.

조선의 제17대 임금이었던 효종孝宗은 "틀에 박은 학문에만 매일 것이 아니라, 백성을 위해 끊임없이 고민하고 새로운 생각을 해내는 힘을 키워야 한다."라는 말을 자식인 왕자들에게 자주 했다고 전해진다. 백성을 자애慈愛하는 그의 깊은 마음이 잘 드러나 있다. 더불어 그런 군주에 대하여 후한後漢 말기의 학자 순열荀悅은 이렇게 말한다. "천성이 인자하고 머리가 밝아서 천하의 대동大同에 뜻을 두고, 모든 조치가 백성들을 위한 것일 뿐 자신의 사리사욕을 만족시키기 위한 것이 아니라면, 이는 제왕이 될 만한 임금이다."

왕건往蹇이니 래반來反이다.

가면 어렵게 되지만 돌아오면 그대로이다.

장마의 시간이 계속될 수 없고 맑은 날씨만 계속될 수 없듯, 어려운 시절에도 반드시 끝이 있다. 이 구절은 누군가가 안팎에서 기다리고 있는 상황을 말한다. 밖에는 도적이 우글거리고 있지만, 안에서는 반가운 사람들이 기다리고 있다. 가면 어렵다는 것은 잘못을 깨우치고 올바른 길로 들어서야 한다는 것을 역설적으로 강조한 말이다. 돌아오면 그대로라는 말은 안에서는 기뻐하며 반겨줄 것이니 이제까지의 어려운 상황도 끝난다는 희망의 메시지다. 험함이 있음을 알고 돌아오는 일은 때를 알고 지혜롭게 물러나는 것이기에 많은 사람이 동조할 것이다.

왕건往蹇이니 래연來連이다.

가면 어렵게 되지만 돌아오면 이어진다.

욕심이 앞서가는 무모한 도전은 필패必敗한다는 말이다. 가면 어렵게 된다는 것은 미지의 세계를 향했을 때 미혹하게 될 수 있다는 뜻이고, 돌아오면 이어진다는 것은 함께하던 동료들이 있으므로 예전과 같이 살아갈 수 있다는 뜻이다. 즉, 현재보다 더 많은 것을 탐하려 하지 말고 하던 일을 계속해야 이롭다는 것을 말한다. 어렵더라도 인내하며 근근이 연명하다 보면 호시절은 반드시 도래할 것이다. 현재는 좋은 기회가 왔을 때 그 기회를 내 것으로 만들기 위한 준비단계라고 생각하면 된다. 남들이 미련하다고 흉을 보든 말든 진득하게 유지하는 것도 하나의 훌륭한 방법이 될 수 있다.

대건붕래大蹇朋來이니 이중절야以中節也이다.

큰 어려움에 벗이 온다, 중심에 있으면서 절의를 지킨다.

하늘은 한 인간이 도저히 감당할 수 없는 시련은 주지 않는다. 여기서 큰 어려움에도 벗이 오는 이유는 평소에 중도를 지키며 절의 있게 행동하였기 때문이다. 벗들이 등을 돌리거나 단절하지 않았다는 것은 그만큼 믿음이 있었다는 말이다. 그래서 여기서는 중심에 자리하면서도 절의를 지키라고 했다. 이에 대하여 공자는 "삼익우三益友"라고 했다. 사귀면 이로운 벗이 셋 있다는 말이다. 정직한 이, 성실한 이, 아는 것이 많은 이가 그런 벗들이다. 이 구절에서도 공자가 말한 삼익우와 같은 벗이 찾아온 것이다.

왕건래석往蹇來碩이나 지재내야志在內也이니 리견대인利見大人이다.

가면 어렵게 되지만 돌아오면 크다.

뜻이 안에 있음이니 대인을 만나야 이롭다.

큰 인물은 난세를 겪어야 나온다는 이치를 말하고 있다. 가면 어렵게 된다는 것은 욕망에 눈이 멀어서 모르는 분야로 진출하면 곤란하다는 뜻이고, 돌아오면 크다는 것은 뜻이 안에 있음이니 본래의 자리로 돌아오면 크게 성취할 수 있다는 뜻이다. 오고 감의 결정권은 내게 있지만 대인大人의 도움을 받아야 이롭다고 하였다. 어떤 일을 하려 할 때 혼자 힘으로는 역부족일 때가 있으니 이때도 현자賢者의 도움을 받아야 한다.

현대사회에서도 남에게 의지하지 않고 자력으로 멋진 성공을 이룬다면 그보다 더 훌륭한 일은 없다. 하지만 현실적으로는 가능성이 희박할뿐더러 올바른 노력이라고 볼 수도 없다. 현자의 조력을 받으면서 뜻이 일치하는 사람들과 힘을 합쳐야 작은 일도 크게 이루고 성취할 수 있기 때문이다. 그래서 이 구절에서도 뜻이 안에 있음이니 대인을 만나야 이롭다고 하였다.

이에 관하여 여불위는 이렇게 말한다. "모름지기 나라가 망하려면 도를 터득한 자가 먼저 떠나는 것은 옛날이나 지금이나 마찬가지이다. 땅은 성읍에 종속되어 있고 성읍은 백성에 종속되어 있으며 백성은 현자에게 종속되어 있다. 그러므로 군주가 현자를 얻으면 백성도 얻게 되고 백성을 얻으면 성읍도 얻게 되며 성읍을 얻으면 땅도 얻게 된다."라고 했다. 예나 지금이나 현자의 역할이 얼마나 크고 중요한지를 말하고 있는 것이다.

건蹇: 쉼표 하나의 예술

인간은 언제나 최상의 상태에 있고 싶어 한다. 천천히 늙어가면서 건강했으면 좋겠고, 재산은 많으면 많을수록 좋겠다는 식의 희망 사항이 그렇다. 하지만 아쉽게도 현실과는 괴리가 있으니 상충할 수밖에 없다. 오히려 지위를 추구하면 쇠퇴하고, 부귀를 추구하면 비천해진다는 역설이 발견될 때가 많다. 더욱이 자신의 분수를 모르고 염치없이 바라기만 하거나 무턱대고 덤벼드는 것은 화를 자초하는 일이다.

이를 일러 '건蹇' 장에서는 "견험이능지지의재見險而能止知矣哉"라고 했다. 험함을 미리 살피고 멈추니 지혜롭다는 뜻이다. 위험할 때도 멈추어야 하고, 방해를 받을 때도 역시나 멈출 줄 알아야 한다. 멈춘 다음에 생각해야 새로운 세상이 보이고 열린다. 먹구름이 잔뜩 끼었는데도 무모하게 길을 나선다면 위험한 여정이 될 수밖에 없다. 험준한 산을 오를 때 암벽이 가로막고 있다면 돌아가야 한다. 위험한 길을 나서거나 가파른 암벽을 뛰어넘으려 한다면 그것은 자신감이 충만한 것이 아니라 철없는 객기에 불과하다. 『채근담菜根譚』에선 "거만한 것은 객기일 뿐, 객기를 누른 뒤에야 지극히 크고 굳센 기가 펴진다."라고 했다.

사실 멈춘다는 것은 굳은 의지가 없이는 어려운 일이다. 그러니 멈춤은 절대로 마침표가 아니라는 것을 먼저 인식해야 한다. 멈춤은 쉼표가 될 수도 있고, 느낌표나 물음표가 될 수도 있으므로 잘 활용하면 오히려 유익하다. 크게 마음먹고 멈추어서 고요하게 쉬거나, 놀라운 상상의 나래를 펼쳐보거나, 자신에게 많은 질문을 던져보거나 한다면 그동안 보이지 않았던 세상이 보이기 시작한다. 세계적인 피아니스트인 아르

투어 슈나벨Artur Schnabel은 "내가 치는 음표는 다른 피아니스트와 다를 게 없다. 하지만 음표 사이의 정지! 그렇다. 바로 그곳에 예술이 존재한다."라고 하였다. 스릴 있고 생동감 넘치는 이 쉼표 하나는 과연 얼마나 멋지고 위대한가.

제40장 겨우내 굳었던 얼음이 풀린다 해解

解

해解: 풀리다, 가르다, 벗기다

지금 해결할 일을 해결해라

解 利西南 无所往 其來復 吉 有攸往 夙吉

險以動 動而免乎險 解

雷雨作 解 君子 赦過宥罪

剛柔之際 義无咎也

田獲三狐 得黃矢

負且乘 致寇至 貞 吝

解而拇 朋至 斯孚

君子 維有解 吉

公用射隼于高墉之上 獲之 吉

강한 우레와 부드러운 구름이 어우러져야 촉촉한 단비를 내릴 수 있다.

돌아와서 회복해야 길하고 갈 바가 있으면 서둘러야 길하다.

강한 것과 부드러운 것이 사귄다는 것은

서로 다른 두 기운이 하나가 되는 모습이다.

생식기와 간이 튼튼한 사람은

용기와 결단력이 있고 호탕하며 배짱도 두둑하다.

사회가 혼란한 시기에는

법을 세우고 사회 기강을 바로 잡아야 한다.

전쟁은 승리를 확인하러 들어가는 것이다.

해解는 풀림이니, 겨우내 굳었던 땅이 풀리고 있다. 해는 뇌수해雷水解를 말하며, 우레가 치고 비가 내리는 형상이다. 만물이 기지개를 켜고 산짐승들이 밖으로 기어 나온다. 땅속에서는 봄이 태동하고 있으며 때에 맞추어 비가 내리니, 밭 갈고 씨 뿌리는 시기를 놓쳐서는 안 된다.

해解는 리서남利西南이고 무소왕无所往이니
기래복其來復이면 길吉하나 유유왕有攸往이면 숙길夙吉하다.

해는 서남쪽이 이로우나 갈 바가 없다.
돌아와서 회복함이 길하며 갈 바가 있다면 서둘러야 길하다.

하늘에서 내리는 눈이 비로 바뀌어 얼었던 땅이 생기를 얻는다. 이 구절에서는 어려운 상황에서 풀려나고 있으니 서남쪽이 이롭다고 했다. 서남쪽은 따뜻하기도 하지만 좋은 사람을 만날 수 있기 때문이다. 그러나 갈 바가 없다고 한 것은 이미 험지에서 벗어났으므로 허둥지둥 갈 필요가 없다는 역설적인 말이다. 돌아와서 회복함이 길하다는 것은 어려움에서 벗어났다면 돌아와서 심신을 회복하는 것이 우선이라는 뜻이나, 아직 할 일이 남아 있다면 빨리 가서 마무리를 짓고 돌아와야 길하다고 하였다. 어려움이 해소되고 있지만 모든 상황이 끝난 것은 아니다. 아직도 해결해야 할 난제들이 남아 있으므로 서둘러서 마무리를 짓는 것이 좋다. 봄이 도래하고 있으니 때에 맞게 서둘러야 살아 있는 모든 생명에게 이롭기 때문이다. 인간 세상에서도 성인이 덕행을 실천하고 모범을 보이면 만백성이 호응하여 만사가 형통한다.

험이동險以動하고 동이면호험動而免乎險하니 해解이다.

험해서 움직인다. 움직여서 험한 데를 벗어나는 것이 해이다.

계절별로 해야 하는 일이 있는 것처럼 때에 맞게 처신해야 이롭다. 험해서 움직인다는 것은 어려운 상황이므로 적극적으로 대응해야 빠져나갈 수 있다는 뜻이며, 움직여서 벗어난다는 것은 발 빠르고 지혜롭게 움직여야 풀려날 수 있다는 뜻이다. 드디어 온 세상이 활짝 열리면서 우레가 치고 비가 내린다. 메말랐던 대지가 잠에서 깨어나고 생명의 기운이 왕성해진다. 온갖 초목들이 꿈틀거리며 싹을 틔우고, 살아 있는 동물들이 동굴 밖으로 나오기 시작한다. 절기로는 춘분春分에 해당하며, 이는 일 년 중에서도 백미라 부를 수 있는 호시절이다.

뢰우작雷雨作이 해解이니 군자君子는 사과유죄赦過宥罪한다.

천둥과 번개가 치면서 비가 내리는 것이 해이니,
군자는 허물은 용서하고 죄는 감해준다.

해解의 때가 작지 않으니 천지가 교류하면서 모든 만물이 생동한다. 필요한 때에 알맞게 비를 내려주는 것은 하늘이 베푸는 은덕이다. 군자는 이러한 기운을 보고 어려운 상황에서 불가피하게 빚어진 허물은 용서하고 형벌은 감해주면서 화합하고 발전하는 동력으로 삼는다. 사회적인 문제나 갈등을 근본적으로 해소하고자 할 때는 한 가지 방법만 고수하기보다는 다양한 방법을 세심하게 쓰는 것이 좋다. 즉, 형벌을 쓰면서도 관용을 베풀어야 한다. 사자성어에 "서이행지恕而行之"라는 말이 있는데, 이는 용서하고 나아간다는 뜻이다. 그렇듯 백성들의 잘못을 지나치게 묻지 않고 다 같이 새롭게 출발하여 새로운 시대를 맞이해야 한다.

강유지제剛柔之際이니 의무구야義无咎也이다.

강한 것과 부드러운 것이 교제하는 것은 흉이 되지 않는다.

우레와 구름이 어우러졌기 때문에 비가 내린다. 마찬가지로 부드러운 것이 강한 것을 수용하지 않으면 이루어짐이 없으므로 암수가 서로 응해서 사랑하는 것은 마땅하다. 누구는 베풀기만 하고 누구는 받기만 하는 것이 아니라, 서로 주고받으며 화합을 도모함으로써 만사가 형통한다. 강한 것과 부드러운 것이 교제한다는 것은 서로 다른 기운이 하나가 되는 모습이다. 서로 합심하면 실타래가 풀리듯 어려움을 풀어나가며 새로운 세상을 열 수 있다.

전획삼호田獲三狐하고 득황시得黃矢한다.

사냥으로 세 마리 여우를 잡고 누런 화살을 얻는다.

전田은 밭이지만 여기서는 사냥을 의미한다. 해解의 기운이 도래하여 여우 세 마리를 잡고 황금 화살촉도 얻는다. 세 마리의 여우를 잡았다는 것은 건강한 사회를 문란하게 만든 죄인들을 잡아들였다는 뜻이다. 누런 화살을 얻었다는 것은 죄인을 심판하여 형벌로 다스렸다는 말이다. 형의 집행이 흔들리지 않아야 포악하거나 사악한 사람들이 두려워하고 조심한다. 혼란한 시기에는 법을 바로 세우고 사회 기강을 확립해야 한다는 가르침이다. 관중은 "무릇 도적을 제압하지 않으면 선량한 백성이 불안해하고, 법과 금령禁令이 확립되지 않으면 간사함이 번창한다. 그러므로 일은 도적을 제압하는 것과 법과 금령을 확립하는 것보다 급한 것이 없다."라고 강조했다.

부차승負且乘하고 치구지致寇至하니 정貞이라도 인吝하다.

지고 또 탐한다. 도적을 부름이니 바르게 하더라도 인색하다.

등에 지고 또 구하니 탐욕스러운데다가, 자신이 도적을 불렀으니 누구를 허물하리오. 지고 또 탐한다는 것은 물건을 잔뜩 짊어진 사람이 수레에 오르는 모습이다. 도적을 부른다고 한 건 보물을 지니고 수레에 탔으니 자신이 부자라는 사실을 드러내놓고 자랑하는 꼴이라서다. 바르더라도 인색하다는 것은 자신의 행위가 정당할지라도 수치를 당한다는 뜻이다. 자신이 드러내놓고 허세를 부린 잘못이 있으니 도적만 탓할 수도 없는 노릇이다.

해이무解而拇이니 붕지朋至하고 사부斯孚한다.

엄지발가락에서 풀면, 벗이 이르러 믿음직스럽다.

무拇는 본래 엄지손가락이지만 여기서는 엄지발가락으로 쓰였다. 엄지발가락에서 푼다는 것은 몸의 엄지발가락에 해당하는 백성들의 고충을 풀어준다는 뜻이다. 엄지발가락은 신체의 시작이니 병이 커지기 전에 고쳐야 하는 것처럼 백성은 처음부터 잘 다스려야 한다는 말이다. 벗이 이르러 믿음직스럽다는 것은 백성들이 믿고 따르는 추종을 의미한다. 참고로 엄지발가락을 경락학經絡學의 관점에서 보면, 엄지발가락-생식기-간으로 흐르는 족궐음간경足厥陰肝經이 튼튼한 사람은 용기와 결단력이 있고 배짱도 두둑하다고 말한다. 이 구절은 한의학적으로 보았을 때도 통찰력이 있는 것이다.

군자君子 유유해維有解이니 길吉하다.

군자의 풀림이 있으니 길하다.

군자는 어려운 일도 사려 깊게 해결함으로써 소인들에게도 믿음을 준다. 이 구절에서는 군자가 험지에서 풀려났으니 길하다고 하였다. 군자는 풀려나서 백성의 지지를 받고, 소인은 다른 마음을 품지 못하면서 군자에게 의지하고자 할 뿐이니 모두에게 유익하다. 나라 안팎으로 널려 있던 난제가 술술 풀리고 있으며 소인은 더 이상 행세할 수 없게 되었으니 종당에는 스스로 물러난다. 결국은 군자의 방식에 소인이 복종하는 것이므로 이 또한 군자의 풀림이나 마찬가지이다.

공용석준우고용지상公用射隼于高墉之上이고 획지獲之하니 길吉하다.

공公이 높은 성벽 위에 앉은 새매를 쏘아 잡으니 길하다.

혼란스러운 상황에서 도리에 어긋난 일을 해결하는 성인의 모습이다.

공公이 높은 성벽 위에 앉은 새매를 잡았다고 했는데, 그것은 법에 어긋나는 범죄를 다스렸다는 의미이다. 범죄를 다스렸다는 것은 때를 기다렸다가 마지막까지 남아 있던 난제들을 해결하였다는 뜻이다. 사회적으로 어려운 상황에서 사악한 범죄를 척결하고 백성의 고충을 풀어주니 나라의 근심이 해소된다. 공이 정의로운 사회를 구현하면서 백성을 보살피고 있으므로 나라의 장래가 밝고 희망찬 것이다.

해解: 눈이 녹고 봄이 도래한 때처럼

해解는 풀린다는 뜻으로 계절로는 초봄에 해당한다. 앞산은 눈이 녹으면서 본래의 모습을 드러내고, 겨우내 굳었던 땅이 풀리자 만물이 기지개를 켜는 시기이다. 땅속에서는 봄이 태동하고 있으며 때에 맞추어 비가 내린다. 그러므로 밭을 갈고 씨 뿌리는 일에 때를 놓쳐서는 안 된다. 젊어서의 고생은 사서도 한다고 했으니 많은 도전과 경험을 통하여 경륜을 쌓아야 한다. 젊어서의 가난은 죄가 되지 않으며, 젊어서 부족한 지식이나 지혜도 흠이 되지 않는다.

닫혔던 것들이 열리고 막혔던 것들이 풀리면서 해결되는 이 시기엔 서로의 교제와 합심이 무엇보다도 중요하다. 『문언전文言傳』에서는 "선을 베풀고도 자랑하지 않으니, 하해河海와 같은 덕이 세상을 감화시킨다."라고 일렀다. 당연히 해야 할 일을 한 것뿐인데 떠벌리고 드러냄으로써 그것을 이루지 못한 사람들이 민망해하도록 해서는 안 된다. 또한 뭇 생명을 조건 없이 길러내는 자연의 은덕처럼, 서로의 허물은 용서하고 죄는 감해주어야 한다. 용서하고 화합하는 것은 결국 강자인 천둥과 번개가 약자인 구름과 교류하여 비를 내리는 것과 다르지 않다. 제아무리 큰 덕을 베풀고 선한 사회를 구현하려 해도 세상일이란 독불장군처럼 혼자서 되는 것이 아니다. 상대를 용서한 연후에 정의를 구현해야 제대로 먹혀들고 국가와 사회가 올바르게 선다.

해解의 시절엔 만물이 기지개를 켜고 태동하며 싹이 움튼다. 사람에게는 지금까지의 난제가 해결되고 새롭게 출발할 수 있는 절호의 기회다. 그러나 엄동설한이 풀리고 난세에서 벗어났다고 느슨해진 나머지

회심의 미소를 짓고 있다가는 무슨 날벼락을 맞을지 모른다. 멈춰야 할 때 멈추지 않으면 화를 입는다고 하였지만, 준비해야 할 때 게으름을 피우거나 나아가야 할 때 움츠리고 있어도 화를 당한다. 이제 눈이 녹고 봄이 도래하였으니 당연히 콧노래를 부르며 꽃놀이도 가야 하겠지만, 여름에 닥쳐올 장마와 태풍에도 대비하고 있어야 한다. 그래야 풍요로운 가을을 맞이할 수 있다. 가을을 건너뛰게 되면 그해 겨울은 혹독하다.

제41장 덜고 더하는 것은 때에 따른다 손損

損

손損: 덜다, 줄이다, 손해를 보다

손해를 봐야 하면 마땅히 그리해라

有孚 元吉无咎 可貞 曷之用二簋 可用享
損下益上 其道上行
山下有澤 損 君子 以 懲忿窒欲
已事遄往 无咎 酌損之
利貞 征 凶
三人行 則損一人 一人行 則得其友
損其疾 使遄 有喜 无咎
弗損益之 无咎 貞吉 利有攸往 得臣 无家

자신의 소중한 것을 나누어주는 일은 결코 손해라고 볼 수 없다.
백성은 부유한데 나라가 가난하면 그 평안함이 오래가지 못한다.
분노 그치기를 불 끄듯이 하고, 욕심 막기를 물 막듯이 해야 길하다.
세 사람이 함께 가면 한 사람을 덜어내지만,
홀로 가면 곧바로 벗을 얻는다.
화살에 맞아본 새는 구부러진 나무만 보아도 놀라고
의심하는 마음은 중독성이 강해서 병이 된다.
가까운 이웃을 돕는 것이 가장 큰 투자이다.

✻

손損은 덜어내는 것이지만, 덜고 더하는 것은 때에 따른다. 손은 산택손山澤損을 말하며, 이는 산을 덜어 연못에 보태는 형상이다. 누구나 인간으로서의 단점과 한계를 갖고 있을 수밖에 없다. 그러므로 더 이상 가질 수 없거나 진전이 없을 땐 봄에 씨를 뿌린다는 심정으로 남에게 베푸는 것이 지혜로운 처신이다.

유부有孚이니 원길무구元吉无咎하고
가정可貞이면 갈지용이궤曷之用二簋라도 가용향可用享이다.

믿음을 두니 크게 길하고 허물이 없다.
바르게 하면 두 개의 그릇을 써서 제사를 지내도 형통한다.

도리를 지키면서 그 마음을 바꾸지 않아야 길하다. 유부有孚는 돈독한 믿음을 가리킨다. 믿음을 두니 길하다는 것은 일을 할 때 신뢰하는 마음이 있어야 한다는 뜻이다. 바르게 하면 두 개의 제기祭器를 써서 제사를 지내도 형통한다는 것은 정성을 다하는 마음은 그 무엇과도 통하게 마련이라는 말이다. 곤궁할 땐 검소한 생활을 기꺼운 마음으로 받아들이고 근검절약해야 한다. 그러기 위해서는 앞날에 대한 믿음이 필요하다. 형편이 어렵더라도 원대한 목적을 위해서라면 사사로운 욕심은 버리고 때로는 뼈아픈 손실도 감수할 줄 알아야 한다. 그렇게 한다면 기대했던 것보다 크게 얻을 수 있을 것이니 그것은 봄에 뿌리고 여름에 가꾼 농부에게 풍요로운 가을이 있는 것과 같다.

손하익상損下益上이니 기도상행其道上行이다.

손은 아래를 덜어 위로 보태는 것이니 그 도가 위로 향한다.

손損은 아래에서 덜어 위로 보탠다는 말이다. 백성은 부유한데 나라가 가난하면 평안함이 오래가지 못한다. 물론 반대의 경우도 마찬가지다. 나라의 곳간은 가득 찼는데 백성이 굶주리고 있어서도 안 된다. 손은 나라에 세금을 납부하여 국가재정에 보태는 것이므로 도가 위로 향한다고 하였다. 납세는 국가 재정의 근간이 되기 때문에 신성한 국민의 의무에 해당한다. 따라서 절세는 바르나 탈세는 그르다고 말할 수 있는 것이다.

산하유택山下有澤이 손損이니 군자이君子以하여
징분질욕懲忿窒欲한다.

산 아래 호수가 있는 것이 손이다.
군자는 이를 보고 분노를 억누르고 욕심을 없앤다.

항상 자기 자신을 앞세우므로 분노와 욕심이 생겨난다. 산 아래 못이 있는 것을 손이라고 하였으니, 군자는 이를 보고 산처럼 큰 덕과 호수와 같이 넓은 마음으로 백성을 대한다. 군자의 길이란 나를 수양하여 남을 구제하는 일이다. 퇴계退溪 이황李滉이 평생 좌우명으로 삼았다고 하는『근사록近思錄』에 "분노 그치기를 불 끄듯이 하고, 욕심 막기를 물 막듯이 하라."라는 말이 있다. 이 책을 함께 쓴 송나라의 주희朱熹와 여조겸呂祖謙의 결연한 문장은 이 구절에서 군자가 분노를 억누르고 욕심을 없앤다는 말과 그 뜻이 일치한다.

이사천왕已事遄往이면 무구无咎하고 작손지酌損之한다.

일을 마치거든 빨리 가야 허물이 없다. 참작하여 덜어낸다.

현대사회의 납세 의무와 사회복지 제도에 대한 말로 보아도 틀림이 없다. 일을 마치자마자 가야 한다는 것은 농부는 가을에 추수하면, 사업자는 이익을 결산하면, 직장인은 매달 월급을 받으면 국가재정에 빨리 보태야 허물이 없다는 말이다. 참작하여 덜어낸다는 것은 세금으로 많고 적음을 헤아린다는 뜻이다. 세稅는 조세의 준말로서 사전私田의 수확물을 일정한 비율로 나라에 바치게 한 구실이었다. 과거 벼를 세금으로 낼 때는 탈곡해서 쌀로 내야 했다. 모든 벼가 알곡이 찬 것은 아니기 때문에 세금을 공정하게 수납하기 위해서였다. 고대사회에서도 무작정 세금을 거둬들이는 데만 목적을 두지 않고 형평성을 고려하여 신중하게 수납했던 것이다.

리정利貞이나 정征하면 흉凶하다.

바르면 이롭지만 치면 흉하다.

강제로 상대방을 제압하고 빼앗는 것이 정征이다. 이 구절에선 강제로 이익을 취하면 흉하다고 하였다. 두 하천이 가까이 있으면 한쪽의 하천이 다른 하천의 흐름을 빼앗는다. 이를 하천쟁탈河川爭奪이라고 한다. 강바닥의 높이가 서로 다른 경우에 나타나는 현상인데, 이는 강한 자가 약한 자의 것을 취하는 것과 같다. 그러므로 나라의 관리는 청렴결백해야 하며 중용을 기본이념으로 삼아 백성들의 수확량이나 소득을 덜고 더하는데 임해야 한다. 관중은 "땅의 생산물은 계절의 제한이 있고 백성의 노동력은 피곤함의 한계가 있는데 군주의 욕심은 끝이 없다. 끝없이 채우려 하면 위아래가 서로 질시할 수밖에 없다. 백성에게 거둬들이는 것에 제한이 없고 노동력을 동원하는 것에 절제가 없으면 나라가 강대해도 반드시 위태롭다."라고 가르쳤다. 납세는 백성들의 의무사항이지만 그 기준이 적절하고 합리적이어야 한다는 당위성을 말하고 있다.

삼인행三人行에 즉손일인則損一人하고 일인행一人行에
즉득기우則得其友한다.

세 사람이 함께 가면 한 사람을 덜어내지만,
홀로 가면 곧바로 벗을 얻는다.

세 발은 안정을 뜻하지만, 세 사람이 함께 가는 것은 불안정하다. 한 사람과 친밀해지면 다른 한 사람과는 소원해지기 때문이다. 그래서 세 사람이 동업하면 서로 의심이 생기나 혼자서 책임지고 일을 하다 보면 오히려 조력자를 얻을 수 있다. 예부터 일을 의심하면 공이 없다고 했으니, 의심하면서 무슨 일을 하면 제대로 되지도 않을뿐더러 설령 된다고 해도 변변치 못하다. 진晉나라의 기록을 담은 『진서晉書』에는 "배중사영杯中蛇影"이라는 말이 있다. 술잔 속에 비친 뱀의 그림자라는 뜻으로, 부질없이 의심을 품으면 쓸데없는 걱정을 하게 된다는 뜻이다. 한 번 화살에 맞은 새가 구부러진 나무만 보아도 놀라듯 의심하는 마음은 중독성이 강해서 자칫 병적인 상태가 된다. 동업이란 믿음에서 시작되는 것인데 신뢰가 깨진다면 거울에 금이 간 것과 마찬가지이다. 그래서 한 번 겪은 일로 늘 의심과 두려운 마음을 갖게 되므로 세 사람이 함께 가면 한 사람을 덜어내게 된다고 한 것이다.

손기질損其疾이니 사천使遄하고 유희有喜이니 무구无咎하다.

그 병을 덜되 빨리하면 기쁨은 있어도 허물은 없다.

아픈 증세가 가볍다고 방치하면 고질병으로 바뀔 수 있다. 병을 덜되 빨리하면 기쁨이 있다는 것은 병은 서둘러 치료해야 고생도 덜하면서 완치가 가능하다는 얘기다. 치과에 빨리 가면 충치를 때우는 것으로 끝나지만, 머뭇거리다가 늦게 가면 멀쩡했던 이를 뿌리째 뽑고 틀니나 임플란트를 해야 하는 것과 같다. 그래서 순간적으로 닥치는 문제나 자신이 저지른 잘못은 그때그때 해결하고 매듭을 지어야 한다. 바쁘다는 핑계로 미루거나 큰일이 아니라면서 방치하다가는 후일 큰 화근거리가 된다는 가르침이다.

불손익지弗損益之이니 무구无咎하고 정길貞吉이니
리유유왕利有攸往하며 득신得臣이니 무가无家이다.

덜어내지 말고 더해야 허물이 없다. 바르게 하면 길하니
가는 바를 둠이 이롭다. 신하를 얻음에 집이 없다.

세금으로 비축한 재정은 함부로 건드리지 말아야 한다. 백성으로부터 거두어들인 세금은 정당한 곳에 사용되어야 하기 때문이다. 가는 바를 둠이 이롭다고 했는데, 여기서 가는 바란 국고를 가리킨다. 신하를 얻음에 집이 없다는 것은 관리를 채용할 때 제한이 없다는 뜻이다. 이를

『주역역전周易易傳』에서는 “집이 없음은 원근遠近과 내외內外의 경계가 없다.”라고 풀이하였다. 원근과 내외의 경계가 없다는 것은 서로 간에 멀고 가까운 관계가 없고, 안과 밖의 경계도 없다는 뜻이다. 결국 집이 없다는 것은 오늘날의 공개채용 제도를 말하는 것이니 채용의 기회가 모두에게 공평하게 주어졌다는 의미이다. 『주역』을 완성한 문왕은 왕좌에 오르기 전부터 이와 같은 인사원칙을 견지하고 있었으니, 인재를 등용하는 정책도 반드시 그렇게 시행했을 듯싶다. 역사학자들이 태평성대를 거론할 때마다 그 예로 주나라 문왕의 시대가 빠짐없이 들어가기 때문이다.

선한 마음으로 베풀고 살면 복이 온다. 복이 온다는 것은 십 원을 주고 백 원을 받는 것과 다름없으니 이보다 더 남는 장사는 없다. 하지만 더불어 살아가는 인생살이에 항상 이익만 있을 수는 없다. 또한 밤낮을 불문하고 이익만 좇는다고 하여 모든 것을 다 가질 수도 없다. 누구나 인간으로서의 한계가 있기 때문이다. 그러므로 더 이상 가질 수 없거나 진전이 없을 때는 봄에 씨를 부린다는 심정으로 남에게 베푸는 것도 지혜로운 처신이다.

'손損' 장에서는 먼저 손해를 보고 후에 득을 취하라고 하였다. 당장은 줄어서 손실이 있으나 나중에는 더 큰 이득이 되어 돌아오는 경우가 우리네 인생사에 적지 않다. 그래서 마음이 넓은 사람은 덜어내고 채우는 일에 관하여 논쟁하거나 따지지 않는다. 설령 그가 미래를 위한 씨를 뿌린다는 계산적인 마음을 갖고 베푼다 할지라도 그 일을 통해 세상 인심은 한결 더 따뜻해지고 부드러워진다. 이유를 불문하고 내 것을 덜어 남에게 주는 행동이 이 세상을 살 만한 곳으로 만들기 때문이다.

이런 분위기가 정착되면 인색한 사람의 능력이나 입지는 날이 갈수록 고갈되지만, 남에게 헌신하고 봉사하는 사람의 능력이나 입지는 나날이 향상된다. 그것은 인간의 공동체가 존재하는 한 불변의 진리에 가까울 것이다. 『춘추좌전春秋左傳』에선 "인심人心이 다른 것은 사람의 얼굴이 제각각인 것과 같다."라고 하였다. 그만큼 인간 세상은 여러 논리와 이해관계가 얽히고설켜서 복잡한 곳이다. 그럴수록 누군가는 솔선수범해야 하고, 그런 훌륭한 사람들이 날이 갈수록 늘어나야 살기 좋은 세상이 구현된다.

손損은 덜어내거나 줄어들어서 손해를 본다는 뜻이다. 우리는 수입이 적을 때에는 구두쇠 소리를 들을지언정 지갑을 닫고 절약해야 한다고 배웠다. 그런 사람이 어디 가서 밥값이라도 한번 내려고 하면, 사람들은 겉으로는 고맙다며 빈말을 할지언정 속으로는 주제 파악도 못 한다며 비아냥댈 수도 있다. 그렇다고 남에게 지나칠 정도로 인색하게 굴면 스스로 고립을 자초하는 것이다. 어느 누구의 친구도 될 수 없기 때문이다.

그래서 평상시에는 절약을 습관화하되 쓸 때는 써야 한다. 배를 곯아서 영양의 불균형이 온다면 기력이 쇠약해지고 소중한 건강을 해치게 된다. 매일 같은 옷만 입고 다닌다면 사람들이 내려다보며 비천하게 볼 수도 있으니 자신의 품위가 손상된다. 이렇게 비루해진다면 장기적으로는 더 큰 손실로 이어질 수 있기에 참다운 손損이 아니다. 먼 미래를 내다보고 거기에 맞춰서 덜어내야 하는 것이 진정한 손이다. 그래서 『주역』에서는 "손익영허損益盈虛"하고 "여시해행與時偕行"한다고 했다. 덜고 더하고 차고 비는 것은 때와 더불어 행해진다는 뜻이다. 그러니 당장 파산할 정도가 아니라면 꼭 써야 할 때는 쓰고 손해를 보아야 할 때는 마땅히 그 손해를 볼 줄도 알아야 할 것이다.

제42장 신발 끈을 고치고 바르게 간다 익 益

益

익益: 더하다, 보태다, 유익하다

나누고 베푸는 일에 주저하지 마라

益 利有攸往 利涉大川

損上益下 民說无疆

風雷益 君子 以 見善則遷 有過則改

利用爲大作 元吉 无咎

或益之 十朋之 龜 弗克違

益之用凶事 无咎 益用凶事 固有之也

中行 告公從 利用爲依遷國

有孚惠心 勿問 元吉

莫益之 或擊之 立心勿恒 凶

앞장의 손損과는 반대로, 익益은 위에서 덜어 아래로 보태준다.
닭의 사명은 볏을 자랑하는 데 있지 않고 알을 낳는 데 있어야 한다.
재화에는 한정이 있는 만큼 누군가 이익을 보면 누군가는 손해를 본다.
재화는 백성에게서 나오는데, 재화가 위로 흐르면
백성이 먼저 죽고 나라가 그 뒤를 따른다.
민심을 잃으면 권력이 사라지고
인심을 잃으면 기업의 기반은 무너진다.
한 그루의 나무를 심어서 백 가지 이익을 본다.

익益은 보태주는 것이니, 신발 끈을 고쳐 매고 바르게 간다. 익은 풍뢰익風雷益을 말하며, 바람과 우레가 만나는 형상이다. 닭의 사명은 벼슬을 자랑하는 데 있지 않고 알을 낳는 데 있다. 풍년이 들면 백성들은 어질고 착해지지만, 흉년이 들면 백성들은 인색하고 예의가 없어진다.

익益은 이유유왕利有攸往이니 리섭대천利涉大川이다.

익은 가는 바를 둠이 이로우며 큰 강을 건너도 이롭다.

도와주는 일은 단발성으로 그치는 것이 아니라 마른 논에 물을 대듯 꾸준해야 효과가 있다. 익益은 위에서 덜어 아래로 보태주는 마음가짐이자 행동이다. 가는 바를 둠이 이롭다는 것은 어떤 일을 행하고자 할 때 도와주려는 사람이 있어 이익이 따를 것이라는 긍정의 말이다. 큰 강을 건너도 이롭다는 것은 하는 일에 막힘이 없을 것이니 큰일을 맡아도 좋다는 뜻이다. 이 구절의 함의는 한 그루의 나무를 심어서 백 가지 이익을 본다는 것으로 해석해도 무방하다.

손상익하損上益下이니 민열무강民說无疆이다.

위에서 덜어 아래에 보태니 백성들의 기쁨이 한없이 크다.

위에 많이 쌓여 있는 것을 덜어서 아래로 내려주니 민초民草들의 배가 부르고 등이 따듯해진다. 오늘날 민주주의 국가에서 추구하는 복지정책의 개념과 유사한 측면이 있다. 조선 후기의 실학자 이익李瀷은 『성호사설星湖僿說』에서 "재화에는 한정이 있는 만큼 누군가가 이익을 보면 누군가는 손해를 보게 되어 있으며, 다 같이 이익을 보는 이치는 없다. 그렇다면 아랫사람에게서 더는 것보다는 윗사람에게서 더는 것이 낫다."라고 주장했다. 그는 이어 "재화는 백성에게서 나오는데, 재화가 위로 흐르면 근본이 비기 때문에 백성이 먼저 죽고 나라가 그 뒤를 따르게 된다."라고 경계하였다.

앞 장의 손損은 아래에서 덜어 위로 보태는 상향식이었는데 익益은 위에서 덜어 아래로 내려주는 하향식이니 정반대의 개념이다. 그러나 위로 치우치든 아래로 치우치든 한쪽으로 재화가 심하게 몰리는 것은 바람직하지 않다. 한쪽으로 심하게 쏠리게 되면 혼란한 세상이 도래하고 모두가 공멸하는 파국을 일으킬 소지가 있다. 결국은 중용中庸의 미를 발휘하는 것이 가장 적절하고 현명한 방법이다.

풍뢰익風雷益이니 군자이君子以하여

견선즉천見善則遷하고 유과즉개有過則改한다.

바람과 우레가 익이니 군자는 이를 보고 선을 보면 옮기고 개선할 바가 있으면 고친다.

익은 바람이 불고 우레가 치면서 어우러지는 형상이다. 이를 보고 깨달음을 얻은 군자는 선한 것을 보면 그대로 옮기고 허물을 발견하면 고친다고 하였다. 선을 옮긴다는 것은 남의 선행을 본받아서 실천한다는 뜻이다. 또한 허물은 남이 아닌 자기 자신에게 있음을 깨닫고 스스로를 살피며 고칠 바가 있으면 고친다, 그런 다음 자신이 깨닫고 개선한 것을 만민의 본으로 삼는다는 것이다. 그래야 올바른 사회의 기틀이 마련되고 선한 정치가 구현될 수 있다.

리용위대작利用爲大作이니 원길元吉하고 무구无咎하다.

많이 짓는 것이 이로우니 크게 길하고 허물이 없다.

백성은 본업인 농사에 충실하여 풍년가를 부를 수 있어야 한다. 대작大作은 통상적으로 뛰어난 작품을 말하지만 여기서는 기간산업基幹産業과 같은 국가적인 큰 사업을 가리킨다. 옛날에는 농사가 근본이었으므로 농사를 많이 지어서 수확량을 늘려야 모두에게 유익하다고 했다. 백성의 경제활동이 곧 나라의 큰 사업이기 때문에 풍작을 이루어야 마땅한데, 자고로 농업이란 한 달을 계산하면 남는 것이 없지만 한 해를 놓고 계산하면 남는 것이 있기 때문이다.

혹익지或益之면 십붕지十朋之이니 귀龜도 불극위弗克違한다.

혹 더하면 열 벗이니 거북이도 익히 어기지 않는다.

어떤 사람이 자신을 희생하여 사회에 이로움을 준다면 점치는 거북이도 반대하거나 의심하지 않는다. 여기서 이로움은 오랫동안 유지될 수 있는 공익公益을 가리킨다. 혹 더하면 열 벗이라는 것은 혹자가 공공의 이익을 위하여 보태려는 마음을 가지고 있다면 많은 벗을 얻게 되고 왕의 일도 맡게 된다는 뜻이다. 능력 있는 신하에게 일을 맡김으로써 왕은 한 나라를 물 흐르듯이 자연스럽게 다스릴 수 있다.

익지용흉사益之用凶事이니 무구无咎하고

익용흉사益用凶事이니 고유지야固有之也이다.

흉한 일을 이용하여 이롭게 한다면 허물이 없다.

흉한 일에 쓰기 위해 굳게 두었다.

익지益之는 도움을 준다는 말이고, 흉사凶事는 흉한 일을 가리킨다. 흉한 일을 이용하여 이롭게 한다는 것은 백성들이 어려움에 직면했을 때 도움을 주는 것이니 허물이 없다고 하였다. 즉 흉년이 들었을 때는 특별한 정치를 시행해야 한다는 뜻이다. 특별한 정치란 구휼救恤을 말한다. 구휼은 흉년이나 재난으로 백성들이 어려울 때 국가가 나서서 도와주는 정책이다. 이는 곡식을 빌려주는 진대賑貸와 무상으로 배급하는 진휼賑恤로 구분되는데, 어려운 시기에 쓰려고 평소 국고를 든든하게 채워왔기 때문에 가능한 정책이다. 묵자는 "풍년이 들면 백성들은 모두가 어질고 착해지지만, 흉년이 들면 백성들은 모두가 인색하고 악해진다."라고 일렀다. 이 구절에선 흉한 일에 쓰기 위해 국가재정을 비축했다가 힘들어하는 백성들을 이롭게 하였으니 오히려 전화위복의 계기가 된다.

중행中行으로 고공종告公從하니 리용위의천국利用爲依遷國이다.

중中으로 행하며 제후에게 고하면 따를 것이니,
의지하여 나라의 도읍을 옮기는 것이 이롭다.

제후에게 고告하면 따른다는 것은 나라를 위하는 충정으로 상소했기 때문에 제후가 승낙한다는 뜻이며, 중으로 행한다는 것은 국가의 대사이기 때문에 중용의 도로 행해져야 한다는 뜻이다. 제후의 힘에 의지하여 국가의 큰일을 수행할 수 있게 되었으므로 모두에게 이롭다. 도읍을 옮길 정도의 큰 정치는 백성을 위한 것이니 결국은 국익에 보탬이 되는 일이지만, 그처럼 큰일은 반드시 큰사람의 도움을 받아야 한다는 말이다. 지금은 도읍을 지방의 작은 도시 정도로 취급하나 고대사회에서는 한 나라의 중앙정부가 있는 곳을 지칭했다.

유부혜심有孚惠心이니 물문勿問해도 원길元吉하다.

믿음을 갖고 마음을 은혜롭게 한다. 묻지 않아도 크게 길하다.

은혜로운 마음으로 충만한 이의 선한 영향력은 주변을 아름답게 만든다. 성실한 마음으로 자신의 삶을 가득 채운다면, 점치는 거북에게 묻지 않아도 크게 길할 것은 분명하다. 익을 이룬 것은 누군가의 은혜에 의한 것이니, 나 또한 남에게 베푸는 일에 앞장서야 도리이다. 사람이 사람에게 믿음을 가지며 친애하고 존중한다면, 그 나라는 안정되고 부강하지 않을 수 없을 것이다.

막익지莫益之이니 혹격지或擊之하고 립심물항立心勿恒하여 흉凶하다.

보태지 마라. 혹은 치리니,

마음의 정함이 일정하지 못하여 흉하다.

물욕에 눈이 어두워지면 해를 입게 될 수도 있음을 나타내는 구절이다. 여기서 보태지 말라는 것은 더 이상 욕심을 부리면 곤란하다는 뜻이고, 마음의 정함이 일정치 못해 흉하다는 것은 초심을 잃지 말고 항상심을 가져야 한다는 뜻이다. 법이 바로 서지 못해서 재화가 균형을 잃고 위로만 쏠리면 관리들의 도덕심이 무너진다. 공자는 "이익에 따라 행동하면 원망이 많다."라고 가르쳤다. 이익이 있으면 몸과 마음은 저절로 따라가게 마련이다. 더는 보태지 않으려 경계하는 마음이 중요한 이유다.

익益: 약자를 위해 베푸는 일의 참뜻

현대사회의 세금은 국가를 운영하며, 복지정책을 구현해 부익부 빈익빈을 해소한다. 이 '익益' 장에서 말한 위에서 덜어서 아래로 보태는 방법이다. 윗사람이 아랫사람에게 내려주는 것이니 재벌이나 권력을 가진 사람들이 빈곤층이나 사회적 약자에게 널리 베푸는 일이다. 이렇게 남의 불쌍한 처지를 돕는 마음인 측은지심은 궁극에 가서는 윗사람 자신을 돕는 일이 된다.

일찍이 경제학의 아버지라 불리는 애덤 스미스Adam Smith는 『국부론』에서 "한 나라의 중상주의에 의해 진흥되는 것은 부자와 권력자의 이익을 위한 산업뿐이다. 가난한 자와 빈궁한 자의 이익을 위한 산업은 너무나 자주 무시되거나 억압받고 있다."라고 갈파했는데, 안타깝게도 이러한 현상은 그가 살았던 18세기나 현재 우리가 살아가는 21세기나 마찬가지다. 권투경기에서는 체급별로 시합을 하고, 큰 바다에서 종자까지 싹쓸이하는 저인망식 어업은 세계적으로 금지되고 있다. 이런 것이 바로 상식에서 벗어나면 안 된다는 규칙과 규범들이다. 민심을 잃으면 권력이 사라지며, 인심을 잃으면 기업의 기반은 무너진다. 이 세상은 모두의 것이지 권세가나 슈퍼리치만의 것이 아닌 까닭이다.

사회지도층이 존경받기 위해서는 노블레스 오블리주noblesse oblige의 정신이 필요하다. 노블레스는 닭의 볏이고, 오블리주는 달걀의 노른자이다. 닭의 사명은 자기 볏을 자랑하는 것에 있지 않고 알을 낳는 데 있어야 한다. 사람들에게서 정당한 대접을 받으려면 자신이 누리는 부와 명예에 준하는 책임과 의무에도 충실해야 한다. 재산이 100억인 사람에게서 1억을 더는 것은 큰일이 아닐 수 있다. 하지만 형편이 어려운 사람들에게 1억을 나누어준다면 그것은 엄청난 도움이 된다. 그렇게 큰 정책은 사회적 합의를 필요로 하며, 정치의 묘는 바로 여기에 있다.

사회가 안정될수록 잘못된 제도나 정책을 올바르게 개선하려는 노력이 강화되어야 한다. 그것이 국가가 존재해야 하는 가장 중요한 이유 중 하나이다. 그러기 위해선 정치인은 국민의 지지를 받아야 하고, 정부는 공명정대한 정책을 구현하여 늘 국민의 신뢰를 얻고 있어야 한다. 그래야만 이 사회의 약자를 위한 정책을 구현할 수 있으며, 또한 범국가적인 재난 시기에 국민 다수가 희생을 감수해야 하는 정치를 펼칠 때도 저항받지 않는다.

夬

쾌夬: 결단하다, 결정하다, 터놓다

결단해야 할 때, 과감히 결단해라

揚于王庭 孚號有厲 告自邑 不利卽戎

剛決柔也 健而說 決而和

澤上於天 夬 君子 以 施祿及下 居德則忌

不勝而往 咎也

惕號 莫夜 有戎 勿恤

壯于頄 有凶 獨行遇雨 君子 夬夬

牽羊悔亡 聞言不信 聰不明也

莧陸夬夬 中行 无咎

无號 終有凶

굳세게 추진하는 것은 용감한 일이지만

승산도 없는데 추진하는 것은 만용이다.

그물이 새면 배도 그 사이로 지나가듯

법령이 관대하면 큰 죄를 짓고도 피할 수 있다.

단죄에는 위험이 따르지만 미더운 마음으로 위엄 있게 결단해야 한다.

다른 이가 보지 못하는 것을 보고

다른 이가 깨닫지 못하는 것을 아는 것이 총명함이다.

중요한 결정을 할 때는 신중하게 하되

결정된 사안은 강하게 밀고 나가야 믿음이 있다.

억새를 느슨하게 잡고 뽑으면 도리어 손만 베인다.

✻

쾌夬는 결단하는 하는 것이니, 빠르게 결정하고 행동한다. 쾌는 택천쾌澤天夬를 말하며, 연못이 하늘에 있는 형상이다. 위험이 따르거나 내적인 손실이 크더라도 보다 나은 미래를 위해서는 강건하게 행동해야 한다. 하지만 삶에서 낙담했을 때 중대한 결정을 내리게 되면 반드시 인색해진다.

양우왕정揚于王庭이니 부호유려孚號有厲하고
고자읍告自邑이니 불리즉융不利卽戎이다.

왕의 뜰에서 용기 있는 결단을 하고 미덥게 부르짖어서
위태롭게 한다. 자신이 다스리는 지역에 알리되
군사를 내는 것은 이롭지 않다.

쾌夬는 공정한 법과 정의로 악을 다스리기 위해서 추구하는 의로운 결단이다. 그래서 모두가 보는 궁궐의 큰 마당에서 이름을 드러내어 죄를 밝히고 처벌한다고 하였다. 단죄에는 위험이 따르지만, 미더운 마음으로 위엄 있게 결단해야 한다. 자신이 다스리는 지역에 알린다는 것은 만백성들 앞에 잘못을 낱낱이 드러내는 일이다. 군사를 내는 것이 이롭지 않다는 것은 무력을 앞세우지 않고 공정한 법을 적용해야 수긍한다는 뜻이다. 『사기』에는 "망루탄주網漏呑舟"라는 말이 있다. 그물이 새면 배도 그 사이로 지나갈 수 있다는 것이니, 법령이 관대하면 큰 죄를 짓고도 피할 수 있다는 뜻이다. 법을 집행할 땐 미덥게 부르짖고 위태롭게 해야 하는 이유가 여기에 있다.

강결유아剛決柔也이니 건이열健而說하고 결이화決而和한다.

강이 유를 결단하니 굳세며 기뻐하고, 결단하므로 화합이 된다.

나라의 화합을 도모하기 위해서는 과감하게 결단해야 한다는 말이다. 강한 것이 부드러운 것을 결단하니 믿음직스러워서 기뻐하고, 그 결단을 통해 다시금 화합이 이뤄진다. 결정을 내릴 땐 신중하게 하되 결정된 사안에 대해서는 강하게 밀고 나가야 믿음을 얻을 수 있다는 것이다. 일이 크면 클수록 과감하게 결정하고 신속하게 처리하는 것은 지도자에게 요구되는 덕목이다. 예부터 힘은 아끼고 모았다가 한 번에 발휘하는 것을 중요시했고, 꾀와 전략 신속하고 민첩한 것을 중요시하였다.

택상어천澤上於天이 쾌夬이니 군자이君子以하여
시록급하施祿及下하고 거덕칙기居德則忌한다.

연못이 하늘에 있는 것이 쾌이다.
군자는 이를 보고 국록이 아랫사람에게까지 미치게 하고
덕을 근거로 금지해야 할 것들을 법으로 제정하였다.

하늘에 있는 물이 땅으로 내려오듯 군자는 선정을 베풀어 아랫사람에게까지 골고루 미치게 해야 한다. 거덕居德은 법을 근거로 한다는 뜻이고, 칙則은 법칙이며, 기忌는 금기해야 하는 것들을 일컫는다. 그래서 장려하고 금기해야 할 것들을 나열한 다음 덕을 근거로 법령을 제정하고 시행하였다. 본래 법法이라는 글자는 악한 사람을 물[氵]처럼 자연스럽게 제거[去]한다는 뜻을 가지고 있다. 법은 호랑이처럼 무서운 것도 아니고 기피해야 할 대상도 아니다. 거스르지 않고 잘 따르면 누구에게나 이로움을 주는 것이 법이다. 만인에게 공평하게 적용되는 법은 모든 사람을 지켜주는 든든한 울타리와 같다.

불승이왕不勝而往이니 구야咎也이다.

이기지 못할 것을 알면서도 가는 것은 허물이다.

굳세게 추진하는 것은 용감한 일이지만 승산도 없는 일을 하는 것은 만용이다. 그래서 이 구절에서는 이기지 못할 것을 알면서도 가는 것은 허물을 짓는 일이라고 하였다. 큰일을 할 때는 먼저 민심을 살펴보고 전후 사정을 헤아려보는 것이 우선이다. 속담에 "사또를 걸어 감영에 올라가 고한다."라는 말이 있다. 어림없고 승산이 없는 일을 할 때 이르는 말이다. 더군다나 상대를 잘 알지도 못하면서 도전하는 것은 지극히 무모한 짓이다.

물론 인간의 삶이란 항상 먼 길을 앞에 두고 가는 것이기에 언제나 이기는 게임만 해서는 지루할뿐더러 발전도 없을 것이다. 조금은 감당하기 힘든 목표도 세워보고, 가끔 무모하다는 말을 들을 정도로 도전도 해보아야 한다. 신중함과 지혜로움을 갖춘 연후에 불가능해 보이는 일에 도전해서 삶의 보람과 즐거움을 찾을 수 있다면 얼마나 멋진 일일 것인가.

척호惕號이니 모야莫夜에 유융有戎이라도 물휼勿恤이다.

두려워서 부르짖는다.

늦은 밤에 오랑캐가 있더라도 근심하지 않는다.

척호惕號란 두려움에 떨면서 부르짖는 것이다. 즉, 근심하여 동지를 부른다는 뜻이다. 백성들의 지극한 요청에 소임을 맡은 군사들이 경계하고 있으니 한밤중에 오랑캐가 오더라도 근심하지 않을 수 있다. 공자는 백성들이 평안을 누리는 것을 정치철학의 기본이념으로 삼았으며, 이 구절은 그러한 철학이 제대로 구현되고 있음을 보여준다. 아래에서 덜어 위로 납부한 세금이 백성을 위해 국방비로 정당하게 쓰이는 중이라는 것을 증명하고 있기 때문이다.

장우구壯于頄이니 유흉有凶하며 독행우우獨行遇雨하니
군자君子는 쾌쾌夬夬한다.

광대뼈의 씩씩함에 흉이 있다.

홀로 가서 비를 맞으니 군자는 결단할 일은 결단한다.

광대뼈는 얼굴의 뺨을 가리킨다. 광대뼈의 씩씩함에 흉이 있다는 것은 소인에게 뺨을 맞아서 흉하다는 뜻이다. 소인에게 당한다는 것은 비를 맞고 옷을 적시는 것과 같다. 『서경書經』에는 "유덕유형有德惟刑"이라는 말이 있다. 오로지 덕을 갖춘 사람만이 벌을 줄 수 있다는 뜻이다. 개인 간에 사사로운 원한이 있다고 해도 덕망 있는 군자만이 벌을 결정할 일이지 서로 간에 벌을 주고받아서는 안 된다는 말이다. 사적인 제재나 복수가 성행하면 공정성이 훼손되고 사회는 문란해질 수밖에 없다. 이것이 오늘날 헌법을 비롯하여 각종 법률 및 법령이 제정되고, 이를 시행할 전문적 사법기관인 법원이 생겨난 배경이다.

건양회망牽羊悔亡하고 문언불신聞言不信하니
총불명야聽不明也이다.

양을 끌고 가면 뉘우침이 없다.
말을 듣고도 믿지 못하니 총명함을 잃었기 때문이다.

고집이 센 양은 슬기로운 방법으로 다스리면 되지만 어리석은 사람은 귀가 어두워서 알아듣지를 못한다. 양을 끌고 가면 뉘우침이 없는 이유는, 양은 무리를 지어 인도하면 따르기 때문이다. 하지만 어리석은 사람은 말을 듣고도 믿지 못하니 머뭇거리고만 있을 뿐이다. 다른 이의 말은 귓등으로 듣고, 약이 되는 충고도 받아들이지 않기 때문이다. 후한後漢의 왕충王充은 이런 이들을 일러 "요순堯舜의 말을 다 들려주더라도 소에게 술을 먹이고 말에게 마른고기를 먹이는 것과 같다."라고 하였다. 심오한 뜻이 담긴 말은 대인에게는 통해도 소인에게는 통하지 않는데, 소인은 더러 듣기는 해도 가슴에 와닿는 것이 적기 때문이다. 고사엔 "홀로 보는 총명함"이라는 말이 있다. 다른 사람이 보지 못하는 것을 보고, 다른 사람이 헤아리지 못하는 것을 깨닫는 총명함을 이르는 말이다. 이 구절에선 그런 총명함을 잃어버린 채 어리석게 처신하는 태도를 경계하고 있다.

현륙쾌쾌莧陸夬夬하고 중행中行하니 무구无咎하다.

현륙을 결단하고 중을 행하면 허물이 없다.

백성들에 해가 되는 세력은 강하게 벌하고 통솔해야 한다. 그런 연후에 중용의 덕으로 다스려 나가야 허물이 없다는 말이다. 여기서 현륙莧陸은 음陰의 기운이 많은 풀로, 쇠비름이나 자리공을 가리킨다. 인간에게 필요한 곡물의 자양분을 빼앗아 성장을 방해하는 풀이다. 그런 잡풀은 단호하게 결단하고 철저하게 제거해야 해가 없다. 강한 억새는 느슨하게 잡고 뽑으면 도리어 손만 베인다. 그러니 마음이 흔들려도 오직 중도로 행하면 허물이 없다고 하였다.

무호无號이니 종유흉終有凶이다.

호소할 데가 없으니 마침내 흉함이 있다.

무호无號는 아무리 울부짖고 소리쳐도 소용이 없다는 뜻이다. 힘들고 어려운 처지를 호소할 곳도, 의지할 데도 없는 난처한 상황이다. 이는 백성의 입을 틀어막고 방치한 결과라고 볼 수도 있다. 그래서 마침내는 흉함이 있다고 하였으니, 그동안 누렸던 태평성대가 한순간에 물거품처럼 사라진다는 의미이다. 언로言路를 막는 것은 흐르는 강물을 막는 것보다도 더 심각하다. 한동안 막혀 있다가 터지면 위력이 불 보듯 빤하기 때문이다.

쾌夬: 강건하고, 신속하고, 단호하게

쾌夬는 결단한다는 뜻이다. 결정하여 터트린다는 결決에 해당하는 한 자로서 중대사를 결행한다는 의미가 있다. 위험이 따르거나 내적인 손실이 크더라도 보다 나은 미래를 위해서는 강건하게 행동해야 한다는 게 쾌夬이다. 그래서 어떤 순간에 쉽게 결정하지 말고 객관적인 입장에서 하나씩 파악하는 과정이 필요하다. 인생을 살다 보면 자신이 하려는 일이나 가고자 하는 길에 대하여 환히 아는 사람이 반드시 있게 마련이다. 그들에게 자문을 구하는 것이 가장 현명한 방법이라는 것은 두말할 나위도 없다.

그렇게 완전무장을 하고 있다가 적당한 때가 도래하면 단호하게 결정을 내려야 한다. 또 스스로 자신감이 없고, 위축되어 있을 땐 올바른 판단을 내릴 수 없음을 명심해야 한다. 사기가 충만하고 마음의 준비가 되어 있다면 자신의 수족을 자르는 뼈아픈 결정도 내릴 수 있다. 이런 마음가짐을 바탕으로 강력한 추진력이 필요할 땐 번개가 내려치듯 빠르게 결정하고, 천둥이 우렁차게 울리는 것처럼 강하게 밀어붙여야 한다. 그러면서도 부드러워야 할 때는 다른 이를 한없이 인자하게 포용하는 것이 현명한 사람의 처세이다.

예나 지금이나 천심을 어기면 민심을 얻을 수도 없고, 민심을 얻지 못하면 따르지 않으니 다스릴 수 없다. 이는 '쾌夬' 장에서 거듭 강조하고 있는 진리이기도 하다. 동시에 다른 사람이 보지 못하는 것을 보고, 다른 사람이 헤아리지 못하는 것을 깨닫는 총명함의 가치는 더 강조할 나위가 없다. 참새나 촉새의 얕은꾀로는 봉황의 깊은 뜻을 알지 못하기 때문이다.

『삼국지三國志』에서 마속은 자신의 재주를 과신한 나머지 승상의 명을 어기고, 대패하여 제갈량의 북벌北伐을 끝내 좌절케 했다. 군의 기강을 세워야 하는 제갈량은 주위의 만류에도 불구하고 평소 자식처럼 아끼던 마속의 목을 벤다. 그리고는 홀로 흐느끼며 울었다. 『주역』에서 말하는 쾌夬를 감행하며 사사로운 감정에 연연해하지 않았다. "읍참마속泣斬馬謖"의 고사는 이렇게 탄생했다.

제44장 여인을 만났으나 억세다 구 姤

姤

구姤: 만나다

인연을 귀하게 여겨라

姤 女壯 勿用取女
天地相遇 品物咸章
繫于金貞吉 有攸往見凶 羸豕孚
包有魚 无咎 不利賓
臀无膚其行次且 厲无大咎
包无魚 起凶
以杞包瓜 含章
姤其角 上窮吝也

바람은 온 세상을 다니며 수많은 것들을 만난다.
버들가지로 참외를 싸고 있으니향기로운 맛을 그대로 간직한다.
성인은 재능을 감추고 현인은 속세를 피하며
미인은 아름다움을 드러내지 않아야 복이 있다.
천지가 조우하듯 남녀가 가정을 이루는 것은 축복이다.
남자가 변변치 못하고 유약하면
억센 여자가 배필이니, 두 손 들고 환영해야 한다.
처음부터 딱 맞는 천생연분은 없다.

구姤는 만남으로, 여인을 만났으나 억세다. 구는 천풍구天風姤를 말하며, 하늘 아래 바람이 일렁이는 형상이다. 인연은 좇아간다고 이루어지고 외면한다고 피해 갈 수 있는 것이 아니다. 세상을 살아감에 원만하고 활달한 맛이 없으면 나무 인형과 같으니 곳곳마다 장애가 생긴다.

구姤는 여장女壯이니 물용취녀勿用取女이다.

여인을 만났으나 억세다. 그런 여자는 취하지 마라.

여기서는 부드러운 유柔가 굳센 강剛을 만난다. 하늘과 땅이 만나는 것은 음양이 합하여 만물을 태동케 하는 위대한 일이다. 더러는 하늘이 어눌하고 땅이 거친 날도 있지만 서로 따지지 않고 받아들인다. 이 구절에서 말하는 억센 여자란 남자처럼 굳세고 기개가 있는 여성을 가리킨다. 그런 여자를 취하지 말라는 것은 여장부女丈夫에게 장가들지 말라는 것이니 요즘의 현실과는 괴리가 있다. 여성이 일을 맡았을 때는 부드럽게 밀고 나가는 유연성이 있고 꼼꼼한 면도 있다. 그래서 까다로운 일도 물 흐르듯 성사시키면서 남성보다 더 많은 성과를 도출하기도 한다. 더군다나 여장부는 호기롭고 걸걸하여 사소한 일에 얽매임이 없고, 시원시원하다는 장점도 있다. 남자가 변변치 못하고 유약하다면 억센 여자가 맞는 배필이니 두 손 번쩍 들고 환영해야 할 일이다.

천지상우天地相遇이니 품물함장品物咸章이다.

하늘과 땅이 서로 만나니 만물이 형태를 갖추고 어울린다.

천지가 교우하니 만물이 빠짐없이 나타난다. 하늘과 땅이 서로 만나야 세상에서 필요로 하는 물건들이 생겨나고 제 역할을 다할 수 있다. 그래야 거기서 새로운 것이 생겨나고, 새로운 것은 또 다른 세상을 열어 나갈 수 있다. 마찬가지로 남녀가 만나서 가정을 이루는 것은 대자연이 음양으로 생태계를 만드는 것처럼 참으로 아름답고 복된 일이다. 인간의 본능적인 뜻이 이루어지고 크게 펼쳐지는 일이기도 하다. 또한 의젓하고 중정한 군자라도 천지의 도를 따르지 않으면 백성을 다스리고 교화하는 일을 원활하게 수행할 수 없다.

계우금정길繫于金貞吉이니

유유왕견흉有攸往見凶하고 리시부羸豕孚하다.

쇠말뚝에 매어두고 바르게 해야 길하다. 가는 바를 두면

흉함을 보게 되고 마른 돼지가 뛰는 데 믿음을 둔다.

쇠기둥에 매어두고 바르게 해야 한다는 것은, 바싹 마른 돼지도 묶어 놓지 않으면 제멋대로 날뛰기 때문이다. 억센 여자에게는 어느 정도의 제재가 필요하다는 말이다. 이것을 사회적 측면에서 보았을 때는 부정적인 조짐이 나타나면 이를 즉시 차단해야 한다는 뜻이다. 그러지 않으면 반사회적인 양상이 계속 확산하여 나라 전체가 혼란에 빠질 수 있기 때문이다.

가는 바를 두면 흉함을 보게 된다고 하였는데, 그것은 가야 할 곳이 있다는 뜻이 아니라 이미 적절한 때나 정도를 벗어났다는 역설적인 말이다. 그것은 여윈 돼지가 꽥꽥거리며 날뛰듯 사회를 어지럽게 하는 무리가 자기들 세상을 구축하기 위해 날뛰는 것이다. 그래서 돼지가 경거망동하는 데 익숙해지기 전 강제해야 하므로 쇠말뚝에 매어두고 바르게 해야 길하다고 하였다.

포유어包有魚이니 무구无咎하고 불리빈不利賓이다.

꾸러미에 고기가 있으니 허물이 없다. 손님은 이롭지 않다.

흔히 물고기를 잡고 누군가를 부르는 것은 자랑하기 위함인데, 여기서는 이롭지 않다고 하였다. 포包는 감싼다는 뜻으로 꾸러미나 보따리를 가리킨다. 꾸러미에 고기가 있다는 것은 최소한의 경제력이나 비상시에 대처할 수 있는 먹거리 정도는 갖추고 있다는 뜻이니 여인에게는 허물이 없다. 그럼에도 남자가 자기 집에서 먹지 않고 남의 집에 손님이 되는 것은 이롭지 않으며, 손님이 오는 것도 이롭지 않다고 여기고 있다. 여인이 자족하는 삶을 추구하고 있기 때문이라고 볼 수 있다. 동시에 꾸러미에 고기가 있으니 허물이 없다고 한 것은 생선이 짚으로 싸여 있는 것은 무탈하지만, 손님에게 내놓는 것은 예의가 아니라고 해석해도 무방하다. 즉, 집안의 시시콜콜한 가정사를 남들이 알아서 좋을 건 없다는 얘기다.

둔무부기행차차臀无膚其行次且이니 려무대구厲无大咎이다.

볼기에 살이 없으나 그 행함이 머뭇거린다.

위태롭지만 큰 허물은 아니다.

엉덩이에 살이 쪄서 둔한 것도 아닌데 머뭇거리며 가지 못한다. 그 모습이 위태롭지만 큰 허물은 아니라고 하였다. 엉덩이에 살이 없다는 것은 가난하여 못 먹었다는 말이 된다. 머뭇거린다는 것은 아무도 이끌어 주는 사람이 없으므로 불안해하는 모습이다. 결국은 도움을 주는 사람이 없어 외로운 처지가 되었다는 의미이다. 가난은 드러내어 자랑할 일도 아니지만 죄도 아니다. 이 구절에서는 무엇인가를 아직 결정하지 못하고 있는 모습이니, 천지가 조우遭遇하지 못하고 음양이 감응하지 못하는 형국이다.

포무어包无魚이니 기흉起凶이다.

부엌의 꾸러미에 고기가 없으니 흉함이 일어난다.

부엌의 꾸러미에 고기가 없다는 것은 쌀독에는 쌀이 없고 주머니는 텅 비어 먼지만 풀풀 날리고 있다는 뜻이다. 경제적으로 빈곤한 상태이니 여인이 아녀자로서 해야 할 역할을 다할 수 없게 되었다. 그래서 남편은 떠나고 아내는 독수공방을 하게 되었다. 또한 꾸러미에 고기가 없어서 흉함이 일어난다는 것은 주변 사람들이 외면하고 있으므로 함께할 사람이 없다는 뜻이기도 하다. 궁색한 형국에 처신을 잘못하면 오해를 불러일으킬 수 있으니 신중하게 행동해야 한다는 말이다. 과거 상고시대에는 물고기를 아름다운 여인이나 온순한 백성으로 비유하기도 하였다. 그러므로 이 구절은 마음에 둔 여인이나 백성의 마음이 떠나갔다는 의미이기도 하다.

이기포과以杞包瓜이니 함장含章이다.

버들가지로 참외를 싸고 있으니 향기로운 맛을 간직하고 있다.

자신의 단점을 감추는 것도 능력이지만 장점을 감추는 것은 더 큰 능력이고 훌륭한 인품에 해당한다. 이 구절에서는 버들가지로 참외를 싸고 있으니 향기로운 맛을 머금고 있다고 하였다. 어떤 생물이나 물체의 본질이 훼손되지 않고 살아 있음을 뜻한다. 이는 마치 여인이 아름다운 모습을 살포시 감추고 있기에 하늘에서 복을 내리는 것과 같다. 성인은 재능을 감추고, 현인은 속세를 피하며, 미인은 아름다움을 드러내지 않아야 더욱 가치가 있다. 세상의 이치는 오묘해서 감추면 감출수록 더욱 더 밝게 드러난다.

구기각姤基角이니 상궁인야上窮吝也이다.

짐승의 뿔에서 만난다. 위가 궁하여 부끄럽다.

각角은 양이나 사슴과 같은 짐승의 뿔을 말한다. 짐승의 뿔에서 만난다는 것은 더 이상 오갈 수 없는 지경에 이르러서야 만난다는 뜻이다. 그런 뿔에서 만났기 때문에 궁색하기는 하지만 허물은 아니라고 하였다. 평소에 꺼리며 피하고 싶었던 사람을 공교롭게도 만난 격이다. 어쩔 수 없이 합하게 되었으니 마음이 부끄럽기만 하다. 짐승의 뿔에서 만난다는 것은 결국 적승계족赤繩繫足과 같은 인연을 가리킨다. 적승계족은 전설에 나오는 월하노인이 붉은 끈을 가지고 다니다가 인연이 있는 남녀가 있으면 그들이 모르게 그 끈으로 다리를 매어 놓는데, 그렇게 되면 어떤 경우에라도 반드시 부부가 된다는 설화이다.

구姤: 궁합은 살면서 맞춰가는 것이다

음양의 조화는 매우 다양하면서도 변화무쌍하여 신비롭기까지 하다. 초록은 동색이라는 말이 있듯이 같은 것끼리 잘 어울리기도 하지만, 무지개는 일곱 가지의 색이 잘 조화되어서 아름다움의 극치를 이루어내기도 한다. 마찬가지로 남자와 여자도 성격이 비슷한 사람들끼리 궁합이 잘 맞는 짝도 있으나 대부분은 그 반대의 경우가 더 많다. 『채근담菜根譚』에선 "세상을 살아감에 원만하고 활달한 맛이 없으면 나무 인형과 같으니, 곳곳마다 장애가 생긴다."라고 하였다. 남녀 중에서 어느 쪽이 강하든 어느 쪽이 유연하든 상관없다. 한쪽엔 원만하고 활달한 맛이 있고, 다른 한쪽에는 세상의 그 무엇도 포용할 수 있는 넓은 도량만 있다면 하등의 문제가 없을 것이다.

'구姤' 장에서 말하는 여장부는 누가 보아도 너그럽고 인자한 성품의 남자와 혼인해야 좋다. 하지만 인연은 좇는다고 이루어지고 외면한다고 피해 갈 수 있는 게 아니다. 다시 말해 결혼은 우연에 의한 것이라기보단 필연에 의한 것에 가깝다. 이런 삶의 방향을 두고 불가佛家에서는 "만사가 인연에 따른다."라고 하였고, 유가儒家에서는 "처지에 따라 마땅하게 행동한다."라고 하였다. 인연에 따른다는 것은 누구를 만나서 함께 가느냐에 따라서 자신의 인생이 달라진다는 말이고, 처지에 따른다고 하는 것은 자기 분수를 지키며 세상을 원만하고 편안하게 사는 것이 중요하다는 말이다.

광주리 안에 고기가 없다는 것은 경제력을 말하지만, 그 함의含意는 자신이 이상형으로 생각하는 이가 없음을 뜻한다. 짐승의 뿔 끝에서 만난다고 하는 것은 원치 않는 사람과의 혼인을 의미한다. 그러나 그것이 바로 인연이다. 궁합은 타고나는 게 아니라 살면서 맞춰가는 것이다. 세상의 만물이 장단점을 두루 갖추고 있는 것처럼, 남자든 여자든 모든 사람이 다 마찬가지다.

그러니 누구와 짝이 지어지든 그 인연은 소중하지 않을 수 없다. 술은 종류도 다양하고 맛도 제각각이지만 마시면 모두 취하고, 들판의 곡식은 종류도 다양하고 맛도 제각각이지만 먹으면 모두 배가 부르다. 이 세상에 존재하는 사물이든 사람이든 소중하지 않고 귀하지 않은 것은 단 하나도 없다. 마찬가지로 배우자가 마른 돼지처럼 꽥꽥거리든 양처럼 온순하든 상관없이 그를 소중하게 여기고 살면 그것이 바로 좋은 인연이다. 처음부터 딱 맞는 천생연분은 세상에 존재하지 않는다.

제45장 모이고 흩어지는 이치를 본다 췌 萃

萃

췌萃: 모이다, 이르다

모이고 흩어질 때를 현명히 판단해라

王假有廟 利見大人亨

順以說 剛中而應 故聚也

用大牲吉 利有攸往 順天命也

君子 以 除戎器 戒不虞

勿恤往 无咎

引吉无咎 孚乃利用禴

萃如嗟如 无攸利

萃有位 无咎

齎咨涕 无咎

여러 갈래의 물이 모이는 것처럼
새로운 사람이 오면 새로운 질서가 생겨난다.
조력자가 있어야 모임이 원활하게 운영하고
큰 조직도 무리 없이 이끌어나갈 수 있다.
사람들이 모이고 흩어지는 이치를 관찰하면
인심을 알 수 있고 만물의 실정도 파악할 수 있다.
무슨 일만 생겼다 하면 걱정부터 앞세우니
말이 씨가 되어 우려스러운 일은 현실이 된다.
자리가 사람을 만들기도 하지만
가시방석에 앉은 것처럼 편치 않은 자리도 있다.
부자가 가난한 이에게 고기는 왜 안 먹느냐고 묻는다.

췌萃는 모이는 것이니, 모이고 흩어지는 이치를 바라본다. 췌는 택지췌澤地萃를 말하며, 연못의 물이 땅 위로 모여드는 형상이다. 많은 사람의 의식이나 가치관이 바뀌어서 하나로 모일 땐 반드시 지도자나 주동자가 있다. 세상에 고정된 가치란 없고 어떤 일에도 고정된 지도자는 없다.

왕가유묘王假有廟이니 리견대인형利見大人亨이다.

왕이 사당을 둠에 지극함이 있다.

대인을 보아야 이롭고 형통하다.

사람이 모이면 성장의 동력이 된다. 일국의 왕으로서 몸소 사당을 세우고 종묘에 이르니 정성이 지극하다. 왕이 종묘에 나아가 제사를 지낸다는 것은 자신의 정통성을 널리 드러내고 알리는 일이다. 그러나 대인을 만나야 이롭고 형통하다고 하였다. 예나 지금이나 지척에서 대인의 역할을 하는 멘토가 필요하다. 현명한 조력자가 있어야 국정을 원활하게 운영할 수 있고 큰 조직도 무리 없이 이끌어나갈 수 있기 때문이다. 췌萃는 모인다는 뜻이다. 사람들이 모이고 흩어지는 이치를 관찰하면 세상의 인심을 알 수 있고, 더 나아가서는 만물의 실정과 일의 추이도 파악할 수 있다.

순이열順以說하고 강중이응剛中而應하니 고취야故聚也이다.

순해서 기뻐하고, 강이 가운데에서 응하니 옛사람들이 모여든다.

사람을 조직하고 이끄는 지도력에 대하여 말하였다. 순해서 기뻐한다는 것은 모두를 포용하면서도 온화하게 대하니 기쁨이 생겨난다는 뜻이다. 그래서 강이 가운데서 응하니 흩어져 있던 옛사람들이 다시 모여든다고 하였다. 왕이 중심을 지키면서 백성들과 조화를 이루고 있으므로 미래지향적인 모습이다. 국가의 대업에 기존의 백성들은 물론 예전의 백성들까지 가담하니 새로운 질서가 생겨나고, 새로운 질서는 새로운 발전을 불러온다. 그렇게 살기 좋은 나라로 사람들이 모여드는 것은 당연한 현상이다.

용대생길用大牲吉하고 리유유왕利有攸往하니 순천명야順天命也이다.

큰 희생을 쓰는 것이 길하다.
가서 펼쳐야 이로우니 천명을 따라야 한다.

큰 희생이란 큰 제물을 가리킨다. 가서 펼쳐야 이롭다는 것은 큰일을 맡되 천명에 따른다는 뜻이다. 모이고 흩어지는 일은 하늘의 이치와 같으니, 오늘날의 태평성대는 하늘의 은혜이다. 제사는 신령에게 음식을 바치면서 정성을 나타내는 일종의 예식이다. 그래서 모든 기제사나 장례식에서 지내는 제사는 조상신을 모셔와 술과 음식을 대접하는 의식과 같다. 그만큼 큰 의식이라서 옛날의 성인들은 제사를 주관하는 제사장들이었다. 『주역』에서도 제사를 성대한 의식이라고 보았기에 이 구절에서 큰 제물을 바쳐야 길하다고 하였다.

군자이君子以하여 제융기除戎器하고 계부우戒不虞한다.

군자는 전쟁에 쓰일 무기들을 손질하고 헤아리지 못한 곳은 없는지 살핀다.

제除는 정리를 말하고, 융戎은 병장기를 말한다. 군자가 무기를 손질한다는 것은 불시의 전쟁에 대비하는 일종의 방어책이다. 미처 헤아리지 못한 곳은 없는지 염려하는 마음으로 구석구석 살펴본다. 예측 불가능한 앞날에 대비하고 준비하기 위해서이다. 고대 로마의 군사 전략가인 베게티우스Vegetius는 "평화를 원한다면 전쟁을 준비하라."라고 가르쳤다. 베게티우스는 군대의 생명은 부단한 훈련과 엄격한 규율에 달려 있다고 강조했다. 또한 철저하게 미리 준비된 기술과 군기만이 승리를 보장할 것이라고 단언했다. 그와 같이 이 구절에선 모두가 평화를 바라기 때문에 전쟁에 쓰일 무기들을 준비하고 살펴본다고 하였다.

물휼왕勿恤往이니 무구无咎하다.

근심하지 않고 가야 허물이 없다.

혼란스러운 마음을 떨치고 가야 앞날이 환하게 펼쳐진다는 말이다. 근심하지 않고 가야 탈이 없다는 것은 근심을 앞세우고 가면 없었던 걱정거리도 생겨나기 때문이다. 어차피 가야 할 길이라면 우왕좌왕해봐야 의지만 약해질 뿐이다. 예나 지금이나 사람들은 무슨 일만 생겼다 하면 걱정부터 앞세운다. 많은 이들이 습관적으로 두려움과 머뭇거림부터 앞세우는 경향이 있다. 말이 씨가 되는 것처럼, 우려스러운 일은 자주 그대로 현실이 된다. 결국은 고생을 사서 하고 스스로 무덤을 파고 들어가는 것과 다르지 않다.

인길무구引吉无咎하니 부내리용약孚乃利用禴이다.

이끌면 길하고 허물이 없다.

미더움으로 간략한 제사를 올리는 것이 이롭다.

인引은 끌어당긴다는 뜻이니, 서로가 밀어주고 당겨주지 않으면 제대로 된 역량을 발휘하기가 어렵다. 이끌면 길하고 허물이 없다는 것은 왕이 바른 도리로서 인도하면 백성이 응하고 따른다는 뜻이다. 제사를 간소하게 올려도 이로운 이유는 이미 백성의 신임을 얻었기 때문이다. 또한 진심으로 조상을 기리는 마음만 있다면 약소한 제사도 상관이 없다고 보았다. 약소한 제사는 제물의 간소함을 뜻하지만, 상황에 따라서는 여름 제사를 가리키기도 한다. 상고시대엔 여름 제사를 가장 기피했고, 다음으로는 봄 제사나 불시의 제사를 기피했기 때문이다.

췌여차여萃如嗟如이니 무유리无攸利하다.

모이는데 슬퍼하니 이로운 바가 없다.

많은 사람이 무질서하게 모이면 반드시 폐단이 생긴다. 이 구절에서 모이는데 슬퍼한다는 것은 모이고자 하는 목적은 있지만 서로의 단점만 들춰내며 허송세월을 하고 있기 때문이다. 모여 앉아서 서로 흉보고 탓해봐야 아무런 득이 없다. 까마귀나 새들은 잘 모이기는 하지만 서로가 보듬고 아낄 줄 모르기 때문에 질서가 없다. 상대방의 속사정도 모르면서 탓한들 무슨 소용이 있으랴. 남의 말은 귓등으로 듣고 자기주장만 내세우니 소통하기만 점점 더 어려워진다. 그것은 마치 부자가 가난한 사람에게 고기는 왜 안 먹느냐고 묻는 것과 같다.

췌유위萃有位이니 무구无咎하다.

모이는데 자리가 있으니 허물이 없다.

여럿이 모이는 가운데서도 내 자리가 마련되어 있다면 기분 좋은 일이다. 자리가 있다는 것은 초대받은 것과 다름없기 때문이다. 자리에 맞게 바른 자세를 취한다면 더욱더 귀한 대접을 받게 된다. 그런데 때로는 가시방석에 앉은 것처럼 편치 않은 자리도 있으니, 자리를 가려가면서 앉는 것도 중요하지만 자리에 맞게 처신하는 것이 더욱 중요하다.

더불어 여기서 "췌유위萃有位"는 무리에는 상하 간의 위계질서가 있어야 함을 강조하는 것으로 해석할 수도 있다. 위계질서가 확립되면 일시적으로는 경직된 문화가 조성될 수도 있지만, 장기적으로는 쉽사리 무너지지 않는 탄탄한 조직의 분위기가 형성되기 때문이다. 띠의 뿌리가 엉킨 것처럼 튼실한 무리가 전시戰時에 임한다면, 공격할 때는 강하고 민첩하게 적을 타격할 수 있고 방어할 때는 상황에 따라 유연하게 대응할 수 있다.

재자체齎咨涕이니 무구无咎하다.

탄식하며 눈물을 흘리니 허물이 없다.

재자齎咨는 탄식하며 슬퍼한다는 뜻이고 체涕는 눈물과 콧물을 흘린다는 뜻이다. 탄식하면서 눈물과 콧물을 흘린다는 것은 험한 상황에 이르러서야 비로소 반성하고 후회하는 모습을 가리킨다. 또는 자리가 편치 않기 때문에 불안해하는 모습을 뜻하기도 한다. 홀로 위[上]에 자리하였지만, 가깝고 먼 곳의 도움이 없으니 위태로운 마음이 이보다 더할 수 없다. 성공해서 다른 사람들보다는 지위가 높아도 고립무원처럼 혼자가 되어 도움을 청할 데가 없기 때문이다. 하지만 이 구절에서는 일련의 어긋난 상황들을 깊이 후회하며 반성하고 있으니 허물이 없다고 하였다.

췌萃: 모임과 흩어짐에 관하여

췌萃는 모인다는 뜻이다. 사람들이 모여들고 사물은 집중되고 있는 상태를 말한다. 하늘의 구름은 뭉치고 흩어지는 게 하루의 일과이며, 구름이 변화하는 중심에는 바람이 있다. 사람도 모이면 다시 흩어지고 흩어지는가 하면 또다시 모여든다. 이러한 과정에서 어려운 문제가 해결되기도 하고 새로운 역사가 쓰이기도 한다. 변화하는 흐름을 예의주시하고 따라가다가 때때로 그 흐름을 주도하기도 하면서 거듭되는 위기를 도약의 발판으로 삼는다면, 어느 조직과 공동체든 비약적인 발전을 이룩할 수 있다.

사람들의 의식이나 가치관이 급변하며 하나로 모이는 중심에는 지도자나 주동자가 있게 마련이다. 집회나 시위와 같은 현장에서 지도자나 주동자의 역할은 비중이 크고 중요하다. 왜냐하면 그런 자리는 수많은 사람이 가지고 있었던 기존의 고정된 인식을 바꾸기도 하고, 군중들을 흥분시키고 고무시키거나 격분하게 만들어 놓기도 하기 때문이다. 그래서 많은 사람들이 올바른 목적으로 모이게 되면 크나큰 업적을 달성하게 된다.

전국시대의 사상가인 귀곡자鬼谷子는 "세상에는 고정된 가치란 없고, 어떤 일에도 고정된 지도자는 없다."라고 말했다. 이 사회에 해와 달처럼 고정된 관념이란 있을 수 없으니, 변화무쌍한 구름처럼 상황에 따라서 변해야 한다는 것이다. 우리나라의 경우에도 3·1 운동이나 4·19 혁명과 같이 정의롭고 뜻깊은 변화의 자리들이 있었다. 그렇게 큰 뜻이 합치는 모임에는 그것을 해산하려는 외부의 진압이나 방해는 있을 수 있지만, 결코 내부적으로는 큰 불상사가 일어나지 않는다. 옆으로 기운 것을 바로 세우려는 올바른 목적을 공유하고 있기 때문이다. '췌萃' 장에서 말하는 올바르게 모이는 일을 가장 잘 실현했다고도 할 수 있다.

제46장 천리마에 올라탈 때가 되었다 승升

升

승升: 오르다. 차오르다

솟아올라야 할 때를 놓치지 마라

用見大人 勿恤南征 吉

柔以時升 巽而順 剛中而應

地中生木 升 君子 以 順德 積小以高大

孚乃利用禴 有喜也

升虛邑

王用亨于岐山 吉 无咎

貞 吉 升階

冥升 利于不息之貞

준비가 충분히 되어 있다면 머지않아 자신의 꽃을 피워볼 수 있다.
들에 불을 놓아도 풀은 다 타지 않고
봄바람이 불면 어김없이 다시 돋아난다.
아지랑이가 피어오르며 새싹이 돋아나는 것은
생각만 해도 가슴 설레는 일이다.
더 이상 머뭇거리지 말고 남쪽으로 가서 취하면 뜻을 이룰 수 있다.
정성을 다하는 마음가짐이라면
약소하게 제사를 지내도 이롭고 기쁨이 있다.
누구를 만나느냐에 따라서 자신의 운명이 결정된다.

✻

승升은 오르는 것이니 천리마에 올라탈 때가 되었다. 승은 지풍승地風升을 말하며, 이는 땅속에 강한 바람이 스며 있는 형상이다. 하나의 씨앗이 아름드리나무가 되듯 미미한 곳에서 시작하여 크게 이루어진다. 시세와 정세를 알고 자신의 분수를 알게 되면 납작 엎드려 있어도 답답하지 않다.

용견대인用見大人하고 물휼남정勿恤南征하니 길吉하다.

대인을 만나서 쓰이고 남쪽을 정벌하니 길하다.

승升은 오르는 것이며, 나날이 성장해가는 모습이다. 이 구절에서는 올바르게 이끌어줄 수 있는 대인을 만나서 쓰인다고 했으니 매우 고무적인 일이다. 말을 부리는 사람이 능숙하지 않으면 천리마라고 한들 저 스스로 천 리를 달릴 수는 없다. 남쪽을 정벌하면 길하다는 것은 더 이상 머뭇거리지 않고 행동에 나선다면 뜻을 이룰 수 있다는 말이다. 한유韓愈의 『진학해進學解』에는 "괄구마광刮垢摩光"이라는 말이 있다. 갈고 비벼서 때를 벗기고, 빛이 나게 닦는다는 뜻이다. 결점은 고쳐가면서 장점을 발휘하게끔 북돋운다는 의미이다. 이 구절에서 대인을 만나서 쓰인다는 것이 바로 괄구마광처럼 된다는 말이다.

유이시승柔以時升이니 손이순巽而順하고 강중이응剛中而應한다.

부드러워서 때에 따라 조금씩 올라간다.

공손하고 순하므로 강剛이 중간에서 호응해준다.

강한 양은 도와주려고 손을 내밀고 있으며 부드러운 음은 이에 응하고 있는 모습이다. 부드러워서 때에 따라 조금씩 올라간다는 것은 솜털처럼 부드럽고 연약한 싹이 파릇파릇 돋아나고 있는 모습을 연상하면 된다. 여린 싹이 거칠고 굳은 흙더미를 뚫고 올라오는데, 그 태도가 공손하고 순하여 강한 것이 끌어주는 것이다.

당唐나라 백거이白居易의 시에는 "들불을 놓아도 다 타지 않고, 봄바람이 불면 다시 돋아난다."라는 구절이 있다. 들불로 풀이 다 타버릴지라도, 우린 그 뿌리까지 타들어가지 않는다는 것을 안다. 그래서 풀은 봄이 되면 다시 파릇하게 돋아난다는 것을 간결하면서도 깊이 있게 그려낸 명구名句다. 자연의 생명력이 이처럼 강인한 것은 하늘과 땅이 멀리 떨어져 있어도 한마음 한뜻으로 도움을 주고 있기 때문이다.

지중생목地中生木이 승升이니 군자이君子以하여

순덕順德하고 적소이고대積小以高大한다.

땅에서 나무가 자라나는 것이 승이다.

군자는 이를 보고 순한 덕으로 작은 것을 쌓아서 높고 크게 한다.

이 구절에선 땅속에서 연한 싹이 돋아나 거목巨木이 되는 것을 승升이라고 일컫는다. 이를 본 군자는 성급하게 욕심내지 않고 순한 덕을 바탕으로 작은 일부터 차근차근 시작하여 큰 뜻을 이룬다고 하였다. 작은 것이 모여서 함께 오르는 것이 승이니, 땅속의 싹이 자라나는 것처럼 미세한 것들을 모으고 축적하면 크고 높게 할 수 있다는 웅대한 뜻을 담고 있다. 이 세상에 쓸모없는 것은 단 하나도 없으니 비록 약하고 미세한 것일지라도 소홀히 여겨서는 안 된다는 가르침이다.

부내리용약孚乃利用禴이니 유희야有喜也이며, 승허읍升虛邑이다.

미더움으로 간략한 제사를 씀이 이로우며 기쁨이 있다.
그러니 빈 읍에 오른다.

무엇에 임하든지 그 일에 대한 믿음이 있어야 한다. 이 구절의 미더움이란 진실한 태도로 정성을 다하는 마음가짐이다. 그런 자세라면 약소하게 제사를 지내도 이로움이 있고, 기쁨이 있다. "리용약利用禴"은 시간이나 장소에 제약을 두지 않고 간략히 제사를 지내거나 또는 여름 제사를 지내도 무방하다는 뜻이다. 또 읍邑은 고을이자 영지이니, 빈 읍에 오른다는 것은 사람이 없는 마을에서 제사를 지내는 것을 가리킨다. 빈 읍은 장소에 구애받지 않는다는 의미를 지니니, 언제 어디서나 진심 어린 정성만이 높이 쓰이고 통한다는 말이다. 이와 유사하게 "빈방에서 소리를 내면 울려서 다 들린다."라는 고사가 있다. 착한 말을 하면 천 리 밖에서도 응한다는 것을 비유하는 말이다. 약소한 제사일지라도 정성을 다하는 마음이 지극하다면 귀신과도 통하고, 하늘과도 통하게 된다.

왕용향우기산王用亨于岐山이면 길吉하고 무구无咎하다.

왕이 기산에서 제사를 올리면 길하고 허물이 없다.

민심이 곧 천심이다. 그래서 왕이 국가의 안녕을 기원하는 제사를 기산崎山에서 올리면 길하고 허물이 없다고 하였다. 기산은 주周나라의 발상지이기 때문이다. 후세들이 자신의 뿌리이자 발상지인 근원을 잊지 않았기에 길하다고 한 것이다. 성스러운 장소에서 제사를 올리는 것은 백성들의 마음을 모아서 하늘의 뜻에 순응한다는 것을 의미하기도 한다. 『한서』의 "정본청원正本清源"이라는 말이 이 구절과 일맥상통한다. 정본청원은 본을 바르게 하고 근원을 맑게 한다는 뜻을 지니고 있다.

정貞하면 길吉하고 승계升階한다.

바르게 해서 길하니 섬돌에 오른다.

기산에서 지극정성으로 제사를 올리고 백성들을 풍요롭게 하였으니 대궐의 섬돌에 오르게 된다. 섬돌에 오른다는 것은 천자가 되어 궁전에 든다는 큰 뜻이 담겨 있으니, 원대하게 이루고 크게 성취함을 의미한다. 오르고 올라서 최정상에 이르렀으니 비로소 그 존귀한 자리를 얻었다. '승升' 장에선 전체적으로 무슨 일이든지 믿음을 두고 바르게 하면 항상 이롭게 된다고 한다.

명승冥升이니 리우불식지정利于不息之貞이다.

어둡게 오르니 변함없는 마음을 곧고 바르게 가져야 이롭다.

어둡게 오른다는 것은 위로 올라가기 위해서 모든 수단과 방법을 가리지 않는다는 것을 비유한 말이다. 젖 먹던 힘까지 다해서 아등바등 올라갔지만, 그 정상은 아무것도 없는 암흑세계일 뿐이다. 그러니 변함없는 마음을 곧고 바르게 가져야 한다. 더 이상 성장하지도 못하고 풍족해지지도 못하는 상황에선, 호시절이 끝나가고 있으니 과거의 행적을 돌아보며 성찰의 시간을 가져야 한다. 그래야 모두에게 이롭고 현재의 태평성대를 조금이라도 더 이어나갈 수 있다. 그러기 위해 언제나 한결같은 마음인 항상심恒常心이 요구된다.

승升: 하늘로 솟아오르는 나무처럼

승升은 솟아오른다는 뜻이다. 땅속에서 싹이 돋아난 뒤에 어린나무가 하늘을 향하여 쭉쭉 뻗어나가는 형상이다. 믿음직한 땅이 받쳐주고 끝없는 하늘이 보살펴주며 성장을 거듭한다. 꽃을 피우기도 하고, 열매를 맺기도 하며, 더러는 거목이 되기도 한다. 끊임없이 대를 이어가면서도 여유롭게 지상의 생명을 먹여 살린다.

이 '승升' 장에서는 이를 일러 "적소고대積小高大"라고 하였다. 하나의 씨앗이 아름드리나무가 되듯이 모든 결과물은 미미한 데서 시작되어 크게 이루어진다는 뜻이다. 대자연은 언제나 들릴 듯 말 듯 한 작은 속삭임으로 시작하여, 큰 몸짓으로 움직이고, 아름다운 모습으로 조용히 마무리한다. 그리고 그 주기를 단 한 번도 잊지 않는다. 누가 시키지 않아도 스스로 그렇게 하고 있으니 인간은 그저 경외할 따름이다.

사람도 태어나서 성장을 한다. 초기에 성장하는 과정은 비슷하지만, 승패를 결정짓는 과정과 결과는 상이하다. 어떤 싹은 돋아나서 꽃도 피워보지 못하고 죽고, 꽃은 피웠으나 열매를 맺어보지 못하기도 하며, 주렁주렁 열매는 맺었으나 된서리를 맞기도 한다. 그것이 살아 있는 모든 것들의 운명이다. 그러므로 조금 잘나간다고 우쭐댈 것도 없고 하는 일마다 잘되지 않는다고 기죽을 일도 없다. 인생의 성공과 실패는 그저 뜬구름처럼 돌고 돌게 마련이다.

그러나 한번 힘을 받고 올라가면, 한 사람의 운명에도 강력한 추진력이 생긴다. 그 기류에 편승하든가 아니면 쥐 죽은 듯 납작 엎드려 있든가 해야 한다. 시세를 파악하고 자신의 분수를 알면 엎드려 있어도 답답하지 않다. 어물쩍대며 서 있다가 다치는 것보다는 훨씬 낫기 때문이다. 그러한 이치를 아는 것이 현賢이며, 그 이치를 실행하는 동력을 『주역』에서는 변變이라고 하였다.

제47장 사방이 꽉 막혀서 답답하다 곤困

困

곤困: 괴롭다, 부족하다, 통하지 않는다

곤궁한 상황에서도 뜻을 잃지 마라

困 大人 无咎 有言不信

剛揜也 險以說 困而不失其所亨

澤无水困 君子 以 致命遂志

臀困于株木

困于酒食 朱紱 方來

困于石 據于蒺蔾 入于其宮 不見其妻 凶

來徐徐 困于金車 吝 有終

劓刖 困于赤紱 乃徐有說

困于葛藟 于臲卼 曰動悔

말이 있으면 믿지 않으리니 소리를 삼키고 입을 닫는 것이 이롭다.
산이 막히고 물줄기가 끊어졌을지라도
형통한 마음으로 험난함을 즐길 줄 알아야 한다.
곤궁함 속에서도 배우려고 든다면
그 고통이 무엇을 가르치는지를 알게 된다.
묵언수행이나 침묵 피정避靜은 말하지 않는 것이 아니라
제대로 말하기 위해 최대한 참는 수행이다.
순간의 어려움을 모면코자 옳지 않은 방법을 쓴다면
더욱더 험한 처지에 놓일 수 있다.
쓴 것이 다하면 단 것이 오고, 고생 끝에는 낙이 있다

✲

곤困은 괴로움이니, 사방이 꽉 막혀서 답답하다. 곤은 택수곤澤水困을 말하며, 연못에 물이 없는 형상이다. 곤궁할 때 말하는 것은 남들이 믿어주지 않는다. 말이 통할 만한 사람인데 상대하지 않는다면 사람을 잃는 것이고, 말이 통하지 않는 사람과 이야기를 나눈다면 말을 잃는 것이다.

곤困은 대인大人이라야 무구无咎하고 유언불신有言不信이다.

곤은 대인이라야 허물이 없다. 말이 있으면 믿지 않는다.

곤困은 가정이나 국가의 살림살이가 쪼그라들고 외세의 침략에 노출된 형국이다. 막혀서 괴로운 상태이니 대인이어야 허물이 없다고 했는데, 대인은 곤궁한 처지에 놓일지라도 바른 도를 바꾸지 않으니 해를 입지 않기 때문이다. 말이 있으면 믿지 않는다는 것은 아무리 애걸하고 호소해도 누구 하나 들어주지 않음을 가리킨다. 그러므로 소리를 삼키고 입을 닫는 것이 오히려 이롭다는 말이다.

불교에는 묵언수행默言修行이 있고, 가톨릭에는 침묵피정沈默避靜이 있다. 이는 아예 말을 하지 않는 금언禁言의 시간이라기보단, 제대로 말하기 위해서 최대한 말을 고르고 참는 수행에 가깝다. 누구나 말을 많이 하면 막히게 된다. 대개 말을 지나치게 많이 한다는 건 자신을 과시하는 행위, 혹은 구구절절한 논리로 자기주장을 관철하려는 기만적인 행위에 가깝다. 지혜로운 사람은 상황에 맞는 말을 적절한 때에 하되 간략하면서도 뜻은 분명히 한다. 하지만 그렇게 말을 해도 믿지 않는다면 아예 입을 닫는 것이 이롭다는 가르침이다.

강엄야剛揜也이니 험이열險以說하고 곤이불실기소형困而不失其所亨한다.

곤은 강이 가려진 것이니 험하지만 기뻐하며,

곤궁하더라도 그 형통한 바를 잃지 않는다.

힘겨울지라도 웃음을 잃지 않고, 곤궁할지라도 융통성을 견지해야 한다. 강이 가려졌다는 것은 곤궁한 처지를 뜻하고, 험해도 기뻐한다는 것은 그때그때의 형편에 유연히 대응함을 뜻하며, 곤궁할지라도 형통한 바를 잃지 않는다는 것은 아무리 어려워도 목적한 바를 잊지 않는다는 뜻이다. 산이 막히고 물줄기가 끊어져 더 이상 갈 길이 없더라도 믿음을 가지고 극복해야 하는 게 우리네 인생이다. 인간이 막바지에 이르면 좌절하면서 모든 것을 내려놓는 사람이 있고, 오기를 가지고 젖 먹던 힘까지 다해서 극복하는 사람도 있다. 포기하든 이겨내든 본인의 의지겠지만, 험을 기꺼이 받아들이면서 융통성을 발휘한다면 얼마든지 극복해나갈 수 있다는 가르침이다.

택무수곤澤无水困이니 군자이君子以하여 치명수지致命遂志한다.

연못에 물이 없는 것이 곤이다.

군자는 상황의 엄중함을 깨닫고 목숨 걸고 뜻을 이룬다.

연못이 바싹 마를 정도로 궁한 상황을 곤困이라고 하였다. 군자는 상황의 엄중함을 깨닫고 사력을 다해 뜻을 이룬다. 연못에 물이 없으면 논에도 물을 댈 수 없으니 농사를 지을 수 없게 된다. 이때 어떻게 해서든지 물을 채워야 하듯 사람은 반드시 인품을 채워야 한다. 그래야 많은 사람에게 덕을 베풀면서 그들을 이끌어줄 수 있기 때문이다. 막혔으면 뚫고, 뚫었으면 목숨을 걸고서라도 반드시 목적한 바를 이루어야 한다. 뜻이 있는 곳에 길이 있다고 했으니, 좌절하지 말고 꿋꿋하게 일어나서 헤치고 나아가야 한다.

둔곤우주목臀困于株木이다.

주목에 앉으니 엉덩이가 괴롭다.

둔臀은 엉덩이를 말하고, 주목株木은 나무의 그루터기를 말한다. 자리가 마땅치 않아서 나무의 그루터기에 앉았더니 울퉁불퉁해서 엉덩이가 아프다고 한다. 직장도 가정도 모두가 혼란스럽고 어긋나 있는 상황을 빗대었다. 안팎이 모두가 가시방석과 같기에 자기 앞가림도 못하는 처지에 놓였다. 아주 불편하고 불안한 자리뿐이라 어느 한곳도 의지할 데가 없다. 모든 상황이 좋지 않게 변해가고 있으니 작금의 상황을 예의주시해야 하고, 바깥세상과 소통이 원활하지 못한 상태이니 스스로 돌아보면서 내실을 다져야 한다.

곤우주식困于酒食이나 주불朱紱이 방래方來한다.

술과 음식이 곤하나 주불이 온다.

어려움에 맞닥뜨려 자신의 능력을 펼치지 못하고 밥만 축내고 있는 형편이다. 게다가 술과 음식이 모두 곤困하다고 하였으니, 상차림이 변변치 않다는 것으로 어려운 사정을 나타낸다. 주불朱紱은 붉은색의 인끈으로 왕을 상징한다. 곤란한 상태에서도 자리를 지키고 이유는 왕이 찾아와 독려하고 지원할 것이라 믿고 있기 때문이다. 구원의 손길을 간절하게 기다리며 왕을 무망지인毋望之人으로 생각하고 있다. 무망지인이란 급한 어려움에 처했을 때 뜻밖의 도움을 주는 사람을 말한다.

곤우석困于石이니 거우질려據于蒺藜하고
입우기궁入于其宮하나 불견기처不見其妻이니 흉凶하다.

돌이 놓여 있으니 어려워서 가시덤불에 앉아 있다.
집에 들어가도 처를 만나지 못하니 흉하다.

큰 바위에 가로막혀서 돌아가다가 다시 가시덤불에 얽혔으니 첩첩산중이다. 천신만고 끝에 집으로 왔지만, 아내가 없으니 흉하다고 하였다. 남들에게 괴롭힘을 당하고 있는데 믿었던 아내마저 등을 돌리고 집을 나갔다. 어려움이 닥쳤는데도 지혜롭게 처신하지 못하여 더 깊은 수렁 속으로 빠져드는 형국이다. 재앙이 겹쳐서 끊임없이 다가오고 있다. 움직일수록 상처만 깊어지는 때이니 자중해야 한다는 가르침이다.

래서서來徐徐이니 곤우금거困于金車하고 인吝하나 유종有終이다.

천천히 오는 것은 쇠수레가 곤하기 때문이다.
인색하나 마침이 있다.

쇠수레가 곤하여 느릿느릿 온다고 했는데, 실은 그 안에 뜻이 있었기 때문이다. 이 구절은 곤궁한 상황에서 빠져나가고 있는 모습이다. 한동안은 굴욕은 당했지만 종국엔 유종의 미를 거두는 것이다. 청동 수레가 천천히 오는 건 짐이 무겁기 때문이기도 하니, 결국 쇠수레가 곤하다는 것도 거기에 세금으로 거둔 많은 곡식이 실려 있고, 필요한 인재들이 가득 타고 있어 힘겹다는 뜻이다. 국가의 장래에 도움이 되는 재화와 인재들이 썰물처럼 밀려오고 있으니, 지금 당장은 어렵고 인색할지라도 마침이 있다고 한 것이다.

의월劓刖이니 곤우적불困于赤紱하고 내서유열乃徐有說한다.

코를 베이고 발꿈치도 잘린다.
신하가 괴로움을 당하지만 서서히 기쁨이 있다.

나라가 도탄에 빠져 백성과 신하가 모두 어려운 상황이다. 마치 형벌을 받아 코를 베이고 발꿈치가 잘리는 것 같다. 하지만 신하가 목숨을 건다는 각오로 지극정성을 다하면 훌륭한 인군을 만들 수 있고, 서서히 어려움을 극복하는 기쁨을 맛볼 수 있다고 하였다. 고진감래苦盡甘來의 기쁨이 찾아오는 것이다.

곤우갈류困于葛藟이니 우얼올于臲卼하고 왈동회曰動悔한다.

칡덩굴에 얽혀서 곤궁하게 되었다.

위태로운 상황이니 움직이면 후회한다.

지난 과오를 바로잡지 않으면 빠져나갈 수 없다는 말이다. 칡덩굴에 둘러싸인 곤궁한 상태에 처하여 움직일 때마다 더 얽혀서 후회한다고 하였다. 깊은 늪이 거듭되고 있는 것이므로 백 가지의 고통과 천 가지의 어려움이 따르는 형상이다. 그러나 이처럼 위태로움에 절박하게 되었다는 것은 곤의 기운이 쇠할 때가 되었다는 방증이기도 하다. 계절이 순환하는 것처럼 인간은 고통과 즐거움이 공존하는 쳇바퀴 안에서 살아간다. 그렇게 희비喜悲가 돌고 돌지만 자기 스스로를 매섭게 반성하고 크게 뉘우쳐야만 정상적인 길로 들어설 수 있다는 가르침이다.

곤困: 평온한 바다는 유능한 뱃사람을 만들 수 없다

먼 길을 가다 보면 평지도 있지만 험한 산도 있고 깊은 계곡도 있다. 작은 개여울이 있는가 하면 깊은 강도 있고, 너른 바다가 끝도 없이 펼쳐져 있기도 하다. 계속 가려면 그 무엇도 쉽사리 피해 갈 수 없다. 인간의 삶 자체가 이와 같다. 굴곡진 인생을 살아가다 보면 앞으로 나아갈 수도 없고 되돌아갈 수도 없는 곤궁한 처지에 놓일 때가 있다. 참으로 궁하고 난처한 상황에 놓였는데 누구 하나 손 내밀어주는 사람이 없다. 이것이 곤困이다.

곤은 나무가 울타리 안에 갇혀서 답답한 상황이다. 또는 연못의 물이 말라버린 상태이기도 하며, 모든 일들이 어렵고 불리하기만 한 시절이다. 이때 순간의 어려움을 모면하고자 옳지 않은 방법을 쓰거나 그릇된 세력과 손을 잡게 되면 더욱더 험한 처지에 놓이게 된다. 그래서 하나뿐인 목숨마저 담보해야 하는 상황에 처할 수도 있다. 이처럼 극한의 시기엔 남 탓을 해봐야 누워서 제 얼굴에 침 뱉기일 뿐이니 억울해도 참아야 한다. 큰 시련의 때야말로 인간의 참된 가치가 드러나는 순간이다.

평온한 바다는 유능한 뱃사람을 만들 수 없다. 곤궁함이 극에 달하더라도 그것을 극복했을 때의 기쁨을 믿으면서 헤치고 나아가야 한다. 또한 곤궁함 속에서도 배우려고 든다면 그 고통이 무엇을 가르쳐주고 있는지를 자연스레 터득하게 된다. 이것을 곤학困學이라고 한다. 고난을 겪으면서도 그 실체를 느끼고 배우지 못한다면 거기서 벗어나기도 어렵지만, 설령 벗어난다고 한들 그 일을 다시금 되풀이하게 될 뿐이다.

그것은 마음속 깊은 곳에서부터 근본적으로 변하지 못한 채 얼굴빛만 바꾸는 것과도 다를 바가 없다. 그러므로 고난에 처했을 때는 그 곤궁함 속에서 무언가를 배워야 한다. 험한 가운데서도 기쁨을 잃지 않고, 어려운 가운데서도 융통성을 발휘할 수 있어야 한다.

'곤困' 장에서는 유언불신有言不信이니 상구내궁야尙口乃窮也라고 하였다. 말이 있으면 믿지 않으리니, 입을 무겁게 하는 게 바람직하다는 뜻이다. 말이 먹혀들지 않는 것은 듣는 사람에게 문제가 있을 수도 있지만, 주로 말을 하는 사람의 탓이라고 봐도 무방하다. 하지만 말을 많이 하면 그 말에 발목이 잡혀서 자주 궁지에 몰리게 된다. 더군다나 곤궁한 시절에 말하는 것은 대개 남이 믿어주지도 않는다. 그럴 땐 변명이나 거짓말은 물론 정직한 내용일지라도 통하지 않는다.

한술 더 떠서 언변으로 어려움을 피하려고 한다면 더욱더 막히기만 할 뿐이다. 자신의 과오를 하찮게 여기고 스스로 용서하다가 소중한 믿음을 잃었기 때문이다. 이럴 때는 누군가에게 도와달라며 사정하고 매달릴수록 인심만 사나워질 뿐이다. 묵묵히 반성하면서 노여움이 가실 때까지 기다리는 것이 오히려 빠를 수도 있다. 공자는 이에 대하여 "말이 통할 만한 사람인데 상대하지 않으면 사람을 잃는 것이고, 말이 통하지 않는 사람과 이야기를 나누면 말을 잃는 것이다."라고 했다. 말에 대해서 이보다 더 정확하게 정의할 수는 없을 것이다.

제48장

우물은 잠잠해 보여도
끊임없이 솟아난다

정 井

井

정井: 우물, 일리사방一里四方의 땅주대周代의 제도

물처럼 살아가라

改邑 不改井 无喪无得 汔至亦未繘井 羸其瓶 凶
巽乎水而上水 井 井養而不窮也
君子 勞民勸相
井泥不食 舊井 无禽
井谷 射鮒 甕敝漏
井渫不食 爲我心惻 可用汲 王明 竝受其福
井洌寒泉食
井收勿幕 有孚

우물에는 물이 가득 차 있지만 두레박 끈이 짧아서 길어낼 수 없다.
궁핍해진 사람들이 떠나고 빈 마을이 되었으니
이제는 새 한 마리도 날아들지 않는다.
재주가 아무리 출중해도 융통성이 있어야 능력을 발휘할 수 있다.
조건을 주렁주렁 달아놓은 정책은
국민을 위한 것이 아니라 그저 선심성일 뿐이다.
사람의 몸도 70퍼센트는 물로 구성되어 있지만
우리는 평소에 물의 고마움을 잘 모르고 살아간다.
지구에서는 물이 단 한 방울도 새롭게 나오지 않는다.

정井은 우물이다. 우물은 잠잠해 보여도 끊임없이 솟아난다. 정은 수풍정水風井을 말하며, 나뭇가지 끝까지 물이 오르는 형상이다. 최고의 선은 물과 같고, 물처럼 사는 인생이 아름답다. 속마음은 물처럼 그윽하게 품고, 벗을 사귈 때는 물처럼 어질게 사귀며, 일을 할 때는 물처럼 능하게 한다.

개읍改邑하되 불개정不改井하니 무상무득无喪无得이고
흘지역미귤정汔至亦未繘井이니 이기병羸其甁하여 흉凶하다.

마을은 고치되 우물은 고치지 않는다.
잃는 것도 없지만 얻는 것도 없다.
두레박이 우물물에 닿지 않는다고 깨트리면 흉하다.

우물의 물은 쓸수록 솟아오르기에 누군가가 독차지하지 않고 나눌수록 이득이 있다. 그래서 마을은 고쳐도 우물은 항상 보존해야 한다. 그 물을 올리려면 두레박이 있어야 하는데, 두레박이 우물물에 닿지 않는다고 깨트리면 흉하다. 이 경우 물을 마시지 못하는 것은 우물이나 두레박의 잘못이 아니므로 두레박줄을 고쳐야 한다. 여기서 우물은 백성이고, 두레박줄은 신하이며, 두레박은 왕명이다. 왕명이 백성에게 미치지 못하는 것은 왕명이 바르지 못해서가 아니다. 두레박줄에 해당하는 신하들이 무능하고 나태해서 그렇다. 그러므로 무고한 백성들을 탓하거나 제도를 개선하려 들지 말고, 녹봉 받는 관리들을 고쳐 쓰거나 갈

아치워야 한다.

손호수이상수巽乎水而上水가 정井이니 정양이불궁야井養而不窮也이다.

우물의 물을 퍼 올리는 것이 정이다.

우물은 아무리 길어내도 다함이 없다.

정井은 우물이지만 여기서는 물을 길어 올린다는 뜻으로 쓰였다. 그러므로 정은 두레박을 우물에 집어넣어 물을 올리는 것이다. 아무리 길어내도 다함이 없다는 것은 우물의 물은 끊이지 않기 때문이니, 그렇게 인군이 백성을 자애하는 마음도 다함이 없어야 한다는 말이다. 평화롭고 안정된 사회를 유지하려면 백성들이 무엇을 필요로 하는지 살펴보고, 그에 맞는 정책을 입안하고, 국가적인 차원에서 도움을 주어야 한다. 그래야 우물의 물이 마르지 않는 것처럼 인간사회도 태평성대가 유지될 수 있다.

군자君子는 노민권상勞民勸相한다.

군자는 백성들을 위로하고 상부상조하며

서로 돕는 것을 권장한다.

권勸은 격려하고 권장한다는 뜻이니 백성들에게 우물의 은덕을 본받기를 권한다는 말이다. 상부상조한다는 건 자기들만 잘살겠다고 목청을 높이는 이익집단은 눌러 자제시키고, 말없이 신음하는 소외계층은 이끌어주어야 한다는 뜻과 같다. 하늘에서 내리는 물이 세상을 차별하지 않고 골고루 미치듯 사람도 하늘의 마음을 닮아야 한다. 어려운 처지에 있는 이들은 서로 위로하고 격려하며 힘을 모아야 하는 것이다.

정니불식井泥不食이니 구정舊井에 무금无禽이다.

우물이 흙탕물이어서 먹지 못한다.
오래된 우물에는 짐승조차도 오지 않는다.

정니井泥는 우물의 바닥에 가라앉은 진흙을 가리키는 것으로서 먹을 수 없다. 우물을 오래도록 청소하지 않고 흙탕물이 되도록 방치했기 때문이다. 그래서 궁핍해진 사람들은 떠나가고 빈 마을이 되었으니 이제는 새 한 마리도 날아들지 않는다. 물은 멈추지 않아야 오염되지 않고 강으로 바다로 흘러갈 수 있다. 국가와 백성들이 변화하는 시대에 부응해야만 흙탕물처럼 정체되지 않고 나날이 발전할 수 있다는 가르침이다.

정곡井谷이니 석부射鮒하고 옹폐루甕敝漏한다.

우물이 골짜기이니 붕어가 뛰고 독이 깨져서 샌다.

춥고 배고픈 백성들이 보따리를 싸 들고 길게 줄을 서서 떠나고 있다. 이 구절에서 물이 골짜기로 흘러나간다는 것은 국가의 정책이나 시행령이 부실하여 민심이 이반되고 있다는 뜻이며, 붕어가 밖으로 뛰쳐나간다는 것은 살림살이가 곤궁해진 백성들이 국경을 넘어가고 있다는 뜻이다. 또한 독이 깨져서 샌다는 것은 왕명王命이 서지 않는다는 것이다. 무릇 인간이란 삼복더위에는 시원한 곳을 찾고 엄동설한에는 따뜻한 곳을 찾는 것이 인지상정이다. 이는 백성들에게 일정한 거처가 있다기보단 자신들에게 이익이 있으면 오고, 이익이 없으면 떠나가는 것과 같다.

정설불식井渫不食이니 위아심측爲我心惻하고
가용급可用汲하여 왕명王明하니 병수기복竝受其福이다.

우물이 깨끗한데 먹지 못하니 내 마음이 슬프다.
물을 길어 쓸 만하니 왕이 밝으면 아울러 그 복을 받는다.

설渫은 우물 바닥의 진흙을 깨끗하게 치운다는 뜻이니, 우물을 고쳐서 맑아졌으나 아무도 마시지 않는다. 백성들이 떠나갔기 때문이며 그 이유는 관리들의 무능함이 극에 달하여 빈 읍邑이 되었기 때문이다. 그래서 이 구절에선 사람이 없음을 슬퍼한다고 한 것이다. 좋은 정책을 입안하여 내놓았는데 널리 쓰이지 못하고 있는 현실을 빗대었다고 할 수 있다.

그래도 우물의 물이 깨끗해져서 다시 길어 먹을 수 있게 되었고, 왕이 흩어진 백성들을 설득해 마음을 돌려놓으면 모두가 그 혜택을 받게 된다고 하였다. 『여씨춘추』에선 "물이 깊으면 물고기나 자라가 돌아오고, 수목이 무성하면 새가 돌아오고, 풀이 무성하면 금수禽獸가 돌아오며, 군주가 현명하면 백성과 호걸이 돌아온다."라고 일렀다. 이처럼 왕은 백성이 돌아오도록 힘쓰는 것이 아니라, 돌아올 수 있는 조건을 만드는 일에 힘써야 한다. 살기 마땅한 나라가 되면 오지 말라 사정해도 사람들이 다시 국경을 넘어온다.

정렬한천식井冽寒泉食이다.

우물이 맑아 찬 샘물을 먹는다.

우물을 청소하고 물이 조금씩 고여서 맑은 샘물을 유지하게 되었다. 우물에서 물이 계속 솟구치고 있는 형상이다. 그러나 찬물을 그대로 먹는다는 것은, 맑고 깨끗하지만 차가운 물만 계속해서 먹는다는 말이다. 바꿔 말하면 인재를 등용하는 데서 융통성이 없다는 뜻이다. 무릇 나라를 다스리는 자는 청렴결백하고 가난하게 사는 것만을 올바른 가치로 여겨서는 안 된다. 지나치게 올곧기만 하면 재주와 능력이 제대로 쓰이지 못하기 때문이다. 인재를 등용하여 다재다능하게 쓴다는 것은 말처럼 쉬운 일이 아니다. 유능한 인재는 유능한 만큼 권력을 유린할 수 있고, 무능한 인재는 믿을 수는 있지만 능률이 오르지 않아 일처리가 어려워지기 때문이다. 그러므로 여기서도 중용의 도가 필요하다.

정수물막井收勿幕이니 유부有孚이다.

우물을 쓰고 덮지 않는다. 믿음이 있다.

마을의 우물은 누구의 소유물도 아니다. 우물을 쓰고 덮지 않는다는 것은 혼자서만 쓰지 않고 다 같이 쓰겠다는 선한 마음의 발로다. 국가의 정책도 우물처럼 모두가 쉽게 쓸 수 있어야 믿음이 있다. 요즘처럼 단서 조항을 주렁주렁 달아놓고 홍보하는 정책은 국민을 위한 것이 아니라 선심성일 뿐이다. 사람들이 믿고 따르지 않는다. 좋은 정책에 난해한 조건을 달아 취지를 무색하게 만들고 있으며, 쓸데없는 일거리를 만드느라 국력을 낭비하고 있다. 『도덕경』에서 "세상에 금지하는 것이 많으면 백성들은 더욱 가난해진다."라고 이르던 바를 우리 정부와 사회도 명심해야 한다.

정井: 최고의 선은 물과 같다

정井은 일리사방一里四方의 땅을 말하지만, 여기서는 우물을 뜻하며 물을 길어 올린다는 의미로 쓰였다. 물은 모든 생명의 근원이자 절대적인 요소이다. 그럼 마을에 있는 우물의 물은 어디에서 비롯되었을까. 물론 땅속의 수맥이 흐르면서 길이 생겨났을 테고, 지혜로운 사람이 그 길을 찾아서 연결한 것이 우물이다.

당연히 땅속의 물은 저절로 생겨나는 것이 아니다. 하늘과 비와 구름, 땅과 바다, 태양과 바람을 비롯한 천지가 함께 공동 작업을 한 결과물이다. 이처럼 음양이 합하여 조화를 이루는 것이 바로 대자연의 큰 움직임이다. 우리는 이것을 일컬어 천지의 도라고 한다. 이것을 인간사회에 적용해보자는 것이 '정井' 장의 취지이다.

많은 사람들은 물이 고이면 썩는다고 생각하는데 그것은 편견에 불과하다. 물 분자 H_2O은 언제나 그대로이며, 물속에 섞인 다른 물질이 상하거나 썩는 것일 뿐이다. 인간이나 동물이 물을 먹는다고 해서 물 자체가 없어지는 것도 아니다. 풀이나 나무와 같은 식물이 흡수하는 물도 마찬가지다. 이 지구 위에서 물은 단 한 방울도 사라지지 않는다. 사람이 태어나면 언젠가는 죽어서 흙이 되고, 새집도 오래되면 허물어지지만, 나이가 수십억 살이나 되는 물은 대자연이 살아서 움직이는 한 소멸하지 않는다.

물을 흐물흐물하여 홀로 설 수 없는 존재라고 얕보다가는 큰코다친다. 단단하고 튼튼한 강철도 물보다 오래갈 수 없고, 물을 먹고 쓰는 사람도 물보다 오래 살 수 없다. 잠시도 쉬지 않고, 단 한 단계의 과정도 거르지 않으며 재탄생하는 천지의 산물이 바로 물이다. 그래서 노자는 상선약수上善若水라고 강조했다. 최고의 선은 물과 같고, 물처럼 사는 인생이 가장 아름답다는 말이다.

물은 자신을 낮추고 세상을 이롭게 해주면서도 공을 다투지 않는다. 그러니 마음 씀씀이는 물처럼 그윽하게 하고, 벗을 사귈 때는 물처럼 어질게 하며, 매사에 임할 때는 물처럼 능하게 해야 한다. 과거부터 우물이 마을의 중심이 될 수 있었던 이유도 여기에 있다.

제49장 군자는 표변하고 소인은 낯빛만 바꾼다 혁 革

革

혁革: 고치다, 변화하다

끝없이 혁신해라

革 已日 乃孚
文明以說 革而當 其悔乃亡
澤中有火革 君子 治歷明時
鞏用黃牛之革
征凶 貞厲 革言三就有孚
悔亡 有孚改命 吉
大人 虎變
君子 豹變 小人 革面

혁신해야 할 때가 도래하였으니 옛것을 버리고 새로운 것을 받아들인다.
개혁을 해서 고치자는 말이
들판과 거리에서 세 번은 나와야 믿음이 있다.
시대에 부응하는 중장기적 계획은
때에 맞추어 수행해나가는 것이 중요하다.
개혁을 시작할 때는 믿음이 없고,
상황이 바뀌고 나서야 백성들의 믿음을 얻는다.
새로운 시대를 개척하는 대인은
호랑이처럼 무섭게 변하여 천하를 이끌어간다.
법과 질서는 때에 따라 정해지며, 때에 따라 변한다.

✽

혁革은 고치는 것이니, 군자는 표변豹變하고 소인은 낯빛만 바꾼다. 혁은 택화혁澤火革을 말하며, 연못에 불이 있는 형상이다. 혁신에는 리스크가 따르지만, 혁신을 하지 않으면 리스크가 더 크기 때문에 확실히 파악하고 바꿔가야 한다. 만물은 유전流轉하며, 결코 똑같은 상태로 존재하지 않는다.

혁革은 기일已日이라야 내부乃孚한다.

혁은 기일이 되어야 비로소 믿을 만하게 된다.

때가 도래했다면, 개혁은 민심이 따르기에 성공할 확률이 높다. 그럼에도 이 구절에선 개혁은 시작하는 단계에서는 믿음이 없고, 상황이 바뀌고 난 뒤라야 백성들의 믿음을 얻는다고 하였다. 개혁의 성과가 가시적으로 정착되기 전까지 수많은 반대와 저항에 직면했던 역사가 이를 증명해준다. 사회의 새로운 기틀을 세우려는 일은 결국 기득권 세력과의 싸움이 될 수밖에 없다. 기존의 이권을 고수하려는 구세력은 개혁을 단행하려는 신세력에 굽히지 않으려고 안간힘을 쓰기 때문이다.

문명이열文明以說이니 혁이당革而當하고 기회내망其悔乃亡한다.

문을 밝혀서 기쁘게 한다. 고치는 것이 정당하면 후회할 일이 없다.

개혁으로 원하던 바가 마땅히 실현되었기에 기쁨이 있다. 이 구절에서

문文을 밝혀 기쁘게 한다는 것은 백성들이 문명의 덕에 감화되도록 만든 다음에야 성과를 얻을 수 있다는 뜻이며, 고치는 일이 정당하다는 것은 개혁을 단행해서 알맞게 들어맞고 이롭게 되면 그 일이 합당하다는 뜻이다. 그렇기에 후회할 일이 없다고 한 것이다. 당시엔 무왕이 주나라를 세운 것은 하늘의 뜻을 받들고 민심에 호응하여 이루어진 큰 업적이라고 보았다. 따라서 본문은 무왕이 은나라를 정벌한 것에 대한 정당성을 뒷받침하기도 한다.

택중유화혁澤中有火革이니 군자君子는 치력명시治歷明時한다.

연못 속에 불이 있는 것이 혁이니,

군자는 달력을 정리하고 절기를 규명한다.

오염된 물이 연못에 고여 있고, 이것을 맑게 하려는 불이 연못 속에서 끓고 있다. 혁의 때가 도래했음이다. 군자는 시대적 상황에 부응하는 중장기적 계획을 수립하여 때에 맞추어 수행해간다. 특히 농업은 계절의 변화에 따라서 할 일이 정해져 있으므로 때를 정확히 아는 것이 중요하다. 그래서 달력을 정리하고 절기를 규명한다고 하였다. 즉, 경천위지經天緯地를 하는 것과 같다. 경위經緯는 직물의 날줄과 씨줄이다. 경천위지는 천하를 베의 날줄과 씨줄처럼 바르고 체계적으로 경영한다는 의미이다.

공용황우지혁鞏用黃牛之革이다.

누런 소의 가죽으로 굳게 묶는다.

혁을 단행하긴 시간이 이르기에 개혁을 향하여 후끈 달아오른 열망을 누런 소의 가죽으로 다스린다는 것을 말한다. 그래서 몸과 마음을 누런 황소의 가죽으로 꽉 묶어놓듯 굳은 각오를 한다고 했다. 때가 되면 혁신할 수 있도록 만반의 준비를 하고 있어야 하기 때문이다. 기일이 도래할 때까지는 섣부르게 움직이거나 조급하게 시행해서는 안 된다. 아직은 개혁의 때가 무르익지 않았으므로 이 구절은 뜻을 세우고 다짐하는 단계이자, 처음에 세운 뜻을 끝까지 밀고 나가겠다는 다짐이다.

정흉征凶이니 정려貞厲하고 혁언삼취유부革言三就有孚한다.

치고 나가면 흉하니 바르게 하면서 위태롭게 한다.
고친다는 말이 세 번 들린 후에 나가면 믿음이 있다.

무혈無血의 변혁을 지향해야 한다는 말을 하고 있다. 치고 나가면 흉하다고 하는 것은 무력으로 시행하는 것은 바르지 않다는 뜻이고, 바르게 하면서도 위태롭게 한다는 건 올바른 방법으로 개혁을 단행하되 그 정당성을 널리 인지시켜야 한다는 뜻이다. 또한 고치자는 말이 들판과 거리에서 세 번은 나와야 믿음이 있다고 한 것은 개혁을 원하는 여론이 어느 정도 형성된 다음에 행동해야 백성들의 지지를 얻을 수 있음을 가리킨다. 즉, 여론을 살피며 민심을 중히 여겨야 한다는 뜻이다.

회망悔亡하고 유부개명有孚改命하니 길吉하다.

후회할 일이 없어졌다. 믿음을 가지고 명을 고친 것이니 길하다.

믿음을 가지고 개혁을 완수한 뒤엔 더는 암울했던 과거에 얽매이지 말고 새로운 미래에 방점을 두어야 한다. 후회할 일이 없어졌다는 것은 개혁이 성공했다는 뜻이다. 믿음을 가지고 명命을 고쳤다는 것은 황소 가죽으로 뜻을 묶어놓았듯 확고한 믿음이 있었기에 일에 성공할 수 있었다는 말이다. 천명을 받들고, 민심에 부응하여 새로운 시대에 맞게 세상을 바꾸었다. 이제 세상을 바꾸었으니, 어느 한쪽으로 치우치지 않는 일이 중요하다. 이때는 치우침에 대한 관중의 통찰을 명심해야 한다. "군주는 좋아하는 사람에 치우치지 않고, 싫어하는 사람에 치우치지 않는다. 좋아하는 것에 치우치면 나날이 덕을 잃고, 싫어하는 것에 치우치면 나날이 위엄을 잃는다. 따라서 덕과 위엄을 모두 잃으면 군주는 위태롭다."

대인大人이 호변虎變한다.

대인이 호랑이로 변한다.

혁명의 시기엔 아무것도 정해진 것이 없으므로, 새로운 시대를 개척하는 이는 호랑이처럼 변하여 대범하게 천하를 이끌어야 한다. 그래야만 백성들이 혁명에 의구심을 갖지 않고 모두가 믿음으로 따를 것이다. 호랑이처럼 용맹한 대인의 기개는 환하게 빛을 발하고, 평소에 은은하게 우러나던 대인의 음덕이 겉으로 드러나서 온 세상에 드리우게 된다. 그럼에도 호변虎變한 이가 자신의 힘을 드러낼 때는 상대와 때를 잘 살펴야 하며, 거기에는 반드시 명분이 있어야 한다. 『여씨춘추』에서 "모름지기 무력이란 유리할 경우에 사용하고 의로울 경우에 사용하는 것이다."라고 이른 것처럼, 강한 군림에도 자성自省과 경계는 필요하다.

군자君子는 표변豹變하고 소인小人은 혁면革面한다.

군자는 표범이 털갈이를 하듯이 변하고, 소인은 낯빛만 바꾼다.

표범은 이른 봄에 털갈이를 한다. 털이 새롭게 자라나며 윤기가 흐르고 빛이 난다. 군자는 표범이 털갈이하듯 본질적으로 바뀌고, 소인은 고개만 끄떡이며 따라가는 정도이니 낯빛만 바뀐다고 하였다. 소인의 낯빛은 시시때때로 변해서 보는 사람마저도 피곤하다. 군자는 표변하였으니, 이제는 새로운 시대를 이끌어가는 원동력이 되었다. 소인은 얼굴빛만 달라지고 아무것도 고치지 못했으므로 빠르게 바뀌는 시대에 적응하지 못하고 도태된다.

혁革: 변화의 때를 놓치지 않는다는 것

혁革은 고치거나 변화시키는 것이다. 이는 낡은 것은 고치거나 부수고 새로운 것을 창조하는 과정이다. 어쩔 수 없이 피해를 보는 사람이 생겨나고, 반대하는 세력도 형성된다. 그럼에도 반드시 단행해야 하는 것이 혁신이다. 오래된 것들은 반드시 변하고, 변화된 것은 새롭게 탄생한다. 새롭게 창조된 것은 또다시 변화하며 유전流轉하는 것이 세상의 이치이다. 변화하는 흐름 속에서 그 이치를 추구하는 혁의 때와 뜻은 참으로 크다고 볼 수 있다.

음과 양이 하는 일은 늘 일정하지 않고 때에 따라 변화하며, 하늘과 땅 사이에서 영구히 불변할 수 있는 것은 아무것도 없다. 나라를 다스리는 법과 질서 또한 때에 따라 정해지며 때에 따라서 변한다. 그래서 세상이 변화하는 동향을 올바르게 보기 위해서는 좋고 나쁘다는 고정관념을 버리고 있는 그대로 지켜보아야 한다. 하나의 고정된 관념을 고집하는 것은 사람과 사물이 품고 있는 또 다른 가능성을 저버리는 것과 같기 때문이다. 계절이 끊임없이 변하며 아름다운 금수강산을 빚어놓듯, 그렇게 변화하는 모든 것은 아름답기 그지없다.

사람은 세월을 따라 변해가면서 지식과 경험을 축적한다. 그것이 지혜라는 보석으로 변하고, 거기서는 삶의 진한 향기가 어려 있다. 공자는 이런 사람을 가리켜 군자라 일컬으며, 이들에 관해 "군자삼변君子三變"이라고 가르친다. 멀리서 바라보면 엄숙하지만, 가까이 다가서면 따스한 인간미가 넘치고, 그 말을 들어보면 합리적이고 이치가 있다는 것이다. 군자라는 개념은 정체되어 있지 않고 진취적으로 자신을 갈고닦는 인간이 세상의 모든 존재 중에서도 최고로 아름답다는 것을 우리에게 일러준다.

『계사하전繫辭下傳』에서는 궁하면 변하고, 변하면 통하며, 통하면 영구하다고 하였다. 무슨 일이든지 꽉 막혀서 출구가 없는 경우는 없다. 모든 것은 궁극에 이르면 변하기 때문이다. 변하면 거기에 새로운 계기가 있고, 변하면 거기 새로운 발전이 있다. 새로운 변화가 없으면 성장도 없고 발전도 없다. 그래서 크게 이루기 위해서는 변화의 때를 알아차리는 것이 무엇보다도 중요하다. 때에 맞추어 변화하고 그 변화에 순응할 줄 안다면 지극히 지혜로운 사람이라고 할 수 있다.

鼎

정鼎: 솥, 발이 셋이고 귀가 두 개 달린 솥

정신의 기틀을 확고하게 잡아라

革物者莫若鼎 鼎元吉 亨

以木巽火 亨飪也

木上有火鼎 君子 正位 凝命

鼎顚趾利出否 得妾 以其子无咎

鼎有實 我仇有疾 不我能卽吉

鼎耳革 其行 塞 稚膏不食

鼎 折足 覆公餗 其形渥 凶

鼎黃耳金鉉 利貞

불이 바람의 도움을 받아 솥 안의 것들을 변화시킨다.
생쌀을 밥으로 지어 먹을 수 있으니
사물을 새롭게 만드는 데는 솥만 한 것이 없다.
머리로만 공부를 했기 때문에
현실감각이 부족한 것은 당연하다.
솥의 형상이 둥글둥글한 것처럼
부드러운 마음과 태도로 임해야 잘 스며든다.
겉으로 굽은 데가 없듯이
말과 행동이 어긋나지 않아야 한다.
밥을 지으려면 물과 불의 균형이 적절해야 한다.

✲

정鼎은 솥이자 기틀이지만 잘못을 고치지 않는 것이 잘못이다. 정은 화풍정火風鼎을 말하며, 나무에 불이 붙어서 타오르는 형상이다. 무쇠솥은 자리를 잘 잡아야 음식물이 쏟아지지 않는다. 세 개의 발은 협력과 안정을 나타내며 모든 때에 생각을 집중하면 바르게 판단할 수 있다.

혁물자막약정革物者莫若鼎이니 정원길鼎元吉하고 형亨하다.

물건을 고치는 데에는 솥만 한 것이 없으니
솥은 길하고 형통하다.

솥을 통해 음식을 조리하여 나누어 먹는 것처럼, 훌륭한 제도를 통해 사회 전체가 이로움을 나누어야 한다는 말이다. 이 구절에서 정鼎은 발이 셋이고 귀가 두 개 달린 솥을 말한다. 이를 통해 생쌀을 밥으로 지을 수 있으니, 사물을 새롭게 만들어내는 데는 솥만 한 것이 없다. 물건을 고친다는 것은 물건을 다스린다는 뜻이므로 솥의 쓰임이 좋다고 하였다. 또 정鼎은 군주의 권위와 권력을 상징하기도 한다. 인간 세상에서는 새로운 기틀을 마련하여 삶이 윤택해지니, 그 기틀에 해당하는 솥은 길하고 형통하다 한 것이다.

이목손화以木巽火이니 형임야亨飪也이다.

나무에 불을 지펴 음식을 삶으니 잘 익힌다.

음식을 마련하여 제사를 올리는 것도 위와 아래가 조화롭게 협력해야 한다. 여기서 나무에 불을 지핀다는 것은 백성들을 독려하고 분발시킨다는 뜻이며, 음식을 삶으니 잘 익혀진다는 것은 밝은 명命이 백성들에게 받아들여져서 잘 이행되고 있다는 뜻이다. 형亨은 형통하다는 뜻이지만 정鼎 장의 전체적인 맥락으로 보았을 때는 제향祭享을 의미하기도 한다. 정성껏 음식을 장만해서 하늘에 제를 올리고 현자들에게 향연을 베푼다. 예전에는 성생성기省牲省器라고 하여 높은 벼슬아치들을 시켜 평상시에도 제사에 쓸 산 짐승들과 그릇들을 살펴보게 하였다. 그만큼 나라의 제사는 큰 행사였고 소중한 의식으로 간주했기 때문이다.

목상유화정木上有火鼎이니 군자君子는 정위正位하고 응명凝命한다.

나무 위에 불이 있는 것이 정이다.
군자는 자세를 바로 하고 천명을 받든다.

솥을 똑바로 걸고 불을 지펴야 음식이 잘 익는 것처럼, 군자의 행동거지도 올바르게 해야 천명이 잘 이행된다. 솥의 형상이 둥글둥글한 것처럼 부드러운 마음가짐과 태도로 모든 일에 임해야 만사가 형통하다. 또한 겉으로 굽은 데가 없듯이 말과 행동이 서로 어긋나지 않아야 한다. 언행일치는 남녀노소 누구에게나 일상화되고 습관화되어야 하는 가치다. 장 자크 루소Jean-Jacques Rousseau도 『에밀Émile』에서 "자기 자신이 되기 위해서, 그리고 한 사람의 인간이 되기 위해서는 말과 행동이 일치해야만 한다."라고 이를 강조했다.

정전지리출비鼎顚趾利出否하고 득첩得妾하니
이기자무구以其子无咎하다.

솥발을 들어 올리고 뒤집어서 남은 찌꺼기를 쏟아내니 이롭다.
첩을 얻어 자식을 낳으니 그로서 허물이 없어진다.

정전지鼎顚趾는 뒤집어엎는다는 뜻이고, 리출비利出否는 귀한 것을 따른다는 뜻이다. 그러므로 솥을 뒤집어서 남은 음식물의 찌꺼기를 버리는 것은 이치에 맞고 합당한 일이다. 오래된 음식과 새로운 음식이 섞이게 되면 잡탕이 돼버리기 때문이다. 쓸모없는 구습舊習은 찌꺼기처럼 버리고, 오랫동안 방치되었던 문제들은 솥의 형상을 따르듯이 바로 잡아야 한다. 이를 일러 『한비자韓非子』에선 "옛날과 오늘의 예와 풍습이 다르고, 새것과 묵은 것이 다르므로 그 대책도 달라야 한다."라고 가르쳤다. 시대에 따라서 사람이나 사물이나 변화하기 때문에 그 변화에 따라 모든 일을 판단해야 한다는 뜻이다. 그러니 본처가 아이를 낳지 못하면 첩을 얻어 가문의 대를 잇게 하는 일은 허물이 없다고 하였다. 첩을 얻어 아이를 낳는 일은 새 술은 새 부대에 담듯 새로운 인물로 다음 시대를 열어나가도록 계승해야 한다는 속내를 드러내는 말이기도 하다.

정유실鼎有實이나 아구유질我仇有疾이니 불아능즉길不我能卽吉이다.

솥에 음식이 있으나 내 짝에게 병이 있다.

나에게 다가오지 못하게 해야 길하다.

정유실鼎有實은 솥 안에 새로운 음식물이 들어 있다는 뜻이며, 아구유질我仇有疾은 나와 대립하는 대상을 질투하고 시기한다는 뜻이다. 소인이 제아무리 이겨보려고 발버둥을 쳐도 덕성과 명망으로 위엄을 갖춘 대인 앞에는 감히 나설 수가 없다. 이것은 대인을 시기하고 질투할 수는 있어도 그를 밟고 뛰어넘을 수는 없다는 뜻이다. 나에게 다가오지 못하게 해야 길하다는 것은 일에 방해가 되는 사람이 가까이에 있으니 조심해야 한다는 것이다. 솥에는 새로운 재료들이 있는데 내 짝에게 병이 있으니 음식이 익을 때까지 솥 주변을 잘 단속해야 한다는 말이기도 하다. 결국 선량한 백성들이 나쁜 무리에게 물들지 않도록 보호해야 한다는 취지를 담은 구절이다.

정이혁鼎耳革이니 기행其行이 색塞하여 치고불식雉膏不食한다.

솥의 귀가 바뀌어서 그 행함이 막혔다.

꿩고기가 맛있지만 먹지 못한다.

세발 솥의 귀[耳]는 솥을 들어 옮길 때 반드시 필요한 부분이다. 그런데 솥의 귀가 바뀌어서 그 행함이 막혔다는 것은 가방끈이 끊어진 것처럼 그 귀가 떨어져서 뜨거운 솥을 옮길 수 없게 되었다는 뜻이다. 그러므로 솥에서 펄펄 끓고 있는 맛있는 꿩고기를 먹지 못하게 되었다. 솥에 꿩고기가 있는 것처럼, 국가에는 좋은 정책이 많이 있다. 그럼에도 관리들이 부실하여 백성들에게 제대로 전달되지 못하고 있는 현실을 비유하고 있다.

정鼎이 절족折足하니 복공속覆公餗하고 기형악其形渥이니 흉凶하다.

솥의 발이 부러져서 공의 곰국이 엎어졌다.
그 얼굴을 적시니 흉하다.

아랫사람에게 일을 시켰으나 실수를 하였으니 결국은 일을 시킨 사람이 신뢰를 잃게 되었다. 이 구절에선 솥의 다리가 부러져 공公이 준비한 음식들이 엎어졌으니 흉하다고 하였다. 솥의 부실함 때문이기도 하겠지만, 그 일엔 관리자의 책임이 더 크다. 또한 관리자의 잘못은 일을 시킨 대신大臣에게 있으니 그가 책임을 져야 한다. 일을 맡은 관리가 머리로만 공부를 했기에 현실감각이 부족하다는 점을 짚는 구절이다. 얼굴을 적시니 흉하다는 것은 대신이 죄책감으로 얼굴을 붉히고 있으니 남 보기에도 민망하다는 것이다.

정황이금현鼎黃耳金鉉이니 리정利貞이다.

솥의 귀가 누런 금 고리이니 바르게 함이 이롭다.

솥에 황금으로 만든 귀가 달려 있으니 빛나고 당당한 모습이다. 옛날에는 황색이 황제를 상징했기 때문이다. 그동안의 시행착오를 바로잡고, 노력에 대한 대가를 보상받는 때이다. 바르게 해야 이롭다는 것은 밥이 잘 지어지려면 쌀과 물과 불이라는 세 가지 요소가 적절해야 한다는 뜻이다. 물이 많으면 쌀이 질어지고, 불이 약하면 쌀이 설익는다. 또 밥 짓는 일은 끝까지 뜸을 잘 들여야 하는 것처럼, 일이 완성될 때까지는 중도를 잃지 말아야 한다. 백성을 다스리는 정치에서도 훌륭한 인재들이 적재적소에서 제 역할을 다할 때 비로소 나라가 평안해지고 풍요로워진다.

정鼎: 중요한 솥을 쏟지 않기 위해선

정鼎은 세 발 달린 무쇠솥이다. 다리가 세 개 달려 안정되어 있고, 바람이 굴뚝을 타고 불을 일으켜서 끓인다. 이처럼 하찮은 무쇠솥도 자리를 잘 잡아야 음식물이 쏟아지지 않게 조리할 수 있다. 세 개의 발은 협력과 안정을 나타내는데, 사람의 일도 이와 다르지 않다. 항상 주변이 잘 정리되어 있고 마음이 안정되어 있어야 한다. 마음이 안정되어 있으면 일에 집중할 수 있고, 일에 집중하면 시세의 파악이 임의로워져서 빠르고 정확하게 목표한 바를 성취할 수 있다.

즉, 내 마음이 평안하다면 이목이 저절로 총명해진다. 생각해야 할 것을 생각하면 밝아지고, 생각하지 말아야 할 것을 생각하면 어두워지기 때문이다. 마음의 기초가 촘촘하고 튼튼하여 반석과 같다면 무슨 일이든지 시도해볼 수 있다. 자신을 잘 다스리며 만반의 준비가 되어 있으면 근심할 일도 생기지 않는 법이다.

"정이혁鼎耳革"은 솥의 귀가 바뀌었다는 뜻이다. 그래서 귀한 꿩고기를 먹을 수 없게 되었다. 솥귀가 없어서 음식을 들고 나를 수 없으니 평상시에 살피지 않은 잘못이 크다. 곰국을 쏟았다는 것은 어처구니없는 실수를 말한다. 곰국은 한두 시간 만에 끓여지는 것이 아니다. 온종일 장작불을 지피고 정성을 들인 귀한 결과물이다. 이제 먹기만 하면 되는 것을 쏟아버렸다. 더군다나 "복공속覆公餗"은 삼공이 준비한 음식이라고 하였으니 그 죄가 크다.

제아무리 좋은 정책을 입안하였을지라도 널리 시행되지 않는다면 무용지물과 마찬가지다. 관리들이 솥을 쏟아버린 이유는 평소에 교육이 제대로 이루어지지 않아 행동거지가 방정맞았기 때문이다. 그것은 윗사람이 아랫사람을 잘못 가르쳤기 때문이며, 그들이 모두 자신의 소임을 가벼이 받아들였기 때문이다. 그래서는 안 된다. 올바른 교육을 통해 좋은 습관을 갖춘 사람들이 자기 능력에 맞는 자리를 차지하고 그에 따르는 책임과 의무를 다할 때만이 무슨 일이든 시작해볼 수 있고 성사시킬 수 있다.

제51장 놀라서 그만 소중한 것을 떨어뜨린다 진震

震

진震: 벼락, 천둥, 두려워하다

어떤 상황에서든
진중하고 또 진중해라

震來虩虩 笑言啞啞 震驚百里 不喪匕鬯
恐致福也 笑言啞啞 後有則也
洊雷震 君子 以 恐懼修省
震來厲 億喪貝 躋于九陵 勿逐
震蘇蘇 震行 无眚
震 遂泥
震往來 厲 億 无喪有事
震索索 視矍矍 征凶 震不于其躬 于其鄰 无咎

큰 재앙이 발생하게 되면 겸손한 마음으로 자신을 먼저 돌아본다.
우레가 백 리에 걸쳐 놀라게 해도
숟가락을 떨어트리거나 술잔을 엎지 않는다.
우렛소리에 놀라서 재물을 잃을까 걱정하며
높은 곳에 올라가 보지만, 뒤쫓지는 않는다.
담이 커서 무슨 일이든 두려워하지 않고
마음은 치밀하여 무슨 일이든 소홀히 하지 않는다.
만물이 성장하여 풍요롭게 되니 세상에는 새로운 질서가 생겨난다.
위험한 상황에서도 할 일은 마땅히 한다.

✲

진震은 천둥과 번개가 친다는 것이니, 이때는 놀라서 소중한 것을 떨어트린다. 진은 중뢰진重雷震을 말하며, 천둥과 번개가 겹쳐오는 형상이다. 기와로 내기를 할 때는 지혜롭고 재주도 좋지만, 황금으로 내기를 걸면 두려움이 생겨난다. 재주는 같아도 아끼는 바가 생기면 판단력이 흐려지기 때문이다.

진래혁혁震來虩虩하고 소언아아笑言啞啞하니
진경백리震驚百里에 불상비창不喪匕鬯하다.

우렛소리가 들려오니 두려움에 웃고 말하던 소리가 막힌다.
우레가 백 리에 걸쳐 놀라게 해도 숟가락을 떨어트리거나
술잔을 엎지 않는다.

하늘을 뒤흔드는 세찬 우레가 치면 웃고 말하던 소리가 막힌다. 천재지변天災地變에 대한 인간의 본능적인 반응이다. 그러나 우레가 백 리에 걸쳐 놀라게 해도 소중한 것을 떨어뜨리거나 엎지 않아야 한다. 예상치 못한 두려운 일을 당했을지라도 침착하고 냉정해야 벗어날 수 있다는 뜻이다. 두려움에 우왕좌왕하게 되면 나도 모르게 필요 이상의 것을 내주게 된다.

혼이 빠지도록 몹시 놀라는 것을 해백駭魄이라고 한다. 그런데 해백의 상황 앞에서도 중심을 지키며 침착하게 대응하는 사람이 있다. 당황하는 이들과 차분한 사람들은 무엇이 다를까? 둘은 평소에 마음이 안정되어 있느냐의 여부에서 한번 벌어지고, 유사한 경험이 있느냐의 여부에서 또 한 번 벌어지며, 정신수양의 정도에 따라서는 더 크게 벌어진다. 그러므로 한결같은 마음을 유지하면서 심신의 수양을 게을리해서는 안 된다는 가르침이다.

공치복야恐致福也이니 소언아아笑言啞啞는 후유칙야後有則也이다.

두려워하고 놀라는 것은 복을 이룬다.

웃고 떠드는 소리가 막히는 것은 뒤에 법칙이 있음이다.

천재지변을 근심하지만, 그 근심하는 마음이 오히려 복이 된다. 두려워하고 놀라는 게 복을 이루는 이유는 두려워할 줄 알아야 조심하는 마음을 갖기 때문이다. 우렛소리에 놀라는 것은 자연의 위대함을 두려워하는 인간의 나약한 마음이나, 천둥과 번개가 막힌 하늘을 뚫고 나서야 비로소 비가 내릴 수 있다. 뒤에 법칙이 있다는 것은 우레가 비를 몰고 와서 만물이 성장하여 풍요롭게 되므로 세상에 새로운 질서가 생겨난다는 말이다. 그 질서는 희망찬 도약을 불러일으키는 원동력으로 작용하는 것이니 복을 이룬다고 한 것이다.

천뢰진洊雷震이니 군자이君子以하여 공구수성恐懼修省한다.

우레가 거듭하여 치는 것이 진이다.

군자는 이를 보고 근심하는 마음으로 반성하고 수양한다.

위태로운 시기에 군자가 해야 할 도리에 대하여 말하고 있다. 큰 재앙이 발생했을 때는 근심하는 마음으로 자신을 먼저 돌아보고, 뉘우칠 일이 있으면 깊이 반성하면서 고쳐야 한다고 하였다. 그런 연후에 재앙이 발생한 원인을 파악하고 대책을 세워 백성들이 혼란에 빠지지 않도록 독려해야 한다. 천둥과 번개가 거듭 내리치는 것이 진震이라고 하였으니, 극한의 상황에 놓일수록 담대심소膽大心小한 마음을 가져야 한다. 어떤 일도 두려워하지 말고, 마음은 치밀하게 먹으며, 무슨 일이든 소홀히 하지 않아야 한다는 뜻이다.

진래려震來厲이니 억상패億喪貝하고
제우구릉躋于九陵이니 물축勿逐이다.

우렛소리가 들려오니 위태롭다. 재물을 잃을까 걱정하며
높은 곳에 올라가 보지만 뒤쫓지는 않는다.

천둥소리는 가까워질수록 격렬하다. 천지를 진동시키는 소리가 들려오니 근심하면서 그 피해를 걱정한다. 높은 곳에 올라가서 바라본다는 것은 멀리 내다보면서 우려하는 모습이다. 자기 일신의 안전이 우선이므로, 재물을 구하려고 좇아가는 욕심을 버리고 기다린다고 하였다. 우레가 지나가면 저절로 얻게 된다는 것을 알고 있기 때문이다. 현재는 일촉즉발一觸卽發의 상황이며, 활시위가 힘껏 당겨져 있는 아슬아슬한 순간이라 할 수 있다. 이 구절에서는 그런 위태로운 상황에 비교적 침착하게 잘 대응하고 있다.

진소소震蘇蘇하고 진행震行하나 무생无眚하다.

우렛소리가 무서워서 안절부절못했지만,
우레가 가고 나니 아무런 재앙이 없다.

소소蘇蘇는 두렵고 불안하다는 뜻이다. 우렛소리가 무서워서 벌벌 떨고 있었지만 아무런 피해가 없다. 대자연의 운행은 흐리다가도 맑아지고, 어둡다가도 밝아진다. 그와 같이 인간의 삶에도 길흉이 반복되는 것이니 그때마다 너무 민감하게 대응할 필요가 없다는 말이다. 이 구절에서는 천둥소리에 놀라서 초조하고 불안하였지만 우레는 그냥 지나갔을 뿐 아무런 재앙이 없다고 하였다. 일시적인 재앙에 지나치게 대응하며 도망가거나 얽히게 되면 영영 빠져나오기가 어려운 상황에 부닥칠 수도 있다. 본인 잘못이 없는데도 불구하고 벌벌 떠는 것은 외부의 요인이 아니라 자신의 마음이 요동치는 것이다. 그러므로 침착하게 심지를 굳히고 기다리면 저절로 지나가기도 하고 쉽게 해결되기도 한다.

진震은 수니遂泥이다.

우레가 진흙을 따른다.

이 구절에서 우레가 진흙을 따른다는 것은 벼락이 떨어져 땅속으로 들어가고, 천둥은 이미 그 큰 힘을 잃었다는 뜻이다. 우레가 진흙 속에 빠졌듯이 해로운 세력들은 힘을 상실하게 되었다. 여기서 말하는 진흙 속은 한 번 빠지면 자신의 힘으로는 헤어 나올 수 없는 험한 곳을 가리킨다. 이는 "성호사서城狐社鼠"가 사라진 것과 같다. 성호사서는 성안에 사는 여우와 사당에 사는 쥐를 가리키니, 임금의 곁에 있는 간신의 무리와 관청의 세력에 기대어 사는 무리를 일컫는 사자성어다. 본래 간신이 임금을 망하게 하는 방법은 아주 작은 것들을 조금씩 쌓아 임금을 미혹하고 깨닫지 못하게 하여 천천히 썩어가게 만드는 것이다. 그런 소인들이 물러나고 있으니, 시간이 지나면서 모든 것은 제자리를 찾게 된다.

진왕래震往來이니 려厲해도 억億하고 무상유사无喪有事한다.

우레가 왕래하여 위태로워도 헤아려서 일을 잃지 않는다.

험한 상황에서도 해야 할 일은 마땅히 해야 한다는 말이다. 이 구절에선 우레가 왕래하는 것을 위태롭게 여기면서도 해야 할 일을 해나간다면 큰 재앙은 겪지 않는다고 하였다. 큰불이 나도 가재를 전소全燒시키는 경우는 드물고, 홍수가 나도 농작물을 남김없이 휩쓸어가는 경우는 적다. 화禍와 해害를 당하더라도 달아나고 슬퍼하는 것만이 능사가 아니다. 건질 수 있는 것은 건지고 살릴 수 있는 것은 살려놓아야 피해를 줄이고 기근에도 대처할 수 있다.

진삭삭震索索하고 시확확視矍矍하니 정흉征凶하며
진불우기궁震不于其躬하고 우기린于其隣하니 무구无咎하다.

우레가 왔다 갔다 한다고 두리번거리며 살피면 흉하다.
또 우레가 그 몸에 미치지 않고 그 이웃에 미치니 허물이 없다.

삭삭索索은 공포가 극에 달하여 심하게 떠는 모습이다. 우레가 무서운 나머지 두 다리에 힘이 빠져 제대로 걷지도 못하고 두려움에 눈을 두리번거리면서 다닌다면 흉해 보일 뿐이다. 벼락은 내 집에 떨어진 것이 아니라 옆집에 떨어졌다고 했으니, 당장은 허물이 없다. 내 몸에 직접 타격을 입힌 건 아니기에 환란에 대처할 수 있는 시간적인 여유가 있기 때문이다. 맹자는 "우환憂患에 살고, 안락安樂에 죽는다."라고 일렀다. 어떤 마음으로 재난에 대처하느냐에 따라서 생사가 갈린다는 뜻이다. 본래 사람의 마음에 만들어지는 상은 저절로 생겨나기도 하고 저절로 사라지기도 한다. 이 중 무엇을 채우고 무엇을 비우느냐에 따라서 많은 것이 달라질 수 있다.

진震: 두려움을 뛰어넘는 것에 관하여

진震은 크게 요동치면서 갑자기 일어나는 돌발사태를 의미한다. 온 몸이 놀라서 떨릴 정도로 무서운 일을 당했을 때는 이 천둥소리와 번개를 연상하면 된다. 천둥과 번개가 세차게 내리치니 낯빛은 붉어지고 머리털이 곤두선다. 그러나 혼비백산하여 손에 들고 있던 소중한 것을 떨어트리고, 하던 일을 모두 다 내동댕이치는 것은 어른답지 못한 처신이다. 두려운 마음이 눈 앞을 가리고 마음을 옹색하게 만들지언정 씩씩한 기상과 꿋꿋한 절개를 잃지 않아야 한다. 매사에 조심하는 마음가짐은 천금과도 같다. 하지만 지나치게 경계하는 것은 오히려 화를 자초하거나 부풀리기도 한다.

물론 모든 커다란 도전과 승부에는 공포와 함께 두려운 감정이 수반된다. 예컨대 평상시에는 사소한 생필품을 하나 사더라도 비교하고 따져보면서 현명하게 구입한다. 그러나 큰돈을 투자하면 평상시의 냉정한 마음가짐이 자신도 모르게 사라진다. 장자는 그런 심리에 대하여 "기와로 내기를 할 때는 지혜롭고 재주도 좋다. 쇠붙이로 내기를 걸면 두려움이 생겨난다. 황금으로 내기를 걸 때는 마음이 아주 흐려진다. 재주는 한결같지만 아끼는 바가 있어서 그 외면의 것을 중히 여기는 것이니, 무릇 그 외면을 중히 여기면 내면은 허물어진다."라고 일렀다.

그래서 중뢰진重雷震에서는 천둥소리에 놀라서 혼비백산하는 우愚를 범해서는 안 된다고 하였다. 돌발사태가 일어나더라도 극심한 공포에 빠져서 소중한 것을 놓치거나 내던지지 말아야 한다. 그럴수록 이성을 찾아야 하고 상황을 냉정하게 파악하려는 진중한 마음가짐이 필요하다. 한발 더 나아가 두려워하는 대상을 무기로 삼고 자기 자신은 그 두려움을 극복하고 뛰어넘을 수 있다면 더할 나위가 없을 것이다. 그처럼 자신이 처한 상황을 역이용할 줄 안다면 비단 위에 꽃을 더한다는 금상첨화가 따로 없게 된다.

제52장 큰 산은 움직이지 않는다 간艮

艮

간艮: 그치다, 멈추다, 어긋나다

그쳐야 할 때에 반드시 그쳐라

物不可以終動 止之
艮其背 不獲其身 行其庭 不見其人
艮 止也 時止則止 時行則行
兼山 艮 君子 思不出其位
艮其趾 无咎 利永貞
艮其腓 不拯其隨 其心不快
艮其限 列其夤 厲薰心
艮其身 无咎
艮其輔 言有序 悔亡
敦艮之吉 以厚終也

물건은 끝까지 움직이지 못하고
다다르지 못해서 그치게 마련이다.
일을 할 때에 좌우를 살피지 않고
지나치게 몰입하거나 몰아붙이면 안 된다.
때가 그쳐야 할 상황이면 그치고
때가 움직일만하면 그때야 움직인다.
두려워하라는 것은 멈추라는 뜻이고
두려움을 떨치라는 것은 나아가라는 뜻이다.
언제나 꽃 피는 봄날 같기만 하고
언제나 차갑고 시린 겨울만 있는 것도 아니다.
때를 알고 멈출 줄 알아야 기회를 잡을 수 있다.

간艮은 멈춤이니, 큰 산은 움직이지 않는다. 간은 중산간重山艮을 말하며, 산이 겹친 형상이다. 항상 욕심이 먼저 앞서가고 몸과 마음은 그것에 홀려 쫓아간다. 다른 사람이 듣지 못하게 하려면 말하지 않으면 되고, 다른 사람이 알지 못하게 하려면 행동하지 않으면 된다.

물불가이종동物不可以終動이니 지지止之이다.

물건은 가히 끝까지 움직이지 못하고,
다다르지 못해서 그치게 마련이다.

멈추는 시점이 빨라도 곤란하고 늦어도 곤란하다는 이치를 말하고 있다. 이 세상의 모든 건 끝내 움직일 수만은 없으므로 언젠가는 그치게 되어 있다. 그치면 고요하고 평정한 상태를 유지고, 그러다가 다시 돌아오며 순환한다. 사물의 전개가 극에 달하면 반드시 반전한다는 물극필반物極必反의 이치이다. 그처럼 흥망성쇠는 반복되는 것이니 지나친 욕심은 부작용만 초래할 뿐이다. 물건은 끝까지 움직이지 못하고 다다르지 못해서 그치게 마련이니, 지나치게 쫓지 않아도 된다. 어떤 일을 할 때는 좌우를 살피며 신중해야 하므로 지나치게 몰입하거나 몰아붙이는 것은 곤란하다. 자신의 분수에 넘치는 것은 아예 바라지도 말아야 한다. 누구나 알고 있는 이 상식을 지키지 못해서 많은 사람이 넘어지거나 다친다.

간기배艮其背이니 불획기신不獲其身이며
행기정行其庭이라도 불견기인不見其人이다.

그 등에 그치니 그 몸을 얻지 못하고,
그 뜰을 거닐어도 그 사람을 알아보지 못한다.

애초에 한 발짝도 나아가지 않은 상태였으니 그런 멈춤이라야 탈이 없다고 말한다. 인간의 몸에는 시각, 청각, 후각, 미각, 촉각이라는 오감五感이 있어 무엇에 현혹되기 쉽다. 하지만 그 다섯 가지 감각을 뛰어넘어 등을 지고 멈춘다면 욕심이 꿈틀거리지 않는다. 뜰을 거닐어도 다른 사람을 알아보지 못한다는 것은 상대를 의식하지 않고 자신의 일에만 전념한다는 뜻이다. 나와 무관한 세상의 일이나 타인의 일에는 일절 관여하지 않는 초연한 마음을 가리킨다.

간艮은 지야止也이니 시지즉지時止則止하고
시행즉행時行則行한다.

간은 그침이다. 그쳐야 하는 때라면 그치고,
움직일 만한 때라면 움직인다.

그쳐야 할 때는 그치고, 행해야 할 때는 그때를 놓치지 않는다고 하였다. 멈추고 움직임이 적시에 이루어지는 것은 중中과 도道를 얻었기 때문이다. 적당한 때를 흘려보내지 않는 것은 언제나 중요하다. 세상의 계절엔 꽃피는 봄날만 있는 것도 아니고, 차갑고 시린 겨울만 있는 것도 아니기 때문이다. 『사기』에도 "물실호기勿失好機"라는 말이 있다. 그냥 지나칠 수 없는 절호의 기회이니 결코 놓치지 말라는 뜻이다.

겸산兼山은 간艮이니 군자君子는 사불출기위思不出其位한다.

산이 중첩되어 있는 것이 간이다.

군자는 본래의 취지를 지키며, 생각이 그 자리를 벗어나지 않는다.

산은 제 자리를 지키며 한 치도 움직이지 않는다. 조금 불편하다 해서 자리를 바꾸지 않고, 욕심이 동한다 해서 마음을 바꾸지도 않는다. 그래서 모든 산은 실제보다도 더 커 보인다. 또한 생각이 그 자리를 벗어나지 않는다는 것은 신중하게 행동하면서 뜻을 바꾸지 않는다는 말이다. 순자는 "공이 이뤄지는 것은 그만두지 않는 데 있다."라고 말했다. 천성으로 타고난 자신만의 잠재력은 오로지 지속적인 노력을 통해서만 꽃피울 수 있다. 이 구절에서 산이 중첩되어 있다는 것은 인간의 타고난 잠재력은 중첩된 산처럼 무한함을 뜻하는 것이다.

간기지艮其趾이니 무구无咎하고 리영정利永貞하다.

발에서 그치니 허물이 없다. 오래도록 바르게 함이 이롭다.

지趾는 발을 뜻하지만, 이 구절에선 발에서 멈춘다는 의미로 쓰였다. 발에서 그친다는 것은 한 발짝도 떼지 않았다고 볼 수도 있고, 작은 움직임에서 곧바로 그쳤다고 볼 수도 있다. 멈춘다는 것은 지나친 욕구를 절제한다는 뜻도 있다. 그래서 멈춘 상태로 굳게 인내하면 항상 이롭다는 것을 말하고 있다. 멈춤에 대해 말하는 간艮 장에서도 이 구절은 멈추는 다섯 단계 중에서도 가장 올바른 시점이다. 어떤 욕망이나 바람이 꿈틀거리자마자 곧바로 마음을 다잡고 멈추었기 때문이다.

간기비艮其腓이니 부증기수不拯其隨하고 기심불쾌其心不快하다.

장딴지에서 그치니 그 따름을 구원받지 못한다.

그 마음이 불쾌하다.

상황이 좋지 않은데도 다리를 들고 억지로 나아가려고 한다. 가면 마음만 상할 것이니 조용히 앉아서 때를 기다리는 편이 낫다. 무엇보다도 시기가 잘 맞는 것이 가장 중요하기에 그렇다. 그러나 엉덩이가 들썩거려서 배겨나지 못할 지경에 이르렀고, 그 움직임은 장딴지에서 멈추었다. 멈추기는 했지만 이미 화살은 활시위를 떠나갔으니 되돌릴 수 없다. 어느 정도 나아가다가 멈추었으므로 이제는 나 혼자만의 일이 아니다. 주변에 영향을 끼쳤기 때문이다. 그래서 이 구절에서는 그 따름을 구원받지 못하여 마음이 불쾌하다고 하였다.

간기한艮其限이니 열기인列其夤하고 려훈심厲薰心하다.

그 허리에서 그친다.

그 팔뚝을 벌리니 위태로움이 마음을 태운다.

멈추어야 할 단계를 지나서 멈추었으므로 조화로운 상태가 깨져버렸다. 그래서 멈추는 것이 발과 장딴지를 거치고 허리에 이르러서야 겨우 그친다. 갑자기 다리를 움직일 수 없게 되었으니 등과 허리가 부자연스러워서 팔뚝을 벌리게 된다. 하지만 균형이 맞지 않아서 넘어질 듯 아슬아슬하니 위태로움이 마음을 태운다고 하였다. 허리에서 그쳤다는 것은 이미 크게 지나친 상태이기 때문이다. 욕심이 지나쳤기 때문에 이제는 위태로운 일도 거리낌 없이 하게 된다.

간기신艮其身이니 무구无咎하다.

그 몸에서 그치니 허물이 없다.

이제까지 진행되었던 관계나 과정을 모두 끝내는 것이기에 허물이 없다고 말한다. 그 몸에서 그친다는 것은 몸통 전체가 멈춘다는 의미이다. 예를 들어서 두 나라가 치열하게 전쟁을 벌였지만 이제라도 휴전을 하거나 종전을 한다면 그나마도 다행이라는 뜻이다. 전체적으로 올스톱을 하고 통째로 멈춘다는 것은 잘못을 발견하고 전방위적全方位的으로 멈추는 것이기에 허물이 될 수 없다. 몸 전체가 균형을 잡고 평정을 이루었으니 이제라도 더 이상 움직이지 않아야 한다. 산처럼 움직이지 않고 가만히 있으면 더 이상의 과오는 생겨나지 않기 때문이다.

간기보艮其輔이니 언유서言有序하고 회망悔亡한다.

광대뼈에서 그친다. 말을 함에 질서가 있으면 후회가 없다.

광대뼈는 뺨을 말하고 뺨에는 입이 있다. 즉, 광대뼈에서 그친다는 것은 입을 다문다는 뜻이다. 말에 질서가 있어야 한다는 것은 할 말과 하지 말아야 할 말을 구분한다는 것이다. 말을 삼가되 진실만을 이야기한다면 부끄러움을 겪지 않을 것이며 후회도 따르지 않는다. 허균許筠의 시문집인 『성소부부고惺所覆瓿藁』에선 "다른 사람이 듣지 못하도록 하려면 내가 말하지 않으면 되고, 다른 사람이 알지 못하도록 하려면 내가 행동하지 않으면 된다."라고 일렀다. 항상 말을 삼가고 행동거지를 조심하면 언제 어느 상황에 처해 있든 제 몸 하나는 건사할 수 있다는 것이다.

돈간지길敦艮之吉이니 이후종야以厚終也이다.

도탑게 그쳐서 길함은 두터움으로 마치기 때문이다.

도탑게 그칠 수 있었다는 것은 그 기저에 강한 믿음이 있었기 때문이다. 복잡한 세상일을 잊고 마음의 평화를 얻기 위해서는 많은 것을 내려놓아야 한다. 두터움으로 마친다는 것은 자신의 것이 아니라고 판단된 것들에는 확실하게 선을 긋고 후덕한 마음가짐으로 일을 마친다는 뜻이다. 감정의 기복이 없어지면 언제나 평정하고 평안한 마음의 상태에 머물 수 있으며, 관대하고 후덕한 처신에는 항상 좋은 결과가 따르기 때문이다.

돈간길敦艮吉이라고 하였다. 돈독하게 멈추니 길하다는 뜻이다. 그치고 멈춘다는 간艮은 자신을 지켜주고, 사랑하는 가족들을 지켜주며, 나아가서는 자신이 속해있는 조직 사회과 국가를 지켜주는 명약名藥과 같다. 간이라는 약을 쓰지 않으면 모든 것이 혼란스럽고 위태롭다. 항상 욕심이 먼저 앞서가고 몸과 마음은 그것에 홀려서 쫓아가기 때문이다.

만일 자신의 목적을 다 이루지 못한 채로 그쳐야 한다면 안타깝고 초조한 마음이 생긴다. 하지만 자신의 분수를 알고 그치는 것이라면 특별한 거부감 없이도 멈출 수 있다. 그런 마음가짐이라면 다시 나아갈 때도 거침없이 전진하면서 전심전력을 다할 수 있어 항상 좋은 성과를 도출해낼 수 있다. 그러니 항상 내 그릇의 용량이 어느 정도인지는 정확히 알고 살아야 한다. 자신의 역량을 충분히 갈고 닦으면서 때를 기다린다면 나아갈 바가 반드시 생긴다. 즉, 멈춰야 할 때 멈출 줄 안다는 것은 앞날을 예측하는 뛰어난 감각이기기도 하다.

멈추었을 때는 고요하면서도 여유로운 마음으로 안정된 상태를 유지해야 한다. 그렇게 한숨 돌리고 나면 다음에 할 일이 무엇인지 보이기 시작하고, 혼란했던 마음을 차분히 가라앉히면 그동안 보이지 않았던 것들도 보이게 된다. 노자는 "몸은 움직여도 마음이 움직이지 않는 것이 진짜 고요함이다."라고 가르쳤다. 정신없이 바쁘게 살지언정 마음 한구석에는 나만의 고요한 빈자리가 있어야 한다. 그곳에서 조용히 자신을 들여다보고 현재의 상황을 올바로 직시할 수 있어야 한다. 또한 다른 사람들은 무슨 생각을 하면서 어떻게 살아가고 있는지를 안다면 적어도 자신의 인생 정도는 추스르고 통제할 수 있다.

제53장 서서히 크는 나무가 거목이 된다 점 漸

漸

점漸: 나아간다, 흐르다, 물들다

바른 마음으로
흐트러짐 없이 나아가라

漸 女歸 吉

其位 剛得中也 止而巽 動不窮也

山上有木 漸 君子 居賢德善俗

鴻漸于干 小子厲 有言无咎

飮食衎衎 不素飽也

鴻漸于陸 夫征不復 婦孕不育

鴻漸于木 或得其桷 无咎

鴻漸于陵 婦三歲 不孕 終莫之勝

鴻漸于逵 其羽可用爲儀 吉

산처럼 큰 덕을 쌓으려면 단계를 밟으며
순리에 따라 꾸준히 가야 한다.
공손하게 나아가고 적절히 그칠 줄 안다면
움직여도 궁색하지 않고 막힘이 없다.
여인이 시집가는 것은 인륜지대사이며
풍습에 맞게 발걸음을 떼는 일이다.
까투리가 장끼를 부르는 것처럼
남녀가 상대를 구하는 것은 자연스러운 현상이다.
기러기가 육지로 날아가면
다른 세상을 만나고 다른 무리와 섞이게 된다.
모자는 머리에 쓰고, 신발은 발에 신어야 한다.

✻

점漸은 점차 나아가는 것이니, 서서히 크는 나무가 거목巨木이 된다. 점은 풍산점風山漸을 말하며 산 위에서 바람이 부는 형상이다. 천리天理를 즐기고 자신의 운명과 살아 있는 기쁨을 안다면 인간에게 근심이 있을 리 없다. 우리가 걱정하고 슬퍼하는 까닭은 세상의 근심이 하나가 아니기 때문인데, 우린 산 위에 우뚝한 나무처럼 그것들에 대한 애착을 끊어낼 수 있어야 한다.

점漸은 여귀女歸이니 길吉하다.

점은 여자가 시집가는 것이니 길하다.

여자가 시집가는 것은 인생의 전환점이자 새로운 시작이기에 길하다고 하였다. 점漸은 순서에 따라 점차 나아간다는 뜻이다. 여기서는 여인이 시집가는 것과 혼인의 절차를 아울러 말한다. 여귀女歸는 여인이 남편을 만나서 가정을 꾸리는 것이므로 지극히 자연스러운 현상이다. 인륜지대사이니 경사스러운 일이며 풍습에 맞게 머물던 자리에서 발걸음을 떼는 일이기도 하다. 그러나 강 건너에 귀인貴人이 보일지라도 급하게 강물로 뛰어들지 말고 나룻배를 기다려야 한다. 그것이 격식에 맞게 나아가는 예절이기 때문이다.

기위其位는 강득중야剛得中也이니
지이손止而巽이면 동불궁야動不窮也이다.

그 자리는 강이 중中을 얻었음이니,
그침이 공손하면 움직여도 궁색하지 않다.

공손한 태도는 만인의 신뢰를 얻게 하고 공을 세워서 자리도 얻게 한다. 이 구절에서는 강剛한 양의 기운이 점차 나아가서 나라를 다스릴 수 있는 중中의 자리를 얻었다고 하였다. 그침이 공손하면 움직여도 궁색하지 않다고 했는데, 그것은 공손하게 나아가고 적절히 그칠 줄 안다면 움직여도 막힘이 없다는 뜻이다. 이에 백성들의 마음을 움직여서 원대한 뜻을 성취하니 길하다. 이처럼 정상적인 절차를 거쳐서 일을 성사시키고 공을 세워야 한다.

산상유목山上有木이 점漸이니
군자君子는 거현덕선속居賢德善俗한다.

산 위에 나무가 있는 것이 점이다.
군자는 이를 보고 어진 덕을 쌓고 풍속을 개선한다.

산 위에 우뚝 서 있는 나무는 하루아침에 자란 것이 아니다. 커나가는 방법이 올바르면 거목이 될 수 있는 자격을 갖춘다. 거목은 작은 씨앗이 땅내를 맡고 싹을 틔우며 성장을 거듭해온 일종의 결과물이다. 여기서 군자는 산 위의 나무를 본받아 백성들을 후덕하게 하면서 미풍양속을 아름답게 만들어 나간다고 하였다. 선대로부터 내려오는 의식주를 비롯한 생활양식이나 사회규범 중에서 귀감龜鑑이 될 만한 것은 계승하여 발전시키고, 시대적인 흐름에 반하거나 모순되는 것은 없애거나 고쳐나간다는 말이다. 이것이 바로 덕을 쌓고 풍속을 개선하는 일이다.

홍점우간鴻漸于干이니 소자려小子厲하나 유언무구有言无咎하다.

기러기가 물가로 점차 나아간다.

그 새끼 기러기가 위태로워서 말은 있으나 허물은 없다.

어린 기러기가 호기심에 물가로 날아가니 조심하라는 말이 들려온다. 물가를 찾는 것은 기러기의 본능이므로 그 자체에는 문제가 없다. 총각이 처녀를 찾아 나서는 것도 좋겠지만, 기러기가 물가로 날아가듯 처녀가 배필을 찾아 밖으로 나간다고 하여 허물이 되는 것도 아니다. 허물이 아니라는 것은 기러기나 사람이나 진취적으로 나아가야 이루어짐이 있기 때문이다. 『시경』에는 "치구모필雉求牡匹"이라는 말이 있다. 까투리가 장끼를 부른다는 뜻이다. 즉, 암꿩이 수꿩을 부르는 것처럼 남녀가 서로의 상대를 구하는 것은 자연스러운 현상이라는 것이다.

음식간간飮食衎衎이니 불소포야不素飽也이다.

음식이 즐거운 것은 공연히 배부르고자 하는 것이 아니다.

건강한 신체를 유지하기 위해서는 양질의 식사가 필수적이다. 그러나 음식을 지나치게 먹거나 지나치게 집착하는 것은 지양해야 하는 일이다. 이 구절에서 음식이 즐거운 것은 짐승처럼 배나 채우고자 하는 식탐이 아니라고 하였다. 즉 먹고 마시는 것을 즐겁게 여긴다는 건 부질

없이 배부르고자 하는 것이 아니라는 말이다. 정숙한 여자가 믿음직한 남자를 만나서 혼례를 올리게 되었을 때 맛있는 음식을 차려놓고 하객들과 함께 즐거운 잔치를 벌여야 하기 때문이다. 혼주가 잔치를 벌이는 것도 풍속을 아름답게 하는 일이다.

홍점우륙鴻漸于陸이니 부정불복夫征不復하고
부잉불육婦孕不育한다.

기러기가 뭍으로 날아간다.
지아비는 오지 않고 지어미는 잉태하여도 기르지 않는다.

미지未知의 세계를 탐험하듯 기러기가 높이 날아 너른 땅에 도착했다. 기러기가 육지로 날아가면 전혀 다른 세상 속에서 색다른 경험도 하겠지만 문제는 다른 무리와 섞이게 된다는 것이다. 그래서 남편은 그곳에 마음을 두고 돌아오지 않으며, 아내는 출산하였지만 기르지 않고 바깥으로만 나다니므로 흉하다고 하였다. 각자 자신의 본분을 망각하고 위험한 유혹에 빠져든 것이다.

송宋나라 때 지어진 『전등록傳燈錄』에는 "파경부재조破鏡不再照"라는 말이 있는데, 깨진 거울은 본디대로 비출 수 없다는 뜻이다. 즉, 한번 헤어진 부부는 다시 맺어지기가 어렵다는 것을 비유하는 말이다. 부부관계에 금이 가는 것은 찰나이니 옆에 있을 때 잘하라는 얘기다. 사실 부부지간은 살얼음판이나 마찬가지이다. 가까운 사이일수록 지켜야 하는 예절이 있듯 상대방의 잘못만을 찾아내서 지적하는 일은 어리석은 짓이다. 배우자를 유리그릇처럼 조심스럽게 대하고 소중하게 여겨야 원만한 부부관계가 유지된다는 가르침이다.

홍점우목鴻漸于木이니 혹득기각或得其桷이나 무구无咎하다.

기러기가 날아가서 나무에 앉는다.

평평한 가지를 얻었으니 허물이 없다.

기러기가 나무로 날아간다는 것은 넓은 활동무대로 향했다는 뜻이며, 평평한 가지를 얻었다는 것은 새로운 터전에서 운신의 폭을 넓힐 수 있게 되었다는 뜻이다. 그러니 이제까지 갈고 닦아온 역량을 발휘해볼 수 있겠다. 큰물에서 큰 고기가 놀 듯, 드넓은 세상으로 나가야만 마음껏 기량을 펼치면서 자기 뜻을 이룰 수 있다. 거기엔 각양각색의 많은 사람들이 모여들기 때문에 더불어 성장할 수도 있기 때문이다.

홍점우릉鴻漸于陵이니 부삼세婦三歲라도 불잉不孕하나
종막지승終莫之勝이다.

기러기가 높은 언덕으로 날아간다.

지어미가 삼 년을 잉태하지 못하였으나 마침내는 그 뜻을 이룬다.

기러기가 높이 올라가서 천하를 웅비雄飛하는 형상이다. 여기서 기러기가 높은 언덕으로 날아간다는 것은 여인이 왕실이나 정승과 같이 지체 높은 집안으로 시집간다는 의미이다. 귀한 집안의 대를 이어야 하는데, 부인은 삼 년 동안 아이를 갖지 못하였다. 그러나 아이를 갖고자 하는 부인의 뜻을 그 누구도 꺾지 못하였으니 결국에는 잉태하여 자손을 얻는다. 지어미가 끝내 원하는 바를 얻었기에 여인의 인내는 언제나 길하다는 말이다.

홍점우규鴻漸于逵하고 기우가용위의其羽可用爲儀하니 길吉하다.

기러기가 큰 하늘로 비상한다.

그 날갯짓하는 모습이 가히 모범이 되니 길하다.

기러기가 무리를 지어 창공으로 비상한다. 규逵는 한길이라는 뜻으로 사람이나 마차가 많이 다니는 넓은 길을 말하지만, 여기서는 아홉 군데로 통하는 길목인 대로를 가리킨다. 날갯짓하는 자태가 모범이 된다는 것은 기러기의 깃털이 위용과 아름다움을 동시에 갖추고 있기 때문이다. 기러기가 높고 넓은 하늘로 줄지어 날아가는 모습에는 흐트러짐이 없고, 가지런하다. 그러면서도 기러기는 서열을 지킬 줄 안다. 서열을 지킨다는 것은 윗사람과 아랫사람 간에 순서와 질서가 있다는 뜻이다. 아무리 헌 모자라도 모자는 머리에 쓰고, 아무리 헌 신발이라도 신발은 발에 신어야 한다. 모든 것에는 그에 맞는 구분이 있으니 한 나라의 아름다운 풍속이 가리키는 바도 그러하다. 이 구절은 기러기가 날짐승이라고 하찮게 여기지 말고 모범이 되는 바를 본으로 삼으라는 가르침이다.

점漸: 기러기의 지혜

풍산점風山漸은 산 위에 나무가 있는 모습이다. 그 우뚝한 나무는 하루아침에 자라난 것이 아니다. 땅에 뿌려진 수없이 많은 씨앗 중에서도 아주 극소수만이 싹을 틔울 수 있었고, 그렇게 어렵사리 세상에 나왔어도 거센 비바람과 모진 풍파에도 꿋꿋하게 견디며 살아남아야 했다. 비록 느린 걸음이지만 하루도 쉼 없이 뿌리를 깊게 내리고, 봄이 오면 여린 순을 내보내서 뜨거운 여름 내내 무성하게 키웠다. 서늘한 바람이 스며드는 가을에 마무리하고, 만물이 동면冬眠하는 겨울에는 인내심을 기르며 자신을 수양했다. 산속에 수없이 널려 있는 나무 한 그루가 그렇게 성장한 것이다.

인간이 자라온 과정도 큰 범주에서 보면 나무와 다를 바가 없다. 더군다나 인간은 생각하고 언어를 사용하며, 가정과 사회를 구성하면서도 이동의 자유가 있다. 그래서 만물의 영장이라고 일컬어지니 어느 사람인들 귀하지 않은 존재가 없다. 순자는 "물과 불은 기운은 있으나 생명이 없고, 풀과 나무는 생명은 있으나 지각 능력이 없고, 짐승들은 어느 정도의 지각 능력은 있으나 의義가 없다. 사람은 기운과 지각 능력도 있고 의도 있다. 따라서 사람이 천하에서 가장 소중한 것이다."라고 강조했다. 인간이 소중한 까닭은 물리적인 힘이나 인지 능력에만 한정된 것이 아니라 선악을 구분하고 올바름을 추구하고자 하는 도덕적인 능력에 기인한다.

그러므로 우리는 서로의 존재를 인정하고 존중하며 어진 덕을 쌓아나가야 한다. 그러면서 각자의 삶을 즐길 줄도 알아야 한다. 『계사상전』에서는 "낙천지명고불우樂天知命故不憂"라고 하였다. 천지자연의 이치를 즐기고 천명을 알기에 근심하지 않는다는 뜻이다. 천리를 즐기고 자신의 운명과 살아 있는 기쁨을 안다면 걱정이나 근심거리가 있을 리 없다. 『법구경』에선 "근심하고 슬퍼하는 까닭은 세상의 근심이 하나가 아닌 때문이다. 이 모든 괴로움은 애착에서 생겨난다. 애착을 버리면 근심이 사라진다."라고 일렀다. 산 위에 있는 나무는 애착이나 욕심이 없으니 근심이 생겨날 리 만무하다. 인간도 이와 같다면 살아가는 맛이 한결 더 부드럽고 편안하게 된다.

점漸은 점차 나아간다는 뜻이다. 이제는 때가 되었으니 나아가라고 한다. 대신에 서두르지 말고 상황을 지켜보면서 조금씩 발걸음을 옮겨야 한다. 기러기는 먼 길을 힘겹게 날아갈지언정 아무 곳에서나 날개를 접지 않는다. 조앤 롤링Joan K. Rowling은 "자신이 진짜 누구인지 보여주는 것은 능력이 아니라 선택에 달려 있다."라고 했다. 기러기는 먹이가 풍성하고 잠잘 곳이 있으면서도 괭이가 없는 장소를 선택한다. 그것은 나아가면서도 상황을 보는 것이니 어쭙잖은 인간보다도 낫다. 앞을 보면서 한 발 내딛고 또 한 발을 내딛으면서도 주변을 살피는 신중함이다.

제아무리 급하다고 실을 바늘허리에 매서 기울 수는 없다. 그것은 금지옥엽으로 키운 딸의 혼기가 찼다고 일면식도 없는 남정네의 손에 건네주는 것과 다르지 않다. 딸을 가진 부모의 마음은 하느님의 셋째아들에게 시집을 보내도 서운하다고 하였으니, 그만큼 귀하고 소중하게 여긴다는 말이다. '점漸' 장에서는 기러기의 일상을 상징적으로 보여주면서 인간의 이상적인 삶에 대해 말한다. 기러기는 모든 조류 중에서도 철저하게 일부일처제를 지키는 새로, 이상적인 부부관계의 모범을 상징하기도 한다. 하늘을 날 때도 서열을 지키면서 일사불란하게 비행한다. 그처럼 사람도 결혼은 물론이거니와 일상에서 올바른 사고를 견지하며 질서정연하게 살아가야 유익하다는 말이다.

제54장

혼인은 사람의
끝이고 시작이다

귀매 歸妹

歸妹

귀歸: 시집가다 | 매妹: 소녀, 손아래누이

내면의 아름다움을 귀하게 여겨라

歸妹 征凶 无攸利

天地不交而萬物 不興 歸妹 人之終始也

澤上有雷歸妹 君子 以 永終知敝

歸妹以娣 跛能履 征吉

眇能視 利幽人之貞

歸妹以須 反歸以娣

歸妹愆期 遲歸有時

不如其娣之袂 月幾望 吉

女承筐無實 士刲羊无血 无攸利

연못 위에서 우레가 진동하고 있으니
평화로운 질서가 깨지고 혼란에 빠진다.
어떤 상황에 놓일지라도
세상의 모든 일은 자기 하기 나름이다.
자신을 귀하게 여기고 상서로운 몸가짐을 하면
행운은 저절로 따라온다.
겉으로 보잘것없는 모습일지라도 상관없다.
내면의 아름다움이 진정한 아름다움이다.
사람이 지닌 우아한 성품은
사람들로 하여금 추한 겉모습을 잊게 할 수 있다.
잘못된 만남은 언제나 상황을 어렵게 만든다.

✻

귀매歸妹는 시집가는 것이니, 혼인은 사람의 끝이자 시작이다. 귀매는 뢰택귀매雷澤歸妹를 말하며, 이는 연못 위의 우레가 파문을 일으키는 형상이다. 사려 깊은 사람은 고통이 없는 것을 추구할 뿐 쾌락을 추구하지 않는다. 남녀가 혼인하는 것은 천지가 위대한 도리를 행하는 것과 같다.

귀매歸妹는 정흉征凶이니 무유리无攸利하다.

귀매는 가면 흉하니 이로울 바가 없다.

정상적이지 못한 남녀의 만남은 모든 상황을 어렵게 만든다. 귀매歸妹는 손아래 누이가 시집간다는 뜻이다. 하지만 여기서는 어린 누이가 적극적으로 따라가서 혼인하는 것이므로 흉하다고 하였다. 쫓아가서 관계를 맺는 것은 부적절한 모습이니 어느 것 하나 이로울 바가 없다. 사랑하는 사람 앞에서 공손하고 다소곳한 모습을 지키며, 감정을 드러내지 않고 기다릴 줄도 알아야 한다.

천지불교이만물天地不交而萬物이니 불흥不興이고
귀매歸妹는 인지종시야人之終始也이다.

천지가 사귀지 않으면 세상의 만물은 흥하지 않는다.
귀매는 사람의 끝이고 시작이다.

이로움만 쫓는다면 꺾이고 말 것이니 종지부를 찍고 다시 시작하라는 메시지이다. 하늘과 땅은 음양의 조화로 세상에 모든 만물을 드러낸다. 따라서 남녀가 사귀는 것도 천지와 음양의 이치에 부합하는 만남이어야 한다. 이 구절에선 어린 누이를 시집보내는 일이 인륜의 마침이자 시작이라고 하였다. 예전에는 결혼하면 여자는 무조건 시댁에 들어가서 그 집 귀신이 될 때까지 살아야 한다고 했다. 그래서 '시집'을 간다고 표현했다. 귀매가 끝이고 시작이라는 것은 그처럼 출가외인이 되었기에 하는 말이다. 시집가는 딸은 이제부터는 친정 사람이 아니기 때문에 끝이라고 하였고, 혼인과 함께 시댁 사람이 되어서 새롭게 출발하게 되었으므로 시작이라고 하였다.

택상유뢰귀매澤上有雷歸妹이니 군자이君子以하여
영종지폐永終知敝한다.

연못 위에 우레가 있는 것이 귀매이다.
군자는 이를 보고 길이 마쳐서 떨어짐을 안다.

인간이 본능적인 쾌락에만 몰두하면 사회는 혼탁해지고 개인의 삶은 피폐해진다는 말이다. 연못 위에서 우레가 진동한다는 것은 평화로운 질서가 깨지고 사회가 혼란에 빠진다는 뜻이고, 길이 마쳐서 떨어진다는 것은 위아래의 질서가 흔들리고 풍속이 무너져서 어지럽게 된다는 뜻이다. 군자는 어지러운 연못을 보며 안정된 사회 기반이 무너지고 백성들의 살림살이가 궁핍해진다는 것을 안다고 했으니, 이는 자연의 이치를 보면서 미래를 예측하는 탁월한 혜안이다.

귀매이제歸妹以娣는 파능리跛能履이니 정길征吉하다.

측실로 누이동생을 시집보낸다.

다리를 다친 사람도 능히 밟을 수 있으니 가면 길하다.

소실小室로 시집을 보내는 것은 누이동생의 정해진 운명이니 어쩔 수 없는 일이다. 다리를 다친 사람도 능히 밟을 수 있다는 것은 비록 측실일지라도 성심성의껏 남편과 정실부인을 섬긴다면 시집살이가 무난하게 풀릴 수 있다는 말이다. 즉, 다리를 상한 사람이 걸으려면 힘들고 불편하겠지만 그럼에도 올바르게 나아가려는 노력을 지속한다면 길하다는 뜻이다. 이 구절은 어떤 상황에 놓일지라도 모든 일은 자기 하기 나름이라는 가르침이다.

묘능시眇能視이니 리유인지정利幽人之貞이다.

애꾸눈도 볼 수 있다. 고독한 측실은 바름을 지켜야 이롭다.

애꾸눈이라도 볼 수 있다는 것은 비록 정실이 아닌 측실일지라도 아내의 역할은 다할 수 있다는 뜻이다. 고독한 측실은 바름을 지켜야 한다는 건 숨어 지내는 은둔자처럼 조신하게 처신해야 한다는 말이다. 즉, 속세를 떠난 사람처럼 이해득실을 따지지 말고 조용히 살면서 정도를 지켜나가야 이롭다는 뜻이다. 그러므로 아예 한쪽 눈을 감고 남편과 시부모의 결점을 보지 않는 편이 이로우며, 마음을 비우고 정실부인을 질투하지 않아야 이롭다는 말이다. 이것이 바른 도리를 지켜나가는 것이니 결국 자기 자신을 위하고 모두를 위하는 일이 된다.

귀매이수歸妹以須이니 반귀이제反歸以娣이다,

소녀가 시집가서 그로써 비천해지니, 다시 측실로 보낸다.

가정이 있는 남자의 애정을 얻으려 했다가 비천하게 된 상황이다. 소녀는 나이든 남자의 정실이 되기를 기대하다가 돌아왔기에 다시 첩妾으로 보낸다고 하였다. 누이동생이 자신의 부족함을 헤아리지 못하고 욕심만 부렸으니 무모한 일을 추진하면 항상 뒤끝이 좋지 않다는 것을 말해준다. 『사기』의 「오자서열전伍子胥列傳」에는 "도행역시倒行逆施"라는 말이 나온다. 순서에 따르지 않고 일을 거꾸로 한다는 뜻이다. 목적을 달성하기 위해서라면 상식과 도리에 어긋나더라도 하고야 말겠다는 이기적인 태도를 말한다. 이는 잘못된 방법을 고집하거나 시대착오적으로 그릇된 일을 꾀하는 것을 비유하기도 한다. 이 구절에서도 수단과 방법을 가리지 않고 잘못된 선택을 고집하였기 때문에 다시 측실로 보내게 되었던 것이다.

귀매건기歸妹愆期이니 지귀유시遲歸有時이다.

누이동생을 시집보내는데 혼기를 놓쳤다.
늦게 시집가는 것은 때가 있음을 이른다.

혼기를 놓쳤다는 것은 성숙한 여인이 되었으나 결혼을 허락하지 않았으므로 혼사가 많이 늦어졌다는 뜻이다. 자신이 바라는 바가 있었기에 기다려왔고, 혼인의 때를 기다리면서도 서두르지 않았기 때문이다. 그것은 중대한 일을 신중하게 결정한다는 차원에서 긍정적인 의미가 있다. 다만 지금 우리 사회에선 언제부턴가 남녀를 불문하고 결혼에 관한 생각이 부정적으로 되었으며, 심하게는 아예 기피하는 현상마저 나타나고 있다. 그래서 언제부턴가 항간에는 결혼은 너무 따지지 말고 한쪽 눈을 지그시 감아야 성사된다는 말이 생겨났고, 맞선볼 때 열 가지 중 한 가지라도 마음에 들면 결혼해도 된다는 우스갯소리도 나온다.

불여기제지메不如其娣之袂이니 월기망月幾望이라 길吉하다.

그 첩의 소매가 좋지 못하다. 달이 보름에 가까우니 길하다.

메袂는 소매를 말한다. 그 첩의 소매가 좋지 못하다는 것은 시집가는 누이동생의 옷소매가 소박하다는 뜻이다. 달이 보름에 가까워서 길하다는 것은 분수에 넘치는 사치와 화려함을 버린 것이므로 보름에 이른 달처럼 보기 좋다는 말이다. 지나치지 않고 오히려 겸손한 모습이기 때문이다. 많은 이들은 겉모습만 보고 누군가를 대충 판단하는 경향이 있지만, 시간이 흐르면 사람의 본질은 반드시 드러나게 되어 있다. 제아무리 먹구름이 드리워서 보이지 않더라도 대낮에 달이 뜨고 한밤중에 해가 뜰 수는 없다. 예나 지금이나 값비싼 예물이나 예단보다는 결혼을 마음먹은 이의 소양과 마음가짐이 가장 소중하다. 그것이 바로 귀중한 혼숫감이다.

여승광무실女承筐無實하고 사규양무혈士刲羊无血이니 무유리无攸利하다.

여자가 광주리를 이는데 실물이 없다.
양을 찔러도 피가 없으니 이로운 바가 없다.

실물이 없다는 것은 과일은 없고 빈 바구니만 들고 서 있는 모습을 가리킨다. 즉, 여인에게 알맹이는 없고 빈껍데기뿐이라는 것이다. 남자가 양을 잡았지만 피가 나오지 않으니 헛일이다. 고대사회에서 피는 희생제의犧牲祭儀에 없어서는 안 되는 귀중한 제물이었다. 부부가 되려는 남녀가 각자 모든 조건을 충분하게 갖추고 있다면 금상첨화이겠으나 모든 결혼이 그렇게 녹록하진 않은 법이다. 그러므로 한쪽에게 부족한 부분은 다른 한쪽이 채워주면서 서로 균형을 이루어가야 하는데, 이 구절에 등장하는 남녀는 겉으로도 허虛하고 내적으로도 실속이 없으니 궁합이 맞지 않는 커플이라 할 수 있다.

귀매歸妹: 결혼에 관하여

귀매歸妹는 여자가 시집을 가는 것이니 좋은 일이다. 예부터 남녀가 짝을 맺는다는 것은 인류의 마침이자 시작이라고 하였다. 하늘과 땅이 서로 사귀고 소통해야 세상 만물이 흥하는 것처럼 남녀가 혼인하는 것은 천지가 위대한 도리를 행하는 것과 같다.

그러나 뢰택귀매雷澤歸妹는 우레가 연못 위에 있는 것이므로 좋은 형상이 아니다. 바르지 못한 인연이거나 정상적이지 않은 결혼을 의미한다. 남녀가 육체적인 관계만으로 결합하는 것일 뿐 사랑이나 애정이 결핍되어 있다. 일방적으로 상대방의 외모나 조건에 반한 상태이기도 하다. 젊은 여자 쪽이나 나이 많은 남자 쪽에서 적극적으로 접근하는 모습이니 도리에도 어긋난다. 요즘으로 치면 유부남과 사귀는 것이거나, 혹은 유부녀가 외간 남자와 통정하는 모습이다.

우리가 곡예사가 외줄을 타는 것을 보고 감탄하며 박수갈채를 보내는 것은 그 위태로움을 즐기기 때문이다. 인간은 종종 자신을 위험한 상황에 놓고 스릴을 만끽하는 것에 기쁨을 둔다. 가끔 스트레스를 해소하는 차원에서 아찔한 쾌감이 필요할 수도 있다. 하지만 인간은 결국 안전하고 편안한 것에서 즐거움을 찾아야 그 관계가 오래갈 수 있다. 올바른 혼인이 그렇고, 백년해로百年偕老하는 부부의 삶이 그렇다.

결혼은 인류지대사라고 한다. 그러니 서로 준비가 되어 있지 않았다면 조금 미루거나 아예 파기하는 것이 옳은 처사다. 서둘러 혼인을 성사시키는 데만 목적을 두다가는 돌이킬 수 없는 결과를 초래한다. 이는 요즘 화두가 되는 집 장만이나 살림살이만의 문제가 아니다. 결혼하는 이의 마음가짐과 평소에 닦아놓은 소양이 무엇보다도 중요하다는 인식을 가리키는 것이다. 사람이 지닌 우아한 성품은 다른 사람들로 하여금 그 추한 겉모습을 잊게 할 수 있으니, 호박처럼 못생긴 것도 아무 문제가 되지 않는다. 남편으로서 아내로서의 내면적인 자질을 충분히 갖추지 않고 무리하게 결혼을 성사시키려는 것은 마치 덜 익은 감을 따 먹으려는 것과 다르지 않다.

'귀매歸妹' 장에서는 시집가는 누이의 옷소매가 소박하여 길하다고 했다. 소박하다는 것은 차림새만 소박한 것이 아니라 겸손한 마음으로 조신하게 행동해야 한다는 말이다. 겉으로는 보잘것없는 모습일지라도 그 내면과 영혼이 아름다운 것이 진정한 아름다움이기 때문이다. 공자는 "뛰어난 재능을 가졌다 해도 교만하고 사치스럽다면 더 이상 볼 것도 없다."라고 강조했다. 그처럼 차림새가 지나치지 않으면서도 올바른 태도는 보름달과 같이 아름답다는 게 이 장의 가르침이다.

제55장 한곳에 모이니 풍성하다 풍豐

豐

풍豐: 풍성하다, 굽이 높은 그릇, 풍년

현재의 풍요로움에 취하지 마라

豐 亨 王 假之 勿憂
天地盈虛 與時消息 而況於人乎
雷電皆至豐 君子 折獄致刑
雖旬无咎 過旬 災也
豐其蔀 日中見斗 往 得疑疾 有孚發若 吉
豐其沛 不可大事也 折其右肱 終不可用也
豐其蔀 日中見斗 遇其夷主吉
來章 有慶譽 吉
豐其屋 天際翔也 闚其戶闃其无人 自藏也

땅 위에 만물이 풍성하니 살기에 마땅하고
먹을 것이 풍부하여 온갖 생명이 즐거워한다.
해가 높이 솟았으니 기우는 일만 남았고
달도 찼으니 기우는 일만 남았다.
천지가 차고 비는 것이나 불어나고 줄어드는 것도
때에 맞추어 행해진다.
번개가 하늘을 가르듯이 죄의 유무를 가리고
천둥소리가 우렁차듯이 엄중하게 죄를 묻는다.
공평하고 평등하다는 것도 적절한 융통성이 있어야 가치가 있다.
가득 차면 비워지고 비워지는가 하면 다시 채워진다.

✻

풍豐은 풍년을 뜻한다. 한곳에 모이니 풍성하다. 풍은 뇌화풍雷火豐을 말하며, 천둥과 번개가 함께 일어나는 형상이다. 수면은 물결이 일지 않으면 절로 평온하고, 거울은 먼지가 끼지 않으면 자연히 밝다. 번뇌를 없애면 본래의 맑음이 드러나고 괴로움을 없애면 즐거움이 깃든다.

풍豐은 형亨하며 왕王이 격지假之하니 물우勿憂이다.

풍은 넉넉하기에 형통하며, 왕이 오리니 근심하지 않아도 된다.

건강한 나라를 만들기 위해서는 왕이 덕으로 다스려야 한다는 말이다. 땅 위에는 만물이 풍성하여 인간이 살기에 마땅하다. 맑은 물이 흐르고 먹을 것이 넘쳐 온갖 생명이 즐거워한다. 그 땅에 왕이 군림하여 하나의 구심점으로 세상을 바르게 할 것이니 근심할 게 없다고 하였다. 풍豐이 풍성하다는 뜻으로, 곡식을 영글게 하는 햇볕과 바람, 그리고 육지의 물이 넉넉함을 가리킨다. 천지天地가 작업하여 이루어낸 활기찬 결과물인 것이다.

천지영허天地盈虛도 여시소식與時消息이니 이황어인호而況於人乎랴.

천지도 차고 비워지며 시간에 따라서 숨 쉬다가 사라지거늘 인간에게 있어서랴.

대자연의 이치는 하늘도 어기지 않고 귀신도 어기지 않는데 사람에게 있어서는 두말할 나위가 없다. 이 구절에서 천지도 차고 비워진다는 것은 해가 중천에 솟았으면 기울고, 달도 차면 기울어진다는 것을 말한다. 모든 것은 때에 맞추어 행해짐을 일컫는다. 시간에 따라 숨 쉬다가 사라진다는 것은 세상의 만물 중엔 변하지 않는 것도 없고, 소멸하지 않는 것도 없다는 뜻이다. 따라서 인간의 삶도 원형리정元亨利貞으로 태어나고[元] 자라나서[亨] 결실을 맺고[利] 마치는 것이니[貞] 사계절의 운행과 다르지 않다.

뢰전개지풍雷電皆至豐이니 군자君子는 절옥치형折獄致刑한다.

천둥과 번개가 이르는 것이 풍이다.
군자는 옥살이를 판단하고 형벌로써 다스린다.

군자는 천둥과 번개가 이르는 것을 보고 죄의 유무를 판단하고 법으로 다스린다. 번개가 하늘을 가르며 번쩍이듯 죄의 유무를 신속히 가르고 분명하게 판결한다. 천둥소리가 우렁찬 것처럼 엄중하게 죄를 물어 형을 집행해 다스린다. "추상열일秋霜烈日"이라는 사자성어가 있다. 가을에 내리는 찬 서리와 여름의 뜨거운 태양이라는 뜻이다. 형벌이 엄하고 권위가 있음을 비유적으로 이르는 말이다. 그러나 예부터 형벌의 목적은 형벌을 없게 하는 데 있다고 했으니, 시비와 선악을 판단하되 그 방법이 가혹하거나 지나쳐서는 안 된다.

수순무구雖旬无咎이나 과순過旬이면 재야災也이다.

평등하게 하면 허물이 없으나 지나치면 재앙이 된다.

공평하게 하되 반드시 융통성이 있어야 한다. 그래서 고르게 다스리는 것도 정도가 지나치면 재앙이 된다고 하였다. 올바르고 좋은 일도 지나치면 폐단이 생기는 것과 같다. 평등과 공평이라는 개념 자체는 좋지만, 그것을 무조건적으로 적용하면 폐단이 생긴다. 상황과 경우에 따라 다르게 적용되거나 배제되어야 하며, 때에 따라서 적절하게 행해져야 가치가 있다.

풍기부豊其蔀는 일중견두日中見斗이니 왕往하면

득의질得疑疾하고 유부발약有孚發若하니 길吉하다.

그 큰 포장이 풍성하니 한낮에 북두칠성을 본다.

가면 의심의 병을 얻지만 믿음을 두고 가면 길하다.

옳지 못한 무리들이 왕의 눈과 귀를 막으면서 세상을 어둡게 만들고 있다. 이 구절에서 한낮에 별을 본다는 것은 천지가 크게 변하는 일식日蝕과도 같다. 일식은 달이 태양과 지구 사이에 놓여있는 때를 일컫는데, 천문학이 발달하지 않은 옛사람들이 보았을 땐 불길한 징조로 여길 수밖에 없었으니 한낮에 북두칠성을 본다고 한 것이다. 이럴 때 함부로 나서면 의심의 병을 얻을 수 있고 질시를 한 몸에 받는다고 하였다. 시기가 좋지 않기 때문이다. 그러나 진실한 믿음으로 모두를 감동시킬 수 있다면 오히려 길하다고 했다. 자신이 하기에 따라서 전화위복의 기회로 삼을 수도 있다는 말이다.

풍기패豐其沛는 불가대사야不可大事也이니
절기우굉折其右肱하고 종불가용야終不可用也이다.

그 장막이 풍성하니 큰일을 하지 못한다.
오른팔을 끊으니 마침내 쓰지 못한다.

장막이나 깃발과 같은 것으로 가려진 상태이다. 여기서 초목처럼 우거진 장막은 옳지 못한 무리를 가리키는데, 그들에 둘러싸여 큰일은 하지 못한다고 한 것이다. 오른팔을 끊어서 쓰지 못하는 이유는 어리석은 군주가 올바른 판단을 하지 못했기 때문이다. 지금은 해로운 무리들을 몰아내야 할 절박한 시기이다. 그런데 요긴하게 써야 할 오른팔을 잘라낸 형국이니 누구를 탓할 것인가. 오른팔은 가장 가까이에서 중요한 역할을 맡아 도와주는 사람을 일컫는다. 의지할 곳이 없어서 외로운 홀몸이라는 혈혈단신孑孑單身에서 외로울 혈孑자는 오른팔이 없는 모양을 본뜬 것이다. 인군에게 분신과 같은 존재인 현인을 몰아냈으니 큰일을 할 수 없게 되었다.

풍기부豐其蔀는 일중견두日中見斗이니 우기이주길遇其夷主吉하다.

거적을 두텁게 둘러치니 한낮에도 별이 보인다.
편안한 왕을 만나야 길하다.

풍요로운 기운을 막으니 해가 중천에 떠 있는데도 북두칠성이 보인다. 거적을 둘러쳤다는 것은 본질은 사라지고 포장만 화려하여 겉보기만 그럴듯하다는 뜻이다. 편안한 왕을 만나야 길하다는 것은 사리분별에 밝은 인군을 만나야 그 감옥 같은 상황에서 빠져나올 수 있다는 말이다. 허영심이 강하고 욕심이 많은 무리들의 의심이나 질시를 받고 있기 때문이다.

래장來章이면 유경예有慶譽이니 길吉하다.

빛나는 것을 오게 하면, 경사가 있고 명예가 있어서 길하다.

현명한 신하가 왕을 대신하여 세상에 올바른 도를 세워나갈 것이라고 말한다. 이 구절에서 빛나는 것을 오게 한다는 것은 어진 신하를 영입한다는 뜻이다. 즉, 왕이 밝은 신하를 알아보고 그를 오게 하면 영롱한 햇살이 떠오르는 것처럼 천하를 비추게 된다는 뜻이다. 일식이 지나간 뒤 밝은 빛이 찾아오듯 현명한 신하는 어두워진 왕을 다시 빛나게 한다. 밝은 신화가 모든 것들이 제자리를 찾게 할 것이니 경사가 있고 명예가 있어서 길하다고 하였다.

풍기옥豐其屋이니 천제상야天際翔也이고

규기호격기무인闚其戶闃其无人이니 자장야自藏也이다.

집을 크게 하고 하늘 끝까지 오른다.

고요해서 그 집을 보니 사람이 없다. 스스로 감추어졌다.

은혜도 모르고 도리도 모르는 각박한 집이라서 사람들이 모두 떠나가고 빈집이 되었다. 하늘을 찌를 듯이 부귀영화를 자랑하던 집에 어두운 그림자가 드리워졌다. 가득 차면 다시 비워진다고 하더니, 대궐 같은 큰집에는 아무도 찾지 않는다. 아무리 들여다봐도 인기척이 없는 것은 그 주인이 사람들의 눈을 피해서 살고 있기 때문이다. 은둔자처럼 조용히 지내는 것이 아니라 지난날의 과오가 커서 몰래 숨어 살다시피 하는 것이다. 이 구절은 인간이 목숨을 걸고 갈망하는 부귀영화가 물거품이나 그림자처럼 헛되고 덧없다는 것을 말해주고 있다.

풍豐: 외로움은 인간의 숙명이기에

"풍기부豐其蔀"는 겉으로만 풍성하고 화려하다는 말이니 내적으로는 별 볼일이 없다는 뜻이다. 바로 풍요 속의 빈곤을 가리킨다. 현대에 살아가는 우리 대다수는 물질적으로 충분히 넉넉해졌지만 정신적으로는 점점 더 피폐해져 가고 있다. 이에 대하여 『주역』은 "천지영허天地盈虛"라고 하였다. 하늘과 땅도 차고 비워진다. 가득 차면 비워지고, 비워지는가 하면 다시 채워진다. 그러니 물질적으로 풍성하게 채우려는 노력만 끊임없이 하지 말고, 이제 어느 정도 먹고 살 만하다면 마음공부를 잘해서 내적으로 풍요로워져야 한다.

현대인을 정신적으로 힘들게 하는 것 중에선 외로움을 빼놓을 수 없다. 본래 산골짜기에서 홀로 사는 사람보다 사람이 넘쳐나는 도심에서 사는 사람이 더 외로운 법이다. 외딴곳에 홀로 사는 사람은 이미 자기 자신을 외로움 속으로 던졌기에 덜 외롭고, 사람들이 우글대는 곳에 사는 사람은 외로움에서 벗어나려고 애를 쓰기 때문에 더 외롭다. 그러나 외로움은 우리의 본질적인 숙명이며 인생의 동반자라 해도 과언이 아니다. 우리는 태어날 때도 혼자 왔고, 갈 때도 혼자 간다. 인간 운명의 공통분모와 같은 감정이므로 이를 잘 다스려야 행복해질 수 있다.

그럼 어떻게 해야 할까? 방법은 한 가지뿐이다. 외로움을 떨쳐내려고 애쓰지 말고 친구나 배우자처럼 또는 숨겨둔 애인처럼 끌어안고 가야 한다. 외로움을 사랑하며 때로는 남몰래 즐길 줄도 알아야 한다. 『채근담菜根譚』에선 "물결이 일지 않으면 수면은 절로 평온하고, 거울은 먼지가 끼지 않으면 자연히 밝다. 마음속의 번뇌를 없애면 본래의 맑음이 절로 드러나고, 괴로움을 없애면 즐거움이 절로 깃든다."라고 일렀다. 외로움이나 번뇌를 일으키는 근본적인 원인을 찾아서 제거하면 걱정거리는 자연스럽게 사라질 수 있다는 말이다. 그럼 근심으로 가득 찼던 마음자리는 비워지고, 그 빈자리에는 맑고 평온한 기운이 조용히 찾아와서 깃든다.

旅

여旅: 나그네, 무리, 군사

경망스러움을 버리고 스스로를 낮추어라

旅 小亨 旅貞 吉
山上有火旅 君子 明愼用刑 以不留獄
旅瑣瑣 斯其所取災
旅則次 懷其資 得童僕貞
旅焚其次 喪其童僕貞 厲
旅于處 得其資斧 我心不快
射雉一矢亡 終以譽命
鳥焚其巢 旅人先笑後號咷 喪牛于易凶
以旅在上 其義焚也 喪牛于易 終莫之聞也

나그네는 크게 형통할 수 없으니
여행지에서는 마음을 바르게 해야 한다.
지혜로운 자는 말이 적고 신중하지만
미련한 자는 말이 많고 경망스럽다.
어디에서 그치는지를 알고
거기서 머무는 것을 아는 것이 최고의 지혜이다.
정도를 초과하거나 미달하는 것은 부덕이며
그 중간을 찾는 것이 참다운 덕이다.
국가의 틀은 갖추었으나
믿을 만한 인재가 없으니 마음이 편치 않다.
고난과 아픔을 딛고 한 걸음씩 앞으로 나아간다.

✻

여旅는 나그네이니, 여행자는 오래 머물지 않는다. 여는 화산여火山旅를 말하며, 산 위에 불이 있는 형상이다. 옥사를 신중하게 하지 않으면 산속에서 불이 일어나듯 위험하다. 여행자가 법을 지키는 것은 당연하지만, 그것은 법 이전에 자발적으로 스스로와의 약속을 지키는 아름다운 행동이어야 한다.

여旅는 소형小亨이니 여정旅貞이면 길吉하다.

여는 조금 형통하니 나그네는 바르게 하면 길하다.

나그네의 삶은 언제나 길 위에 놓여 있으며, 구름처럼 정처 없이 떠돌기도 한다. 이 구절에서 여旅는 조금 형통하다고 하였는데 그것은 낯선 곳이라서 의지할 곳이 없기 때문이고, 바르게 해야 길하다는 것은 자세를 낮추고 몸가짐을 바르게 해야 길하다는 뜻이다. 옛날 속담에 곁방 년이 코 곤다는 말이 있다. 제 분수도 모르고 버릇없이 함부로 굴거나 나그네가 오히려 주인 행세를 할 때 이르는 말이다. 나그네가 객지客地에서 대접받으려면 공손한 마음가짐으로 바르게 처신해야 한다.

산상유화여山上有火旅이니 군자君子는
명신용형明愼用刑하고 이불류옥以不留獄한다.

산 위에 불이 있는 것이 여이다. 군자는 이를 보고 형벌을 밝고 신중하게 집행하여 옥사에 머물지 않게 한다.

나그네가 오래 머물지 않는 것처럼 옥사에도 오래 머물지 않게 해야 한다. 이 구절에서 산속에 불이 들어 있다는 것은 매우 위태로운 상황을 일컫는다. 이를 본 군자는 형벌을 밝고 신중하게 집행한다고 하였다. 옳고 그름의 판단을 신중하게 하지 않으면 산속에서 불이 일어나듯 위험해지기 때문이다. 옥사에 머물지 않게 한다는 것은 가급적 중형을 삼가고 필요에 따라서는 귀양을 보내는 등 자숙할 수 있는 시간을 준다는 뜻이다. 즉, 형벌을 가볍게 적용한다는 취지다. 『후한서』에는 "포편지벌蒲鞭之罰"이라는 말이 있다. 부들 채찍의 형벌이라는 뜻으로, 겉으로는 벌을 내리는 것 같지만 실제로는 제재가 거의 없는 솜방망이 처벌을 말한다. 이런 방식은 사회가 혼란스러워 민심이 돌아서거나 화합을 도모하고자 포용하는 정치를 펼치고자 할 때 주로 쓰인다.

여쇄쇄旅瑣瑣이니 사기소취재斯其所取災한다.

나그네가 자잘하게 행동하니 그 재앙을 취한다.

나그네의 신세가 되고 보니 마음이 활달하지 못하고 궁해서 고달프기만 하다. 나그네가 자잘하게 행동한다는 것은 여행자의 본분을 망각하고 여행길에서 발생하는 엉뚱한 일에 관심을 둔다는 뜻이다. 결국에는 한쪽으로 치우쳐 도량이 좁아지고 너그럽지 못한 행동을 하게 된다. 재앙을 취한다는 것은 나그네가 부당한 처신을 반복하면 여행지에서 푸대접받는 것은 물론이고 신변이 위험해질 수도 있다는 말이다. 구약성서의 「잠언」에는 "지혜로운 자는 말을 적게 하고 신중하게 처신하지만, 미련한 자는 생각 없이 말을 많이 하고 경망스럽게 처신하여 해를 당한다."라고 쓰여 있다. 이 말은 여행자가 숙지하고 다녀야 할 지침이다.

여즉차旅則次하고 회기자懷其資하니 득동복정得童僕貞한다.

나그네가 여관에 든다.

그 노자를 품고 어린 종의 바른 자세도 얻었다.

여즉차旅則次는 나그네가 편안한 잠자리를 제공하는 안전한 여관에 투숙했다는 뜻이다. 노자를 품고 어린 종의 바른 자세도 얻었다는 것은 말 그대로 여비도 충분하고 품성이 바른 안내자도 얻었다는 것이다. 어린 종은 여행을 안내하고 수발하는 사람을 지칭하지만, 넓은 의미에서는 인생의 동반자나 동지를 뜻하기도 한다. 이제 나그네로서는 부족함이 없게 되었다. 한평생을 살아가는 데 필요한 기본적인 요소들이 충족되었으니, 남에게 아쉬운 소리를 할 일도 없고 죄짓고 살 일도 없게 되었다.

여분기차旅焚其次하고 상기동복정喪其童僕貞하니 려厲하다.

나그네가 그 여관을 불사르고,

어린 종의 바름을 잃으니 위태롭다.

정도正道에서 벗어나서 거칠게 행동하는 모습이다. 나그네가 여관에 불을 지른다는 것은 자신의 분수를 모르고 상황에 만족하지 못했기 때문이다. 어린 종의 바름을 잃어버렸다는 것은 그가 떠나서 매우 불편하게 되었다는 뜻이다. 이것은 나그네가 의로움과 중용中庸의 도를 상실했기 때문이다. 공자는 "중용은 매우 지극한 것이다. 사람들 중엔 이를 오래 지킬 수 있는 이가 드물다."라고 강조했던바, 나그네는 자신의 욕심을 그치지 못했으니 위태로운 상황에 놓일 수밖에 없었다.

여우처旅于處하고 득기자부得其資斧하니 아심불쾌我心不快하다.

나그네가 거처에 들고 노자와 도끼를 얻었으나 마음이 불쾌하다.

여행에서 필요한 것들은 얻었으나, 오래 머물 만한 자리는 아닌 것 같다. 이 구절에서 나그네가 거처에 들었다는 것은 불안정한 외부로부터 안전한 상황에 놓였다는 의미이다. 또한 여행자가 머무르는 곳에 이르러 노잣돈도 얻었다고 했는데, 여기서 노자는 재력이고 도끼는 권세를 말한다. 권세와 재력은 갖추었으나 자신을 수발해줄 사람이 없어 마음이 불쾌하다. 어린 종이 없다는 것은 믿고 의지할 만한 사람이 없다는 뜻이다. 국가의 틀은 갖추었으나 믿고 맡길 만한 인재가 없어서 군주의 마음이 편치 못하다는 것을 비유적으로 표현하였다.

석치일시망射雉一矢亡이나 종이예명終以譽命이다.

꿩을 쏘았는데 한 개의 화살만 잃었다. 마침내 명예가 있다.

꿩을 쏘아서 명중시켰는데 화살을 맞은 채로 날아가 버렸다. 처음에는 꿩과 화살을 잃었다고 실망했지만 나중에는 명성이 자자해졌으니, 인군이 그의 능력을 인정하고 명예를 회복시켜주었기 때문이다. 운 좋게도 군주의 눈에 띄어서 명성을 얻게 된 나그네이다. "백락일고伯樂一顧"라는 옛말이 있듯 제아무리 뛰어난 재능이 있을지라도 그것을 알아주는 사람을 만나야 능력을 발휘할 수 있다. 하지만 후한後漢의 사상가 왕충王充은 『논형論衡』에서 이렇게 말한다. "진주가 작은 돌과 함께 주머니에 있어도 보물다운 바탕을 갖추고 있다면 겁날 것이 없다." 왕충의 시각에 따르면, 시간이 흐르고 때가 되면 드러날 능력은 드러나고 진실은 밝혀지게 마련이다.

조분기소鳥焚其巢하니 여인선소후호도旅人先笑後號咷하고
상우우이흉喪牛于易凶이다.

새가 집을 태우니 나그네가 먼저는 웃고
나중에는 울부짖는다. 소를 잃으니 흉하다.

삶이 그러하듯 여행도 언제나 불안정한 상태의 연속이라는 것을 말하고 있다. 나그네는 항상 다음 목적지가 있어 여유가 없고 바쁜 법이지만, 지금은 둥지를 태운 새의 신세가 되었다. 둥지를 틀었다는 것은 제법 높은 지위에 올라갔거나 다복한 가정을 꾸렸다는 것을 의미하는데 그것을 잃어버린 것이다. 그래서 처음에는 웃었으나 나중에는 울부짖는다고 하였다. 그런 와중에 소까지 잃어버렸으니 흉하게 되었다. 소는 재물을 뜻하므로 여행자는 거지 신세나 마찬가지가 되었다. 울고 있는데 빰까지 얻어맞은 격이니 화가 겹쳐왔다.

이려재상以旅在上이니 기의분야其義焚也요
상우우이喪牛于易이니 종막지문야終莫之聞也이다.

나그네가 위에 있으니 그 의리를 불사르는 것이요.
소를 잃으니 종당에는 듣지 못한다.

여행자의 몸이면서 경거망동하여 인심도 잃고 재물도 잃었다. 나그네가 위에 있다는 것은 객지에 있으면서도 그의 마음이 교만하여 상전 노릇을 하고 있다는 뜻이다. 어려운 상황에서 겸손하지 못하고 오히려 함부로 행동하고 있으니 모든 일이 꼬여만 간다. 소를 잃고도 듣지 못한다는 말의 속내는 어려운 처지가 되었음에도 올바른 조언이나 충고를 알아듣지 못한다는 뜻이다. 나그네는 이미 좋은 여행의 취지를 이미 망각하였으며 여행자의 분수도 잊어버린 것이다.

여旅: 여행자의 책임과 도리

장자는 "천지는 여인숙이고, 사람은 거기에서 머물다 가는 길손이다"라고 갈파했다. 인간은 누구나 은혜롭게도 한시적이나마 소중한 생명을 부여받았다. 그래서 지구상으로 여행을 나온 축복받은 여행자이다. 우주의 영역에서 본다면 인간은 지구에 잠깐 붙어 있다가 떨어져나가는 일회용 생명체이다.

그래서 세상의 모든 만물 중에서 제 것이라고는 단 하나도 없다. 여행자의 처지와 같이 항상 조심하는 마음으로 잘 쓰다가 제자리에 놓고 가야 한다. 복된 세상에 나왔으니 원 없이 즐기면서 잘 놀다 가야 저승에 가서도 미련이 덜하다. 남에게 피해를 주거나 해를 끼치는 것은 올바른 여행자의 도리가 아니다. 정도가 지나치면 행위에 대한 책임을 져야 한다. 물론 책임을 지는 데에는 각각의 상황에 따라 차이와 한계를 두는 일도 필요하다. 그것이 법에서 말하는 양형量刑의 기준이며. 그 기준은 지위 고하를 막론하고 모든 이에게 공평히 적용되어야 한다.

'여旅' 장에는 "명신용형明愼用刑"이라는 말이 나오는데, 이는 형刑을 사용하되 밝게 쓴다는 뜻이다. 인간관계에서는 상호 간의 의견차이나 대립이 있을 수밖에 없고, 그에 따르는 사소한 범죄는 불가피하게 저질러지는 경우도 있다. 그래서 범죄사실에 대한 형량을 정할 땐 밝은 지혜로 신중하게 접근해서 판결해야 한다. 이것이 『주역』에서 말하는 법의 취지이며, 이러한 사법 문화가 정착될 때만 다 함께 미래를 지향하는 사회가 가능할 수 있다.

우리는 아직도 법을 '피해 가려는' 노력을 본업보다도 더 열심히 하면서 살아가고 있다. 그게 아니라 모두가 법을 '준수하려는' 노력으로 생각이 바뀌어야 보다 나은 여행지가 된다. 여행자가 법을 지키는 것은 책임과 의무이기도 하지만, 그전에 자발적으로 자기 자신과의 약속을 지키는 아름다운 행동이어야 한다. 왜냐하면 법은 자신을 지키고자 우리가 스스로 만들어서 제정한 일종의 자치 규범이고 생활 규범이기 때문이다.

제57장 공손하게 낮추어야 통한다

손 巽

巽

손巽: 유순하다, 공손하다

공손하되, 스스로 중심을 지켜라

巽 小亨 利有攸往 利見大人
重巽 以申命
隨風巽 君子 申命行事
進退 利武人之貞
巽在牀下 用史巫紛若 无咎
頻巽之吝 志窮也
悔亡 田獲三品
貞吉 悔亡 无不利 无初有終
巽在牀下 上窮也 喪其資斧 凶

매사에 공손한 마음으로 임하면
막히는 일이 생기지 않는다.
자신의 장점을 드러내지 않고
남의 단점을 함부로 말하지 않는다.
누군가에게 특별히 내놓을 것이 없다면
어설픈 이치를 함부로 논해서는 안 된다.
현자賢者에게 묻기를 즐겨하고,
그 가르침을 따르는 것이 현명한 삶이다.
바람이 소리 없이 스며드는 것처럼
순한 마음과 유연한 자세로 접근해야 잘 통한다.
겸손함을 실행에 옮길 줄 알아야 성인이다.

손巽은 공손함이니 공손하게 낮추어야 통한다. 손은 중풍손重風巽을 말하며, 산들바람이 불어오는 형상이다. 마음의 씀씀이가 넓은 사람은 언제나 바람처럼 온화하고 부드럽다. 사람의 마음이 넓다는 것은 속이 텅 빈 것이 아니다. 그 내면에는 양질의 훌륭한 소양素養으로 꽉 들어차 있다.

손巽은 소형小亨이니 리유유왕利有攸往이며 리견대인利見大人이다.

손은 조금 형통하니 가는 바를 둠이 이로우며
대인을 만나야 이롭다.

산에 가서는 목동에게 물어야 하고, 물가에 가서는 어부에게 물어야 한다는 말이다. 손巽이 조금 형통하다는 것은 자신을 낮추고 공손한 태도를 보여야 그나마 작게라도 통한다는 뜻이다. 바람은 어느 외진 곳이든 틈새든 파고들지 못하는 곳이 없다. 그렇게 골고루 부드럽게 스미는 것처럼, 무슨 일을 하든 공손한 마음과 유연한 자세로 접근해야 잘 통하고 먹혀든다. 공손한 사람은 대인관계가 원만하여 많은 사람들이 따르고 존중한다.

가는 바를 둠이 이롭고, 대인을 만나야 이롭다는 것은 어떤 말일까. 그것은 어떤 일을 하기로 마음먹었다면 진취적으로 추진하되 현자賢者에게 묻고 가르침을 따라야 한다는 뜻이다. 『여씨춘추』에는 "알지 못하면서 스스로 안다고 여기는 것은 화의 근원이다. 명성은 하릴없이 세워진 것이 아니고, 공적은 저절로 이루어진 것이 아니며, 나라는 기반 없이 존재하게 된 것이 아니다. 모든 것의 배후에는 반드시 현자가 있었다."라는 문장이 있다. 현자를 보고 공경하는 마음과 두려워하는 마음을 갖게 되면 세상의 이치를 이해하는 정도가 반드시 깊어진다.

중손重巽으로 이신명以申命한다.

거듭된 손으로 명을 거듭한다.

중손重巽은 공손함이 거듭되는 모습이다. 거듭되는 공손함은 봄에 산들바람이 불어오는 것과 같다. 명을 거듭한다는 것은 유순하고 부드러운 마음가짐을 계속 이어가는 것처럼 천명을 끊임없이 받든다는 뜻이다. 불벌기장不伐己長이라는 말처럼, 자신의 장점을 자랑하거나 드러내지 않고 남의 단점을 함부로 말하지 않는 일은 무엇보다도 중요하다. 불벌기장이 쉬운 일은 아니지만 이 세상엔 그러한 태도를 갖춘 사람들이 아예 없는 것은 아니다. 자랑하지 않으니 공손하고, 남을 험담하지 않으니 거듭 공손하다. 중손重巽과 중겸重謙은 바로 그런 사람의 것이다. 그처럼 손과 겸을 실행에 옮길 줄 아는 사람이 바로 성인이다. 성인은 꼭 깊은 산중에서 은둔자처럼 숨어 지내는 사람만 가리키는 건 아닌 것이다.

수풍손隨風巽이니 군자君子는 신명행사申命行事한다.

바람을 따르는 것이 손이다.

군자는 이를 보고 항상 명을 거듭해서 일을 행한다.

바람을 따른다는 것은 바람이 끊이지 않고 이어진다는 뜻이다. 즉, 바람이 바람을 따르는 모습이다. 명命을 거듭해서 일을 행한다는 것은 계속하여 불어오는 바람처럼 하늘의 명을 꾸준하게 이어간다는 뜻이다. 또는 그것을 상황에 맞게 고쳐서 널리 퍼뜨리는 것을 의미하기도 한다. 천지자연의 일이나 인간 세상의 일이나 작은 것도 거듭되면 큰 것이 되는 법이다. 그러니 아주 뛰어난 발명가처럼 특별하게 내세울 것이 없다면, 어설픈 이치를 함부로 말해서도 안 되고 자신의 주장을 강하게 밀어붙여서도 안 된다. 순자는 "어떤 범상한 사람이라도 착한 일을 쌓아 그것을 완전히 몸에 담게 되면 성인이 된다."라고 말했다. 주어진 일을 반복하다 보면 한석봉의 어머니가 등잔불을 끄고 떡을 가지런히 썰듯 몸에 익숙해진다. 그것은 타고난 재능이나 능력과는 상관없이 누구나 할 수 있는 일이며, 그런 이는 언젠간 완전히 새로운 자기 자신을 발견하는 기쁨을 맛보게 된다.

진퇴進退이니 리무인지정利武人之貞이다.

나아가고 물러나니 무인의 곧음이 이롭다.

개혁의 때가 도래하면 적극적으로 나서야 하고, 은둔의 때가 도래하면 숨어야 한다. 그러나 여기서 자주 나아가고 자주 물러난다는 건 자기 뜻을 의심하는 것이므로 자신감이 결여된 모습과 같다. 마음을 정하지 못하고 오락가락하는 것이니 매사에 소극적이고 결단력이 부족한 사람이다. 무인武人의 곧음이 이롭다는 것은 망설이는 마음을 뜻으로 다스려야 한다는 말이다. 나약한 의심을 버리고, 무인과 같은 용맹스러운 결단과 실천이 필요하다는 뜻이다. 일상의 사소한 일조차도 쉽게 결정하지 못하고 남에게 의지하려 한다면 점점 더 우유부단한 사람이 되어갈 뿐이다.

손재상하巽在牀下이고 용사무분약用史巫紛若하니 무구无咎하다.

유순하여 상 아래에 있다.

사관과 점치는 사람을 풍성하게 하면 허물이 없다.

공손함도 지나치면 비굴하게 비친다. 유순하여 상 아래에 있다는 건 자신의 지위와 신분을 망각하고 하인처럼 저자세를 취하고 있다는 뜻이다. 스스로 뜻을 세우지 못하는 모습이지만, 그 대신 사관史官을 세우고 무당에게 빌어서 신의 도움을 받는다면 허물이 없다고 하였다. 새로운 바람이 불어오고 있으니 나약함을 버리고, 지극한 정성으로 천명을 받들라는 뜻이다.

빈손지린頻巽之吝이니 지궁야志窮也이다.

자주 공손하여 인색하다는 것은 뜻이 궁함이다.

속마음과 다르게 자주 공손하려 애를 쓰니 점점 더 궁색해진다. 공손하여 인색하다는 것은 자주 엎드리면 공손한 태도가 오히려 천하게 비칠 수 있다는 뜻이다. 그것은 부끄러운 모습이다. 공손한 마음도 지나치면 비난을 받는다. 뜻이 궁하다는 것은 주관이 없어서 나아가지도 못하고 물러나지도 못하는 어정쩡한 모습이다. 결국에는 의지가 약하여 중심을 잡지 못하게 되고, 중심을 잡지 못하면 이리저리 끌려다니게 된다. 그처럼 자신의 주관을 상실하면 삶은 비루해지고 무엇 하나 남겨놓지도 못하는 가련한 인생이 된다.

회망悔亡하니 전획삼품田獲三品한다.

뉘우침이 없어지니, 사냥하여 세 가지 품品을 얻는다.

새로운 기틀을 마련하여 국가와 사회에 공헌하겠다는 의지를 드러내고 있다. 이 구절에선 후회하고 뉘우칠 일이 없어졌으니, 사냥을 나가면 여러 마리의 짐승을 포획할 수 있다고 했다. 믿음을 가지고 진취적으로 나아가면 나라에 등용되어 관직을 받을 수 있다는 의미이다. 사냥을 나가서 삼품三品을 얻는다고 한 것은 나라에 공을 세운다는 뜻이다. 삼품 중에서 일품一品은 머리를 쏘아 잡은 것으로서 제사상에 올리고, 이품二品은 배를 쏘아 잡은 것으로서 왕의 식탁에 올리며, 삼품三品은 다리를 쏘아 잡은 것으로서 신하와 수행하는 사람들의 차지였다.

정길貞吉이니 회망悔亡하면 무불리无不利하고

무초유종无初有終이다.

바르게 하면 길하고 뉘우칠 일이 없어서 이롭다.

처음은 없지만 끝은 있다.

누구든 처음부터 좋은 성과를 도출해낼 수는 없지만, 어느 순간 마음을 다잡으면 큰 공을 세울 수도 있다. 여기서 바르게 하면 길하다는 것은 명命을 바르게 시행했을 때 상황이 좋아져 뉘우칠 일이 생기지 않는다는 뜻이다. 그러므로 지나간 일에 대하여 지나치게 연연해하지 말아야 한다. 후회하고 반성하는 것은 과거로 돌아가기 위해서가 아니라 미래로 나아가는 데 필요한 일이다. 그런 자세를 잊지 않는다면 처음에는 큰 보람이나 성과가 없을 수 있어도 그 결과는 언제나 좋을 것이다.

손재상하巽在牀下이니 상궁야上窮也이고

상기자부喪其資斧이니 흉凶하다.

공손함이 평상 아래에 있음은 위가 궁하기 때문이다.

몸에 지니고 있던 도끼를 잃어버렸으니 바르게 해도 흉하다.

누군가에게 아첨하기 위해서 비천하게 굴면 하루아침에 모든 것을 잃을 수도 있다는 말이다. 공손함이 평상 아래에 있다는 것은 자신의 본분을 망각하고 있는 모습과 같다. 위가 궁하다는 것은 상전에 있으면서도 그저 공손하기만 하여 밑에서 맴돌고 있으니 궁색하다는 뜻이다. 『논어』에서도 "과공비례過恭非禮"라 일렀으니, 공손함이 지나쳐서 아무 데서나 머리를 조아리면 비굴해진다. 도끼는 권력을 상징하는데 그것을 잃어버렸으니 바르게 해도 흉하다. 처신을 잘못하여 권력을 잃었으니 명예와 재물도 따라서 사라진다. 그때 가서는 제아무리 바르게 해도 소용이 없다.

손巽: 처음은 없지만 끝은 있다

손巽은 유순한 바람을 상징한다. 바람이 물체를 만나면 부드럽게 스치고 지나간다. 바람은 살아 있는 모든 생명에게 활력을 불어넣는다. 사람도 마음 씀씀이가 넓은 사람은 바람처럼 온화하고 부드럽다. 또 자기 스스로 이미 충만하여 만족하고 있기 때문에 드러내려고 애쓰지도 않는다.

그런 사람은 누구를 대하든 상대방을 편안하게 한다. 각박한 현대사회일수록 마음 씀씀이가 넓은 사람은 밤하늘의 별처럼 돋보여서 더 크게 인정을 받는다. 그런 이가 사회의 중심에서 사람들을 인도한다면 온 천지에 산들바람이 스며드는 것과 같을 것이다. 부를 축척하고 권력을 움켜쥔 사람만이 동경의 대상이 되는 것이 아니라 바르고 온화한 사람들이 존중받는 분위기가 조성되어야 한다.

속이 꽉 들어찬 깡통은 아무리 흔들어도 묵직하기만 할 뿐 소리가 나지 않는다. 속이 덜 찬 깡통을 흔들면 요란하게 소리를 낸다. 시끄럽게 소리를 내는 것은 자기 자신을 드러내고자 애쓰는 모습과도 같다. 작은 개울물은 시끄럽게 소리를 내며 흘러가지만, 큰 강물은 군말 없이 조용히 흘러간다. 공자는 "아는 것은 안다고 하고 모르는 것은 모른다고 하는 것, 이것이 참으로 아는 것이다."라고 강조했다. 그럴 때 모르는 것은 묻게 되고, 할 수 없는 것은 배워서 새로 습득할 수 있기 때문이다. 예전의 왕들도 지혜로운 사람에게 묻고 현명한 사람에게 배워서 하夏, 은殷, 주周의 3대가 번성하고 태평성대를 누릴 수 있었다.

그런데 덜 채워진 깡통들은 모르는 것도 안다고 우기며 여기저기서

설쳐댄다. 이것이 알지 못하는 자의 우환憂患이다. 무슨 일에나 끼어드는 사람은 언뜻 보면 다재다능한 것 같아 보이지만, 실제로 일에 부딪히면 별다른 결실이 없다. 속이 찬 깡통들은 그저 묵묵히 자신의 일에만 전념할 뿐 목소리를 내지 않는다. 이들은 우리 사회의 기반이 되어주는 사람들이다. 반면 속이 덜 찬 깡통들은 목소리를 높이며 국가의 중대사를 좌우하는데, 선불리 아는 사람들이 수박 겉핥기식으로 나라를 주물러대고 있으니 매일 시끄럽고 혼란스러운 일이 반복된다.

'손巽' 장에서는 "신명행사申命行事"라고 하였다. 공손하고 또 공손한 자세로 명을 펼쳐서 일을 행하라는 뜻이다. 이를 위해선 속이 꽉 들어찬 깡통들이 무인武人의 기개를 갖추고 용감한 마음으로 세상에 임해야 한다. 그래서 맹자는 "나를 굽혀 다른 사람을 곧게 만들 수는 없다." 라고 했다. 『주역』에서는 지금 시작하고 도전해보라고 한다. 진퇴進退가 어렵고 결단해야 할 때를 모른다면 훌륭한 현자나 멘토의 도움을 받으면 된다. 뜻을 품지 않고 행하지 않으면 아무런 변화도 일어나지 않고 성장이나 진화도 가능하지 않다.

뜻을 품어야 한다는 것은 비단 젊은 세대에게만 해당하는 말이 아니다. 뜻을 품어야만 모든 일을 시작할 수 있기에 남녀노소 가릴 것 없이 이 세상 누구에게나 적용되는 말이다. 뜻이 있어야 의연하게 일어설 수 있고, 역동적으로 움직일 수 있다. 어리석은 노인이 산을 옮긴다는 고사처럼 멈추지 않고 한 가지 일에 몰두하다 보면 누군가의 뜻은 반드시 이루어지게 되어 있다. 그래서 약한 바람일지라도 거듭하여 불면 천하의 모든 만물을 움직일 수 있다고 일렀으니, 이것이 "무초유종无初有終"으로서 처음은 없지만 끝은 있다는 가르침이다.

제58장 화합하니 기쁨이 있다 태兌

兌

태兌: 빛나다. 기뻐하다

기뻐하되 매사에
신의와 정성을 쏟아라

兌 亨 利貞

兌 說也 剛中而柔外 說以利貞

麗澤 兌 君子 朋友講習

和兌 吉

孚兌 吉 悔亡

來兌 凶

商兌未寧 介疾 有喜

孚于剝 有厲

引兌 未光也

물이 모여 연못을 이루니 자연의 운치가 즐거움을 준다.
음양의 조화로 인하여 즐거움과 기쁨이 생겨난다.
음양이 화합하여 희열을 느끼는 데에는
천지자연의 순리를 따르는 것이 좋다.
연못의 수면이 서로 비슷하듯이
학문의 수준을 비슷하게 하여 배움을 지속해간다.
즐거움을 생각해 보지만 마음이 편치 않음은
절개를 지켜야 기쁨이 있기 때문이다.
잘 익은 과육은 부드럽고 속 안의 씨앗은 단단하다.

✲

태兌는 기뻐하는 것으로, 화합하니 기쁨이 있다. 태는 중택태重澤兌를 말하며, 연못과 연못이 걸려 있는 형상이다. 소녀 둘이서 다정한 모습으로 이야기를 나누며 즐거워하는 모습이다. 매사가 성립될 때는 같은 방향성이나 뜻을 가진 사람들이 반드시 서로 공명하고 끌어들인다.

태兌는 형亨하나 리정利貞이다.

태는 형통하나 바르게 해야 이롭다.

'태兌' 장은 즐거움과 기쁨을 느끼는 유형들을 제시하고 그 유형들이 바람직한지에 대해 말한다. 태兌가 형통하다는 것은 음양의 조화와 이에 따른 변화에서 즐거움과 기쁨이 생겨나기 때문이다. 바르게 해야 이롭다는 것은 기쁨이 지나치게 되면 중도를 벗어나서 어긋나기 때문이다. 그러므로 기쁨의 근본적인 바탕에는 올바르고 성실한 마음가짐이 자리 잡고 있어야 한다. 이처럼 태兌를 바르게 하면 천지 만물과 인간 세상이 모두 즐거워한다. 또한 새로운 질서를 세우는 가운데 안과 밖에서 모두가 기쁨을 느낀다.

태兌는 열야說也이니 강중이유외剛中而柔外하고

열이리정說以利貞한다.

태는 기쁨이다. 강한 것은 가운데 있고

부드러운 것은 밖에 있다. 기뻐하는 것도 바르게 해야 이롭다.

기쁨을 느끼는 것은 좋지만, 바른 자리라야 이롭다. 이 구절에서는 강한 것이 가운데 있고 부드러운 것이 밖에 있으니 이를 올바르게 지켜나가야 한다고 하였다. 잘 익은 과일의 과육은 부드럽고 속 안의 씨앗은 단단하듯이 강한 것이 가운데 있고 부드러운 것은 밖에 자리한다. 이렇게 음양이 화합하여 희열을 느끼는 일을 꾀할 땐 모두가 제 역할에 충실해야 하며, 그 일은 반드시 천지자연의 순리를 따라야 한다. 모든 생명은 우주의 이치 속에서 태어나고 살다가 소멸하기 때문이다.

이택麗澤이 태兌이니 군자君子는 붕우강습朋友講習한다.

연못이 걸려 있는 것이 태이니, 군자는 이를 보고 벗과 강습한다.

두 개의 연못이 나란히 걸려 있는 것이 태다. 군자는 이를 보고 벗과 함께 학문을 닦아 향상의 길로 나아간다고 하였다. 두 연못의 수면이 같듯, 서로가 학문의 수준을 비슷하게 만들어가면서 배움을 지속해나간다. 또한 자기 몸을 가벼이 여기고 벗을 위하는 일에 정성을 다함으로써 서로의 관계를 돈독히 다져나간다. 군자는 지란지교芝蘭之交의 마음가짐으로 벗을 사귀고 벗과 함께 미래의 동량棟梁이 되기 위하여 수신하면서 향상의 길로 나아간다.

화태和兌이니 길吉하다.

화해서 기뻐하니 길하다.

금수강산이 자연스럽게 조화를 이루는 것처럼 인간 세상도 조화를 이루어서 즐거움이 있다. 화和해서 기뻐한다는 것은 온화하게 어울리는 데서 기쁨이 생겨나고, 그런 기쁨이라야 오래 지속된다는 뜻이다. 하늘과 땅이 음양의 조화로 제 모습을 갖추는 것처럼, 사람은 자연이나 다른 이들과 조화를 이루면서 온전히 하나가 되는 기쁨이 있다. 서로 시기하는 마음이 없고 지나치게 바라는 바가 없어야 화목하고 기쁘다. 그렇게 즐거운 상태에서 새로운 것들이 생겨나므로 유익하다.

부태孚兌이니 길吉하고 회망悔亡하다.

믿음직스러우니 길하고 후회가 없다.

참되고 신실한 마음으로 교류해야 한다고 말한다. 믿음직스러우니 길하다는 것은 거짓 없는 참된 마음으로 단합하기 때문이다. 그래서 기쁨이 있으니 후회할 일도 없다. 부태孚兌는 서로 돈독하게 믿을 수 있는 사람들끼리 나누는 일종의 즐거움이다. 서로가 믿고 따르는 그 정성스러운 마음에서도 기쁨을 느끼기 마련이다. 공자가 "거친 밥과 한 바가지 물로 누추한 거리에서 살아도 그 즐거움을 바꾸지 않는구나."라며 제자인 안회顔回를 칭찬한 것처럼, 지위의 고하와 빈부의 차이를 막론하고 함께 누릴 수 있는 삶의 즐거움이 있다.

래태來兌이니 흉凶하다.

찾아와서 기뻐하니 흉하다.

래태來兌는 기웃거리며 찾아와서 기뻐한다는 뜻이다. 여기서 찾아온다는 것은 양해도 없이 강제로 밀고 들어오는 양상을 가리킨다. 그런 행위 자체가 영합이고 야합이나 마찬가지이므로 흉하다고 하였다. 사적인 이익을 위해 아첨하며 쫓는 것이나 좋지 못한 목적으로 어울리는 것이 나쁜 이유는 무엇인가? 거기에는 참되고 진실한 마음이 없기 때문이다. 영합과 야합은 거기 참여하지 않는 사람들을 배제하며 자기들만의 이익을 좇는 행위이지만, 결국 그런 일에 남는 건 공멸밖에 없다는 교훈이다.

상태미령商兌未寧이니 개질介疾이면 유희有喜하다.

즐거운 것을 생각해보지만 편안하지 않다.
절개를 지켜야 기쁨이 있다.

상태商兌는 기쁜 일에 대해서 생각해본다는 뜻이다. 그러나 미령未寧이라고 하였으니 마음이 편치 않다. 즐거움을 편안하게만 여기지 않고 미더운 마음을 견고하게 지녀야 기쁨이 있다는 말이다. 사람은 언제나 기쁨을 계산하느라 오히려 편치 못한 상태에 머무르게 된다. 절개를 지켜야 기쁨이 있다는 것은 바람처럼 이리저리 흔들리지 않는 신의가 있어야 진정한 기쁨을 느낄 수 있음을 가리킨다. 절개와 신의를 굳게 지킨다면 세상의 어떤 사람과도 가까워지고 친근해질 수 있다. 이 구절은 군주에 대한 절개를 지키고 그 절개에 병폐가 되는 사람을 멀리한다면 기쁨이 저절로 생긴다는 뜻이기도 하다.

부우박孚于剝이니 유려有厲하다.

깎는 것을 믿으니 위태롭다.

사리사욕을 가지고 접근하는 사람은 경계해야 마땅하다. 이 구절에서 깎는 것을 믿는다는 말은 양陽을 깎는 음陰에게 믿음을 둔다는 것이니 부정하다. 음에 믿음을 두면 바른 자리에 있어도 소인들에 의해서 깎일 수 있다. 위태롭다는 것은 타고난 성정이 긁히고 훼손된다는 뜻이다. 그렇게 되면 듬직한 의지가 사라져서 남에게 끌려다니게 되고, 그러면 결국 위태로운 환경에 처할 수밖에 없다. 박剝은 깎이고 벗겨져서 허물어진다는 뜻이니, 거기엔 올바름이 통하지 않는다. 올바름을 잃고 막히는 경우에도 또한 험한 상황을 피할 수 없게 된다.

인태引兌이니 미광야未光也이다.

이끌려서 기뻐하는 것은 빛나지 못한다.

남에게 조종당한다는 것은 파멸에 이르는 지름길이다. 이 구절에서 이끌려서 기뻐한다는 것은 소신이 부족하다는 말이다. 또한 이끌려가서 가식적으로 웃는다는 것은 그 자체가 부끄러운 일이기 때문에 흉측한 일이기도 하다. 여기서 이끄는 주체는 사심을 가지고 아첨하는 무리이니 그 도가 바르지 못한 것은 당연하다. 그런 무리들이 선량한 사람들을 끌어당겨서 억지로 기쁘게 만드는 것은 남을 유혹하고 기만하는 행위에 불과하다. 그러나 남을 탓하고 원망하기 전에 자기 자신이 사람을 가리지 못하고 상대방의 의도조차도 헤아리지 못하는 것이니 빛나지 못하다고 하였다.

태兌: 같은 소리는 서로 응한다

태兌는 기뻐한다는 뜻이다. 소녀 둘이서 다정한 모습으로 이야기를 나누며 즐거워하는 모습이다. 둘이 모여 하나가 되고, 셋이 모여 또 하나가 된다. 인간사회가 바로 그렇게 구성된다. 인간은 모여 살고 있으며 서로가 서로에게 의지하면서 더불어 살아간다. 자연도 마찬가지다. 커다란 호수도 작은 물줄기가 모이고 모여서 만들어진 것이다.

그러나 맑은 물이 모여야만 깨끗한 호수가 만들어지고 모든 생명에게도 진정한 기쁨을 안겨준다. 우리 사회도 마음가짐이 올바른 사람들로 구성되어야 살기 좋고 아름다운 장소가 된다. 이기적인 마음이나 배타적인 생각으로 모인다면 서로 힘들고 괴로움만 안겨줄 뿐이다. 유순한 마음이 거듭되어야 진정으로 선한 사회가 된다.

'태兌' 장에서는 "부우박유려孚于剝有厲"라고 하였다. 소인을 멀리하지 않으면 언젠가는 자신의 성정이 훼손된다는 뜻이다. 소인은 간사한 말로써 다른 사람들을 기쁘게 하는 재주가 있다. 장자는 "좋은 말은 하루에 천 리를 갈 수 있지만, 쥐를 잡는 재주는 고양이만 못하다."라고 했다. 소인의 달콤한 재주는 방심하고 있으면 어느 순간 상대방의 마음속으로 파고들어서 농락해버리므로 조심해야 한다. 세상에는 선한 사람들이 대부분이지만 그렇지 못한 사람도 항상 존재하기 때문이다.

매사가 성립하는 때에는 반드시 같은 방향성이나 뜻을 가진 물건이나 사람이 공명共鳴하고 끌어들인다. 종류가 같은 것들은 서로가 합쳐지는 것이 자연의 순리이기 때문이다. 선한 정치를 하면 선한 사람들이 모여들고 그릇된 정치를 하면 그릇된 사람들이 모여든다. 하지만 뜻을 같이하는 사람들끼리는 순식간에 힘이 모이고 융합하여 혼자서는 할 수 없는 일들도 실현이 된다.

이를 일러 『문언전文言傳』에서는 "동성상응동기상구同聲相應同氣相求"라고 하였다. 같은 소리는 서로 응하고 같은 기氣는 서로를 찾는다는 말이다. 그러니 나와 함께 살아가는 이들 모두가 내게 필요한 존재이며, 조화롭게 어울릴 수 있는 존재라는 인식이 필요하다. 나[我]라는 한 사람은 사회구성원 모두에게 감사하는 마음으로 살아가야 한다. 감사하는 마음의 양에 비례하여 내가 존중받고 배려받는다. 이것이 바로 태兌의 기쁨이다.

제59장 무리가 중심을 잃고 흩어진다 환渙

渙

환渙: 흩어지다. 분산시키다

흩어지되,
모여야 할 때 굳건히 모여라

渙 亨 王假有廟 利涉大川 利貞
風行水上 渙 先王 以 享于帝 立廟
用拯馬將 吉
渙奔基机 悔亡
渙基躬 无悔
渙基群 吉 煥有丘 匪夷所思
煥汗基大號 煥王居 无咎
渙其血 去逖出 无咎

기존의 것들을 흩트려놓는 일은
새로운 질서를 세우기 위해 필요하다.
뿌리가 깊이 박혀서 연결되어 있으면
이를 제거하기가 어려워 상황이 곤란해진다.
현자의 가르침을 따르고 어진 사람을 만나야
어려운 처지에서도 벗어날 수 있다.
사람들은 쓸모 있는 것의 쓰임은 알고 있으나
쓸모없는 것의 쓰임은 알지 못한다.
예전에는 제사를 지내도록 장려하였는데
그 목적은 민심을 모으고 왕권을 강화하기 위함이다.
내 몸을 어질게 하면 뉘우칠 일이 생기지 않는다.

환渙은 흩어지는 것이니, 무리가 중심을 잃고 흩어진다. 환은 풍수환風水渙을 말하며, 물 위에 바람이 일렁이는 형상이다. 굽은 쟁기로는 밭을 일구기 어렵고, 구멍 난 솥으로는 밥을 지을 수 없다. 생각이 어긋난 사람들과는 도道를 논할 수 없으며, 그랬다간 살기 좋은 세상을 만드는 건 더 요원한 일이 된다.

환渙은 형亨하며 왕가유묘王假有廟이니
리섭대천利涉大川이나 리정利貞하다.

환은 형통하여 왕이 신성한 곳에 이르니,
큰 내를 건너도 좋지만 바르게 해야 이롭다.

기존의 틀을 흩트려놓는 것은 새로운 질서를 세우기 위해서 반드시 필요한 일이다. 『사사전詞辭傳』에서는 "기쁜 다음에는 흩어지니, 이를 환渙으로 받는다."라고 하였다. 환은 흩트려놓거나 분산시키는 것이다. 백성이 어떤 위기나 극한의 어려움에 직면해 달아나거나 흩어지는 상태를 말하기도 한다. 그래서 왕이 경건한 마음으로 제사를 지내기 위해 종묘宗廟에 간다고 일렀다. 왕은 모든 백성의 중심에 있기 때문이다. 이 구절에서 큰 내를 건넌다는 것은 대업을 성취하겠다는 의지이다. 하지만 바르게 해야 이롭다고 했으니 결국 정당한 도리로써 성취해야 무탈하다는 가르침이다.

풍행수상風行水上이 환渙이니 선왕先王 이以하여

향우제享于帝하고 입묘立廟한다.

바람이 물 위에 임하는 것이 환이다.

선왕이 이를 보고 하늘에 제사를 올리고 사당을 세웠다.

환은 물 위에서 바람이 일렁이고 있는 모습이다. 선왕先王이 사당을 세우고 하늘에 제를 올리는 것은 흩어진 민심을 모으고 어려운 백성들을 구제하기 위해서였다. 상고시대에 많은 사람을 모이게 할 수 있는 방법은 나라의 제사였으니 사당이 꼭 필요했다. 예전에는 유교의 이념을 앞세워서 장례를 성대하게 치르고 왕실은 물론 각 가정에서도 제사를 지내도록 장려했는데, 그 목적은 민심을 모으고 왕권을 강화하는 것이었다. 오늘날에도 명절이나 기일이 되면 집안에다가 음식을 푸짐하게 차려놓고 벽이나 병풍에 대고 큰절을 한다. 그렇지만 제사는 과연 누구를 위한 것인 물으면서 이젠 재고해보아야 할 풍습이다. 요즘은 유림儒林이나 성균관에서도 제사는 지내면 좋고, 꼭 지내지 않아도 괜찮다는 입장을 취하고 있다.

용증마장用拯馬將이니 길吉하다.

써서 구원하되 말이 건장하니 길하다.

도탄에 빠진 백성을 구원하는 말[馬]이 있으니 위기로부터 구원을 받는다. 험한 곳에서 구해주는 말이 건장하기에 타고 가면 길하다고 하였다. 위기 상황에서 구원해줄 수 있는 듬직한 후원자를 말에 비유했지만, 그 말이 아무리 굳세고 강건할지라도 내게 순종해야 멀리 갈 수 있다. 마찬가지로 강력한 후원자일지라도 어진 사람이라야 내가 어려운 처지에서 온전히 벗어날 수 있다. 그처럼 극한의 상황에서 진정한 도움을 받으려면 평소에 선행을 많이 쌓고 인심도 얻어놓아야 한다.

환분기궤渙奔基机이니 회망悔亡이다.

흩어져서 그 책상으로 달려가면 뉘우칠 일이 없다.

책상은 후원자나 지원군을 가리킨다. 이 구절에선 위기에 봉착했을 때 급히 후원자에게 달려가서 도움을 청해야 한다고 일렀다. 바라는 바를 성취할 수는 없을지라도 뜻은 전했으니 손해 보는 일은 아니다. 누구나 어려움에 처했을 때 시급히 달려갈 수 있는 책상[机]이 반드시 하나쯤은 있어야 한다. 어리석은 데다가 융통성마저 없는 이는 위기에 봉착해도 달려가서 도움을 청하고 하소연할 곳이 없다. 옛 사물에 구애되어 시세에 어둡고 융통성이 없어지면 사방팔방을 둘러보아도 그런 책상을 찾기 힘들 것이다.

환기궁渙基躬이니 무회无悔하다.

궁을 어질게 하면 뉘우칠 일이 없다.

궁躬은 내 몸이다. 모든 일은 내 몸을 바르게 하는 데서부터 시작한다. 그렇게 갈고닦은 내 몸을 다 던져서 백성들을 위해 헌신한다면 후회할 일이 없다. 조선 후기의 문인인 이용휴李用休는 "어떤 일을 잘하고 싶다면, 쓸데없는 생각을 버리고 지금 이 순간 가장 적절하고 필요한 것만 생각해야 한다."라고 말했다. 예나 지금이나 일을 효율적으로 하는 방식에는 큰 차이가 없다. 오늘날 많이 쓰이고 있는 '선택과 집중'의 방식처럼, 예전에도 자신이 하고자 품은 뜻이 바로 '선택'이었으며, 온몸을 다 바쳐서 일하는 방식이 바로 '집중'이었다.

환기군渙基群이니 길吉하고 환유구渙有丘이니 비이소사匪夷所思이다.

그 무리가 흩어지는 것이니 길하다.
환에 언덕이 있는 것은 생각할 바가 아니다.

맑은 물로 무리의 더러움을 모두 씻어내는 것과 같으니 크게 길하다. 이 구절에서 그 무리가 흩어진다는 것은 사사로운 무리를 해산시킨다는 뜻이다. 이런 무리는 분열과 혼란을 야기하는 오랑캐와 같은 사람들이니 당연히 흩트려놓아야 한다. 또 그들을 해산시키는 과정에 어려움이 있는 것은 평범한 사람들이 생각할 바가 아니라고 하였다. 그것은 한시라도 바삐 해산시킨 후라야 새로운 단합이 가능하기 때문이다. 즉, 그 일은 위험한 불을 끄듯 시급하다는 뜻이다.

『후한서』에는 "반근착절盤根錯節"이라는 말이 있다. 구부러진 뿌리가 많이 내리게 되면 마디가 얽힌다는 뜻이다. 사사로운 세력들의 뿌리가 깊이 박혀서 잘 연결되면 이를 제거하기가 어려워서 상황이 곤란해진다는 것을 말한다. 그래서 환에 언덕이 있는 것은 생각할 바가 아니라고 하였다. 이 말의 속뜻은 중대한 일을 시작할 때 백성과 논하지 말고, 백성과는 일이 성공한 뒤에 기쁨을 함께 누리는 것으로 만족해야 한다는 것이다.

환한기대호渙汗基大號하고 환왕거渙王居하니 무구无咎하다.

흩어지는 무리에게 부르짖기를 땀나듯이 하고,
흩어진 곳에 왕이 군림하니 허물이 없다.

청정한 물이 큰 소리를 내고, 그 물로 왕이 거처하는 곳을 말끔히 청소하는 것과 같다. 무리에게 부르짖는다는 것은 백성들이 혼란스러워하면서 흩어지고 있기에 거처할 수 있는 곳을 알려주기 위해 호소하는 모습이다. 그것을 땀나듯이 한다는 것은 인군의 진심 어린 마음이 담겨 있기 때문이다. 여기서 "대호大號"는 왕만이 발할 수 있는 호령이다. 왕이 큰소리로 호령하며 흩어진 곳에 군림했다. 모든 일에는 구심점이 있어야 하기 때문이다. 이를 일러 『여씨춘추』에선 "천자가 없는 것보다 어지러운 것은 없다. 천자가 없으면 강한 자가 약한 자를 능멸하고, 많은 숫자로 적은 이들을 괴롭히며, 군대를 가지고 서로 해쳐서 평안하지 못하게 된다."라고 강조했다. 이 구절에서는 흩어진 곳에 왕이 다시 군림하여 국가와 사회가 점차 안정되어가므로 허물이 없다고 하였다.

환기혈渙其血하고 거적출去逖出하니 무구无咎하다.

흩어짐에 그 피가 가며, 두려운 데서 나가면 허물이 없다.

드디어 장마가 그치고 맑은 햇살이 드리우려고 한다. 흩어지는 곳에 피가 따라간다는 것은 해로운 세력들이 멀리 물러나고 있다는 의미이다. 혈血은 음의 기운에 속하기 때문이다. 물러가는 무리들은 백성들에게 해를 입히거나 피해를 주었던 자들이니 드디어 어둡고 두려운 상황이 지나가고 있다. '환渙' 장의 전체적인 맥락으로 볼 때 나 혼자만 위험한 곳에서 빠져나오는 것을 가리키지만, 지금 다른 사람들은 위험에서 조금 떨어져 있으니 자기 몸만 빠져나와도 허물이 될 것은 없다고 하였다.

환渙: 굽은 쟁기로는 밭을 일굴 수 없다

현대과학에는 나노nano공학이라는 분야가 있다. 나노란 모든 물질의 원자와 분자를 10억분의 1의 크기로 쪼개서 분석하고 조작하는 기술이다. 미세하게 쪼갠다는 것은 결국 흩트려놓는 행위이다. 이 과정에서 본래의 성질을 변형시키고 향상하기도 하지만 전혀 새로운 물질을 만들어내기도 한다. 예를 들자면 다이아몬드와 연필 속의 흑연은 둘 다 똑같이 탄소원자로 이루어져 있는데, 이 흑연을 나노 단위로 나눈 뒤 재구성하면 탄소 나노튜브carbon nanotube가 탄생한다. 이 물질은 구리만큼이나 전기가 잘 통하고 열전도율도 높아지며, 또한 탄성도가 강철의 100배에 달하는 세기를 가지게 된다.

장자莊子는 우리에게 "쓸모없는 것이 오히려 쓸모 있는 것이다. 세상 사람들은 쓸모 있는 것의 쓰임은 알고 있으나, 쓸모없는 것의 쓰임은 알지 못한다."라고 가르쳤다. 장자는 무용無用에 긍정의 힘이 보태지면 유용有用으로 바뀐다는 것을 말하고 있다. 오늘날 나노공학이 이와 비슷한 원리다. 나노공학은 미세하게 쪼개고 또 쪼개는 과정에서 목적에 부합되지 않는 물질들은 제거하고, 새롭게 결합하는 과정에서 목적에 부합되는 물질들로만 융합시켜서 재탄생시키는 방법이다. 이것을 '환渙' 장에서는 흩트려 놓았다가 다시 모은다는 풍수환風水渙으로 설명하며 인간세계에도 적용하라고 이미 삼천 년 전에 그 뜻을 밝혔다.

굽은 쟁기로는 밭을 일구기 어렵고 구멍 난 솥으로는 밥을 지을 수 없다. 굽은 쟁기는 고쳐야 쓸 수 있고 구멍 난 솥은 때우거나 새것으로 바꿔야 한다. 인간사회도 마찬가지이다. 소양이 부족하고 생각이 어긋난 사람들로만 구성되어 있다면 살기 좋은 세상을 만드는 것은 요원한 일이다. 잘못된 사람의 굽은 인식은 굽은 쟁기를 고치듯 바로잡아주고, 개인의 역량을 구멍 난 솥을 때우듯이 함양시켜주어야 한다. 그것이 진정한 개혁이다.

이처럼 국가의 기강을 새롭게 확립하기 위해서는 먼저 공동의 목표를 세워야 한다. 그리고 어지럽게 흩어진 백성들의 마음을 한데 모으면서 민심을 얻어야 한다. 맹자는 "걸왕과 주왕이 천하를 잃은 것은 백성을 잃었기 때문이니, 백성을 잃었다는 것은 그 마음을 잃은 것이다. 천하를 얻음에 길이 있으니 백성을 얻으면 천하를 얻을 것이다."라고 강조했다. 흩어진 민심을 공동체의 목표 아래 하나로 모으는 것은 천심을 얻는 것과 동일하다. 그렇게 민심에 호응하고, 민심을 바탕으로 하는 개혁이라야 순조롭게 성사시킬 수 있고 오래도록 유지해나갈 수 있다.

제60장

절약은 형통하나 고절은 바르지 못하다

절 節

節

절節: 절개, 초목의 마디, 사물의 한 단락

절제하되, 일어서야 할 때 힘차게 일어서라

節 亨 苦節 不可貞

說以行險 當位以節 中正以通

澤上有水節 君子 以 制數度 議德行

不出戶庭 无咎

不出門庭凶 失時極也

不節之嗟 又誰咎也

安節之亨 承上道也

甘節 吉 往有尙

苦節 貞凶 悔亡

절약을 위하여 절약하는 고절苦節은 인색함에 지나지 않는다.

평안한 삶을 누리고 싶다면 어려운 일을 피해서는 안 된다.

달콤한 유혹을 뿌리치는 일은 괴롭지만

기꺼이 받아들이면 바른 마음으로 통하게 된다.

편안할 때 위기를 생각하는 것은

당연한 일이지만, 아무나 하지는 못한다.

제방을 튼튼하게 만들어 놓으면

물이 넘치지도 부족하지도 않게 조절할 수 있다.

깊이 뉘우친 뒤에라야 후회할 일이 사라진다.

✻

절節은 절제이니, 절약은 형통하나 고절苦節은 바르지 못하다. 절은 수택절水澤節을 말하며, 이는 못의 물이 잘 조절되는 형상이다. 절을 지킴으로써 마침내는 인간에게 참된 행복이 찾아와서 깃든다. 곡식이 없다며 너무 오랫동안 눈물을 흘리는 자는 다음 해에 씨 뿌리는 걸 잊어버린다.

절節은 형亨하나 고절苦節은 불가정不可貞이다.

절은 형통하나 고절은 바르지 못하다.

절節은 초목의 마디나 사물의 한 단락을 뜻하지만 여기서는 절제나 절약을 의미하고 있다. 검소한 마음으로 절약하는 태도는 항상 올바르다. 하지만 절약을 위해 절약하는 것은 인색함에 지나지 않는다. 지나치게 각박할 정도로 절약을 한다면 사람이 견뎌내지 못하고 괴로움만 가중될 뿐이다. 다산茶山 정약용丁若鏞은 『목민심서牧民心書』에서 "절약한다는 것은 한계를 두어 절제한다는 것이다. 한계를 두어 절제하는 데에는 반드시 법식이 있어야 한다."라고 가르쳤다. 한계를 둔다는 건 지나친 절약과 절제를 경계하면서 절節에도 융통성이 있어야 한다는 말이다.

열이행험說以行險하고 당위이절當位以節하니 중정이통中正以通한다.

기쁨으로 험을 행한다.

자리가 마땅하고 절도가 있으니 중정으로 통한다.

험을 기쁜 마음으로 행한다는 것은 평안한 삶을 누리고 싶다면 어려운 일을 피해서는 안 된다는 말이다. 또 자리가 마땅하고 절도가 있다는 것은 절제하는 습관을 당연하게 여긴다는 뜻이다. 중정으로 통한다는 것은 달콤한 유혹을 뿌리치는 일은 괴로운 일이지만 기꺼이 받아들인다면 중中의 바른 마음으로 통한다는 말이다. 여기서 중은 천하의 근본을 뜻하니 천지가 바르게 운행함으로써 사시四時가 이루어지는 것과 마찬가지이다.

택상유수절澤上有水節이니 군자이君子以하여

제수도制數度하고 의덕행議德行한다.

연못 위에 물이 있는 것이 절이다.

군자는 이를 본 뒤 생활 규범을 정하고 덕행을 논한다.

제방을 튼튼하게 만들어놓으면 연못의 물이 넘치지도 않고 부족하지도 않게 조절할 수 있다. 군자는 이를 보고 무절제하지 않으면서도 지나치게 엄하지 않은 사회제도를 만들었다. 이치에 맞는 제도에는 올바른 덕이 적절하게 스며들 수 있기 때문이다. 이것은 마치 마른 스펀지에 물기가 스며드는 것과 같다. 『한서』의 「동중서전董仲舒傳」에는 "해현경장解弦更張"이라는 말이 있다. 거문고의 줄을 바꾸어 맨다는 뜻이다. 무엇이든지 느슨해진 것은 다시 긴장하도록 조여야 한다는 말이다.

사회정치적으로 법과 제도를 바르게 개선하는 작업을 비유하는 말이다. 이는 한漢나라 때 동중서董仲舒가 무제武帝에게 올린 상소문 중에서 개혁을 강조하는 부분에 기록되어 있다.

불출호정不出戶庭이니 무구无咎하다.

뜰을 나서지 않으니 허물이 없다.

이러지도 저러지도 못하는 난세亂世에 처신하는 방법에 대하여 말하고 있다. 뜰을 나서지 않는다는 것은 앞으로의 일을 헤아리고 있기 때문이다. 즉, 때의 득실을 알고 현명하게 처신하는 행동이다. 그렇듯 앞뒤를 헤아려보고 경거망동하지 않으니 허물이 없다고 하였다. 여기서 "호정戶庭"은 작은 뜰을 의미하므로 넉넉하지 않은 삶을 가리킨다. 비록 청빈한 삶일지라도 거기에 만족하면서 욕심을 일으키지 않고, 앞으로 나서지 않으며 조용히 살아간다는 뜻이다. 섣불리 나서지 않으면 얻는 것도 없지만 잃을 것도 없다.

불출문정흉不出門庭凶이니 실시극야失時極也이다.

집을 나서지 않으니 흉하다. 적당한 때를 잃는 정도가 지나치다.

이 구절에선 덕과 중용을 겸비한 군자가 집에 들어앉아서 좋은 기회를 놓치고 있다. 때가 무르익었으니 밖으로 나가서 세상을 경륜해야 한다. 해가 중천에 떠올랐지만 아직도 이불을 뒤집어쓴 채 뒤척이며 일어나지 못하고 있는 꼴이다. 그래서 때를 잃는 정도가 지나치다고 하였다.

"폐시광일廢時曠日"이라는 말이 있다. 때를 버리고 날을 헛되이 보낸다는 뜻이다. 좋은 기회를 놓치며 무익하게 세월을 보내지 말고 자신의 역할을 찾아서 즉시 행하라는 가르침이다.

부절지차不節之嗟이니 우수구야又誰咎也리오.

절제하지 않다가 탄식하게 된다. 또 누구를 원망하리오.

유혹을 이겨내지 못하고 방만하게 소비하였기 때문에 옹색해졌다. 절제하는 습관을 들이지 못하고 함부로 낭비했으니 이는 스스로 택한 일이다. 편안할 때 위기를 생각한다는 것은 누구나 알고 있는 상식이지만, 그 당연한 것을 아무나 실행하지는 못한다. 눈앞에 있는 유혹에 마음이 허물어지기 때문이다. 그렇게 당연한 이치를 내팽개치고 분수도 잊은 채 돈 쓰기를 물 쓰듯이 하다가는 남부여대男負女戴의 꼴을 면치 못하게 된다. 가난하거나 재난을 당한 사람들이 남자는 등에, 여자는 머리에 짐을 이고 살 곳을 찾아 이리저리 떠돌아다닌다는 말이다.

안절지형安節之亨이니 승상도야承上道也이다.

절제를 편안하게 여기니 형통하다. 위의 도를 이음이다.

지나온 삶을 후회하고 반성하는 것보다는 아예 처음부터 절제하는 것이 바람직하다. 안安은 편안하다는 뜻이다. 절제를 편히 여긴다는 것은 스스로 절제하는 습관을 길들였다는 뜻이다. 절제하는 습관, 즉 청빈한 삶이 형통하다는 것은 윗사람의 바른 도리를 거부하지 않고 계승하며 수용하였기 때문이다. 안절安節은 편안하게 매듭짓는다는 뜻도 있으니, 편안한 마음으로 은퇴한다는 것을 의미하기도 한다.

감절甘節이니 길吉하고 왕유상往有尙한다.

달갑게 절제하니 길하고, 가면 숭상함이 있다.

달갑게 절제한다는 것은 기꺼운 마음으로 절제한다는 것이니 길하다고 하였다. 또 감절甘節은 어떤 일에 좋은 결과가 있어 기쁘게 물러난다는 뜻으로 해석해도 된다. 그렇다면 절도를 지켜서 이미 중용의 도에 안주하고 있는 '최선의 퇴장'이 된다. 가면 숭상함이 있다는 것은 물러난 이후에도 명예가 보장된다는 뜻이다. 물러나는 것을 달갑게 여기고 있으니, 그런 마음가짐과 태도로 퇴장한다면 길할뿐더러 만인의 존경을 받게 된다. 이 구절에서 감절은 길하고 숭상함이 있다고 했으므로 다시 역동적으로 새로운 일을 도모할 수도 있다.

고절苦節이니 정흉貞凶하고 회망悔亡한다.

괴로운 절제이니 바르게 하면 흉하고, 뉘우치면 후회가 없어진다.

고절苦節을 바르게 한다는 것은 괴로운 절제를 고집하면서 계속 이어나간다는 역설적인 표현이다. 그래서 고집하는 마음을 뉘우쳐야 후회가 없어진다고 했다. 고집하면 흉하다는 것도 고절을 끝끝내 고집한다면 올바른 도가 사라지는 까닭이다. 그러므로 뉘우친 뒤에라야 후회할 일이 사라진다고 하였다. 꼭 써야 하는 곳에는 쓸 줄 아는 것이 '절節'

장에서 말하는 절약이다. 지나치게 원칙만 내세우는 것은 올바른 태도가 아니라는 가르침이다.

절節: 적절할 때 매듭짓는 마음

현재 장년長年인 세대들은 보릿고개라는 말을 수도 없이 들으며 자랐다. 보릿고개는 일제강점기에서부터 1950년대까지 농촌의 빈곤을 나타내는 시대상을 반영하는 말이었다. 지난 가을 수확한 곡식은 다 떨어지고 봄보리는 여물지 않은 늦봄에서 초여름까지의 식량 사정은 매우 열악했다. 그때는 우리나라의 많은 이들이 궁핍했다. 해방 후 미국의 원조로 고무신이 들어왔는데, 질겨서 오래 신을 수 있고 발에 착 달라붙어 착용감도 뛰어난 아주 끝내주는 신발이었다. 그래서 세상에 이런 신발도 있었느냐는 듯이 인기가 좋았다. 낡고 찢어지면 꿰매고 기워서 다시 신었다.

이러한 시절에는 사실상 절약할 것도 없었지만, 그때조차도 무조건 절약한다고 고집하는 것은 미덕이 아니었다. 한계를 정해두지 않고 무리한 절약을 계속하려 든다면 누구에게나 힘들고 괴롭기만 할 뿐이다. 프랑수아 를로르Francois Lelord는 "곡식이 없다며 너무 오랫동안 눈물을 흘리는 자는 다음 해에 씨 뿌리는 걸 잊어버린다."라고 갈파했다. 현재의 고난은 앞을 내다보는 시야를 흐리게 한다는 말이다. 그렇기에 '절節' 장에선 절약은 형통하지만, 고절은 바르지 못하다고 가르친다. 고난 속의 절제는 앞으로 나아갈 길을 막고 자칫 생명을 위협할 수도 있기 때문이다.

본래 절節은 사물의 한 단락을 말하지만, 여기서는 절약과 절제를 뜻하며 대나무의 마디를 상징하기도 한다. 마디 절節자는 대나무 모양을 형상화한 대나무 죽竹과 곧을 즉卽 자가 합쳐진 한자이다. 대나무는 오래전부터 일상생활에서 다양한 의미로 받아들여졌다. 조선 시대에는 곧게 자라는 특성 때문에 지조 있는 선비를 상징했으며 대쪽 같은 기질은 절개와 정절을 의미하기도 했다.

대나무는 계속 뻗어나가기 위해 적당한 매듭을 두고 한계를 짓는다. 일단 성장을 멈추고 자양분을 비축하기 위해서다. 울룩불룩한 대나무의 마디는 매끄러운 몸매에 흠집을 내는 아쉬운 모습이지만, 가느다란 대나무가 휘지 않고 곧고 높이 자랄 수 있도록 만들어주는 근원이다. 나아가야 할 때에는 힘차게 전진하고, 멈추어야 할 때에는 머무르면서 힘을 비축한다는 좋은 뜻을 담고 있다.

천지의 흐름도 사계절로 순환하면서 각자 계절에 맞는 일을 성실히 수행한 다음 그 끝을 맺는다. 각기 네 개의 절을 두고 매듭을 지음으로써 대자연이 하는 일은 순조롭게 진행된다. 그것은 개인의 건강이나 대인관계는 물론 사회생활 전반에도 적용되는 원칙이다. 무엇이든 좋아하기 때문에 걱정거리가 생겨나고, 집착하기 때문에 두려운 마음도 생겨난다. 좋아하거나 집착한다는 것은 씨를 뿌려놓는 것과 같으니, 애초에 씨를 뿌리지 않았다면 거둘 것도 없다. 그러므로 자신이 무리해서 집착하는 대상을 두지 않는다면 걱정하고 두려워해야 할 일이 처음부터 생겨나지 않는다.

달콤한 유혹을 물리친다는 것은 어찌 보면 괴로운 일에 가깝다. 그 괴로움을 즐거운 마음으로 받아들이는 것이 진정한 절이다. 그러한 절을 지킴으로써 마침내는 참된 행복이 인간에게 찾아와서 깃든다. 이를 일러 『법구경』에서는 "삶을 괴로워하지 않고 죽음을 근심하지 않으면 도를 쉽게 깨달을 수 있으니, 바르게 살아갈 뿐 근심하지 않는다."라고 했다. 초목이든 사람이든 그치지 않고 나아가기만 하는 것은 올바르게 성장하지도 못할뿐더러 오래 이어가지도 못한다. 중용中庸에서 말한 "과불급過不及"을 다시금 음미해볼 필요가 있다.

中孚

중부中孚: 돈독한 믿음

성실하고 참된 믿음을 앞세워라

中孚 豚魚 吉
利涉大川 乘木 舟虛也
澤上有風 中孚 君子 議獄緩死
虞 吉 有他 不燕
鳴鶴在陰 其子和之
得敵 或鼓 或罷 或泣 或歌
月幾望 馬匹亡 无咎
有孚攣如 位正當也
翰音 登于天 貞 凶

마음을 비우면 태산도 포용할 수 있으니
가까이하고자 하면 다가서야 한다.
민생이 도탄에 빠져서 저지른 범죄는
무조건 엄한 형벌로만 다스려서는 안 된다.
날갯짓하는 소리가 하늘로 오르는 것은
실속이 없음이니, 바르더라도 흉하다.
웃는 마음속에 칼이 숨어있듯
겉으로는 웃고 있어도 속으로는 해칠 마음이 있다.
같은 밥을 먹어도 백 가지 생각이 나오니,
사람들은 똑같은 것을 놓고도 제각기 생각이 다르다.
학이 그늘에서 우니 그 새끼가 화답하도다.

✲

중부中孚는 돈독한 믿음이니 돼지와 물고기에까지 미친다. 중부는 풍택중부風澤中孚를 말하며, 연못 위에 바람이 이는 형상이다. 진실한 믿음은 개인의 명예에 집착하지 않고 자신의 이익만을 고집하지 않는 데서 생겨나기 시작한다. 바르지 않고 분에 넘치는 일은 오래 지속되지 못한다.

중부中孚는 돈어豚魚이니 길吉하다.

돈독한 믿음은 돼지와 물고기에까지 미치니 길하다.

내면의 가치와 외면의 행동이 일치해야 한다는 말이다. 돈독하게 믿음이 있는 마음은 돼지나 물고기와 같은 미물에게도 영향을 미치니 길하다. 편안함이 마치 반석과 같다는 고사처럼, 누군가의 마음이 든든하면 믿음직스러워 안심된다는 뜻이다. 돈독한 믿음은 성정이 바르고 지혜로운 사람에게서 나타나는 무형의 가치이며, 그런 믿음은 천하도 움직이고도 남음이 있다. 여불위는 "믿음과 의리라는 것은 온갖 일의 시작이며 모든 이익의 근본이지만, 보통 사람들의 생각은 여기에 미치지 못한다. 미치지 않으면 알지 못하고, 알지 못하기 때문에 눈앞의 이익만 좇는다. 눈앞의 이익만 좇으면 좋은 결과를 얻을 수 없다."라고 강조했다.

리섭대천利涉大川이니 승목乘木이고 주허야舟虛也이다.

큰 내를 건너도 이롭다는 것은 나무를 타고 배가 비어 있음이다.

나무배를 타고 배 안의 빈 곳을 터전으로 삼았다. 큰 내를 건너도 이롭다는 것은 이제 큰일을 해도 성취할 수 있다는 말이다. 나무배는 속이 움푹 들어가서 비어 있으므로 백성을 실어서 구제할 수 있는 형상이다. 마음을 비우면 태산太山도 포용할 수 있다는 옛말이 있다. 큰 산도 받아들일 만큼 마음의 공간이 준비되어 있다면 이 세상 모든 사람의 마음도 품어낼 수 있다. 또한 마음이 넓으면 의지하려는 사람들이 자연히 따르기 때문에 이루지 못할 것이 아무것도 없다.

택상유풍澤上有風이 중부中孚이니 군자君子는 의옥완사議獄緩死한다.

연못 위에 바람이 부는 것이 중부이다.
군자는 판결을 의논하고 사형을 미룬다.

전쟁이나 재난이 있었을 때 발생한 범죄를 형벌로만 다스릴 수는 없다. 이 구절에서의 중부는 도를 본받는 마음이다. 연못 위에 바람이 스치는 것을 보고 군자는 죄인을 구제할 방법을 찾아서 형벌을 면하거나 가볍게 하였다. 또한 민생이 도탄에 빠져서 어쩔 수 없이 저지른 범죄도 무조건 엄하게만 다스려서는 안 된다. 조선시대엔 죄를 신중하게 심의하라는 뜻에서 「흠휼지전欽恤之典」이라는 은전恩典을 내리기도 했다. 흠휼欽恤이란 죄인을 처벌할 때 죄는 미워할지라도 그 사람은 불쌍히 여겨야 하기에 사건의 전말을 신중히 다루어 억울한 형벌을 받지 않게 하라는 규율이었다. 이처럼 특정한 국가나 시대를 막론하고 죄를 심의하고 판결하는 일에서는 신중을 기하였다.

우虞하면 길吉하나 유타有他이니 불연不燕이다.

헤아리면 길하나 다름이 있으면 편치 않다.

왕의 뜻이 바르지 않다면 민생은 피폐해질 수밖에 없다. 이 구절에서 헤아리면 길하다는 것은 지도자가 누구인지를 잘 파악하고 따라야 길하다는 뜻이다. 그래야 그를 믿고 일에 전념할 수 있기 때문이다. 지도자가 다른 마음을 품고 있다면 모두가 편치 못할 것이니, 그가 웃는 얼굴 뒤에 칼을 숨기고 있지는 않은지 살펴보아야 한다. 겉으로는 웃고 있으나 속으로 해칠 마음을 품고 있다면 당연히 경계해야 옳다. 그래서 다름이 있으면 편치 않다고 하였다.

명학재음鳴鶴在陰이니 기자화지其子和之이다.

학이 그늘에서 우니 그 새끼가 화답하도다.

깊은 신뢰 관계가 형성되면 다른 사람의 마음을 자연스럽게 감동시키고 움직일 수 있다. 어미 학이 그늘에서 부르니 그 새끼가 화답한다는 것은 서로 정기가 통한다는 의미이다. 어미가 새끼를 생각하고 새끼가 어미에게 응하는 것은 서로에게 돈독한 믿음이 있기 때문이다. 이처럼 서로 감응하는 마음은 아주 가까운 데서 발하여 지극히 먼 곳에서도 감지할 수 있다. 그 돈독한 믿음은 제아무리 뛰어난 현대과학으로도 완전히 입증하거나 설명할 수 없다.

득적得敵하여 혹고, 혹파, 혹읍, 혹가或鼓 或罷 或泣 或歌한다.

적을 얻어 혹 두드리고, 혹 파하고, 혹 울고, 혹 노래한다.

적을 만났을 때 어떤 사람은 북을 치고, 어떤 사람은 달아나며, 어떤 사람은 울고, 어떤 사람은 노래를 한다. 이처럼 사람은 똑같은 것을 놓고도 제각기 생각하는 바가 다르며 표현하는 방식도 다르다. 그래서 똑같은 밥을 먹어도 백 가지 생각이 나온다고 하였다. 『계사상전』에서는 이 구절에 대하여 "자기 자리가 마땅하지 않기 때문"이라고 해석했지만, 자리를 떠나서 상호 간에 믿음이 사라지고 의심만 남아 있다면 모두가 적과 다를 바가 없다. 부당하게 행동하거나 사사로이 처신하게 되면 타인은 물론 스스로의 믿음마저도 잃어버리게 된다.

월기망月幾望하고 마필망馬匹亡하니 무구无咎하다.

달이 거의 보름에 이르렀다. 말의 짝이 없어지니 허물이 없다.

보름이 되지 않아 아직은 달이 차지 않았으니, 겸손한 마음을 갖는다. 하지만 달이 거의 보름에 이르렀다는 것은 대사大事의 성취가 목전에 다가왔다는 것을 암시하는 말이기도 하다. 말[馬]의 짝이 없어졌다는 것은 사사로운 관계에서 떨어져 나왔다는 의미이다. 즉, 혈연이나 지연 등으로 유착된 사적인 관계에서 빠져나와 공적으로 행동한다는 것이다. 이는 윗사람에 대한 믿음이 있고 공공의 이익을 우선시하기 때문이다. 『춘추좌씨전春秋左氏傳』에는 "대의멸친大義滅親"이라 일렀으니, 대의를 위해 육친의 사사로운 정情은 버려야 한다는 정신이 깃든 말이다. 그래서 이 구절에서는 말의 짝이 없어졌을지라도 허물이 아니라고 한 것이다.

유부연여有孚攣如이니 위정당야位正當也이다.

부드럽게 이어지는 것은 자리가 정당함이다.

유부연여有孚攣如는 부드럽게 이어지는 것이니, 자연스럽게 인연을 맺고 짝을 이루어간다. 자리가 정당하다는 것은 왕과 신하와 백성들이 서로 연결되어 있으면서도 각자의 본분에 충실히 임한다는 뜻이다. 그래서 모두가 성실하고 참된 마음으로 밀어주고 당겨주는 모습이다. 『여씨춘추』에서는 "모두들 자신의 몸이 나라에서 존귀해지지 않는 것은 근심하면서도, 자신의 군주가 천하에서 존귀해지지 않는 것은 근심하지 않는다. 이렇게 하면 영예롭게 되기를 바라나 그럴수록 더욱 치욕스러워지고, 저렇게 하면 편안하게 되기를 바라나 그럴수록 더욱 위태로워진다."라고 일렀다. 부귀영화는 저절로 따르는 것이 아니라 공로에 따라오는 것인데, 그것을 바라기만 한다면 반드시 거짓으로 꾸미고 속이게 된다. 이러한 병폐를 극복하여 서로가 믿음을 바탕으로 손잡고 나가야 무탈하다는 가르침이다

한음翰音이 등우천登于天하니 정貞해도 흉凶하다.

날갯짓하는 소리가 하늘로 오르니, 바르더라도 흉하다.

소리는 잠시 울리고 퍼질 뿐, 아무런 실속도 없다. 그러므로 날지도 못하는 날갯짓 소리가 하늘로 오르니 바르더라도 흉하다고 하였다. 바르

지 못하고 분에 넘치는 일은 오래 지속되지 못함을 뜻한다. 또한 너무 지나친 것은 정도正道를 따른다 해도 나쁘다는 것을 말하기도 한다. 그건 마치 무능한 사람이 윗자리에 앉으려고 고집하는 것과 같기에 방법이 정당할지라도 흉하다고 본 것이다.

중부中孚: 진실한 믿음은 모든 것을 이긴다

진실한 믿음은 개인의 명예에 집착하지 않고 자신의 이익만을 고집하지 않는 데서 생겨나기 시작한다. 눈에 보이든 보이지 않든 하나의 상像에 집착하면 그로부터 고뇌가 시작된다고 『금강경金剛經』은 가르친다. 상이 없어서 텅 빈 마음과 고요한 마음은 본래부터 얻고 잃을 것이 없다는 말이다.

그러니 운명과 이익을 같이하는 공동체라면 무언가에 대한 집착을 버리는 일에서부터 출발해야 한다. 서로의 능력이나 힘이 필요하다면 사사로운 감정이나 욕심은 조금씩 내려놓고 양보할 줄도 알아야 한다. 그러지 않는 공동체는 존립 자체가 불가능하다.

서로를 성실한 마음으로 밀어주고 당겨주며, 큰 산을 품어내듯 다른 이를 포용할 수 있는 마음이 중부中孚다. 누군가가 사사로운 관계에 집착하거나 혼자만의 사리사욕을 채우려는 속셈이 따로 있다면 어떻게 그를 따르고 함께하겠는가. 믿음이 생겨서 허물없는 마음을 주고받을 수 있어야 무슨 일이든지 함께 도모하고 성사할 수 있다. 서로 소통해서 힘이 하나로 모아야만 무엇이든지 변화시킬 수 있기 때문이다.

여기서는 성심성의를 다하는 마음이 사람뿐만 아니라 돼지나 물고기에게까지도 영향을 미친다고 강조했다. 참되고 성실한 믿음이 내재해 있다면 대의를 위해 목숨까지도 담보할 수 있을 것이다. 그러나 그 믿음이 결여되어 있을 때는 모든 인간관계에서 금이 가기 시작하고, 결국에는 불행한 일이 발생한다. 이것이 중부中孚의 가르침이다.

제62장

조금 지나치니
오히려 유익하다

소과 小過

小過

소과小過: 조금 지나치다. 조금 과도하다

조금 지나치더라도,
결코 교만하지 마라

小過 亨利貞 可小事 不可大事 飛鳥遺之音

上逆而下順也

山上有雷 小過 君子 行過乎恭 喪過乎哀 用過乎儉

過其祖 遇其妣 不及其君 遇其臣 无咎

弗過防之 從或戕之 凶

弗過遇之 往厲 必戒 勿用永貞

弗遇過之 飛鳥離之 凶 是謂災眚

때를 거스르지 말고 분수에 맞는 제자리로 돌아와야 한다.
나는 새가 소리를 남긴다는 것은
현실 세계를 벗어나 헛된 꿈을 꾸고 있음이다.
제때에 지나치게 막지 못하면
결국에는 자신도 따라가게 되므로 함께 상한다.
인간은 언제나 시세時勢에 순응하고
겸손한 자세로 일관해야 이롭다.
자기 본분을 망각하지 않고 성실하게 살아간다면
그 실체와 명성은 반드시 드러나게 된다.
소박한 마음가짐은 삶을 편안하게 해준다.

소과小過는 조금 지나친 것이니 오히려 유익하다. 소과는 뇌산소과雷山小過를 말하며, 산 위에서 우레가 치는 형상이다. 약간 지나친 욕심은 우리 사회를 역동적으로 밀고 나가는 힘의 원천이다. 오리의 다리가 짧다고 이어주면 괴로워하고, 두루미의 다리가 길다고 잘라주면 괴로워한다.

소과小過는 형리정亨利貞하고 가소사可小事하나
불가대사不可大事이니 비조유지음飛鳥遺之音이다.

조금은 지나쳐도 형통하나 바르게 해야 이롭다.
작은 일은 가능하나 큰일은 불가하다.
나는 새가 소리를 남겨놓는다.

소과小過는 대과大過와는 반대로 조금 과한 것이므로 중中에서 크게 벗어나지 않은 상태이다. 그래서 조금 지나친 것이니 형통하다고 했지만, 작은 일은 가능하나 큰일은 불가하다고 하였다. 나는 새가 소리를 남긴다는 것은 현실 세계에서 벗어나 헛된 꿈을 꾸고 있음을 암시한다. 소리는 소리일 뿐 실체가 아닌 까닭이다. 자고로 실체는 그 이름을 벗어날 수 없고, 이름은 그 실체를 벗어날 수 없다. 맹자는 "명성이 실제보다 더 지나치게 나는 것을 군자다운 사람은 부끄러워한다."라고 일렀다. 인간으로 태어나서 자신의 본분을 망각하지 않고 성실하게 살아간다면 오랜 세월이 흐른 뒤에라도 그 실체는 반드시 드러나게 되어 있다.

상역이하순야上逆而下順也이다.

올라가는 것은 거스르고 내려오는 것은 순응한다.

옥玉은 귀한 보물이기도 하지만 둥글어 이치를 거스르지 않는다. 이 구절에서 올라가는 것은 거스른다고 했으니 이는 일을 거꾸로 하는 것이고, 내려오는 것은 순응한다고 했으니 이는 일을 바르게 하는 것이다. 즉, 이치를 거스르지 말고 제 분수에 맞는 자리에 있어야 한다는 뜻이다. 지나치게 위로만 오르려 한다면 반드시 재앙이 뒤따른다. 자신의 역량을 파악하고 자기 자리로 돌아와서 편안하고 안락하게 머물 줄 알아야 한다는 가르침이다. 사람은 언제나 시세時勢에 순응하고 겸손한 자세로 임해야 이롭다.

산상유뢰山上有雷는 소과小過이니 군자君子는 행과호공行過乎恭하고 상과호애喪過乎哀하며 용과호검用過乎儉한다.

산 위에 우레가 있는 것이 소과이다.
군자는 행실을 매우 공손히 하며, 상을 당했을 때는
지나치게 슬퍼하고, 쓸 때는 지나치리만큼 검소하게 한다.

산 위의 우레는 마을에서 보았을 때는 공간적으로 떨어져 있으니, 조금 지나친 것에 불과하다. 그러므로 크게 우려할 일이 아니다. 이 구절에서 공恭은 행실을 공손히 하는 마음이며, 애哀는 불쌍히 여겨서 슬퍼하는 마음이고, 검儉은 검소하게 아껴 쓰는 마음이다. 이 세 가지는 모두가 일정한 한도를 넘어서 정도가 조금 지나쳐도 무방하다고 보았다. 왜냐하면 공손함이 조금 지나치다 하여 예절에서 벗어나는 것은 아니며,

누군가를 위해 슬퍼하는 마음이 조금 지나치다 하여 흠이 될 것은 없고, 아껴 쓰는 방법이 조금 지나치다 하여 그것이 도리에 맞지 않는다고 볼 수는 없기 때문이다.

과기조過其祖이니 우기비遇其妣하고 불급기군不及其君이니
우기신遇其臣하여 무구无咎하다,

그 할아버지를 지나쳐서 그 할머니를 만난다.
그 임금에 미치지 못하고 그 신하를 만나는 것은 허물이 없다.

언제나 중용의 도가 최선책이기는 하지만, 지나치게 완벽한 것을 추구하는 것이 중용의 도는 아니다. 이 구절에서는 할아버지에게 직접 건의하기가 어려워서 할머니에게 먼저 말을 하고, 임금을 접견하기 전에 보좌하는 신하에게 먼저 의견을 타진한다. 둘 다 간접적으로 우회하는 방법을 일컫는다. 하지만 한 다리를 거치면서 뜻이 부드럽게 전달될 수 있고 할머니나 신하의 조력을 받을 수도 있으므로 현명한 방법이다. 또한 의견을 직접 전달했다가 면전에서 거절당하면 그로써 끝날 수 있지만, 간접적으로 뜻을 전달했기 때문에 자신의 의견을 피력하는 일에 두 번의 기회를 쓸 수 있게 되는 셈이다.

불과방지弗過防之하고 종혹장지從或戕之하니 흉凶하다.

지나치게 막지 않으면, 쫓아가서 상하게 되니 흉하다.

부족한 물은 채우면 되지만 쏟아진 물은 주워 담을 수 없다는 논리를 말하고 있다. 여기서 지나치게 막는다는 것은 적당하게 제재하거나 멈추게 하는 것이 아니라, 어느 정도의 도를 넘어서 심하게 막거나 아예 차단하는 행위를 말한다. 그러나 쫓아가서 상하게 된다는 것은 지나치게 막지 못하면 결국에는 자기 자신도 따르게 되므로 함께 손상을 입게 된다는 뜻이다.

예를 들어서 술로 머리를 적시고 큰 실수를 하였다면 그것은 자기 자신을 통제하지 못해서 초래된 결과이니 술을 쫓아 상하게 된 경우이다. 또한 남편이 잘 다니던 직장을 그만두고 잘못된 사업을 시작하겠다고 했을 때 아내가 심하게 막지 않으면 남편은 창업하고 아내는 이를 따르게 된다. 이것이 쫓아가서 상하게 되는 경우에 속한다.

옛 속담에 고생하는 사람은 일마다 고생스럽고, 호강하는 사람은 일마다 호강스럽다는 말이 있다. 이를 가르는 여부는 운이 좋고 나쁘다기보단 어떤 일을 시작하기 전에 얼마나 심사숙고했는지일 것이다. 전문가의 조력을 받았느냐의 여부도 중요하다. 이 구절에서 지나치게 막지 않았다는 것은 막는 방법이 적절하지 못했다는 말도 된다. 무엇을 선택하고 어떻게 처신하느냐에 따라서 항상 호불호好不好가 갈린다. 그래서 지나치게 막지 못하면 고생은 고생대로 하고 끝내는 함께 해를 입게 된다는 가르침이다.

이 구절은 주역의 모든 내용 중에서 가장 논란이 많은 부분이다. 번역하거나 주석을 붙이거나 풀이하는 학자들마다 의견이 분분하고 해석이 제각각이기 때문이다. 그래서 "불과방지弗過防之 종혹장지흉從或戕之凶"은 지금까지도 누구의 해제가 옳으냐에 관한 분란이 가장 많았고, 그 분란은 현재도 진행형이다.

불과우지弗過遇之이니 왕려往厲하고 필계必戒이니
물용영정勿用永貞이다.

지나지 않아도 만나게 된다. 가면 위태로우니 반드시 경계하고, 바름을 길게 쓰지 않는다.

어떤 일을 확대해석하고 사생결단하려는 마음을 버려야 한다. 이 구절에서 지나지 않아도 만나게 된다는 것은 지나치게 치닫지 않아도 될 일은 된다는 뜻이고, 가면 위태롭다는 것은 전후를 살피지 않으면 험지險地로 접어들 것이니 조심하라는 뜻이다. 바름을 길게 쓰지 말아야 한다는 것은 제아무리 바르고 좋은 일이라도 고집스럽게 밀어붙이면 안 된다는 역설적인 말이다.

지나친 충성에서 나오는 말은 귀에 거슬리기 때문에 현명한 군주가 아니면 들으려 하지 않는다. 따라서 군주를 섬기는 데 있어서는 지나치지도 않고 부족하지도 않게 중용의 도를 본으로 삼아야 한다. 본래 주군과 신하는 물과 물고기의 관계처럼 가까워야 하지만, 신하가 의견을 계속 밀어붙이면 위태로운 지경에 빠질 수 있다. 그러므로 조금이라도 지나친 면은 없는지 경계하고 자신의 의견만 고수해서는 안 된다. 기필코 하고야 말겠다는 아집我執은 버려야 한다. 그래서 한漢나라의 유향劉向이 편찬한 『설원說苑』에서는 "지혜로운 신하는 인군의 마음을 헤아리고 상황을 저울질하여 그 완급을 조절해야 한다."라고 이른 것이다.

불우과지弗遇過之하고 비조이지飛鳥離之하여 흉凶하니
시위재생是謂災眚이다.

만나지 않고 지나치니 나는 새가 떠난다.
흉한 것이니 이를 재앙이라고 한다.

욕심이 지나쳐서 큰 재앙을 초래하게 되었다는 말이다. 여기서 만나지 않고 지나친다는 것은 이미 새가 높이 날아서 멀리 갔다는 뜻이다. 현실을 등지고 환상을 좇아가는 일을 새가 날아가는 모습으로 형상화했다. 이처럼 현실을 버리고 허황한 망상을 따르는 행동은 흉한 것이니 재앙이라고 하였다. 교만한 마음이 지나쳐서 도를 넘게 되면 누구의 말도 듣지 않는다. 자신에게 피가 되고 살이 되는 조언조차도 외면하게 되니 이 또한 재앙이다.

소과小過: 지나침에 관하여

지나침을 경계하는 일은 아무리 지나쳐도 무방하다. 『서경書經』의 「주서周書」에는 "무약화시염無若火始燄"이라는 말이 있다. 불을 붙이는 것처럼 시작하지 말라는 뜻이다. 순식간에 타오르는 화마의 무서움을 모르고 풀숲에 불을 지르면 감당하지 못한다. 어떤 일이든 타오르는 불길처럼 급하게 몰아가면 그 일의 주체인 자신조차도 정신을 못 차리고 우왕좌왕하게 된다.

세상일에 그처럼 성급하게 해야 할 일은 실제로 불 끄는 것 말고는 없다. 시간을 금金에 비유하면서 촌각寸刻을 다투라는 말도 있지만, 실상은 느긋하게 살아도 인생의 시간은 남아돌 정도로 많다. 그러니 아무리 좋은 기회가 찾아왔다고 판단되어도 미친 듯이 날뛰지 말고 신중하게 임해야 좋은 결과를 도출해낼 수 있다.

"뢰산소과雷山小過"는 산 위에서 천둥과 번개가 치는 형상을 일컫는다. 그런데 천둥과 번개는 마을에서 조금 떨어진 산 위에서 치고 울리는 것이니 직접적인 위험에 노출되지 않으면서도 비를 만날 수 있다. 그래서 조금 지나친 것은 유익하고 형통하다고 한 것이다. 인간사회에서도 조금 지나친 욕심은 동기부여가 되기도 하고 생명의 원천이 되기도 하며, 우리 사회를 역동적으로 밀고 나가는 힘의 원천이 되기도 한다. 『주역』에서는 때를 보는 바에 민감함이 있어야 한다고 강조하니, 지나침에 관해서도 언제 시작하고 언제 끝내야 하는지를 아는 것은 누군가의 역량 자체만큼이나 중요하다.

너무 지나쳤다 싶을 때는 얼른 제자리로 돌아오면 된다. 그럴 때 머뭇거리면 나아갈수록 어긋남만 더해질 뿐이다. 그 길에서 발길을 돌리지 않으면 더 큰 손실을 보거나 몸에 화가 미친다. 『명심보감明心寶鑑』에는 "일에 잘못이 있을 때는 자세히 살펴서 처리하면 적절하게 될 것이다. 먼저 화를 내거나 고집을 부리면 자신에게 해로울 뿐이다."라고 일렀다. 아차 싶을 때는 전후 사정을 다시 살펴보고, 아니다 싶을 때는 적절하게 돌아오면 아무 탈이 없다. 소리만 남겨놓은 새는 하늘에 오래 머무를수록 지치고 헤매게 될 뿐이니, 가급적 힘을 빼고 내려와서 편안함을 얻는 것이 유익하다. 이런 맥락에서 장자는 "물오리의 다리가 짧다고 그것을 이어주면 괴로워하고, 두루미의 다리가 길다고 그것을 잘라주면 괴로워한다."라고 말하여 생긴 대로 사는 일, 눈앞의 현실을 받아들이고 사는 일의 중요성을 강조한 것이다.

제63장

다 이루어졌으니
격동의 시대가 끝났다

기제 旣濟

旣濟

기旣: 이미, 벌써 | 제濟: 건너다, 건지다, 구제하다

완벽을 추구하되, 모든 것이 변한다는 진리를 잊지 마라

既濟 亨小 利貞 初吉終亂

水在火上 旣濟 君子 以 思患而豫防之

曳其輪 濡其尾 无咎

婦喪其茀 勿逐 七日 得

高宗 伐鬼方 三年克之 小人勿用

繻 有衣袽 終日戒

東隣殺牛 不如西隣之禴祭 實受其福

濡其首厲 何可久也

모든 일이 다 이루어져서 안정된 상태이니

통하는 것이 작을 수밖에 없다.

시작할 때는 화합하여 태평성대를 이루었지만

그것은 그리 오래가지 못한다.

상황이 나쁘게 변하고 있다면

그 자리에서 바로 그쳐야 화가 덜 미친다.

얼음과 숯이 함께 있으면

서로에게 해害가 될 뿐 이로운 바가 없다.

인간에게 이로운 불이 활활 타오르고 있는데

하늘에서 비가 내리려고 먹구름이 드리운다.

완전무결한 상태는 오래 지속되기 어렵다.

*

기제旣濟는 다 이루어졌음을 말한다. 좌충우돌하던 시대가 끝난 것이다. 기제는 수화기제水火旣濟를 말하며, 이는 물이 불 위에 있는 형상이다. 백성이 노력하고 합심하여 사회가 안정되었고 경제적으로도 풍족한 상태가 되었다. 모든 것이 완성되었으므로 그간 태동하던 기운은 반대로 쇠衰하기 시작한다.

기제旣濟는 형소亨小하니 리정利貞하고 초길종란初吉終亂하다.

기제는 형통함이 작으니 바르게 하는 것이 이롭다.

처음은 길하고 끝은 어지럽다.

끊임없이 좌충우돌하던 시대가 드디어 마무리되었다. 모든 일이 다 이루어져서 안정된 상태이므로 통하는 것이 작을 수밖에 없다. 시작할 때는 모두가 단결하여 태평성대를 이루었지만, 그것은 그리 오래가지 못한다. 그래서 처음은 길하고 끝은 어지럽다고 하였다. 사마천司馬遷은 『사기』에서 "사혹중어태산死或重於泰山, 혹경어홍모或輕於鴻毛"라고 일렀다. 죽음은 무겁기가 태산과 같기도 하고, 혹은 가볍기가 기러기 털과도 같다는 뜻이다. 인생의 마지막인 죽음조차도 그토록 상대적인 것이기에 모든 건 생각하기 나름이다. 그러니 인간이 삶을 영위하는 동안에 가진 것이 있고 없고, 지위가 높고 낮고, 대상이 싫고 좋고의 구분에 대하여 흑백의 논리로 지나친 경계를 두지 말아야 한다. 그래야 삶에서 일어나는 모든 상황을 받아들이기가 수월해진다.

수재화상水在火上이 기제既濟이니 군자이君子以하여

사환이예방지思患而豫防之한다.

물이 불 위에 있는 것이 기제이다.

군자는 그로서 환란을 생각하며 미리 방비한다.

가장 잘나갈 때가 가장 위험한 때라는 말이다. 물이 불 위에 있다는 것은 인간에게 이로운 불이 활활 잘 타오르고 있을 때 하늘에서 비가 내리려고 한다는 뜻이다. 불의 기운은 위로만 향하고, 물의 기운은 아래로만 향한다. 군자는 이러한 자연의 현상을 보고 환란을 생각하며 방비한다고 하였다. 모든 것이 완성되어 평화로울 때는 환란을 염려하고 그에 상응하는 대비를 해야 마땅하다. 미리 준비되어 있으면 큰 우환은 피할 수 있기 때문이다.

예기륜曳其輪하고 유기미濡其尾하니 무구无咎하다.

그 수레를 끌며 그 꼬리를 적시니 허물이 없다.

예기륜曳其輪은 뒤에서 줄을 걸어서 당기며 일부러 천천히 가도록 제어하는 행동이다. 수레를 끈다는 것은 수레가 가지 못하도록 막는다는 뜻이고, 꼬리를 적셔야 허물이 없다는 것은 여우의 꼬리가 적셔져야 아예 험한 물을 건너갈 엄두조차 내지 않는다는 역설적인 말이다. 여우는 꼬리 부분에 털이 많아서 물에 젖으면 몸의 균형을 잃을 정도로 무거워지기 때문이다. 무슨 일을 하든지 조바심을 내지 말고 순리에 따라 행해야 하며. 또한 상황이 나쁘게 변하면 그 자리에서 바로 멈출 줄 알아야 해害가 덜 미친다는 가르침이다.

부상기불婦喪其茀이니 물축勿逐이면 칠일七日에 득得한다.

부인이 머리꾸미개를 잃어버렸다. 찾지 마라.
칠일 안에 얻으리라.

무슨 일이 생겼을 때마다 허둥대지 말고 진득하게 기다릴 줄도 알아야 한다. 이 구절에서는 여자가 외출할 때 사용하는 머리꾸미개를 잃어버렸다. 소중한 물건을 어디에 두었는지 가물가물하다. 그런데 찾지 말라는 것은 칠일 안에 두었던 곳이 생각나거나 누군가가 찾아줄 것이라는 짐작 때문이다. 현재도 한 주는 칠일이듯, 고대사회에서도 음양오행이 한번 순환하여 다시 반복하는 주기週期를 칠일로 보았다. 그래서 잃어버린 물건을 칠일 안에 득한다고 하였다.

고종高宗이 벌귀방伐鬼方하여 삼년극지三年克之하니
소인물용小人勿用이다.

고종이 오랑캐를 정벌하러 나선 지 삼 년 만에야 이기게 된다.
소인을 쓰지 마라.

고종高宗은 중국 최초의 왕조인 상商나라에서 59년간 천자로 있으면서 나라를 크게 부흥시킨 인물이다. 그런 고종이 삼 년 만에야 오랑캐인 귀방鬼方을 정벌하였다. 이렇게 길고도 어려운 전쟁을 불사하는 이유에 대하여 『좌씨전左氏傳』에서는 "일단 적을 놓치면, 몇 세대 사람들의 화근을 만들게 된다."라고 풀이했다. 고종이 오랫동안 힘들게 싸워서 승리했지만, 나라 사정은 전쟁으로 인하여 어렵고 궁핍해졌다. 그래서 다시는 소인을 등용하여 나라를 혼란스럽게 해서는 안 된다고 하였다.

유繻이니 유의여有衣袽하고 종일계終日戒한다.

젖으니 해진 옷을 준비하고 종일토록 경계한다.

구멍 난 배에 물이 스며드는 것을 대비하기 위해 마른 헝겊을 들고 종일토록 대비한다고 하였다. 이는 오랑캐의 침략이 의심된다는 뜻이다. 타고 가는 배에 물이 고이는 것이나 사회적으로 큰 혼란이 오는 것이나 매한가지로 심각한 일이다. "종일계終日戒"는 온종일 경계한다는 뜻이다. 경계를 소홀히 하면 나라에 큰 우환이 생길 것이니 의심하는 바가 있을 땐 마음의 끈을 놓지 말아야 한다. 배에 물이 스며드는 것을 방지하기 위해 온종일 경계하는 것처럼 밝은 세상이 상하지 않도록 항상 대비해야 한다는 가르침이다.

동린살우東隣殺牛하고 불여서린지약제不如西隣之禴祭하니
실수기복實受其福이다.

동쪽 이웃은 소를 잡았지만, 서쪽 이웃은
간략한 제사를 지내고 실제로 그 복을 받는다.

동린東隣은 동쪽에 있는 은나라를 말하고 서린西隣은 서쪽에 있는 주나라를 말한다. 은나라는 황소를 잡아 제사를 지냈는데도 이로움이 없었는데 주나라는 간소한 제사를 지내고도 복을 받는다고 하였다. 한 집안의 제사는 물론 한 나라의 제사에서도 성대한 음식과 휘황찬란한 겉치레가 중요한 것이 아니다. 그때그때 형편에 맞게 성심성의껏 정성을 다하여 제를 올리는 것이 복을 짓는 일이다. 진심이 가득 담긴 마음은 귀신도 알고 하늘도 알아주기 때문이다.

유기수려濡其首厲이니 하가구야何可久也리오.

그 머리를 적시니 위태롭다. 어찌 오래갈 수 있겠는가.

꼬리를 적셨을 때 빠져나오지 못하고 머리까지 적시게 되었으니 결국은 물에 빠져버렸다. 이 구절에서 오래갈 수 없다는 것은 어리석은 짓을 하면 소중한 목숨까지도 장담할 수 없다는 뜻이다. 아무런 대책도 없이 무모하게 뛰어들면 위험에 처한다. 옛말에 "본 바가 적으면 괴이한 짓을 많이 한다."라고 했다. 직접 보고들은 지식이나 경험이 미천하면 상황 판단을 올바르게 할 수 없다. 따라서 자신이 처한 상황을 제대로 감지하지 못하면 위험을 온몸으로 감수해야 한다. 매사를 위태롭게 여기지 않으면 오래갈 수 없다는 가르침이다.

기제既濟: 무언가를 다 이룬 것처럼 보일 때

기제既濟는 이미 빈곤이나 어려운 상황에서 벗어났음을 뜻한다. 모든 사람들이 노력하고 합심하여 사회가 안정되었고 경제적으로도 풍족한 상태가 되었다. 모든 것이 완성되었으므로 태동하던 기운은 반대로 쇠하기 시작한다. 사다리의 꼭대기까지 올라간 상태이니 이제는 내려올 일만 남았다. 처음에는 부지런히 일해서 큰 부를 이루었지만, 어느 정도의 안정된 상태를 유지하다가 탕진하는 시기로 접어든다. 그래서 성을 공격해서 빼앗는 것보다 성을 지키는 것이 더 어렵다고 한 것이다. 모든 것이 해결되고 완성되었을 때는 그다음을 생각하고 방비책을 세워야 한다. 의욕적으로 일하여 축적하고 완성했다 할지라도 수성守城의 어려움이 더 크기 때문이다.

인생을 살다 보면 잘 나가다가 삼천포로 빠지는 경우를 심심치 않게 볼 수 있다. 『도덕경』 64장에는 "사람들이 일하는 것을 보면, 늘 다 이루는 듯하다가 패한다."라는 말이 있다. 항상 다 이룬 듯하여 방심하다가 수포로 돌아간다. 이것은 학업에서도, 가정생활에서도 그러하며 나아가서는 직장 생활이나 국가를 경영하는 측면에서도 마찬가지이다. 힘들게 성취했다 한들 무너지는 것은 한순간이다. 오늘은 평화롭게 모여앉아 웃으며 담소하더라도 내일은 어떤 상황이 우리 앞에 펼쳐질지 아무도 모르는 일이다. 여우가 꼬리를 적셨을 때 경계하지 못하고 머리까지 적셔 익사할 위기에 놓이는 것처럼 우리에게도 울면서 통곡할 일이 생길지 모른다. 그처럼 모든 상황은 변하므로 항상 경계하고 대비하라는 게 『주역』의 가르침이다.

역易은 비록 한 글자이지만 '변역', '불역', '역간'이라는 세 가지의 의미를 가지고 있다. 변역變易은 고쳐서 바꾼다는 뜻이지만 '변하지 않는 것은 없다'는 의미이다. 불역不易은 바꾸지 않는다는 뜻이지만 '변화에는 일정한 법칙이 있다'는 의미이다. 역간易簡은 바꾸어 쓴다는 뜻이지만 '변화를 인생에 적용하는 것은 쉽고 간단하다'는 의미를 가지고 있다. 이처럼 이 경전은 겉으로 표방하는 뜻과 속에 품고 있는 뜻이 다르다. 시간은 한순간도 멈추지 않으며, 그에 따라 모든 사물은 변해가는 것이니, 이 세상에 변하지 않는 것은 단 하나도 없다. 우주는 시시각각 변하지만 거기엔 밤낮이 있고 사계절이 있듯 일정한 법칙이 있다. 그러한 삼라만상의 이치를 우리네 인생에 응용한다면 복잡하고 어렵게 여겨지는 세상살이를 좀 더 쉽고 간결하게 깨달을 수 있다.

제64장

그 끝은 없고
영원히 변화할 뿐이다

미제 未濟

未濟

미未: 아직, 아니다 | 제濟: 건너다, 구제하다

영원한 변화 속에서도
당신이 가야 할 길을 잃지 마라

小狐汔濟 濡其尾 无攸利

君子 以 愼辨物 居方

濡其尾 吝

曳其輪 貞 吉

未濟 征 凶 利涉大川

伐鬼方 三年克之

貞吉 无悔 君子之光 有孚吉

有孚于飮酒 无咎 濡其首 有孚 失是

당장 도끼가 필요한데

십 리 밖 헛간에 있다면 무슨 소용이 있으랴.

나를 갖추면 그에 맞는 사람을 만나듯

사물을 정리하여 마땅한 장소에 있게 한다.

만반의 준비를 하고 때를 기다렸다가

차라리 더 큰 일을 도모해보는 것이 나을 수도 있다.

사력을 다하면 어떠한 난관도 극복할 수 있으니

인력은 능히 운명을 만회할 수 있다.

도끼를 갈아서 바늘을 만들듯이

막연한 일도 끈질긴 노력 앞에서는 무릎을 꿇는다.

인간은 언제나 먼 길을 앞에 두고 간다.

✻

미제未濟는 아직 끝나지 않았다는 것이니 그 끝은 없고 영원히 변화할 뿐이다. 미제는 화수미제火水未濟를 말하며, 불이 물 위에 있는 형상이다. 지난 세월 동안 천재지변은 수도 없이 일어났고, 사회가 격동하는 시기마다 위기와 동요도 자연스럽게 되풀이되었다. 그것은 앞으로도 마찬가지다.

소호흘제小狐汔濟하고 유기미濡其尾하니 무유리无攸利하다.

어린 여우가 거의 다 건너가서 그 꼬리를 적신다.
이로운 것이 없다.

욕심만 앞세우고 성급하게 나아가는 조급함을 경계하고 있다. 이 구절에선 어린 여우가 강을 건너는데 한 걸음 남겨놓고서 꼬리가 물에 잠겨 버린다. 상황은 늘 변하는 것이니 언제나 방심하지 말고 깨어 있으라는 가르침이다. 또 미숙한 재주로 분에 넘치는 일을 시도하면 곤경에 처한다는 것을 말해준다. 미제未濟는 아직은 어떤 일이 완성되지 않았다는 뜻이지만, 인간사를 포함한 세상의 모든 만물은 끊임없이 변화할 뿐 완성이란 있을 수 없다.

인간은 언제나 최상의 삶이라는 원대한 목표를 앞에 두고 그것을 달성하기 위해 끊임없이 노력할 뿐이다. 자신의 목표를 막연하게 여기는 사람이 있는가 하면, 구체적으로 생각하며 실현하기 위해 치열하게 노력하는 사람도 있다. "인정승천人定勝天"이라는 말이 있다. 사람이 노력하면 하늘도 이길 수 있다는 뜻이다. 목숨을 불사할 정도로 사력을 다한다면 어떠한 난관도 극복할 수 있으니, 인간은 능히 자신의 운명을 뛰어넘을 수 있다. 물론 자신의 개성과 능력, 한계를 철저하게 파악하고 노력을 기울여야 한다는 것도 간과해서는 안 된다.

군자이君子以하여 신변물愼辨物하고 거방居方한다.

군자는 이를 보고 물건을 분별하여 방소方所**에 거한다.**

아무것도 끝난 것은 없으니, 사람이든 사물이든 각자 있을 자리에 있어야 한다는 말이다. 이 구절에서 군자는 여우의 미숙한 행동을 보고 물건을 분별해 마땅한 장소에 둔다고 하였다. 제아무리 좋은 물건도 필요할 때 쓸 수 있어야 가치가 있기 때문이다. 예를 들어 당장 도끼가 필요한데 십 리 밖 남의 집 헛간에 있다면 무슨 소용이 있겠는가. 물건을 잘 정돈해 필요로 하는 위치에 둔다는 것은, 나를 잘 갖추고 있으면 그에 맞는 사람을 만나게 된다는 이치와 같다. 모든 조건을 갖추고 있어야 천재일우의 기회가 찾아왔을 때 내 것으로 만들 수 있기 때문이다.

유기미濡其尾이니 인吝하다.

그 꼬리를 적시니 인색하다.

강을 건너다 꼬리를 적시니 인색하게 되었다. 여우의 꼬리에는 유난히 털이 많고 고운 윤기가 흐른다. 그래서 한겨울에는 여우의 꼬리털로 만든 목도리가 유용하게 쓰인다. 그렇게 털이 많은 꼬리를 적시면 몸이

기울어질 정도로 무거워진다. 그래서 이제 다 건넜다고 방심하다 난처한 상황을 연출한다. 인간에겐 정신이 산만해져서 어떤 대상을 똑바로 보지 못할 때가 있고, 미래를 내다보는 혜안이 부족해서 눈앞의 것만 볼 때도 있다. 또한 일의 처리가 미흡할 때가 있고 매사에 처신이 부적절할 때가 있게 마련이니 그것을 경계하여 조심하라는 것이다.

예기륜曳其輪하고 정貞하니 길吉하다.

그 수레를 끌면서 바르게 하니 길하다.

험지險地에서 벗어나고자 수레를 끌고 있다. 바르게 한다는 것은 수레를 밀고 당기는 자리가 적당해야 한다는 뜻이다. 수레를 끈다는 것은 수고로움을 가리키는 것이니, 아직은 어려운 상황에서 벗어나지 못하고 있는 형국이다. 수레를 끌 때 왜 올바른 방법으로 해야 길하다고 하였을까? 언제나 마땅히 해야 할 도리를 다한다면 앞날에 서광은 아니더라도 최소한 먹구름이 드리우지 않기 때문이다. 큰일을 도모할 때는 수레를 끄는 것처럼 능력에 맞는 사람들이 적재적소에서 밀어주고 당겨줘야 한다. 그래야 개인의 역량을 최대한 발휘할 수 있으며, 필요할 때 힘을 하나로 모아서 크게 쓸 수도 있다.

미제未濟는 정征이면 흉凶하나 리섭대천利涉大川이다.

아직 다하지 못했는데 가려고 하면 흉하다.

큰 내를 건너는 것이 이롭다.

아직 다하지 못했다는 것은 어려운 상황이 끝나지 않았다는 뜻이다. 그래서 벗어나려고 애를 쓰고 있지만 그럴수록 난처한 상황에 빠져들고 있으니 더 나아가면 흉하다고 하였다. 뜻을 이루기에는 시기상조이니 올라가려고 애쓰는 것은 욕심일 뿐이라는 것이다. 이 구절에서 큰 내를 건너는 것이 이롭다고 말하는 건 당장 어떤 일을 시작하라거나 앞으로 나아가라는 것이 아니다. 만반의 준비를 하고 때를 기다렸다가 차라리 더 큰 일을 도모하는 것이 나을 수 있다는 뜻이다. 노루가 지나가기를 조용히 기다렸다가 범을 잡으라는 것이다.

벌귀방伐鬼方에 삼년극지三年克之이다.

귀방을 치는데 삼 년 만에 이긴다.

앞선 장에서도 언급되었지만, 귀방鬼方은 북방의 야만족을 말한다. 상나라의 고종은 북방의 오랑캐를 정벌하는데 삼 년이라는 오랜 싸움 끝에 승리하였다. 그만큼 힘들고 우여곡절이 많았다는 얘기다. 그렇지만 끝까지 용기를 잃지 않고 뜻을 관철한 결과이니 승리의 기쁨이 크다. 『당서唐書』에는 "마부작침磨斧作針"이라는 말이 나온다. 도끼를 갈아서 바늘을 만든다는 뜻으로, 제아무리 어려운 일도 끈기 있게 노력하면 이룰 수 있다는 말이다. 그런 태도로 귀방을 치는 일에 삼 년이나 공을 들였다. 무슨 일에 임하든 끈기를 가지고 다부지게 하면 좋은 결과가 있다는 가르침이다.

정길貞吉하니 무회无悔하고 군자지광君子之光이니 유부길有孚吉하다.

바르면 길하니 뉘우침이 없다.

군자의 빛남은 믿음이 있어야 길하다.

문덕文德을 갖추고 백성의 신뢰를 얻어야 하는 당위성에 대하여 말하고 있다. 이 구절에서 바르면 길하다는 것은 올바른 성정을 가지고 높은 데 거하면 문명을 이루는 주체가 될 수 있다는 뜻이다. 또 군자의 빛남은 믿음이 있어야 길하다고 했는데, 이는 남에게 일을 맡겼으면 의심하지 말아야 한다는 것이다. 그래야 일을 맡은 사람이 책임감을 가지고 정성을 다하여 공을 세울 수 있기 때문이다. 이미 삼천 년 전에 『주역』에서는 일을 맡겼으면 의심하지 말고, 의심하려면 맡기지 말라고 했다. 이 가르침이 우리 역사에서도 많은 성군과 정·재계의 훌륭한 인사들을 낳았음은 달리 말할 것도 없다.

유부우음주有孚于飮酒면 무구无咎하나

유기수濡其首면 유부有孚라도 실시失是한다.

술을 마시는데 믿음을 두면 허물이 없다.

그 머리를 적시면 믿음이 있어도 바름을 잃는다.

군자의 도를 지키며 유유자적하게 술을 즐길 줄 알아야 한다. 술을 마시는데 믿음이 있어야 한다는 것은 스스로 음주량을 조절할 줄 알아야 한다는 뜻이며, 머리를 적신다는 것은 머리끝까지 취기가 올라갔다는 것, 즉 적정선을 지나서 만취 상태에 이르렀다는 뜻이다. 믿음이 있어도 바름을 잃는다고 한 것은 정신이 혼미해졌으므로 제아무리 바르게 하려 해도 어쩔 수 없이 실수가 따른다는 말이다. 지나친 음주는 자동차가 고장 나서 핸들이 헛돌거나 브레이크가 듣지 않는 어처구니없는 상태에 이르는 것과 같다. 그러므로 자신의 음주량을 스스로 조절하지 못하면 크고 작은 불상사를 피하기 어렵다는 경각심을 심어주는 구절이다. 옛 속담에 "숲에 든 꿩은 개가 내몰고, 오장 속에 든 말은 술이 내몬다."라는 말이 있다. 평소에는 이성이 누르고 있었던 감정들이 술을 먹으면 해제가 되는 것이다. 과유불급過猶不及이라는 말은 어떤 상황에든 광범위하게 적용될 수 있는 만능의 사자성어인데, 술을 마시는 일에서만큼은 과유불급이라는 말보다 더 적확한 표현이 없을 것 같다.

우리나라에서는 하루 평균 약 700명이 새로 태어나고 약 1천명이 사망한다. 그중에서도 약 37명은 자살로 생을 마감한다. 오늘날 한국 사회의 현주소이다. 우리 삶에서도 모든 것이 제자리를 잃고 혼란스러울 때가 있다. 앞만 보고 정신없이 달리다 보니 모든 것들이 뒤죽박죽되어버리기도 한다. 사소하지만 꼭 챙겨야 할 것들이 우선순위에서 밀려나거나 누적되었기 때문이다.

이러한 상황이 도래하였다면 더 나아가기 전에 잠시 숨을 고르며 내실을 다져야 한다. 지금은 하찮고 사소하게 여겨지는 모든 것들이 나중에는 큰 화근거리가 될 수도 있기 때문이다. 그런 다음 함께하는 사람들과 뜻을 모으고 한곳을 바라볼 수 있어야 한다. 한곳을 바라본다는 것은 힘이 집중되는 것으로서 마치 돋보기로 빛을 모으는 것과 같다. 돋보기로 빛을 모으면 단단한 통나무도 태우고 뚫을 수 있는 강력한 힘이 생겨난다. 그처럼 가족 간의 화목이나 소속되어 있는 조직의 단합, 그리고 온 국민의 화합은 가장 근원적이며 소중한 자산이다. 개인의 건강은 체력이지만, 인간사회의 건강은 단합이기 때문이다.

뭉치지 않으면 흩어지고, 흩어진 것들은 힘을 잃어 그 존재의 가치가 떨어지거나 없어져버린다. 그렇게 되면 가는 곳마다 막히고 심지어는 사소한 장애로 인하여 큰일을 망치기도 한다. 그래서 결국 거의 다 쌓아 올린 공든 탑을 무너트리고 처음부터 다시 시작해야 한다. '미제未濟' 장에서 경계하는 것처럼 여우가 한 발짝을 남겨두고 꼬리를 적시는 격이다.

미제未濟는 『주역』의 64괘 중 마지막 장이다. 그런데 마치는 것이 아니라 다하지 못하였으므로 조심하라고 한다. 세계는 그 끝이 없고 계속해서 변화할 뿐이니 그에 잘 적응해서 살아가야 한다는 것을 강조하는 것이다. 지구가 탄생한 지도 벌써 약 46억 년이나 되었고, 현생 인류가 이 세상에 나타난 지도 어느덧 3만 년이 되었다. 그 기나긴 세월 동안 천재지변은 수도 없이 일어났고 사회가 격동하는 시기마다 위기와 동요도 자연스럽게 되풀이되며 나타났다.

그것은 현재의 우리에게도 그렇고, 미래의 인류에게도 마찬가지라고 볼 수 있다. 우리가 이 세상에서 언제 밥숟가락을 놓을지는 아무도 예측할 수 없다. 그럴지언정 인간은 언제나 먼 길을 앞에 두고 간다. 그것은 오늘 갓 태어난 어린아이나 올해 백 살이 된 노인도 마찬가지다. 자신이 오늘이나 내일 죽을 것이라고 생각하는 사람은 아무도 없기 때문이다. 그러므로 끝나지 않은 삶은 얼마든지 변화시킬 수 있고, 크고 작은 변화의 소용돌이에 휘말릴 수도 있다.

하루 한 장 주역 강독

힘든 시절을 헤쳐나가는 지혜와 통찰

발행일 2024년 7월 3일 초판 1쇄

지은이 한덕수
감수 신창호
편집 박성열, 이옥란
디자인 박은정
인쇄 민언프린텍
제본 라정문화사

발행인 박성열
발행처 도서출판 사이드웨이
출판등록 2017년 4월 4일 제406-2017-000041호
주소 서울시 영등포구 당산동3가 522-2, 304호
전화 031)935-4027 **팩스** 031)935-4028
이메일 sideway.books@gmail.com

ISBN 979-11-91998-31-3 03140